McGraw Hill Education

Classic Edition Sources:Pshchology (4th edition)

心理学经典读本

〔美〕特里·F. 小约翰◎编 **(第四版)**

吴国宏、李超白、林婧婧◎译

大学译丛

复旦大学出版社

内容简介

本书代表了百多年来心理学的思想和应用。

浏览一下目录，你就会发现心理学教科书中常常出现的那些大家们都已包括在其中。这些得到广泛承认的心理学家们在各自领域中都做出了尤为重要的贡献，因而也赢得了尊重。本书尽量挑选他们的代表之作。

与普通教科书不同的是，本书所选的各章内容提供了心理学中一些里程碑式研究的来龙去脉，包括了一些“幕后”的内容，以便我们可以了解那些心理学史上的大师们是如何思考、感受、实施研究并建立起自己的理论的。

此次的第四版修订编者就是着重寻找那些最能带给心理学以激动人心的经典研究。可读性被放在最为首要的位置，每一篇节选都经过精心的修订，以确保当初研究的精髓都能为读者所领悟。

作者简介

特里·F·小约翰(Terry F. Pettijohn)在位于马里昂(Marion)的俄亥俄州立大学担任心理学教授,教授心理学导论长达30多年之久。他本科就读于阿尔玛学院(Alma College)和密歇根州立大学(Michigan State University),并于1970年获得科学学士学位。1972年他在鲍林格林州立大学(Bowling Green State University)获得硕士学位,并于1974年在同一所大学获得实验心理学方向的博士学位。他发表过有关心理学导论课程教学的一些著作,以及与之相关的一些教学和测验材料,其中就包括Dushkin/McGraw-Hill于1999年出版的《心理学:联合教科书》第四版(*Psychology: A ConnecText*, 4th ed.)。他是MicroPsycho Computer Network Newsletter的编辑,目前也是McGraw-Hill年度出版之《心理学》顾问委员会的成员。除了心理学导论,他还教授社会和实验心理学、学习与记忆、动机与情绪、人的调节、心理生物学、动物行为以及研究方法。小约翰博士在教学方面颇受好评,曾三次获得俄亥俄州立大学突出教学贡献奖。他目前的研究兴趣包括探索人类的情绪、记忆以及动物的社会行为。他是美国心理协会(APS)、心理学科协会(the Psychonomic Society)、动物行为协会、心理学中的计算机协会以及美国心理学会(APA)的会员,他也是APA心理学教学协会的成员。

前言

尽管作为正式的学科也才不过区区一百多年,然而心理学研究却已经颠覆性地改变了我们对自身和他人的看法。心理学是关于行为和认知的科学,它又是一门严谨的大脑科学,与此同时,心理学也致力于帮助我们应对各种问题。心理学家们研究诸如饮食、谈话、书写、奔跑或争斗之类的行为,原因就在于它们可以被直接地观察和记录。但是,心理学家们也研究心理过程,比如做梦、思考、回忆、问题解决等,这些过程不能被直接观察到,却可以通过接受研究的参与者的报告来进行研究。心理学家还关心伴随这些外显行为和认知过程的生理过程。最后,也有一些心理学家关注心理学原理的应用,以帮助人们在生活中取得更多成功。

大多数心理学导论的教科书都涵盖了这些心理学的重要议题,但往往却都达不到完全理解该学科的深度。教科书罗列的都是一些研究的结果,但最初这些研究得以开展时的丰富内容却都没有涉及。本书所选的各章内容提供了心理学中一些里程碑式研究的来龙去脉,正是对一般心理学教科书的很好补充。它给学生提供了一些“幕后”的内容,以便我们可以了解那些心理学史上的大师们是如何思考、感受、实施研究并建立起自己的理论的。

许多教师都希望学生随着课程的学习建立起批判性思维的能力和习惯,而将那些镌刻心理学历史的巨匠们的最初大作呈现于此不啻是一个绝佳的时机。本书各章节的作者有的赫赫有名,有的则在所从事的领域中独领风骚。通过阅读这些心理学家的真知灼见,学生们可以确实领悟到心理学为什么会有今天的局面,也会了解学科的未来走向。从许多方面来看,阅读这些原始的文献能够让我们领略到当今心理学背后的一些故事。

作为一个独立的学科,无论是观点和思想家、研究方法还是在理论体系上,心理学都自有其发展的历史轨迹。本书将那些对心理学研究而言至关重要的大家的工作直接呈现在读者面前。《心理学经典读本》(第四版)将 50 篇具有恒久学术价值的文献整合在一起,既包括了一些经典的文章,也有一些回顾综述,书中的章节节选和研究报告。不夸张地说,正是它们塑造了心理学的研究以及有关这些内容的当代知识体系。本书精挑细选了过去和当今一些最为杰出的心理学研究者和实践家们的代表之作,从詹姆斯(William James)、弗洛伊德(Sigmund Freud)、斯金纳(B. F. Skinner)到安斯沃斯(Mary D. S. Ainsworth)、巴斯(David Buss)、塞利格曼(Martin Seligman)、勒夫特斯(Elizabeth F. Loftus)。这样的安排和选择可以使你领略到心理学之所以成为现在的模样其背后的许多故事。

本书代表了百多年来心理学的思想和应用,原文发表的时间跨度从 1890 年到 1995 年。尽其所能地我将心理学描摹成一个富于变化和内在动力的学科。显然,新的研究业已改变了本书节选中的一些观点和思想,然而,借助这些原始的文献无疑会丰富我们对于心理学及其核心概念的了解。

浏览一下目录你就会发现心理学教科书中常常出现的那些大家们都已包括在其中。这些得到广泛承认的心理学家们在各自领域中都做出了尤为重要的贡献,因而也赢得了尊重。本书尽量挑选他们的代表之作。当然,并不是每一位做出过巨大贡献的心理学家无一遗漏地都能入选本书,但我相信最后所选择的还是代表了心理学诸多的领域。

一、修订过程

修订此书的挑战性是毋庸置疑的。在第一版里,我着重寻找那些最能带给心理学以激动人心的经典研究。可读性被放在最为首要的位置,每一篇节选都经过精心的修订,以确保当初研究的精髓都能为读者所领悟。学生们可以感受许多心理学大家的第一手体验,教科书中有关内容的描述因为读到这些深具影响力的作者的真正文献而变得栩栩如生。这一宗旨也贯穿之后版本的修订。

我希望这第四版能够真正反映出心理学的广度,不仅是从这些不同的学者身上,也是从所确立的重要议题上体现这一点。起先我浏览了大量本书早期版本未能选入的文献,也包括那些最具历史影响和当代具有代表性的文章。通过计算机的检索找到心理学中最受尊敬的学者的文章。我让学生给我反馈,指出哪些章节最有影响力,哪些并不能带来太多的启发。遗憾的是,几乎所有章节我收到的大多数意见都是正面积极的,使得我后期删节递补的工作变得尤为困难。尽管并不是每个人都赞同最后挑选出来的这些章节,但是我相信在许多人卓有帮助的建议下,我找到了一些上一世纪最为精彩的文献放进书里,从而使本书得到极大的加强。

第四版中新录入了 19 篇文章,分别来自心理学领域中最为出众的研究者、理论家、作家和实践者。在关注心理学的不同方面的同时,挑选过程中我也非常注意性别和文化的代表性。从很多方面看,删节有关章节是最为困难的工作,有些内容其实还是非常重要,也非常有趣。但是我有自信最后的选编都会使学生们去思考和讨论构成当今心理学最为核心的那些议题。有些章节提供了规定学科的理论,有些则讨论了心理学家们在上一世纪所遇到的最为关键的问题,当然,许多章节呈现给我们最初研究的结果。所有这些章节为我们了解心理学现在的模样提供了一个缩影,同时也向我们指出心理学经历了哪些里程碑式的发展。

二、本书的组织

本书各章节的节选是根据心理学研究主要领域中的 15 个议题来加以组织的,它们分别是:导言、心理生物学、感知觉、睡眠与意识、学习、人的记忆、认知与智力、动机、情绪、人的发展、人格、应激与调节、变态行为、治疗以及社会心理学。各章节的编排尽量与大多数心理学导论教科书的编排相对应。也就是说,这些原始的文献和经典的研究正是构成了一般教科书中关键的心理学概念的基础,因而可以很容易地跟教科书放在一起阅读。当然,每一章节都还是各自独立的,可以根据授课老师的意思来任意加以安排。

在本书的前面还罗列了相关互联网链接的信息，有兴趣的读者可以随着章节的阅读自己在互联网中进行一番挖掘和探索。我所挑选的链接都是比较集中和有助于理解这些概念的。事实上，在互联网中有众多的资源可以帮助读者学习心理学。除了与每一单元有关的一些链接之外，我还收录了一些普通心理学的网址，其包含的内容和其他链接都指向一些其他的资源。

本版新添加的一项内容是心理学史中一些重要的时间线索，放在本书的前面。这一时间维度表的价值就在于读者可将每一章节放置于历史的情境之中。当你阅读某一章节时，别忘记查询互联网上背景信息以及按照时间的视角来考量你的所学内容。

三、每章节阅读的建议

当你阅读这些珍贵的文献时需要牢记的一点是，其思想和标准在上一世纪之中已经发生了改变。尤其是在伦理方面以及涉及此方面内容时该如何表达上。在当今要进行某项涉及人或动物的研究时，会有非常严格的伦理标准来加以约束，研究者们必须先向伦理委员会提交研究方案以确保符合伦理方面的要求。过去进行的一些研究则不会去考虑现今的一些伦理标准。当你阅读这些章节时不妨思考一下，这些研究是否对心理学有所贡献，所获得的收益是否超出由这些研究所造成的、给研究参与者带来的潜在伤害。

每一章节都是其所在时期的代表作。随着时代的发展，心理学家们愈发关注伦理方面的问题，也对性别问题的描述异常谨慎，这点尤其体现在语言的表达上。许多早期的文献中当涉及男女共同具有的某些问题时会用一些偏向男性的代词，甚至有些研究只有男性参与。我建议读者在阅读这些章节时回到文章当年的语境之中，更多地关注心理学问题而不要在语义措辞上多加追究。这些经典研究极大地推动了作为一门学科的心理学发展，我们应该持这样的态度来看待它们。

每一章节之前都会有一些介绍性的文字，交代作者的生平简介以及与主题有关的一些背景内容。我也提供了一些理解文献中统计检验的建议，并出了一些思考问题以引导读者的批判性思维。所以，在进入章节之前仔细阅读题记就显得非常重要。

当你阅读这些文献时，会获得这些最杰出且最具影响力的心理学家们在最初形成他们思想时所经历的第一手材料。记住，在大多数情况下他们不是写给学生看的，而是要告知领域内的同行们。这意味着有些章节读起来需要面临一些挑战，但同时这也意味着你将获得一些难得的、有关心理学家是如何思考与写作的幕后的信息。

在读这些文献时不妨采取更为主动的姿态。比如，在阅读一则实验时，可以试着确定该研究的假设是什么，找出其中的自变量和因变量，并分析一下研究所采用的方法。这个实验是否牵涉到一些伦理问题呢？最终的结论是否源于研究的结果？对于研究的结论是否存在其他的因素或不同的解释？在阅读那些理论性或综述性的文献时，可以尝试着找到其核心的思想主题，确定其最终的结论，对理论的有关方面做出自己的评价，并思考其在日常生活中的应用。

在阅读本书时，时刻不能忘记这些文章写作时的各种条件和背景，注意发表的时间、作者所在的研究机构等信息。如果是一篇研究论文的话，请关注实验参与者的信息。许多文章中涉及的研究参与者都是美国的被试，那么这些研究的结果是否可以推广至其他的文化呢？多文化视角会在何种程度上影响到该研究？读者还应该将所阅读的文献放置于教科书的结构之中,以确定该章节内容与整体心理学文献的相匹配适应程度。该文写作于作者职业生涯早期还是后期?是否存在与之相冲突的理论和研究发现呢?

让我在此再对学生们提一些建议,以便帮助读者们在阅读时获得最大的收益。首先,一定要阅读各章节的题记,以获得与讨论主题以及作者相关的各种背景知识。你会发现其中有些章节非常通俗易懂,而有一些章节则在文字、理论和统计理念方面存在更多的挑战。其次,关注各章节的主要思想和重要概念。需要记住的一点是,杂志中的文章会包含问题提出的介绍,研究方法的回顾,以及结果意义的讨论。而在一本书的章节中往往讨论和总结的是研究和理论,因而其在写作方面也就不那么循规蹈矩。当你阅读完一个章节时再重新回过头去阅读一下题记,以确认自己是否抓住了重要的核心概念。最后,在阅读时记一些笔记,反思一下这些文献对于你理解心理学时的重要意义。

四、给教师们的话

教师手册,连同测验问题(包括一些多项选择题和简答题)都将提供给在课堂里使用本书的教师。

五、致谢

当我第一次有这样的想法将这些文献以这样的方式介绍给读者时,我是尤其兴奋的。长期以来,我就有把心理学的初始文献介绍给学生的想法。直接向这些最具影响力的心理学大师们学习,能够与同学们分享其中的喜悦我感到由衷的高兴。

当然,要完成这样的任务仰赖诸方的合作和努力。尽管我的名字作为唯一的编者赫然出现在本书的封面之上,但我其实得到了许多人的支持和帮助。McGraw-Hill 的编辑团队,特别是战略发展资深编辑 Susan Brush 对我的帮助最为巨大。感谢使用本书之前版本的全国教师给予此书的反馈意见。我也十分感谢许多阅读本书之前版本的学生们给予我的众多反馈意见。每当我对可读性和内容的相关性心存疑问的时候,学生们总是给我一些有用的评价和建议。我特别要感谢俄亥俄州立大学给予我的学术支持。我的父亲,Don 也给了许多同日常生活有关的建议。我去世的母亲 Ella Jean 一直是我的动力来源,我的妻子 Bernie 负责文章的输入工作并给予我许多情感上的支持。感谢我的家庭,Terry 和他的太太 Shelley,Karen 和她的丈夫 Kenny,以及 Tommy,在我完成此项工作期间给予了极大的耐心。

《心理学经典读本》(第四版)是奉献给那些致力于通过对原始文献的阅读,将心理学的丰富内涵传递给学生的、教师们的。为此我倾注精力努力寻找有价值的资源。如果各方能够对此书给予评论和建议,我将不胜感谢。虽然我觉得这些所选的内容代表了心理学中最为重要的研究,但相信并不是所有人都同意这些章节的入选。我保证将仔细聆听你们关于此书的建议并在后面的版本中建议改进(我的电子邮件地址是 Pettijohn. 1@osu. edu)。我由衷地期望本选集能够对你的教学有所帮助。

特里·F·小约翰

俄亥俄州立大学

译者的话

本人从研究生时期便已开始涉足心理学著作的翻译工作,煮字生涯已近15年,期间也有约200万字的译著发表。每念及此,心中便有许多惭愧。如果说最初涉入一些书的翻译是迫不得已,也是不知天高地厚的话,随着本人教学生涯的推进以及阅读各种文献(英文文献和翻译的著作等)数量的增加,我再碰翻译时会越来越觉得惶恐和不安。现今心理学的最前沿当看欧美,中国的学者和本专业的学生都需要本着虚心的态度认真拜读人家的东西,从教科书一直到各种专业杂志的文献,这样才能在学习的基础之上,尽快把中国的心理学研究推进到一个全新的高度。然而,要准确地理解那些理论专著、研究论文甚至教科书,是需要极高的专业素养和语言能力的,两者缺一不可。又有多少现今的学者能够真正静下心来阅读,做推介的工作,并且达到专业和语言的统一,准确客观地将所读到的、有价值的内容传递给中国的学生和读者呢?反正本人差距很远。因此,在相当长一段时间内,我视翻译原著或教科书为畏途。既然吃力不讨好,而且这又是一项寂寞的事业,凡俗如我者就还是不要碰了。

然而,当复旦大学出版社的马晓俊博士拿着本书找到我时,我还是有了一丝心动。复旦大学心理学专业自2002年恢复招生以来,本人一直担当“心理学导论”课程的讲授工作,加上之前在原上海医科大学近12年的本科生教学工作,我的教学生涯不觉已近20年。在此期间,为了更好地完成教学任务也是自身学习的需要,我较为仔细地阅读和参照各种版本的原版英文心理学导论教科书不下50余种。自身的感受是,以美国为代表的教科书不仅“量足”而且“味醇”,传递心理学基本要义的同时,不忘启发学生和读者对人的心灵与现实生活的思考,不仅科学严谨,而且还包含大量人文社会科学的知识,读来目不暇接之余,又窥见心理学与其他现代科学的接口,包括在现实生活各层面加以应用的诸多可能性。由此可见,教科书的好坏直接影响最初接触心理学专业的学生兴趣,甚至有奠定其一生学术生涯方向的功效。既然教科书如此重要,而放眼国内心理学界,足以担当此任的心理学专业精英层面教学的教科书又寥寥无几,因此,复旦心理学系历届学生的学习就只好建议学生以参考原版的导论教科书为主了。好在复旦现在的心理学系规模不大,学生素质优秀,读原版教科书也不是一件不可能完成的任务。经过8届学生实践下来,效果还是不错的。然而,由于条件的局限,我还是深刻感受到学生学习资源不足的问题。这也就回到了为什么我见到此书会有所心动的问题上来。正如本书编者在前言所陈述的那样,这些溯源而上的经典不仅在心理学史上具有里程碑式的意义,而且对于初涉心理学的学生在学习心理学导论课程时的帮助意义也是显而易见的。我们对经典必须心存敬畏,因为现代心理学的大厦就是建立在前人的思想和研究基础之上。正是这些大师们在探索真理的道路上执著以求,以他们的智慧和洞见开辟了心理学研究的诸多道路,才有了心理学现在欣欣向荣的局面。在与他们对话(阅读本集录入的最初手稿)的时候,用心的读者都能体味到其中的奥妙,并发出由衷的慨叹。同时,这些内容更是我们学习心理学导论,营造心理学知识大厦的最好参照。

在浏览过目录之后,我便觉得很有必要做这项工作,也很荣幸担当这样的任务。然而我还是犯了过度自信的错误。粗看之下这些章节的内容作为导论课的教师我是非常熟悉的,多年来在各种课程中也多有涉及,加之我多年阅读英文文献和翻译的经验,应该不是很难完成的任务。李超白和林婧婧二君都是复旦心理学专业毕业的佼佼者,不但学习研究出色,而且英语更是在某些方面强于我这个做老师的。因此,我只是稍加示范,阐明原则,便交予两位做第一稿的翻译工作,谁知最初结果却并不尽如人意。

冷静下来之后,总算对此有所新的认识:遥想当初在下初涉翻译的时候,译稿不也是不忍卒读,返工再三吗?应该说水平还远远不及现在二位。知识的积累和经验的获得有赖于各种专业学习、工作和研究的多方磨砺,谁都不可能一下子就登入学科的殿堂,甚至对于现在的我而言也都不一定达到这样的高度。于是,又有了和两位合译者的反复沟通和探讨,有了逐字逐句的润色和修订。在某种层面这也未尝不是一件好事,因为从中我看到了不同阶段读者对文献的理解水平,他们也不能说完全曲解原文的意思,但总觉得离真正要表达的差那么一口气,而这关键的一步也许正是学习者都会面临的问题,突破这一瓶颈,也许就一片光明了。即使经过仔细审定,由于本人水平的限制,也一定存在着众多纰漏,希望读者们在给予我们批评的同时,体谅我们的局限,所能保证的也只能是我们工作时的心怀敬意了。

正是由于这样的反复,而我也常拿一些其他的工作作为借口,导致了最终译稿的完成进度一再拖延,对此我要向复旦大学出版社和马晓俊博士表达我的歉意。

希望心理学专业的同学们和对心理学感兴趣的读者能够从这些经典的文献中找到当初大师们在撰写这些报告、文献时的感觉,对我们当下的学习和进步有所帮助。中国心理学的成长和发展,任重而道远!

吴国宏

2010 年 4 月于复旦

网络信息

心理学网站

虚拟心理学教室

在线心理学教室，包含许多心理学相关网站的链接。

http://allpsych.com

美国心理学协会

美国心理学协会的网站包含了从职业发展到现实应用的心理学各个领域的众多资源。

http://www.apa.org

科学心理学协会

科学心理学协会的网站包含了科学心理学的各种教学和研究资源。

http://www.psychologicalscience.org

心理学在线资源

此站点隶属于乔治亚南方大学，由鲁斯·杜威负责，它包含了心理学各领域的众多资源，是很好的学习起点。

http://www.psywww.com

心理学在线资源中心

在线的心理学资源，供心理学学生和教师使用，包含众多链接。

http://www.psycho-central.com

社会科学，心理学

心理学搜索引擎。

http://dir.yahoo.com/Social_Science/Psychology/

心理学指南与演示

阿法巴斯加大学的心理学资源网站,提供各种链接与信息。

http://psycho.athabascau.ca/html/aupr/psycress.html

第一章

心理学协会的分支

心理学协会下不同学科分支的介绍与信息。

http://www.apa.org/about/division.html

心理学史

美国心理学协会的心理学史数据库,记录超过3 100起历史事件的日期和基本信息,该网站由Warren Street维护。

http://www.cwu.edu/~warren/today.html

威廉·詹姆士

艾莫利大学的威廉·詹姆士网页,包含他的生平介绍和著作。

http://www.emory.edu/EDUCATION/mfp/james.html

进化心理学中心

圣塔芭芭拉加州大学下的进化心理学中心的网站,提供进化心理学的相关信息。

http://www.psych.ucsb.edu/research/cep/

第二章

中枢神经运作基础

由汉诺威学院的约翰·克朗茨建立的神经元和大脑结构的基础课程。

http://psych.hanover.edu/Krantz/neurotut.html

中枢神经运作基础

由C·罗宾·狄孟思和莱昂纳德·W·汉密尔顿建立的关于药物、大脑和行为的网页。

http://www.rci.rutgers.edu/~lwh/drugs/

人类基因计划

人类基因计划网站有关行为基因的信息。

http://www.ornl.gov/sci/techresources/Human_Genome/elsi/behaviors.html

神经递质网

介绍有关神经递质在各种条件下的情况的网站。

http：//www.neurotransmitter.net/

第三章

格式塔心理学

有约翰·伯雷建立的格式塔心理学网站提供格式塔心理学界的人物和理论信息。

http：//www.ship.edu/～cgboeree/gestalt.html

视知觉

由约克大学彼得·凯撒建立的视知觉网站。

http：//www.yorku.ca/eye/

视错觉图集

由马萨诸塞大学大卫·兰德里甘建立的一系列视错觉图集。

http：//dragon.uml.edu/psych/

眼球、大脑和视觉

由大卫·胡贝尔建立的有关眼球、大脑和视觉的网站。

http：//neuro.med.harvard.edu/site/dh/bcontex.htm

第四章

关于优质睡眠的建议

有关做梦和睡眠紊乱的信息。

http：//www.sleepnet.com/

睡眠行为基础

有书面研究协会提供的睡眠行为基础信息。

http：//www.sleephomepages.org/sleepsyllabus/sleephome.html

梦境研究

国际梦境研究协会的网站，包含各种信息和一次梦境之旅。

http：//www.asdreams.org/

第五章

正强化

由阿萨巴斯卡大学里尔·格兰特建立的有关正强化互动联系的网站。

http：//server.bmod.athabascau.ca/html/prtut/reinpair.htm

B·F·斯金纳

B·F·斯金纳基金会网站,提供有关心理学家B·F·斯金纳的各种信息和资源。

http://www.bfskinner.org/

第六章

记忆技巧和记忆术

由思维工具(Mindtools)提供的记忆技巧和记忆术网站,告诉你如何提高自己的记忆力。

http://www.psychwww.com/mtsite/memory.html

老年痴呆协会

老年痴呆协会的网站提供老年痴呆病的各种信息。

http://www.alz.org/

第七章

人类智力

由印第安纳大学乔纳森·普勒克提供的人类智力网站。

http://www.indiana.edu/~intell/

敏感语言

附属于Random House的有关性别特征语言的网站。

http://www.randomhouse.com/words/language/avoid_guide.html

第八章

人文主义心理学

人文主义心理学协会的网站,包含人文主义心理学的历史和现状。

http://ahpweb.org/

自我效能感

提供有关自我效能感各种信息和资源的网站。

http://www.des.emory.edu/mfp/self-efficacy.html

第九章

面部表情分析

加州圣克鲁兹大学知觉科学实验室建立的面部表情分析网站,提供各种研究信息,例如保罗·艾克曼。

http://mambo.ucsc.edu/psl/fanl.html

情绪

由让-马克・菲拉斯和艾娃・胡德里克维护的情绪网站，提供情绪研究的各种信息和资源。

http://emotion.bme.duke.edu/emotion.html

如何变得罗曼蒂克

由格利高里・格戴克建立的罗曼蒂克网站，提供1 001种方法让你浪漫起来。

http://www.1001waystoberomantic.com/romantic_tips.htm

第十章

让・皮亚杰档案

让・皮亚杰档案馆网站，包含了生平介绍和研究成果信息。

http://www.unige.ch/piaget/Presentations/presentg.html

人类发展资源

由乔治梅森大学亚当・韦斯勒和苏珊・基冈维护的有关发展网站，包含发展的理论(包含弗洛伊德，皮亚杰，埃里克森)。

http://classweb.gmu.edu/awinsler/ordp/topic.html

依恋理论和研究

由纽约州立大学石溪分校提供的有关依恋理论和研究的网站。

http://www.psychology.sunysb.ed/attachment/

第十一章

人格计划

由西北大学心理学院研究生人格研究计划主任威廉・雷威尔建立的人格计划网站。

http://personality-projext.org/

人格理论

宾州西盆斯贝格大学C・乔治・伯雷维护的人格理论网站，提供许多完整的人格理论。

http://www.ship.edu/~cgboree/perscontents.html

第十二章

如何面对应激

由思维工具(Mindtools)提供的有关应激和应激管理的网站。

http://www.psychowww.com/mtsite/smpage.html

心理学自我帮助

心理学自我帮助资源网站包含许多自我调整和自主的链接。

http://www.psychwww.com/resource/selfhelp.htm

第十三章

心理疾病

心理健康信息网站,提供各种心理疾病的信息。

http://www.mhsource.com/disorder/

约翰·格罗霍博士的心理中心

约翰·格罗霍心理研究中心提供的心理疾病症状和治疗中心的网站。

http://psychcentral.com/disorder/

第十四章

心理治疗

由本奈特·婆罗格建立的心理治疗的网站,提供心理治疗的各种信息和资源。

http://www.aboutpsychotherapy.com/TMain.htm

美国心理学协会帮助中心

美国心理学协会帮助中心的网站提供解决个人问题的帮助。

http://www.apahelpcenter.org/

第十五章

社会心理学网

由韦斯利大学斯科特·普勒斯建立的社会心理学网提供了大量有关社会心理学的信息和资源。

http://www.socialpsychology.org/

社会认知

由普渡大学埃利奥特·史密斯维护的社会认知论文集和信息中心。

http://www.psych.purdue.edu/~esmith/scarch.html

斯坦利·米尔格拉姆

斯坦利·米尔格拉姆网页包含了他的生平介绍以及理论和研究。

http://muskingum.edu/~psychology/psycweb/history/milgram.htm

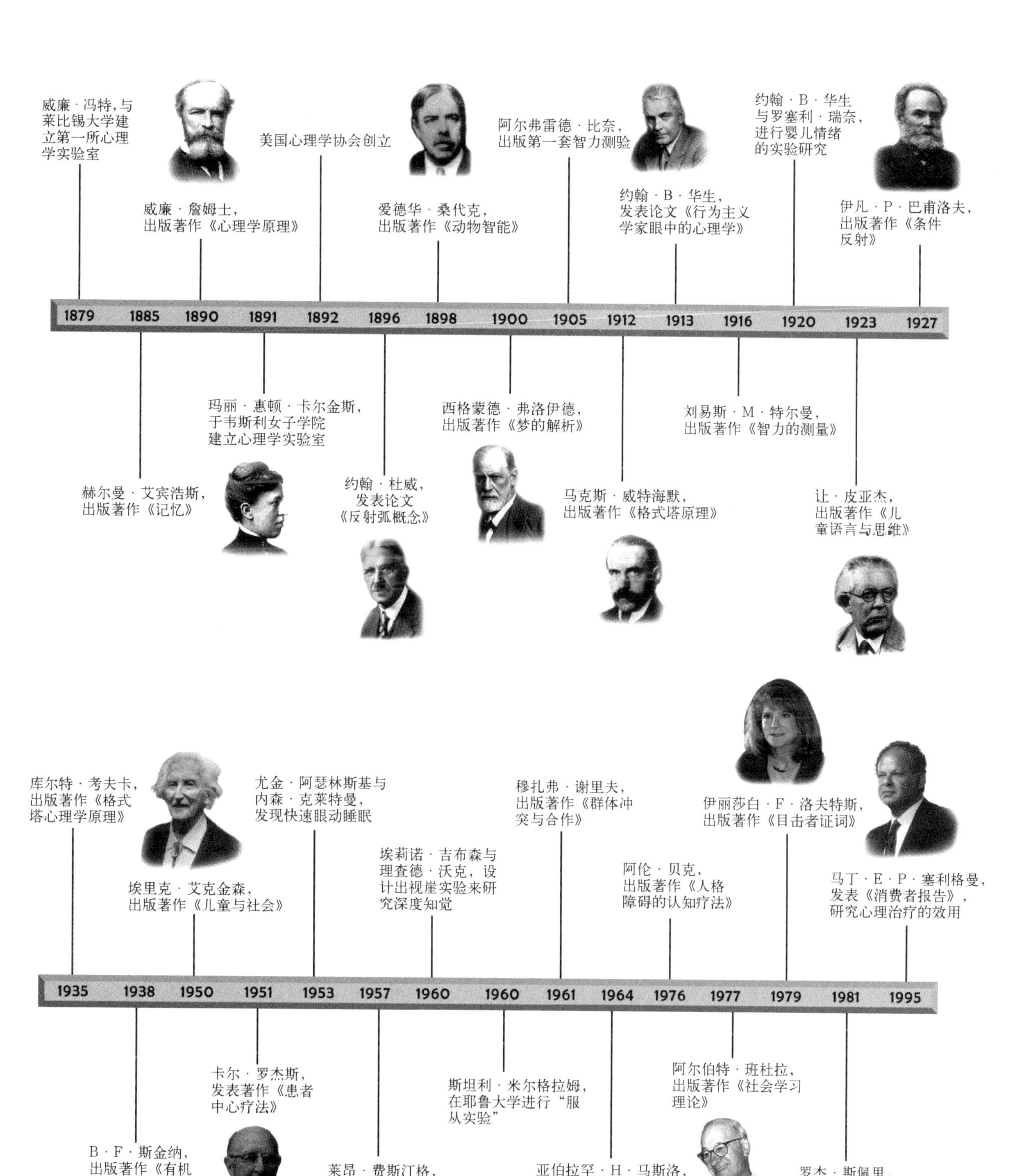

威廉·冯特，与莱比锡大学建立第一所心理学实验室
赫尔曼·艾宾浩斯，出版著作《记忆》
威廉·詹姆士，出版著作《心理学原理》
玛丽·惠顿·卡尔金斯，于韦斯利女子学院建立心理学实验室
美国心理学协会创立
约翰·杜威，发表论文《反射弧概念》
爱德华·桑代克，出版著作《动物智能》
西格蒙德·弗洛伊德，出版著作《梦的解析》
阿尔弗雷德·比奈，出版第一套智力测验
马克斯·威特海默，出版著作《格式塔原理》
约翰·B·华生，发表论文《行为主义学家眼中的心理学》
刘易斯·M·特尔曼，出版著作《智力的测量》
约翰·B·华生与罗塞利·瑞奈，进行婴儿情绪的实验研究
让·皮亚杰，出版著作《儿童语言与思维》
伊凡·P·巴甫洛夫，出版著作《条件反射》
1879
1885
1890
1891
1892
1896
1898
1900
1905
1912
1913
1916
1920
1923
1927
库尔特·考夫卡，出版著作《格式塔心理学原理》
B·F·斯金纳，出版著作《有机体的行为》
埃里克·艾克金森，出版著作《儿童与社会》
卡尔·罗杰斯，发表著作《患者中心疗法》
尤金·阿瑟林斯基与内森·克莱特曼，发现快速眼动睡眠
莱昂·费斯汀格，发表“认知失调理论”
埃莉诺·吉布森与理查德·沃克，设计出视崖实验来研究深度知觉
斯坦利·米尔格拉姆，在耶鲁大学进行“服从实验”
穆扎弗·谢里夫，出版著作《群体冲突与合作》
亚伯拉罕·H·马斯洛，出版著作《存在心理学探索》
阿伦·贝克，出版著作《人格障碍的认知疗法》
阿尔伯特·班杜拉，出版著作《社会学习理论》
伊丽莎白·F·洛夫特斯，出版著作《目击者证词》
罗杰·斯佩里，大卫·胡贝尔与托斯腾·韦塞尔因“大脑与行为”研究获诺贝尔奖
马丁·E·P·塞利格曼，发表《消费者报告》，研究心理治疗的效用
1935
1938
1950
1951
1953
1957
1960
1960
1961
1964
1976
1977
1979
1981
1995

目录

第一章 心理学简介

第二章 心理生物学

第三章 感觉与知觉

第四章 睡眠与意识

第五章 学 习

第六章 人的记忆

第七章 认知与智力

第八章 动　机

第九章 情　绪

第十章 人的发展

第十一章 人 格

从这些小故事中,我们发现在日本和美国,人们对于自我、他人,以及人与人之间的相互依存关系的理解,居然有如此之不同,着实令人吃惊。

第十二章 应激与调节

第十三章 变态心理学

第十四章 治 疗

第十五章　社会心理学

第一章

DI YI ZHANG

心理学简介

第一选

威廉·詹姆士，摘自“心理学的研究范畴”，《心理学原理》

第二选

约翰·B·华生，摘自“行为主义学家眼中的心理学”，《心理学评论》

第三选

玛丽·惠顿·卡尔金斯，摘自“韦尔斯利学院的实验心理学”，《美国心理学杂志》

第四选

W·托德·德凯和D·M·巴斯，摘自“人的本性、个体差异以及情境重要性：进化心理学的视角”，《心理学新进展》

第一选
心理学的研究范畴

威廉·詹姆士(William James)，1980

由美国心理学家威廉·詹姆士于1890年著作完成的《心理学原理》(*Principles of Psychology*)，是心理学史上里程碑式的著作。在此书中詹姆士认为，心理学应该着重研究意识的机能，正是基于这一观点，心理学建立起机能主义学派，对当今的心理学研究而言依然有着重要的影响。

威廉·詹姆士(1842—1910)于1869年获得哈佛大学(Harvard University)医学博士学位，并在三年之后开始从教心理学。在哈佛大学，詹姆士备受学生欢迎，他撰写了多方面的著作，范围涉及意识、情绪、人格、学习和宗教等。直至今日，心理学的学生们依然研习他在上世纪初的著作，其对心理学的深远影响由此可见一斑。

此文摘自詹姆士最著名的两卷本著作《心理学原理》的第一章。文中他将心理学定义为"心理生活的科学"(science of mental life)。虽然他把情感和认知等也纳入心理学的范畴之内，但他更加强调大脑在以生存为目的的行为中所起的作用。早期的心理学课程大都以此书为基础，它鼓励心理学家们以更为广阔的视野来看待心理科学。今天，这本著作依然受到广泛的研究和重视。当我们阅读以下内容时，会注意到自詹姆士完成此书至今的百多年间，心理学所经历的一些变化。

关键概念：早期心理学定义(an early definition of psychology)

APA索引[①]：James, W. (1980). *Principles of psychology. Volume 1.* New York: Holt.

心理学观其现象及产生的条件，无非心理生活之科学(Science of Mental Life)。所谓心理现象，即我们所称之情感、愿望、认知、推理、决策等，诸如此类。从表面看来，纷繁复杂的心理世界会给观者留下一片混乱的印象……

反思之后我们不难发现，除非能够给感觉和大脑施加深刻的印象，不然这些现象(外部

---

① APA指American Psychological Association，美国心理学协会，后文同。——译者注

世界的经验)对于改变我们的观念起不到丝毫作用。单凭既往事实的存在是不会自发产生记忆的。除非亲眼所见或亲身经历,否则我们永远都不知道它们的存在。因此,切身经验乃是记忆功能之所以存在的前提条件之一。稍加思索便不难发现,我们身体的一部分——大脑,是与各种经验直接关联的重要区域。倘若切断身体某部分同大脑之间的神经联系,那么所有通过该身体部分所获得之外部经验将不复存在。眼睛失明、两耳失聪,手也许既丧失触觉,也无法动弹。反之,如果大脑受损,哪怕身体其他器官一切正常,人的意识也会丧失或发生改变。头部遭受打击,脑血量的瞬间减少,或中风脑出血造成的压力,都会导致这样的效果;而摄入一些酒精,少许鸦片或麻醉剂,吸入一些氯仿或“笑气”(一氧化二氮气体),则会导致意识改变。发烧引起的幻觉,精神错乱造成的人格改变,也都是由于外部物质侵袭大脑,或器官发生病理性改变使然。大脑作为思维运作的直接条件业已在全世界范围内得到普遍认可,对此我无须赘言,在此只是将之视为一种当然并引用……

因此,身体经验或更加确切地说是大脑的经验,必须置于心理学需要顾及的心理生活的这些条件之下来加以讨论……

因此,第一个结论便是,心理学是以一定的大脑生理学为先决条件,或者说后者是涵盖于心理学之中的。

还有另外一个方面使得心理学家或多或少成为一名神经生理学家。心理现象不仅以生理过程为前提条件……同时还导致了身体的反应……心理导致行为(acts)显然是我们最为熟悉的事实,当然,这里的“行为”不仅指那些自发和有意的肌肉动作。心理状态有时也会改变血管的直径,引起心率、或引起更为潜在的腺体和内脏活动的变化。如果我们将这些因素,连同那些一度存在的心理状态“远期”所导致的行为都考虑在内的话,便可放心地得出如下结论:没有任何心理改变是不伴随或跟随身体改变的。以思想和情感为例,呈现在读者面前的印刷文字引起读者心理的兴奋,不仅表现为眼球的移动以及随着对文字的默念领会的意思内容随之发生改变,还会导致有朝一日你会谈及这些内容,或在讨论中采取相关的立场,给出建议,或挑选一本有关的书来阅读。总之,如果这些文字从来没有出现在你的视网膜上,情况就不可同日而语。因此,我们所说的心理学必须在关注心理状态产生的先决条件的同时,也将引发的各种结果纳入考察的范围之中。

然而,原本由有意识的智能所发动的行为,会凭借习惯的力量,逐渐发展成像是无意识所产生。当一个人深深投入一件事时,他照样能够站立、行走、扣上或解开扣子、弹钢琴、交谈,甚至还能做祷告。这些动物本能的表现看起来是半自动的,而出于自我保护的反射行为显然也位居此列。然而,在其他的场合,如果这是动物有意为之的话,即使结果相同,那它们也还是代表着一种智能行为。对于这些近乎机械却不失目的性的行为所进行的研究,是否也应当纳入心理学范畴呢?

所谓心理的界限当然是模糊的。我们最好不要采取过于学究的立场,就让科学如其主题那般模糊,只要是对于我们理解手头主要工作有所帮助,即使含混些也不妨将这些现象纳入其中。我相信很快就能证实我们能够做到,较之狭隘的视角,越是采用宽泛的视角去对主题加以概念化,我们得到的也就越多。对于任何的科学而言,当发展到特定阶段时,一定程度的模糊最容易实现思想的多彩。总体看来,近来没有其他的表达能够比下面一种更真实地对心理学的归类有所帮助……这一观点认为,心理生活的实质与躯体生活的实质根本就是同一个,即所谓“内部和外部关系的相互协调”。这样的定义本身也是模糊的,但是因为它认识到心理其实寓于环境之中,作用于环境且环境亦能反作用于心理,也因为它是把心理置于其具体的关系中加以看待,因此它远比老套的“理性心理学”,一种将心灵看作独立存在,仅考察自身的性质与特点便已足够的思想更加富于生命力。由此,我将更为自如地突破藩篱,介入那些于我们的目的有所帮助的动物学或神经生理学的领域,没有前面的铺垫,这些科学都会被视为是生理学家才能涉猎的领域。

我们是否能够更加确凿地阐述,心理生活似乎是介于无须借助身体产生的印象与身体对外部世界的反应这两者之间呢? 让我们先看看如下这些事实。

如果一些铁屑散落在桌上,当一块磁铁靠近时,这些铁屑能够飞过一定的空间黏附到磁铁表面。看到这一现象的原始人会把它解释为一种铁屑和磁铁之间的吸引或爱慕关系。但是如果在磁铁两极覆盖一张卡片,铁屑则会紧紧黏附在卡片表面,而不是绕过卡片的边缘直接黏附到它们所“爱慕”的对象身上……

如果现在将这种现象转换到生命体上,我们会发现明显的区别。罗密欧对朱丽叶就好比是铁屑渴望磁铁,如果两人之间没有阻隔他就会直接向她靠拢。但如果两人之间相隔一堵墙的话,他们决计不会像铁屑和磁铁隔着卡片粘在一起那样,愚蠢地将脸贴在墙的两侧。罗密欧一定会翻过这堵墙或无论用什么办法直接来到朱丽叶身边。对于铁屑而言,路径是固定的,是否能够达到特定的结果取决于外部因素;而对于情侣来说结果才是一定的,其实现的路径则可以有无穷的变化。

生命体和无生命体间存在的差别,致使我们否认物理世界中会存在有任何最终的目的。如今我们再也不会把爱和愿望强加于铁屑或空气。现在也没人会认为任何活动呈现的最终结果,是一开始就受到一个理想驱策和规定好的……相反,最终的结局事实上仅仅是一种被动产生的结果……也就是说,并不是事先预想好的。对于无机物而言,改变先决条件会导致不同的结果;但对于智慧生物来说,改变先决条件只会改变表现出的行为,而最终结果则不会改变。此时,未尽实现的目的与现有的条件联合作用,共同确定哪些行为活动将会发生。

对未来目标的追寻以及为达成目的所选择的方法,由此成为这一现象中心理活动存在的标志和标准。我们大都以此来检验区分智能的和机械的行为。之所以我们不会将心理赋予木棍或石头,是因为它们永远不会为了什么却总是因为外力推动而发生移动,漠漠然根本无从选择。因此,我们毫不犹豫地称之为无知觉的。

由此我们形成关于所有哲学问题中最为深刻的问题的讨论:宇宙到底从其内部特性看是一种智慧理性的表达,还是从其非理性的外部事实分析,是一种纯粹和简单? 在思索答案时,如果我们发现自己始终不能排除这样的印象,认为宇宙是一个有终极目标的疆域,其存在即是为了某种目的,那其实我们就已经赋予宇宙以智慧的核心,也因而具有了一种宗教;反之,在审视宇宙无可改变、永不停歇的变化时,如果我们认为现在的一切无非是过去的世界经历一些机械的演变而来,其发生与未来世界没有任何关系,那么你就是无神论和唯物主义者。

第二选
行为主义学家眼中的心理学

约翰·B·华生(John B. Watson), 1913

从 20 世纪 20 年代到 60 年代,注重对行为加以客观测量的行为主义成为心理学的主流,行为主义学派的创始人约翰·B·华生把心理学看作是“纯粹客观的、实验的自然科学的分支”,这一观点对早期的心理学家影响深远。华生认为,心理学应当是遵循自然科学模式对外在行为加以研究的科学,这一观点将在本节文章中得到阐述。

华生(1878—1958)于 1903 年获得芝加哥大学(University of Chicago)实验心理学博士学位,自 1908 年起任教于约翰·霍普金斯大学(John Hopkins University),直到 1920 年因一场离婚而被迫辞职,改行从事广告业。尽管他的心理学职业生涯只有短短的 12 年,但至今仍对心理学界有着相当的影响。

本文于 1913 年刊登在《心理学评论》(*Psychological Review*)上,它也标志了行为主义学派的正式登场。华生不再将意识作为研究对象,也摒弃了心理学中内省的研究方法,主张对人和动物的行为进行客观的研究,其目的是想让心理学更多地被运用到其他领域之中(例如教育、法律、贸易等),并发展成为一种实验性的自然科学。

关键概念: 行为主义学派(school of behaviorism)

APA 索引: Watson, J. B. (1913). Psychology as the behaviorist views it. *Psychological Review*, 20, 158 - 177.

在行为主义学派看来,心理学应是一门纯粹客观的、实验的自然科学的分支。其理论目标在于预测和控制行为。内省法不在行为主义心理学的基本研究方法之列,对于以事实数据为依据的行为主义而言,用它来解释意识也毫无科学价值。行为主义者试图获得一致的动物反应系统,认为在人与动物之间并不存在明显的分野。人类行为再怎么精巧复杂,也只不过是行为主义学家研究系统的一部分,而不是全部……

把任何与意识有关的内容从心理学中排除的时机已经到来,我们不需要再自欺欺人地将心理状态作为观察研究的对象。我们深陷心理的元素、意识内容的本质(例如非形象思维、态度等等)这样的纯理论问题之中,作为一名崇尚实验的学者我觉得其前提假设根本就是错误的,由此生发的各种不同问题当然也不能幸免。我们甚至都不能保证当前心理学界所使用的一些术语对于各位心理学家而言所指的是同样的东西。以感觉为例,感觉是根据其属性来加以定义的。可能某位心理学家毫不犹豫地告诉你说视觉的特性包括“品质、空间范围、持续时间、强度”等。另一位心理学家可能会加上“清晰度”,还有一位则又会加上“顺序”。我非常怀疑那位心理学家对感觉所做的一番定义能够得到另外三位接受不同训练的心理学家的同意。以某种感觉可以独立分离出来的数量问题为例,对于颜色来说,到底是存在无数种不同的颜色视觉,还是仅仅只有红、绿、黄、蓝四种颜色视觉呢? 而其中心理学上视为一种单一的颜色的黄色①,完全可以通过用红光和绿光叠加照射于同一漫射表面而获得!此外,如果我们认为光谱中任何最小视觉差(jnd)都为一种单一的感觉的话,那就不得不承认,这个数量是极其庞大的,要分别获取它们的条件也太过复杂,以至于这样的颜色视觉概念根本就不可用,无论是出于分析还是综合的目的都是不现实的。Titchener 是我们这个国度中基于内省法的心理学的最为忠实的捍卫者,在他看来,对于诸如感觉到底有多少种以及具有多少不同属性,(这些感觉的元素)到底是彼此联系还是在很多其他的讨论分析中认为的更为独立和基本,存在各种不同的意见是自然的,对于刚刚起步、尚待发展的心理学来说再正常不过了。尽管对于任何一门处于发展历程中的科学而言,都会出现许多不能解答的问题,但是显然只有如我们这般投身其中,为之奋斗也深受其苦者,才会信心满满地期待在将来能够对这些未知的问题做出更为一致的回答。我坚信一点,如果继续沿用内省法的话,即使两百年之后我们依然还会在听觉是否具有“范围”,“强度”的特性是否适用于颜色,图像和感觉之间是否存在“结构”上的区别,等等诸如此类的问题中盘桓打转……

不久前,当我看到 Pillsbury 的书中将心理学定义为“行为的科学”时,曾深深为之惊叹,近来还有教科书称心理学为“心理行为的科学”。看到这些充满希望的阐述时我不禁感想,也许现在是时候根据不同的方向来编写教科书了。可是当我翻过几页后却发现,行为科学不见了,代之的是传统编排的感觉,知觉、意象等,当然侧重点有所转移,也加入了一些带有作者个人印记的细节……

由此引发了我怎样才能使论点更加富于建设性的思考。我相信我们也可以写一册心理学教科书,采取 Pillsbury 的定义,但绝不走回头路:诸如意识、心理状态、心智、满意、内省验证、意象等等之类的术语统统不加采用……可以采用刺激和反应,采用习惯的形成、习惯整合这样的概念,这样的努力无疑是值得一试的。

我致力于构建的心理学其首要的立场是有机体,包括人和动物,能够通过遗传和习惯的力量,使得自身适应于周围的环境。这样的适应调整既可能非常充分,也可能不够充分,从而导致有机体的生存都难以为继;其次,特定的刺激会引发有机体对此做出反应。在一个完全研究彻底的心理学系统内,从什么样的反应就能预计接受的是怎样的刺激,若给定了刺激,也能预测会发生什么样的反应。也许这样的陈述显得极为粗糙,但凡这类概括皆不能幸免,但是相比现今心理学教科书中更显原始、更加脱离现实的说法,它们显然略胜一筹。举一个例子,可能每个人在工作中都曾遇到过这样的事情,我想借此来向大家说明我的观点。

① 华生在上世纪初该文中所称的所谓“四色说”与“杨-赫尔姆霍兹”的三色说有所不同。——译者注

前些日子，我被邀请去图杜卡斯（Tortugas）观察研究某种鸟类，在此之前我还从未见过这种鸟的活体。通过观察，我发现它们某些行为与其居住的环境高度适应，而另外有些行为并不与它们的生活类型相适应。我先观察了整个种群的行为反应，然后再对个体行为反应进行研究。为了更好地区分这些反应中哪些属于习惯，哪些属于遗传，我把幼鸟带回来自己抚养。这样，我就能够对遗传调整出现的顺序及其复杂性，以及后期习惯形成的开端进行研究。事实上，我试图确定什么刺激能够导致发生这样行为调整的努力很是粗浅，导致接下来控制行为以产生期望反应的努力没能达到理想的效果。对于野外研究而言，对象的食物和水，繁殖行为和其他社会关系，光线和温度等条件皆超出了控制范围。但我也确实有所发现，即有可能通过鸟巢、鸟蛋或雏鸟作为刺激物，来部分控制它们的反应。在此我们无需过多讨论类似的研究应当如何进行，以及需要增加哪些控制良好的实验室实验……所有此类研究我的主要目的是，获得有关调整及引起这些调整的刺激的准确知识。这么做我还有一个最终的理由，就是期望借此学到能够控制行为的普遍的和特殊的方法……如果心理学的发展能够按照这一设想进行，一旦我们能够通过实验获得数据，教育家、物理学家、法官、商业人士等便都能够加以运用。那些有机会在实践中运用心理学原理的人，也不会像今天这样抱怨。现在去询问任何一位物理学家或者法官，问他们所谓的科学心理学是否在他们的日常工作中占有一席之地，你一定发现他们都会否认实验室获得的心理学对他们的工作有所帮助。我认为这样的批评是极为公正的。我最早先对心理学报有不满的一个理由，就是觉得这些由华丽术语组成的心理学原理根本没有应用的可能性。

行为主义的立场恰好可以扭转该局面。它之所以给我带来希望，是因为这一心理学分支已然部分摆脱了起初的实验心理学的立场，不再依托内省法，而在今日焕发出最为蓬勃的生机。实验教育学、药物心理学、广告心理学、法律心理学、测验心理学以及心理病理学等也都茁壮发展起来。有时候它们被错误地冠名为“实用”或“应用”心理学，这显然是用词不当。将来也许会出现真正的应用心理学职业机构，但眼下这些领域还都隶属于科学，致力于寻找控制人类行为的更为普遍的方法。例如，通过实验也许我们能够发现，在学习诗歌时究竟是作为整体一次性学习更容易记住呢，还是每小节逐一单独学习效果更好。教师运用这样的原理一定非常情愿。又如在药物心理学中，我们研究摄入一定剂量的咖啡因对人的行为会有什么影响。我们也许会得出结论，咖啡因对于提高工作速度和准确性有积极的效果。但这只是普通的结论而已，至于我们的实验结果是否采用将取决于个人。又如在法庭作证时，我们测试近因效应对目击报告信度的影响。测量对运动物体、静止物体、颜色等描述的准确性。而只有国家的司法机构才有权决定是否运用这些成果。如果一位“纯粹的”心理学家声称，他对这些科学分支所产生问题并不感兴趣，因为它们同心理学的运用没有直接的关系，这首先表明他根本不理解这些问题所包含的科学目标；其次，也表明他对与人类生活发生有关的心理学不感兴趣。我必须指出其中唯一的错误是，许多他们的材料都是通过内省的方法来加以陈述的，然而，在我看来借助客观结果的表述，其价值远远超过前者……

综上所述，我想我必须承认对于这些问题的看法我有着强烈的倾向性。我花费将近12年的时间对动物进行实验，很自然也该转向从事与实验相一致的理论构建工作。并且长期以来坚持我的观点。也许我只是树立了一个稻草人，并且不自量力地宣战……我所推崇的观点也许现在还很薄弱,足以招致各方面的批评和攻讦。尽管如此,但我依然认为我的主张会对未来发展建立的心理学类型有着广泛的影响。我们所需要做的是继续心理学的研究工作,把人的“行为”,而不是“意识”作为主攻的客观方向。当然,有关行为控制,我们还有许多尚待解决的问题,这足以耗费我们一生的时间去为之工作,根本无暇让我们去思考意识的问题……一旦着手这样的事业,我们便会发现自己将迅速地揖别于内省心理学,这同当下的心理学与官能心理学的决裂别无二致。

第三选
韦尔斯利学院的实验心理学

玛丽·惠顿·卡尔金斯(Mary Whiton Calkins),1892

大多数人都是通过大学里的专业课程认识心理学这门学科的,玛丽·惠顿·卡尔金斯是心理学课堂教学的先驱者之一。在心理学教学的同时,她还积极参与心理学的研究工作,并担任美国心理学协会的领导工作。

卡尔金斯(1863—1930)师从于哈佛大学心理学家、哲学家威廉·詹姆士,但仅仅因为她的女性身份而没能获得博士学位。她接受了韦尔斯利学院(Wellesley College)的教职,着手于记忆、知觉、人格、情绪、梦等多方面的研究。1905年,卡尔金斯当选为美国心理学协会历史上第一位女性会长,并一直致力于调和结构主义学派和机能主义学派的工作。

"韦尔斯利学院的实验心理学"一文刊载于1892年《美国心理学杂志》(*American Journal of Psychology*),卡尔金斯在文中详细介绍了她授课的实验心理学课程的情况,包括学生们的体验和她自己对心理学教学的见解。通过本文可以了解在那个年代里心理学课程的概貌,同时也领略到一个世纪以来心理学所历经的变化。

关键概念: 教授心理学,历史(teaching psychology, history)

APA 索引: Calkins, M. W. (1892). Experimental psychology at Wellesley College. *American Journal of Psychology*, 5, 464 - 471.

在讨论过实验心理学较之内省心理学的相对优势之后,自然而然地我们要考虑一个更为实际的问题,即如何引入实验心理学。这是一个事关时机是否成熟的复杂问题,牵涉到实验室的设备,实验室工作量的大小,以及学生实验的合适方向等诸多方面。尤其当心理学课程是学生的必修课,作为一般性课程学生在进入时事先又未接受过科学训练,对实验也并不特别感兴趣,因而课程必须对此加以调整,这时问题就显得更为突出。在此类课程中,有时会有一种迫切的愿望,去介绍那些仅对专家来说才是有价值的、但对于一般学生而言却是不胜负担的实验方法,用技术上的细节来取代心理学原理,很容易造成与其他科学的混淆。

我们开设了一门普通心理学课程,广泛地运用了实验的方法,本文记录了一年来这门课上的种种经历,也反映了我们是如何面对上述挑战的。1892年秋天,一门名为"心理学,含实验心理学”的课程在韦尔斯利学院开设,并被列为高级心理学选修课程。该课程一共有54名学生参加,其中只有一两名学生没有接受过本专业领域的先前训练。他们都上过一学年的包含实验的化学课程,之后相类似的物理学课程也只有其中三人没有参加。他们绝大部分没有学习过生理学,并且许多人或多或少声称对实验室工作不是很感兴趣。整个课程的目的并不是要取代内省式心理学,而只想起到补充的效果。期望引导学生能够细致观察并证实许多他们自身经历的事实,熟悉一些当代研究其结果以及常用的实验方法,并向他们介绍一些心理学文献中的重要著作。

课程第一个月全都花在大脑生理学的学习上,我们将莱德(Ladd)的《心理学大纲》(*Elements of Psychology*)作为教材,课堂上学生要做一些口头问答、非正式讲座和动笔写作。比如,要求学生根据一张由大脑分别从背面和腹面绘制的草图,列举出大脑的各个部分。在学习大脑这部分内容时,我们先通过教科书、通过图解和模型,之后还让每个学生解剖羊脑。我们根据詹姆士博士提供的方法[1]储存羊脑[将广口糖罐配以橡胶盖以保持密封,这是一种取代常规的怀特霍尔(Whitehall)和泰顿(Taitum)罐封法的更为经济的一种方法]。解剖过程自始至终由老师引导,给学生简明的指导并要求他们确认出大脑中最为重要的结构部分。这样学习的结果是令人满意的,就连惧怕解剖的学生也一致赞同这样做有助于彻底了解大脑的解剖构造。在学生们进行解剖的这一周里,在课堂上同时介绍有关大脑区域定位的基本理论。

接下来六周我们进行感觉实验的学习。学生们要做有关触觉、压力觉、温度觉、味觉、听觉、视觉等一共大约70个实验。所有这些实验几乎都取自E·C·桑福德(E. C. Sanford)博士的《心理学实验室课程》(*Laboratory Course in Psychology*)[2],只是根据课程计划和讨论的需要重新安排了顺序。我们用复写器将实验的介绍复制并分发给学生,每个实验之前都在课堂上加以讨论。实验室配有专门的指导人员每天值班,回答学生提出的各种问题并给予帮助。每位学生要对自己进行的实验加以记录。

在课堂上,要求学生报告实验结果,对各种感觉的生理学原理进行口头问答,同时也会就根据感觉理论进行的不同实验之间的关系展开仔细讨论。我们努力厘清“感觉”一词含混且模棱两可的含义,将之视作“通往意识之路的首要”。我们还详尽学习了三大知觉理论,即联想主义(associationist)、唯理论主义(intellectualist)和生理心理学的观点,同时要求学生阅读威廉·詹姆士《心理学原理》中相关的三个章节——“心理要素理论”(The Mind-Stuff Theory)、“感觉”(Sensations)和“知觉”(Perception)。当然,在这样的基础课程中不会得到任何新的实验结论,所有进行的那些重要实验只是重复而已。味觉实验着实不受欢迎,我再也不会在非专业背景的学生中开展这一实验来。我还决定省略那些涉及精确测量的实验,例如高尔顿尺(Galton bar)①和视野计(perimeter)②,我至多只会让学生对它们的使用方法有所了解。

---

① 高尔顿尺(Galton Bar):一个水平的杠杆装置,通过一个垂直的可调节的指针把它分为两等分,以此来测量被试的视觉长度估计能力。该装置由英国心理学家Francis Galton爵士发明。——译者注

② 视野计(perimeter):一个用来测量被试视觉的范围和特性的装置。——译者注

有些学生对实验很感兴趣，除了完成所要求的之外还会独立进行一些实验观察；而大多数人虽然表面上过得去，但缺乏热情；还有些学生自始至终就不喜欢实验。不过至少大部分学生都认识到其中的价值——实验能促使我们去观察，而且也是心理学理论的基础。

在一次历时 45 分钟的非正式测验中，我提了如下一些关于实验工作的问题：

Ⅰ. 请详尽描述以下两个实验，说明它们各自依据的理论，从中你得到什么样的结论：

　a. "色影"实验（colored shadows）①

　b. 谢纳（Scheiner）实验②

Ⅱ. 什么是皮肤感觉？

Ⅲ. 什么是（所谓）联合感觉（joint senses）？请介绍一个能够证明其存在的实验。

在联想一章的学习中，我不再沿用"邻近性"（contiguity）联想和"相似性"（similarity）联想来对之加以区分，代之以将联想划分为"中断性联想"（desistent association）和"持续性联想"（persistent association），前者指意识中没有保留任何先前意识中的内容，后者指先前存在的内容全部或部分保留于现在的意识中[3]。詹姆士博士所用的量之区分我则加以保留，对应的术语分别为"整体的"、"部分的"和"聚焦的"联想。我要求学生参照霍布斯（Hobbes）、哈特莱（Hartley）、培因（Bain）和詹姆士的有关论述中当初使用的例子或引用，分别说明不同的联想种类。这一做法将心理学研究和文献研究结合在一起，相当有趣同时也颇具价值。通过一个与此有关的简单实验，即对比发现阅读 100 个不相关的单音节词所需的时间慢于阅读 100 个关联词所需时间，说明了联想在缩短智力加工过程中所起到的作用。此外，我们也对阅读一篇由不同语言的 100 个词所组成的段落所需要的时间，进行了仔细的计时和比较。

此后我们还对联想进行了更进一步的实验。让每个学生写下一个由 30 个单词组成的词串，词与词之间相互联系，前一个提示下一个。比如词串以"书"（book）为开头的话，很自然地会提示写作（writing），但直到实验开始时才会看到这个词。然后由学生研究自己写下的词串，如果两个词之间的关联是通过视觉线索得来的就标记为 V（visualized 之意），如果这个关联和童年经历有关，就标记为 C（childhood 之意）；然后对联想分类，指出哪些（性质或事物）是中断性联想，哪些是持续性联想；同时指出每一情况下所谓的二级联想律（新近性、频度或生动性）。当然，每个词串都是学生单独和未受打扰的情况下完成的……

有关注意的内容主要围绕詹姆士博士书中相关的章节展开，实验内容牵涉分配注意，即两项智力加工的表现和准确性问题，先是考察它们分别执行的情况，然后是组合在一起时的

---

① 色影实验（colored shadows）：当物体被来自两个以上的不同色彩不同方向的光源照射并投影在白屏上，会出现彩色的影子。参见 Delabarre, E. B. (1889). Review: Colored Shadows, *The American Journal of Psychology*, Vol. 2, 4, 636–643. ——译者注

② 谢纳实验（Scheiner's experiment）：在卡片上扎两个极小的孔，间距小于瞳距。当卡片距离眼睛很近时我们能看到两个孔，卡片移到某特定的距离时我们会把两个孔看作一个孔。当距离比这个更远时，正常眼睛始终看到一个孔，而近视眼很快又会看到两个孔。——译者注

表现。

简单介绍意识的“确认”和“区分”后,接下来是为期6周的空间知觉的学习,着重讲授三个主要理论:经验论、康德先验论和感觉先验论。所要求的阅读材料包括贝克莱(Berkeley)、米尔(Mill)、斯宾塞(Spencer)、斯巴丁(D. A. Spalding, MacMillan, February, 1873)、普雷耶尔(Preyer, Appendix C of Vol. Ⅱ., *The Mind of The Child*)[4]、詹姆斯(James, parts of the Space-Chapter)、康德(Kant, Aesthetic, “*Metaphysical Deduction*”)等的著作。

共有超过三十个的实验用来说明空间意识(space-consciousness)获得或(和)发展的方法。课程通过图示及“单眼实验”,详尽介绍了单眼视觉理论。在深度知觉的学习中则涉及Hering的实验,让被试通过一根管子进行观察,在很短的距离内判定某个点究竟是落在白色背景中一根黑线的前面还是后面。我们还借助惠斯顿(Wheatstone)立体镜,对辐合律(laws of convergence①)及有关现象进行学习。

之后的内容涉及空间错觉及非视觉空间错觉,包括詹姆士博士提出的所谓鼓膜空间知觉实验,以及运用回音采样器(telegraph snapper)对声音进行定位……

在学习记忆和想象时我们只进行了为数不多的“记忆广度”(原文为 The Mental Span)实验,并要求学生阅读詹姆士、伯纳姆(Burnham)、刘易斯(Lewes)、鲁斯金(Ruskin)、娭弗里特(Everett)等人的著作。记忆错误当然也在讨论之列。

相对而言,我的课程中涉及变态心理学的内容并不多,因为很显然在学术上研究变态心理之前,首先应当研究正常的意识现象,同时,我们还想让世人明白心理学并不等同于催眠术或心灵感应。所以,整个课程中我们都是从正常意识状态的角度来看待变态的,变态现象只不过是所有意识状态中的一种极端表现。在课程中我很自然地介绍了梦,而催眠则不在讨论范围之内。

有关情绪和意愿的内容我并没有安排任何实验,霍夫丁(Höffding)、詹姆士、米尔、斯宾塞、达尔文(Darwin)等著述的有关章节被列为学生的阅读材料,着重讨论的是詹姆士的情绪理论。实际讨论中我们采用了 Mercier[5] 的情感分类作为出发点,但我们并没有采用他的生理学分类原则。

最后一周的课程围绕着反应时实验展开,由于此前实验设备一直没有到位,我们才不得已将这项实验放在最后,实际上这个实验应该穿插于一年的课程之中。我们利用仅有的剩余时间,完成了实验方法的演示,大致证实了较为重要的听觉反应时实验的结果,以及较为复杂的联想、分辨和选择反应时实验。几个学生在关于注意的论文中讨论的实验结果是:在提供信号的情况下,平均简单反应时要短于没有提供信号时的情况。我还要求学生阅读贾斯特罗(Jastrow)的《心理现象与时间的关系》(*Time-Relations of Mental Phenomena*)。

在学习有关意志力的内容时,我们花了几天的时间讨论决定论和非决定论。这一讨论更多是一种形而上的探讨而不是从心理学的视角。令人满意的讨论结果证实了我的一些想法,对于既不是研究哲学也不精通心理学的学生来讲,偶尔思考心理学普通课程中所谓形而

---

① 属双眼深度知觉线索。——译者注

上的问题是不无裨益的……

在期末考察的时候，我布置了一篇心理学论文，论文的主题相当笼统，与其说是确定的论文标题，还不如说更趋近于研究的课题。直接的论文题目是在学习之后而不是之前确定的，学生们可供选择的主题包括“联想”、“注意”、“记忆”、“想象”、“语言心理学”、“儿童心理学”、“视障心理学”、“失语症”、“动物心理学”等等。

注释

1. 发表于 Briefer Course in Psychology, pp. 81 - 90.
2. American Journal of Psychology.
3. 参见 Philosophical Review, July, 1892 中的一文。
4. Inquiries into Human Faculty, pp. 191 - 203.
5. Mind, Vol. IX.

第四选
人的本性、个体差异以及情境重要性：进化心理学的视角

W·托德·德凯(W. Todd DeKay)和D·M·巴斯(Ddavid M. Buss)，1992

心理学家长期以来一直致力于探索人类行为背后的动机。进化心理学作为了解人类本性的最新研究方向，给古老的生物学主题重新注入新的活力。由于心理学关注的是心理和人格特质而非生理方面的特性，因此，要想理解心理结构发展进程中进化所起的作用对于很多人来说就不是那么容易。

W·托德·德凯师从于D·M·巴斯，于1997年获得密西根大学(University of Michigan)博士学位，此后一直在阿尔布赖特学院(Albright College)任教，最近又被任命为富兰克林-马绍尔学院（Franklin and Marshall College)副院长。D·M·巴斯于1981年获得加州大学(University of California)博士学位，自1985年起担任密西根大学担任心理学教授，1996年转赴位于奥斯丁(Austin)的得克萨斯大学(University of Texas)任教。在《欲望进化：人类择偶策略》(*The Evolution of Desire: Strategies of Human Mating*)一书中，他详尽地提出了人在择偶中的进化理论。

本选"人的本性、个体差异以及情境重要性：进化心理学的视角"，于1992年发表在《心理学新进展》(*Current Directions in Psychology*)，德凯和巴斯在文中提出了进化心理学理论，以及它对心理学的其他领域是如何产生影响的。在阅读本文的过程中，请考虑这样一个问题，即使得我们独一无二的心理机制的机能是什么？其中一个引起争议的领域是对性别差异的预测。对于进化心理学家们的发现，是不是还有其他的解释呢？

关键概念：进化心理学(evolutionary psychology)

APA索引：DeKay, W. T., & Buss, D. M. (1992). Human nature, individual differences and the importance of context: Perspectives from evolutionary psychology. *Current Directions in Psychological Science*, 1, 184 - 189.

进化心理学在许多心理学分支都是作为一种重要理论方向出现的，包括认知[1]、知觉、心理语言学[2]、社会心理学[3]、发展心理学[4]、临床心理学和人格心理学[5]。它无意取代原有的心理

学诸观点和各种研究方法，而旨在增加一种新的分析和理解人类心理现象的途径。进化心理学的立足点源自对三个问题的思考，在过去的一个世纪当中人们对此相对有所忽略。这三个问题是：人类的心理结构的起源是什么？其存在是为了针对解决哪些适应方面的问题？这些心理结构用以达成的功能是什么？

大多数心理学家都肯定达尔文主义的观点，将人类起源视为进化过程的结果[6]。关键的问题在于究竟是哪些进化过程塑造了人类的心理结构，这些心理结构又是如何被塑造的？在主要的进化进程中，即突变、遗传、漂移(drift)、隔离、选择等，一般认为是自然选择，或者说是依靠设计不同而达成的基因变异的分化复制，成为形成复杂的机能性结构，即我们所知的适应的主导力量。

关注选择并将其视为关键的过程，具有一定的启发价值，但究其本身而言并不能把我们引向更深入。处在这一抽象水平的进化论仅能提供很少的一些预期(例如，适应不能排除其他物种的获益或同物种的竞争而存在)和一些微不足道的启示(如，围绕生存和繁衍的一些周围的事件具有特殊的重要性)。与之现成对照的是，进化心理学把自然选择结合以下几点联合讨论：(1) 特定的进化论亚理论，如养育投资和性伴选择；(2) 对人类进化史中所面对的特定适应问题加以分析；(3) 针对这些适应问题，经进化而加以解决的特定心理机制模型和行为策略。一旦将这些概念同有力的科学理论相结合，进化心理学便具有了相当的启发和预测价值。

一、进化了的心理机制

自从认知革命以来，心理学家们逐渐意识到了决策制定规则以及头脑中其他信息加工程序的重要性。然而，尽管行为主义过时的反心灵主义遭到大多数心理学家的摒弃，但仍有部分心理学家保留了行为主义的假设，认为人具有同等的潜力，认知结构只具有一般目的性而不存在内容特定化的过程[6]。由于通常都认为心理机制是以同样的方式运行而不论具体的内容是什么，因此，认知实验中所使用选择的刺激往往是任意的，抽离了主体的情境、内容以及意义，无意义音节就是其中最具典型的代表。

与之形成对比的是，进化心理学家则认为进化后的心理机制不可能只是具有普遍一般的目的性，而很可能依据内容调整其结构，面对不同的适应问题所产生的外界输入作出不同的反应[7]。正如人体包括很多特定精细的生理机制一样(例如：味蕾、汗腺、肺、心脏、肾脏、咽喉、垂体腺等)，在进化心理学家看来，人的心灵也包含许多特殊的心理机制，每一个都“设计”[8]用来解决特定的适应问题。由于不同领域适应问题的“成功解决方案”不尽相同(例如，食物选择和配偶选择的标准就各不相同)，因此，所要求的对应心理解决机制很可能是具有特定目的和领域特殊性的。

外在行为的产生既依靠心理结构，也依赖于作用于这些心理结构的环境和内部输入，可是有些心理学家并没有意识到这一点。环境输入离开了设计用来加工这些输入的心理结构是不可能导致行为的。如果人、猩猩和狗面对相同的环境线索做出不同的行为反应，这是因为他们各自具有的心理机制不同造成的。因此，进化心理学家的主要任务就是确定这些进化而来的心理机制，并了解它们的功能。

二、进化心理学中情境的核心重要性

一个常见的误解是,进化心理学认为存在所谓"本能",即严格的、在基因上不可改变的行为模式,它们在表达上一成不变而且不受各种环境的影响。尽管这一观点曾见于早期进化心理学的论述之中,然而现今它已经被我们彻底推翻。

情境的进化论分析涉及导致人的外在行为的因果序列的多个层面。第一个层面称之为历史情境——人类及其祖先们世世代代所面临的选择压力。由于人类与其他物种拥有部分共同的进化史(如,人和黑猩猩拥有共同的祖先),我们与他们共有一些结构也不足为奇(如视觉系统),但是人类的进化过程最终和其他物种分道扬镳,所面临的选择压力也不尽相同(例如,长期互惠的重要性、群体之间的战争程度、男性在抚养后代方面投入的大小等等),所以许多进化了的心理机制都是独一无二的(例如,复杂工具的创造和使用、语言、文化和意识等)。进化心理学需要在历史情境中对这些与其他动物共有的,以及人类所特有的心理机制同时加以分析。

进化心理学情境分析的第二个层面侧重的是个体发生。个体发生情境的进化分析有两种形式。首先,个体的成长经历可以使个人获得不同的策略[5]。例如,很多证据表明童年时期是否有父亲的陪伴会影响其日后选择配偶的策略,缺少父亲陪伴的话,将来的择偶策略会倾向于更加随意;如果童年时有一个投入的父亲陪伴,那么个体成人后的择偶策略则更倾向于专一[4]。当然,有关这个问题还需要更多的研究来加以证实。其次,成长经历会给某些具有种群特殊性的心理机制设置不同的阈限。以对极端暴力的威胁作出反应的阈限为例,在某些文化中,如巴西亚诺玛莫(Yanomamo)印第安部落的阈限就非常低,而波斯瓦纳(Botswana)布希曼族(! Kung San)的阈限就非常高。个体发生的情境当然也包括存在性别差异的社会化进程,以及注入其中的文化因素[7]。

情境分析的第三个层面体现于激活特定心理机制的直接情景因素(immediate situational inputs)上。就好比老茧只有在不断摩擦皮肤的情况下才会产生,诸如性嫉妒反应[9],识别欺骗者[1],或者有所区别对待的教养关怀[10]这样的心理机制,也只有在发现不忠贞行为的线索,遇到有去无回的交易,以及同时面对有血缘关系的子女和领养子女这样特定的情境因素时才会被激活。

进化心理学的核心目标就是阐明这些历史的、个体发生的和周边场景的情境因素。

三、人的本性和文化差异

本世纪社会科学长期以来信奉的一条原则是,除了一些具有高度领域普遍一般性的学习机制以外,人的本性即是没有先天本性。然而,在过去十多年间,越来越多的证据表明这样的观点其实是立不住脚的[11]。科学家们从人工智能、心理语言学、认知心理学和进化心理学等各个角度所作的概念分析也表明,这样的观点即使在理论上也是不堪一击的[7]。人如果不具备一些相当复杂和领域专门的心理机制,是不可能执行大量复杂的、在不同情况下随时发生的任务的。这些心理机制,加之促发其发挥作用的各种社会、文化、生态因素,连同它们被"设计"用来解决的适应问题,共同构成了描绘人类本性的起点。尽管确定哪些心理机制

属于人的本性还需要加以实证研究，但目前已知的如下这些心理作用机制当属候选：童年期对响声、黑暗、蛇、蜘蛛和陌生人的恐惧；诸如愤怒、羡慕、冲动、爱这样的情绪特点；表达快乐和厌恶的面部表情特征；面对有限资源时的竞争；特定的择偶偏好；对家人亲属的分类；对家人亲属的爱；针对血亲的利他偏向；从血亲长辈那里获取社会化；游戏；欺骗；财产的概念；长久的联盟或友谊；报复和复仇；对损害集体行为的惩罚；历经的各种仪式；自我的概念；作为心理理论一部分的有关意图、信念和愿望的概念；社会地位的分化；对地位的追求；威望的标准；幽默；关于性别的术语；性吸引；性吸引力；性伴妒忌；性羞怯；工具制造；工具使用；用来制造工具的工具；武器制造；武器使用；将武器用于战争；集体认同感；烹饪；羞怯；哭泣……还可罗列出几百条可能的项目(参见布朗 Brown[11] 列出的包含更多条目的清单)。

一旦听说要参照人的本性、进化了的结构机制、进化生物学这样的概念，有人就以为人的发展会像机器人一样，执行的活动都由基因严格规制好了的，不会受各种环境因素、社会和文化因素的影响而发生变化。其实，哪怕最一般的观察就能发现事实并非如此。周围情境只发生最为细微的变化，我们也能做出高度灵活性且多样化的反应。这样的事实足以使人多数科学家们抛弃本能的刻板性、程序的不变性以及环境对人具有不可改变性这样的观点。

进化心理学的核心理念是，人类行为巨大的灵活变通性和情境的偶发性，要求人必须具有一种高度清晰、极为复杂、精致且只有人这个物种才具有的心理结构。倘若没有这些心理机制的引导，人类就永远无法在浩渺的各种不良适应的可能性中，寻找到具有适应价值的解决问题方案。

四、性别差异

进化心理学为我们预判什么情况下有可能或不应该出现性别差异提供了一个有效的框架。在进化的历史进程中，只有在男女遇到了不同适应问题的限定领域内，才会表现出性别差异，而当男女面对相同适应问题的情况下则不会表现出性别差异。

从历史的眼光分析，男性和女性所面对的许多适应问题都是非常相似的。他们都需要维持体温(温度调节的适应问题)，所以不论男女都有汗腺，都具有颤抖的机制；在祖先所生活的环境中，两性都会因皮肤特定区域受到反复摩擦而造成损伤，因此不论男女都会产生老茧。同样道理，两性也都需要解决这样的适应性问题，即在寻找长久伙伴时，如何才能确认一个好的合作者。这也许能够解释为什么在跨各类文化的伙伴偏好研究中都有类似的发现，无论男女都高度重视同伴是否友善[12]。

然而，在某些领域两性面对的是不同的适应问题。在 99％的人类进化史中，男人面临的适应问题是如何捕猎，女人关心的是如何采集，这也可能造就了男性更强的上身力量和空间回转能力，而女性则具有更强的空间位置记忆[13]。由于受精和妊娠是在人体内部发生的，这就给男性而不是女性带来了一个适应问题，即孩子父母的不确定性。另外，因为排卵是隐蔽或秘密进行的，所以男性还要面对的一个适应问题就是要了解女性什么时候排卵。由于男性采取双重的择偶策略，要么是寻找只需少量付出的短期性伴侣，要么是寻找长期的婚姻配偶并给予高的投资，这就使女性需要面对这样一个适应问题，如何判定某一男性是把自己看作短期伴侣还是长期的潜在配偶[14]。配偶偏好的两性差异[12,15]、求爱策略[14]以及性幻想[16]都是同这些与性别相连的适应性问题密切关联的。进化心理学为解释性别差异以及性别相似性提供了卓有成效的理论。

五、个体差异

进化心理学除了揭示出人类本性中的种群特性、性别差异和文化差异等之外,还探索种群内、性别内以及文化内的个体差异。对此学界已经提出了一些很有前景的研究路线。其中一个方向是,试图从个体发展过程中所经历的不同经验来解释个体差异。例如,德拉普(Draper)和贝尔斯基(Belsky)[4]就是发展进化心理学方向令人叫绝的代表,他们指出儿童成长过程中父亲缺位或父亲在场的个别差异会影响到其择偶的策略。

第二种观点把个体差异看作为人们当前居住的不同环境的函数。例如,研究表明那些同大众情人结婚的人随着时间的推移更容易产生嫉妒,这并不是因为他们生来好妒,而是由于他们长期处于的环境会反复地激发他们的妒忌心理机制。

第三个分支研究"反应性个体差异"。例如,身材魁梧的人更容易采取侵略性的策略,而身材瘦小的人则注定会培养出许多外交技巧[17]。在这个例子中,并非是某些人天生就更富侵略性或更愿意妥协,每个人都具备发展两种性格的可能,他们之所以采取某一策略,完全是根据物种特定的决策规则,在评估了身材因素和策略成功的可能性之后才做出的。

进化心理学的第四个分支建立了一个频度依赖的选择模型,可以预测同性别成员中的遗传差异。例如,刚吉斯塔德(Gangestad)和辛普森(Simpson)[18]研究了"社会性取向"方面的个体差异,一端是拥有多个性伴侣但对每个都投入较少,而另一端是有较少的性伴侣但投资相对较多。他们的实验研究表明,这些个体差异可能是可以遗传的,其分布则可能呈双峰态,与其他人格特点协同变化,从而也支持了进化的策略差异观点。

由于对个体差异的分析代表了进化心理学中最近的也是知之甚少探索方向,以上四个研究方向(或还有其他的方向)究竟哪一个会更为有用还不是很清楚。其实它们代表的也是不同立场对同一组现象的各自解释。例如,德拉普和贝尔斯基[4]认为择偶策略的不同是发展过程中某些关键事件造成的,而刚吉斯塔德和辛普森[18]则认为这是源自最终由频度依赖选择造成的可遗传的差异。但不管怎么样,相比原来单纯考虑择偶策略而忽略策略选择中性别差异的进化心理学方法,它们都代表了一种进步。

注释

1. L. Cosmides, The logic of social exchange: Has natural selection shaped how humans reason? Studies With the Watson selection task, *Cognition*, *31*, 187–276 (1989).
2. S. Pinker and P. Bloom, Natural language and natural selection, *Behavioral and Brain Sciences*, 13, 707–784 (1990).
3. R. R. Nisbett, Evolutionary psychology, biology and cultural evolution, *Motivation and Emotion*, 14, 255–265 (1991).
4. J. Belsky, L. Steinberg and P. Draper, Childhood experience, interpersonal development and reproductive strategy: An evolutionary theory of socialization. *Child Development*, 62, 647–670

(1991).

5. D. M. Buss, Evolutionary personality psychology. *Annual Review of Psychology*, 42, 459 - 491 (1991).
6. D. Symons, If we're all Darwinians, what's the fuss about? in *Sociobiology and Psychology*, C. B. Crawford, M. F. Smith and D. L. Krebs, Eds. (Erlbaum, Hillsdale, NJ, 1987).
7. J. Tooby and L. Cosmidos, Psychological foundations of culture, in *The Adapted Mind: Evolutionary Psychology and the Generation of Culture*, J. Barkow, L. Cosmides and J. Tooby, Eds. (Oxford University Press, New York, 1992).
8. We are not implying that evolution is purposeful or forward-looking; rather, this phrase is shorthand to refer to the adaptive product of the evolutionary process.
9. D. M. Buss, R. J. Larsen, D. Westen and J. Semmeirothe, Sex differences in jealousy. Evolution, physiology, and psychology. *Psychological Science*, 3, 231 - 255 (1992).
10. M. Daly and M. Wilson, *Homicide* (Aldine, new York, 1988).
11. D. Brown, *Human Universals* (Temple University Press, Philadelphia, 1991).
12. D. M. Buss, Sex differences in human mate preferences: Evolutionary hypotheses tested in 37 cultures, *Behavioral and Brain Sciences*, 12, 1 - 49 (1989).
13. I. Silverman and M. Fals, Sex differences in spatial abilities: Evolutionary theory and data, in *The Adapted Mind: Evolutionary Psychology and the Generation of Culture*, J. Barkow, L. Cosmides and J. Tooby, Eds. (Oxford University Press, New York, 1992).
14. D. M. Buss and D. P. Schmitt, Sexual strategies theory: A contextual evolutionary analysis of human mating. *Psychological Review* (in press).
15. D. T. Kenrick and R. C. Keefe, Age preferences in mates reflect sex differences in reproductive strategies. *Behavioral and Brain Sciences* (in press).
16. B. J. Ellis and D. Symons, Sex differences in sexual fantasy: An evolutionary psychological approach. *The Journal of Sex Research*, 27, 527 - 555 (1990).
17. J. Tooby and L. Cosmides, On the universality of human nature and the uniqueness of the individual: The role of genetics and adaptation, *Journal of Personality*, 58, 17 - 67(1990).
18. J. W. Gangestad and J. A. Simpson, Toward an evolutionary history of female sociosexual variation, *Journal of Personality*, 58, 69 - 96 (1990).

第二章

DI ER ZHANG

心理生物学

第五选

罗杰・W・斯佩里，摘自“大脑半球的分裂以及意识觉知的统一”，《美国心理学家》

第六选

詹姆士・奥尔兹，摘自“中枢神经系统与行为强化”，《美国心理学家》

第七选

巴里・L・雅各布，摘自“血清素，肌肉运动以及抑郁症相关精神障碍”，《美国科学家》

第八选

罗伯特・普洛明，摘自“环境与基因：行为的决定因素”，《美国心理学家》

第五选
大脑半球的分裂以及意识觉知的统一

罗杰·W·斯佩里(Roger W. Sperry),1968

长久以来,科学家始终对人类大脑两半球的结构充满好奇。在20世纪50年代,神经外科医生菲利浦·沃格尔(Philip Vogel)在医治严重癫痫病人时,将其左右脑间的胼胝体(连接左右两侧大脑半球的横行神经纤维束)切除,从而使癫痫病情得到缓解。胼胝体切除术虽然治好了一些人的癫痫,却也使他们产生了许多古怪的行为。此时罗杰·斯佩里抓住了这个机会对这些所谓"裂脑人"进行了深入的研究。

罗杰·W·斯佩里(1913—1994)于1941年在芝加哥大学获得博士学位,1954年成为加州理工学院心理生物学教授。起初,斯佩里以猫作为实验对象来研究左右半脑的分裂,随后又转而研究那些经历过割裂脑手术的患者。因在大脑研究中所作的杰出贡献,他于1981年获得了诺贝尔生理学或医学奖。

本文于1968年刊登在《美国心理学家》(*American Psychologist*)上,文中叙述了斯佩里与他的同伴所做的一系列研究。斯佩里在这些研究中发现,大脑两半球的功能具有显著差异,其中左脑的功能包括推理、语言以及写作等,而右脑的功能则主要涉及一些非语言加工过程,如艺术、音乐及创造力。从本文的字里行间我们不难体会作者对发现人类意识运作方式以及大脑复杂结构时所流露出的激动与兴奋。

关键概念: 裂脑研究(split-brain research)

APA 索引: Sperry, R. W. (1968). Hemisphere deconnection and unity in conscious awareness. *American Psychologist*, 23, 723 - 733.

本文叙述了我与同事们的一项研究成果,研究对象是一群在洛杉矶接受菲利浦·沃格尔医生治疗的神经外科病人,他们曾患有严重的癫痫,沃格尔医生沿中线切除了大脑联合处的部分,从而使无法通过药物解决的癫痫性惊厥得到控制。这些患者所经历的手术包括切分整个胼胝体、大脑前联合、海马联合以及部分人的丘脑间联合。据我所知,这是在人类外科手术史中迄今为止对大脑两半球最为彻底的切断。此外,全部的切割工作在一次手术中就能完成。

经历了接近极限的外科手术之后，患者的精神方面或人格方面并未受到严重影响：由术后对患者的临床观察结果以及猴子实验中的术后观察结果可见，胼胝体切分术所造成的功能性损伤远比其他形式的脑外科手术，如额叶切断术，甚至治疗癫痫常规的单侧脑叶切断术来得轻微。

首位接受胼胝体切分术的病人曾有全身性抽搐的症状，10 多年来病情愈发严重，各种治疗包括在贝塞斯达的美国国立卫生研究院的住院治疗均未见成效。在接受胼胝体切分术之前，他的癫痫性惊厥发作频率已达每周两次，在发作后的几天内身体会极度虚弱，每两至三个月还会出现一次持续癫痫发作（癫痫持续反复发作无法抑制，属于病危状态）。然而根据最新的报告，在接受了胼胝体切分术后的五年半时间内，该名男子还从未发生过全身性抽搐。根据术后的情况，医生还减轻了用药量，他的行为能力和幸福生活也得到整体改善（Bogen & Vogel, 1962）。

第二位病人是一位 30 多岁的家庭主妇，在手术后的 4 年间，她同样免受于癫痫发作的困扰（Bogen, Fisher & Vogel, 1962）。博根（Bogen）还发现，她的脑电图也在切开胼胝体后恢复到正常模式。由于在原本近乎绝望的病例上所取得的惊人疗效，迄今胼胝体切分术又在 9 例患者身上进行尝试，由于距离手术时间过短，还无法对其中大部分患者进行疗效评估。虽说癫痫症状无法百分之百得到缓解（有两例患者的癫痫症状依然存在，但发作强度和频率都大幅降低，且症状倾向于被控制在身体的一侧），但就整体而言，胼胝体切分术是卓有成效的，它在严重癫痫病例中的应用颇具前景。

治疗的成功以及有关医疗的各个方面，都应归功于负责医疗的同事菲利浦·沃格尔和约瑟夫·博根。而我们的工作是检验患者在手术后的身体机能，即切断大脑两半球直接联系后会对人的行为、神经及心理带来哪些影响。起初，我们还怀疑能否发现如同 1950 年在所谓“裂脑”动物实验中切割大脑半球后的症状（Myer, 1961; Sperry, 1967a, 1967b）。有关人类在切分术后的反应未有定论，阿凯莱蒂斯（Akelaitis, 1944）的经典研究曾一度成为 20 世纪四五十年代的学术主流，其理论认为在其他脑部保持完好的情况下，即便切割整个胼胝体和大脑前联合也不会留下明显的功能性症状。

早先的观察未发现人类在手术后有行为症状，经过一般验证，至少有理由认为切割新皮层区联合不会对普通行为产生明显的影响。在整个动物研究中已验证了这一结论的正确性，现在看来似乎也适用于人类，至少是在某些能力上，对此在后文中会有说明。然而与此同时（这与早先阿凯莱斯蒂的学说相背），我们却发现以特定的测试方法可以揭示出人类和动物在缺少新皮层联合后直接产生的众多行为症状（Gazzaniga, 1967; Sperry, 1967a, 1967b; Sperry, Gazzaniga & Bogen, 1968）。总的来说，这些症状可被视为新皮层联合综合征，或前脑联合综合征，更广义地来说可称为大脑半球割裂综合征。

我们可以将该综合征中较为普遍显著且引人好奇的特点归结为患者在众多意识层面上表现出双重性。与正常人的一致且唯一的意识流不同，从患者的各种行为方式分析，他们大脑的左右半球似乎有着各自独立的意识流，彼此之间的思维联系被切断了。换言之，大脑两半球似乎都具有独立的并属于自己的感觉、知觉和概念，能通过自己的意志、认知和学习经验来指挥自己的行动。在手术之后，大脑两半球还拥有各自的记忆，并且相互之间无法交换提取。

这种好似人体中存在两套思维过程的现象在各类大量的测验中均有所反映，为了能说明大脑半球分裂与意识之间的关系，我尝试将这些研究简要梳理一遍。但是首先请允许我强调，这里所报告的成果并非我一人之劳，而是来自整个研究团队的共同努力。其中手术是由沃格尔在洛杉矶的怀特纪念医学中心中进行，全程由约瑟夫·博根辅助完成。博根还同时与我们一起开展行为测试部分的研究，参与这一阶段研究的还有众多研究生和博士后，其中加萨尼加(M. S. Gazzaniga)在最初的几年间与我们有过紧密的合作并且在那段时期进行了多项测试。我们要感谢参与研究的所有病人及家属，他们给予了我们极大的支持与配合，同时还要感谢美国国立精神卫生研究所对于整项研究的鼎力协助。

分割大脑左右半球后的大部分主要症状，均可根据一个测试来简单加以描述(如图1所示，此处省略)。这项测验主要包括对左右视野的单独及同时测试，以及视线范围外的左右手脚的单独测试。测验项目可以有多种组合方式，同时与视觉信息、听觉信息及其他感觉信息输入结合，并排除了无关刺激的干扰。在测试视觉时，我们要求患者遮蔽一只眼睛，然后用另一只眼睛注视正前方半透明屏幕上的一个固定点，由一台带有快门的标准投影仪将一片厚35毫米且包含视觉刺激的幻灯片，在0.1秒甚至更短的时间内投射于屏幕上，如此高速地投射是为了防止实验材料随着眼睛移动进入原本不该进入的视野范围。图2(此处省略)显示了凡是来自视野垂直中线左侧的视觉刺激通过任意一只眼睛后都将投射至右半脑，反之亦然。视野垂直中线精确地划分了视野的左右两侧，彼此之间几乎没有明显的缝隙或重叠部分(Sperry, 1968)。

在如此条件下对患者的视觉测试结果显示：他们不像以往只有一个内部视觉系统，而是拥有两个相互独立的内部视觉系统，分别服务于视野的两侧并且作用于相应的大脑半球。视觉系统中的这种两路并存的现象也出现在许多方面：例如某物体首次在半侧视野中出现并被加工，那么只有当它再次出现在同侧视野时才能够被识别。若它在异侧视野中出现，患者的反应就好像从未见过一般。换言之，进入右侧视野(即通过左侧半脑)的物体在思维中的加工和记忆过程完全独立于进入左侧视野的物体，在大脑接合处被切开后，患者视野中任一侧都拥有自己的视觉影像和记忆。

两个内在视觉世界的现象在语言表达和书写表达中进一步得到证实，与这两类功能有关的大脑皮层机制都集中在优势大脑半球。对于右利手患者，当物体投射在右侧视野即左侧半脑系统时，患者能够正常地用语言或文字来描述它；然而当同一物体投射在左侧视野即右侧半脑系统时，患者会坚持认为没有看到任何东西，或声称只看到左侧的一道闪光。患者的反应好似他对出现在左侧视野的事物视而不见，又或见而不识。然而，不要求患者描述该物体，只是让他从一堆图片(或物体)中用左手指出那个物体时，患者通常会毫不犹豫地把手指向刚才还声称并未“看见”的物体。

我们不认为患者在刻意刁难我们或欺骗我们。一切证据都表明与主试进行语言沟通的大脑左半球确确实实没有看到左侧视野的刺激，也未曾体验或记录这些刺激。但此时非言语的大脑右半球则“看见”了左侧视野中的刺激物，并且能够记忆和再认该物体，也能成功指认与呈现刺激一致的项目。大脑右半球就像是一位聋哑人，或是“失语症”患者，对感知到的

物体无法通过言语描述，或更糟的、也无法通过书面形式加以描述。

如果两个不同的图像分别同时闪现在左右视野中，例如在左视野中呈现"美元标志（$）"，右视野中呈现"问号（?）"，随后要求患者在视野之外用左手画出所看到的图像，情况会如何呢？研究结果显示，患者往往会画出呈现在其左侧视野中的图像，即"美元标志"。若此时问他所画为何物，他则不假思索地回答是"问号"，即出现在右侧视野中的图像。换言之，大脑两半球对于异侧半球的活动全然不知，对各自视野中事物的感知几乎完全独立，鲜有或根本没有相互作用。

当把一个单词拆成两段分别闪现在左侧视野和右侧视野时，患者会分别感知并加工来自中线两侧的字母。以"钥匙包"（key case）为例（如图2所示，此处省略），患者首先会用左手在一堆物件中挑选出一把钥匙，这显示了大脑非支配性（右）半球的感知过程；随后会用右手写出单词"case"，如果我们要求患者把它说出来时他也能办到。当他被问及这里的"case"可能具有什么含义时，患者会认为是"万一失火"（in case of fire），或"尸体遗失案"（the case of the missing corpse），或"一箱啤酒"（a case of beer）等等，这取决于此刻大脑左半球所联想到的词组。因而在视觉、听觉以及其他线索都得到控制之后，患者正确地回答"钥匙包"只是纯粹的偶然。

在实体觉（与触觉认知有关）或其他躯体感觉（与身体感觉有关）的左右手辨别力（左手关联右脑，右手关联左脑）测试中，我们也发现了类似的意识分离现象。假如物体是经由右手识别的，患者便能够用语言表达或书面表达来描述它。但同样的物体若是放在左手，他便只能凭空猜测，时常对手中的物体浑然不觉。然而，正如对左侧视野中的物体一样，患者对左手中的物体有着良好的知觉、理解和记忆，这一点在非语言信息测试上得到证明。例如，我们把患者左手中的物体拿走后，他会说自己无法感觉到或辨认出那个物体，而当我们把它混同其他十多个物体放在一个黑箱里，即便延迟了几分钟后患者依然能从中找到刚才摸过的物体。但与正常被试不同，患者只能用原来摸过物体的那只手来识别物体，而无法做到交叉识别，即无法用右手（或左手）识别刚刚左手（或右手）接触过的物体。触觉实验的结果同样显示了大脑两半球对异侧所进行的活动一无所知。

当第一次被迫用左手完成实体觉测试时，患者普遍抱怨这只手"不听使唤"、"麻木了"、"就是没有任何感觉，不能用来做任何事"，或"无法得到任何反馈"。假如在几次实验中，患者均成功地辨认出先前自己还认为没有感觉到的物体，又假如他们知道了此间的矛盾，他们会表示"好吧，我只是猜的"，"好吧，也许是无意识在起作用"……

图3中（此处省略）以图解的形式概括了上文主要的讨论内容。右利手患者的大脑左半球拥有言语表达和书面表达的结构以及主要的语言理解和组织能力。它是大脑的"主半球"，能够基本正常地用言语表达所获得的信息，即能表达来自右侧视野的视觉，来自右手、右脚、右侧躯体的感觉经验和意志经验。除了图表上的内容外，大脑主半球也理所当然地传达了所有较普遍的、较非单侧的大脑活动，即平常双侧大脑均可表征的内容。而在大脑的另一侧，是一个患有失语症却具备图像功能的右半脑，它虽无法用言语表达，但非言语反馈能证明它并非一无所知，它确实具备心理加工能力，主要集中在左侧视野、左手、左脚和左侧躯体。此外它还接受来自听觉的、前庭的、躯干中间轴上的感觉，并具备一切较非单侧的大脑

活动,大脑左右半球的这些活动虽然是相似的,但却彼此独立。

应当注意的是,我所描述的这些在相互整合过程中的不一致症状,在日常行为表现中几乎都能轻易地掩饰或得到补偿。例如,视觉材料必须在十分之一秒或更短的时间内闪过患者的一侧视野,如此防止来自眼球移动的补偿效应;只有在视觉受阻挡的情况下能显现出实体觉的不足;只有依次堵上左鼻孔和右鼻孔,并消除视觉线索后才能显现出嗅觉的双重性。在许多测试中,得防止大脑主半球通过听觉通道向次半球传递答案,同样还得防止大脑次半球向主半球传递各类非言语信号。通过各式内在的和外在的间接策略和反应信号,获得信息的大脑半球能把线索传递给未获得信息的大脑半球(Levy-Agresti, 1968)。

患者之所以能在一般条件下表现出正常行为,还有赖于许多统合的因素。有些因素十分明显,例如两个独立的大脑半球共用同一个身体,因此它们总是处于相同的环境,遇见相同的人,做相同的事,于是必定获得基本重叠的、几乎相同的经验。视觉图像的一致性——即便是动物被切除交叉神经后,其眼球也会一致地运动——意味着大脑两半球始终自动地聚焦于视野中的同一物体,因此也会关注同一物体。感觉反馈信息使两个大脑半球具备统一的身体图式,使它们在并行的条件下进行各种知觉加工,在共同的基础上指挥身体动作。倘若要求相互独立的大脑左右半球如我们在动物实验中所做的那样,进行不同的活动、获得不同的经验、构建不同的记忆,那么就必须进行精心策划的实验设计才行……

在此文最后我想强调的是,前文只是根据目前的理解对大脑半球割裂综合征进行的简要介绍。对此类患者的了解越深,接触患者的数目越多,他们的个体差异以及各种能力就越令我们感到吃惊。在有关症状方面的一些出入虽不致影响对大脑半球割裂综合征的基本定义,但必须指出的是迄今我们已在小部分患者身上发现了差别迥异的,甚至是完全出乎意料的症状。根据所积累的研究成果,个体差异究竟能达到什么程度以及普遍类型的症状是否存在等问题仍暂时缺少肯定的答案,我们将拭目以待。

参考文献

[1] Akelaitis, A. J. A study of gnosis, praxis, and language following section of the corpus callosum and anterior commissure. *Journal of Neurosurgery*, 1944, 1, 94 - 102.

[2] Bogen, J. E., Fisher, E. D. & Vogel, P. J. Cerebral commissurotomy: A second case report. *Journal of the American Medical Association*, 1965, 194, 1328 - 1329.

[3] Bogen, J. E. & Vogel, P. J. Cerebral commissurotomy: A case report. *Bulletin of the Los Angeles Neurological Society*, 1962, 27, 169.

[4] Gazzaniga, M. S. The split brain in man. *Scientific American*, 1967, 217, 24 - 29.

[5] Levy-Agresti, J. Ipsilateral projection systems and minor hemisphere function in man after neocommisurotomy. *Anatomical Record*, 1968, 160, 384.

[6] Myers, R. E. Corpus callosum and visual gnosis. In J. F. Delafresnaye (Ed.), *Brain mechanisms and learning*. Oxford: Blackwell, 1961.

[7] Sperry, R. W. Mental unity following surgical disconnection of the hemispheres. *The Harvey lectures*. Series 62. New York: Academic Press, 1967(a).

[8] Sperry, R. W. Split-brain approach to learning problems. In G. C. Quarton, T. Melnechuk & F. O. Schmitt (Eds.), *The neurosciences: A study program*. New York: Rockefeller University Press.

[9] Sperry, R. W. Apposition of visual half-fields after section of neocortical commissures. *Anatomical*

Record, 1968, 160, 498-499.

[10] Sperry, R. W., Gazzaniga, M. S. & Bogen, J. E. Function of neocortical commissures: Syndrom of hemisphere deconnection. In P. J. Vinken & G. W. Bruyn (Eds.), *Handbook of neurology*. Amsterdam: North Holland, 1968, in press.

第六选
中枢神经系统与行为强化

詹姆士·奥尔兹(James Olds),1969

20世纪50年代初,詹姆士·奥尔兹有关大脑快感中枢的发现证明了行为强化同样具有生理学基础。奥尔兹与同事们在脑电刺激领域的早期研究为此后日趋成熟的破解大脑技术奠定了基础。

奥尔兹(1922—1976)于1952年在哈佛大学获得博士学位后曾任教于密西根州立大学。1969年他前往位于帕萨迪娜的加州理工学院继续其学术生涯。他在研究中发现了大脑中负责强化效应与惩罚效应的区域,并且对其展开了更为深入的探索。在《驱力与强化:下丘脑功能的行为研究》(*Raven Press*,1977)一书中,他对这项研究进行了详细的描述。

本文于1969刊登于《美国心理学家》(*American Psychologist*),文中概括了奥尔兹与同事们所做的大量大脑研究,同时向读者展示出大脑在日常体验中的运作方式。此外,奥尔兹还在文章中具体描写了下丘脑的功能以及它的各类通道,从而证明了强化与动机之间的关系。在阅读本文时,请注意奥尔兹是如何从一次偶然的契机,将整个研究发展成为一个包含各类大脑功能定位研究的系统性项目。

关键概念: 通过大脑刺激的强化(reinforcement through brain stimulation)

APA索引: Olds, J. (1969). The central nervous system and the reinforcement of behavior. *American Psychologist*, 24, 114-118, 120, 131-132.

由于奖赏和内驱力与学习之间存在着错综复杂的关系,因而有关奖赏的大脑研究被视为研究学习的生理机制的基础或至少是入门。奖赏和内驱力研究通常采用的损伤和电刺激的方法,往往同时影响到数以百计的神经元。尽管略显粗糙的方法未必就成为研究动机过程一道难以逾越的障碍,但事实证明它们未能在研究学习的细节方面有所贡献。有理由认为困难的根源可能在于我们所采用的这类方法不能逐一地或小范围地研究神经元。因此,近来对单个神经元的研究颇受追捧,人们期望可以借此来了解大脑功能的记忆方面。由于会涉及数目众多的神经元和大脑区域,因此,如果能够对按原有方法所取得的研究成果做一番实实在在的提炼,无疑会为建立在过去基础之上的未来新研究提供方向。

自1953年起我着手一项有理由让人感到快乐的长期研究，一只老鼠很偶然地证实了神经元奖赏效应，它曾经在桌面上通过植入其大脑的长期电极接受过一次电刺激，结果它又回到了当时接受电刺激的桌面(Olds, 1955)。随后的确认研究不仅使神经基础成为"效果率"研究中的焦点，还为许多有关大脑行为关系的研究提供了一套稳定的方法。从迄今为止所完成的研究来看，这种研究方法已被证明足可与斯金纳(Skinner)研究操作行为的方法以及拉什利(Lashley)在研究刺激分化时采用的跳台选择方法相提并论，成为行为科学研究中成果颇丰的一座里程碑。

由最初的观察引发的研究发现，给予中枢神经系统某限制区的电击兴奋可以使老鼠重复所指派的任意任务，以获得更多的电刺激(Olds & Milner, 1954)。这一现象在实验动物中具有普遍性，在很长的一段测试时期内保持不变，而且显然这不是一种病理的表现。由此看来，此类自我刺激行为似乎可以看作人工激活大脑一般正强化机制的证据。这一发现引发了我们实验室中的更多新的研究，同时也激起了许多同行的兴趣，纷纷进行相关的实验。起初，大量的相关研究只是试图回答这样的问题，我们究竟有没有受到数据的蒙骗。究竟这是不是一种有效的心理奖赏，还只是徒有其表而根本反映不了一种积极情绪的效应。实验表明，老鼠在走迷宫时会随着一次次的尝试而减少错误、越跑越快，为的就是尽快到达曾接受过刺激的终点(Olds, 1956)。即使是在前一次接受大脑刺激的23小时后，它们依然目标明确、径直无误地穿越迷宫。在障碍盒中，老鼠为了获得脑奖赏会忍受脚底的电击反复跨越带电栅栏(Olds, 1961)。即便是在饥饿情况下，老鼠依然会在食物和脑刺激奖赏中选择后者，甘冒挨饿的风险(Routtenberg & Lindy, 1956)。在斯金纳箱实验中，动物为了获得刺激大脑的机会会不断按压杠杆多达50次甚至上百次(Pliskoff, Wright & Hawkins, 1965)。在消退实验中，学会按压两个踏板中的一个以获得脑刺激奖赏的动物，会在脑奖赏停止后的数日内仍持续按压其中一个踏板而不是另外一个(Koenig, 1967)。所有这些实验结果都对脑刺激是否是一种有效的心理奖赏给予了肯定的回答。

通过大脑奖赏的解剖研究发现，大脑中有一个相对统一的系统(如图1所示)，它由原始的嗅皮层、附近的核群，及作为系统向下延长段与中脑部分相连接的下丘脑组成(Olds & Olds, 1963)。该系统的上部或皮层部分，根据神经学的证据及推定表明应当与"情绪体验"

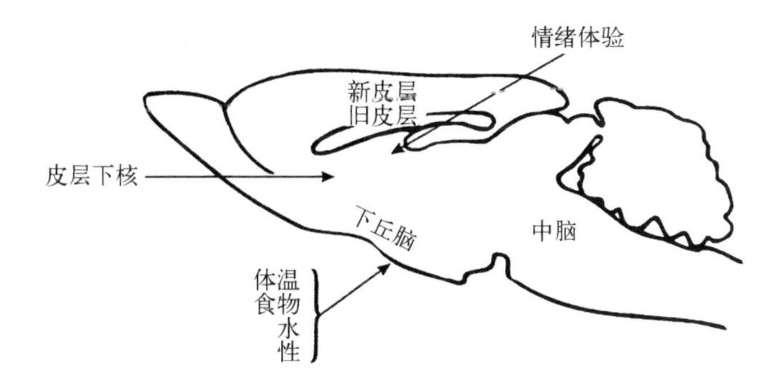

图1　大脑示意图(箭头所指的部区为大脑中包含奖赏的区域，也列出了这些区域的一些其他的功能)

相关(Papez, 1937)。而实验研究还发现,系统的下半部即下丘脑与完结反应(consummatory responses)和有关食物、水、性、体温等的基本驱力的控制相联系(Miller, 1958; Stellar, 1954)。

在这个相对统一的系统中,信息传递的两条主要途径分别是前脑中央束(Kappers, Huber & Crosby, 1936)和穹隆(fornix, Nauta, 1956),在这两条路径中前脑中央束是主要的,它在下丘脑中形成了相对紧密的外侧下丘脑束,而在前部则发散至各嗅皮层中枢。在该系统中,来自旧皮质的信息先汇聚到下丘脑,再由下丘脑把信息发送至皮层。若通过刺激旧皮质的情绪系统和与前脑中央束相连的驱力系统就能获得奖赏效应,则不难理解刺激在解剖位置上与之部分相连的、涉及动物唤醒的网状系统也能获得相同的效果(Moruzzi & Magoun, 1949)。但矛盾之处在于,刺激某些引发厌恶行为的神经区域也会产生相同的正面效应(Delgado, Roberts & Miller, 1954)。由此可见,当奖赏效应由正面负面交错的混合区域唤起时,奖赏效应不很稳定或强度不高,这与旧皮质引发的温和且不稳定的情况相当。当奖赏效应由外侧下丘脑束,即前脑中央束的密集部分引发时,其稳定性和强度都较高。而在其他研究中这部分大脑区域也被称作驱动中枢。因此,我们认为下丘脑的驱动中枢就是刺激大脑后产生奖赏效应的核心区域。

通过一系列实验,我们可以澄清刺激大脑的正强化与相似的大脑刺激负强化或疼痛行为之间的关系。

在有三条通路的下丘脑中心,刺激一号通道可以产生正强化,刺激二号通道产生负强化,刺激三号通道会再次产生正强化(Olds & Olds, 1963; Roberts, 1958)。刺激中心则会产生正负强化混合的效果。不妨认为这样的中枢神经接在接收正向和负向的情绪输入后,会产生并向外输出一系列信息,以此来反映某一时刻有机体的整体情绪状态,继而决定了后续行为的效果。

与交互作用发生的理论相一致,我们发现刺激一号奖赏通道时会抑制二号回避通道驱动的行为(Routtenberg & Olds, 1963);而刺激二号回避通道时则会抑制由三号奖赏通道引发的行为(Olds & Olds, 1962)。刺激三号通道不会产生任何抑制,但是它会同时使自我刺激和回避行为都受到影响,因此我们认为它是奖赏与惩罚共用的通道(Olds & Olds, 1964)。由于刺激三号通道时它本身会产生自我刺激,因而我们判断奖赏是这些神经元一种主动的兴奋状态或增长历程,而负强化则是同样部位的消极抑制过程。

限于文章篇幅,我将略过研究中的具体细节,直接讨论重要的第二系列交互作用研究,即神经奖赏与基本驱力之间的关联。先前的研究发现,中线下丘脑中枢的损伤会导致饮食过量和肥胖(Brobeck, 1946)。相同部位的电刺激会导致饮食的终止(Wyrwicka & Dobrzecka, 1960),鉴于这一刺激终止了进食,似乎它应该起到降低驱力与奖赏的作用。事实上,刺激下丘脑的这一部位只存在厌恶的效果(Krasne, 1962)。更外侧的区域的损伤会导致绝食挨饿(Anand & Brobeck, 1951),电刺激会使动物即便吃饱了还依然为食物而工作(Miller, 1960)。因为这看上去是一种引发驱力的刺激,所以我们估计它具有厌恶的性质。然而研究发现却再次得出了相反的结果。作用于这些摄食中枢的刺激往往是奖赏性的(Margules & Olds, 1962)。我们一开始的理解是,这些刺激引发的不是驱力而是一种完结反应,因此就很可能是奖赏性的。但事实上刺激并不仅仅使动物在可获得食物时摄取食物,还会使他们在没有食物时为食物而工作(Miller, 1960)。这就否定了仅把它们看作是完结性中枢的假设,并且提示我们,这种意义上由刺激引发的效果应该十分类似于饥饿驱力本身。在其他实验中还发现,刺激大脑临近区域会导致饮水和自我刺激(Mogenson & Stevenson, 1966),而刺激另外的脑区则会引起性反应和自我刺激(Caggiula & Hoebel, 1966; Herberg, 1963),这就证实了最高形式的神经奖赏与那些能产生基本驱力的大脑部位有着密切的联系。因此,能引发驱力的大脑部位所具有的共同特征是,受到刺激时对动物而言通常都意味着奖赏。

以摄食行为的研究材料为例,很容易想象刺激内侧下丘脑的饱食中枢会引起有机体的厌恶继而停止进食。尽管这种认为与先前对饱食和奖赏的关系的理解有所矛盾,但却并不与日常生活经验相违背。首先,如果吃得过多,进食确实会失去它的奖赏效应,甚至会变成一种厌恶。其次,在用餐时或者在两餐之间有可能存在一种中间状态,此刻进食会产生奖赏效应,而奖赏效应又导致继续进食。虽然这再次与先前对饥饿和消极因素之间的关系理解相冲突,但经验还是告诉我们,食物作为正强化的同时,往往引发进一步的饥饿。此处缺少的是与饱足感相对应的另一端的所谓饥饿中枢。似乎在下丘脑还应该存在着某个区域,刺激时产生厌恶但也会导致进食。在近期的研究中,我们确信已经在下丘脑中间区域的脊部发现了它的存在。电刺激距离外侧下丘脑摄食中枢不远的区域,会引发工具性和完结性的摄食反应,同时还有厌恶行为。而脊部距离不远的另一区域,刺激会导致进食但不会产生任何强化效果。我们认为饱足中枢与饥饿中枢都可能会抑制外侧下丘脑的食物奖赏中枢。同时外侧下丘脑的食物奖赏中枢和饥饿中枢也都可能会让脊部的驱动中枢产生兴奋。

与其他驱力(如性或体温调节)有关的下丘脑奖赏中枢很可能具有同样复杂的关系,但未必与此完全相当。各种驱力必然有着各自不同的问题。

参考文献

[1] Anand, B. & Brobeck, J. R. Hypothalamic control of food intake in rats and cats. *Yale Journal of Biology and Medicine*, 1951, 24, 123 - 140.

[2] Brobeck J. R. Mechanisms of the development of obesity in animals with hypothalamic lesions. *Physiological Review*, 1946, 26, 541 - 559.

[3] Caggiula, A. R. & Hoebel, B. G. "Copulation-reward site" in the posterior hypothalamus. *Science*, 1966, 153, 1284 - 1285.

[4] Delgado, J. M. R., Roberts, W. W. & Miller, N. E. Learning motivated by electrical stimulation of the brain. *American Journal of Physiology*, 1954, 179, 587 - 593.

[5] Herberg, L. J. Seminal ejaculation following positively reinforcing electrical stimulation of the rat hypothalamus. *Journal of Comparative and Physiological Psychology*, 1963, 56, 679 - 685.

[6] Kappers, C. U. A., Huber, G. C & Crosby, E. C. *The comparative anatomy of the nervous system of vertebrates*. New York: Macmillan, 1936.

[7] Koenig, I. D. V. The reinforcement value of intracranial stimulation and its interaction with arousal level. Cited in D. E. Berlyne, Arousal and reinforcement, *Nebraska Symposium of Motivation*, 1967, 15, 1 - 110.

[8] Krasne, F. B. General disruption resulting from electrical stimulus of ventro-medial hypothalamus.

Science, 1962, 138, 822 - 823.

[9] Margules, D. L. & Olds, J. Identical "feeding" and "rewarding" systems in the lateral hypothalamus of rats. *Science*, 1962, 135, 374 - 375.

[10] Miller, N. E. Central stimulation and other new approaches to motivation and reward. *American Psychologist*, 1958, 13, 100 - 108.

[11] Miller, N. E. Motivational effects of brain stimulation and drugs. *Federation Proceedings*, 1960, 19, 846 - 854.

[12] Mogenson, G. J. & Stevenson, J. A. F. Drinking and self-stimulation with electrical stimulation of the lateral hypothalamus. *Physiology And Behavior*, 1966, 1, 251 - 254.

[13] Moruzzi, G. & Magoun, H. W. Brain stem reticular formation and activation of the EEC. *Electroencephalography and Clinical Neurophysiology*, 1949, 1, 455 - 473.

[14] Nauta, W. J. H. An experimental study of the fornix system in the rat. *Journal of Comparative Neurology*, 1956, 104, 247 - 271.

[15] Olds, J. Physiological mechanisms of reward. *Nebraska Symposium on Motivation*, 1955, 3, 73 - 138.

[16] Olds, J. Runway and maze behavior controlled by basomedial forebrain stimulation in the rat. *Journal of Comparative and Physiological Psychology*, 1956, 49, 507 - 512.

[17] Olds, J. Differential effects of drives and drugs on self-stimulation at different brain sites. In D. E. Sheer (Ed.), *Electrical stimulation of the brain*. Austin: University of Texas Press, 1961.

[18] Olds, J. & Milner, P. Positive reinforcement produced by electrical stimulation of septal area and other regions of rat brain. *Journal of Comparative and Physiological Psychology*, 1954, 47, 419 - 427.

[19] Olds, J. & Olds, M. E. The mechanisms of voluntary behavior. In R. G. Heath (Ed.), *The role of pleasure in behavior*. New York: Hoeber Medical Division, Harper & Row, 1964.

[20] Olds, M. E. & Olds, J. Approach-escape interactions in rat brain. *American Journal of Physiology*, 1962, 203, 803 - 810.

[21] Olds, M. E. & Olds, J. Approach-avoidance analysis of rat diencephalon. *Journal of Comparative Neurology*, 1963, 120, 259 - 295.

[22] Papez, J. W. A proposed mechanism of emotion. *Archives of Neurology and Psychiatry*, 1937, 38, 725 - 743.

[23] Persson, N. Self-stimulation in the goat. *Acta Physiologica Scandinavica*, 1962, 55, 276 - 285.

[24] Pliskoff, S. S., Wright, J. E., & Hawkins, D. T. Brain stimulation as a reinforce: Intermittent schedules. *Journal of the Experimental Analyses of Behavior*, 1965, 8, 75 - 88.

[25] Roberts, W. W. Both rewarding and punishing effects from stimulation of posterior hypothalamus of cat with same electrode at same intensity. *Journal of Comparative and Physiological Psychology*, 1958, 51, 400 - 407.

[26] Routtenberg, A. & Lindy, J. Effects of the availability of rewarding septal and hypothalamic stimulation on bar-pressing for food under conditions of deprivation. *Journal of Comparative and Physiological Psychology*, 1965, 60, 158 - 161.

[27] Routtenberg, A. & Olds, J. The attenuation of response to an aversive brain stimulus by concurrent rewarding septal stimulation, *Federation Proceedings*, 1963, 22 (No. 2, Part Ⅰ), 515 (Abstract).

[28] Stellar, E. The physiology of motivation. *Psychological Review*, 1954, 61, 5 - 22.

[29] Wyrwicka, W. & Dobrzecka, C. Relationship between feeding and satiation centers of the hypothalamus. *Science*, 1960, 132, 805 - 806.

第七选
血清素，肌肉运动以及抑郁症相关精神障碍

巴里·L·雅各布(Barry L. Jacobs)，1994

近年来，科学家投入大量精力用以研究大脑中被称为“神经递质”的化学物质对行为和情绪的影响。诸如百忧解等药物能通过改变神经递质水平而有效治疗精神障碍，因此尤为引人关注。心理学家巴里·L·雅各布与他的同事们试图揭开大脑化学物质血清素如何影响行为及情绪的奥秘。

雅各布是当代一位著名的心理学教授，同时身兼新泽西州普林斯顿大学神经科学项目的负责人。他有关血清素的研究让他一跃成为该领域内主要的权威专家之一。

本文于1994年刊登在《美国科学家》(*American Scientist*)上，文中作者详细描述了影响抑郁的化学过程，并且惊讶地发现运动可以在治疗抑郁以及强迫症中起到重要作用。读者对文中涉及的技术细节可能难以理解，但更重要的是如何借助本文更好地理解日常的情绪。运动是否可以改善情绪？一个能帮助抑郁患者的运动项目应当如何设计呢？

关键概念：神经递质与行为(neurotransmitters and behavior)

APA索引：Jacobs, B. L. (1994). Serotonin, motor activity and depression-related disorder. *American Scientist*, 82, 456 - 463.

百忧解(Prozac)、舍曲林(Zoloft)和帕罗西汀(Paxil)等抗抑郁类药物对抑郁症和强迫症的疗效已经得到广泛的肯定。此外，百忧解可以缓解羞怯或孤僻等轻微人格障碍的作用也得到了普遍的报道。它们令人痴迷的效果甚至激发了某些作家的灵感，似乎赫胥黎笔下宣称的“美丽新世界”(Brave New World)时代即将到来，人们只需一粒药片就能调节好每天的情绪。然而，公众关注的只是这些抗抑郁药物的表面效用，而这类药物中真正发挥作用的成分——大脑中受药物调节的细胞及化学物质——却几乎被彻底遗忘。

之所以出现这样的情况部分原因是由于神经系统的复杂性所导致，我们对脑部细胞活动如何转化为情绪和行为不甚了解。目前已知的是，百忧解等药物事实上作用于释放化学信号(神经递质)血清素的神经元，通过改变神经元的功能继而发挥作用。血清素与众多行为障碍都有关系，诸如睡眠周期、饮食、性欲及情绪方面的问题等等。百忧解等药物会抑制

神经元对血清素的再吸收,因此,此类药物统称为“选择性血清素再吸收抑制剂”(SSRIs)。原则上,阻碍血清素的再吸收会使以其作为细胞间化学信号的神经系统各部分处于更高的活跃水平,但这些药物对以血清素为基础的神经网络功能的长期效应依旧不明。

我和同事们试图直接观察血清素神经元的活动,以了解它在动物生理学和行为方面所起到的作用。卡西米尔·佛诺尔(Casimir Fornal)和我曾在普林斯顿大学探索大脑中控制血清素神经元活动的因素长达10年之久。我相信这些研究是理解抑郁症和强迫症及其相关药物治疗的关键所在,它为了解和治疗这些病症提供了独特的视角,我们也希望借此为临床研究开辟新的道路。

一、血清素,药物及抑郁症

神经元间的联系是通过向神经元之间的微小间隙,即连接神经元的神经突触,释放少量化学物质介导完成的。大脑中化学神经递质的数目惊人,或许有上百种之多,然而大多数突触传递均由四种化学物质简单而快速地完成,它们分别是对神经元起到兴奋作用的谷氨酸(glutamate)和天冬氨酸(aspartate),以及起到抑制作用的γ-氨基丁酸(GABA)和甘氨酸(glycine)。其他神经递质,例如血清素(serotonin)、去甲肾上腺素(norepinephrine)以及多巴胺(dopamine)的作用则有所差别,它们通常与上述四种化学物质中的一种协同发挥作用,起到一种长期的兴奋或抑制效用。因此,它们也被称为神经调节剂(neuromodulators)。

虽然血清素、去甲肾上腺素和多巴胺在大脑总体功能中只发挥次要作用,但它们却是一些最常见大脑紊乱的罪魁祸首,如精神分裂症、抑郁症和帕金森症。有趣的是,我们发现精神疾病或者神经性疾病虽然普遍与谷氨酸、天冬氨酸、γ-氨基丁酸以及甘氨酸这四类化学物质有关,但它们却不是关键所在。或许这些系统一旦发生基本功能障碍,生命便难以为继。

血清素的化学名称为5-羟色胺,由于它是L-色氨酸(L-tryptophan)合成所得因而得名。餐后胃里的食物分解为各类氨基酸成分,并经过循环系统传输至身体的各个部分,其中便包括色氨酸。色氨酸一旦进入脑部及特定神经元,就会经历两次酶化反应后变为血清素。

当血清素返回原本释放它的神经元时,它在突触间的传递即告终止。此后,血清素既可能被再次用作神经递质进入循环,也可能被分解为新陈代谢的副产品输出大脑。在基本了解血清素的神经传递后,便可开始解释抗抑郁药物的工作机制。

作为最早的抗抑郁药之一,异烟酰异丙肼(iproniazid)通过抑制单胺氧化酶在这些化学神经递质分解代谢过程中的作用,从而提高该类化学物质在大脑中的浓度。例如,单氨氧化酶抑制剂(MAOIs)阻碍血清素分解为其代谢物5-羟吲哚乙酸(5-HIAA),从而在大脑中聚集血清素。遗憾的是,由于单氨氧化酶抑制剂也会使其他大脑化学递质(如去甲肾上腺素及多巴胺)发生分解,因此服用这些药物会产生大量副作用。此外,单氨氧化酶抑制剂在与其他药物相互作用后往往也会产生毒性,这正是用它治疗抑郁症的主要缺陷之一。

三环类抗抑郁剂(因其三环化学结构而得名)不具有单氨氧化酶抑制剂的相互作用毒性。如丙咪嗪(imipramine)的药效能阻止血清素返回原来释放它的神经突触,从某种意义上说,神经突触周围就会充斥着血清素。虽然这些药物在治疗抑郁症时颇为有效,但它们同

样会引发某些不良副作用，诸如便秘、头疼或者口腔干燥。这可能是由于三环抗抑郁剂除了阻碍血清素的再吸收外，还会对去甲肾上腺素和多巴胺产生相似的效果。

选择性血清素再吸收抑制剂的显著优点在于，它们的作用仅限于血清素的再吸收，这也许能够解释服用SSRIs的患者较少出现副作用的原因。与其他抗抑郁药一样，SSRIs也存在疗效延迟的现象，它们一般需要4至6周的时间才能发挥全部功效。麦吉尔大学的克劳德·德唐蒂基尼(Claude DeTontigny)和同事在研究中发现，大脑中血清素浓度的升高会产生补偿性反馈抑制，使大脑中血清素神经元减少血清素的释放。这就产生了“抵消作用”，致使发挥功能的血清素的实际增量为零。但随着血清素持续释放，调节反馈抑制的受体($5-HT_{1A}$受体)会逐渐脱敏。我们假设，几周后这一效应就会逐步导致反馈抑制的减少，血清素神经传递增多，从而缓解临床症状。

二、血清素神经元的活动

大脑中所有以血清素为基础的活动都由位于中缝核里的神经元所产生。这些血清素神经元群位于脑部最原始的部位——脑干。因而不难理解血清素为何会牵涉到一些基本的生理和行为方面，从控制体温、心血管系统的活动以及呼吸，一直到攻击、饮食和睡眠这样的行为。

之所以众多生理和行为层面都与血清素的活动有关，至少部分原因是产生于中缝核且包含血清素的神经纤维终端在大脑中具有广泛的分布。事实上，血清素网络是大脑中最为广布的神经化学系统。血清素神经元把神经纤维投射向整个中枢神经系统，从上方不同的大脑皮层一直到下方脊髓末端……

血清素神经元具有一种特殊的释放模式，致使其区别于大脑中绝大部分的其他细胞。它们相对有规律、缓慢而稳定地产生棘波。血清素神经元即便与大脑脱离后仍旧能保持这种节律模式，表明这种时钟般的规律性是每个神经元与生具备的。

在血清素神经元的行为研究中，早期的一项重要发现指出，神经元的放电频率会随着不同的行为唤起水平而产生剧烈变化。当动物处于平静的清醒状态时，一般的放电频率大致为每秒三次棘波。当动物昏昏欲睡并进入所谓慢波睡眠状态时，棘波数量会逐渐减少。在快速眼动睡眠期，即人们做梦的睡眠期，血清素神经元处于完全静默状态，而在醒来之后又回升至每秒三次棘波的基线水平。此外，当动物正当唤醒时或处于激动状态时，放电频率有可能升高至每秒四至五次棘波……

有趣的是，一些血清素神经元在动作即将做出之前开始运作。神经元的活动偶尔会与特定阶段的运动同步发生，例如在四足行走的循环中特定脚步上的放电频率会最高。此外，棘波发放频率也会随运动频率或强度的增长，如跑步速度的加快或者呼吸加深等，而对应增长。

一项最新的观察研究为了解血清素神经元的功能提供了一条关键线索。当动物受到强烈而新异的刺激时，如突如其来的响声，它会停止一切正在进行的行为，如停止行走或梳洗，并朝向刺激源。这种朝向反射其实是发出“这是什么”的疑问。在此类情境中，血清素神经元会保持几秒的完全静默状态，随后再恢复正常活动。

来自解剖学的证据支持这些对血清素神经元活动的观察结果。血清素神经元倾向于与涉及兴奋性肌肉运动和大肌肉群运动功能的神经元(例如控制躯干与四肢的神经元)相连接。反之,血清素神经元不太会同执行间歇性行为和精细运动神经元(例如控制眼睛或手指的神经元)产生联系。

总结在各种动物行为中对血清素神经元的活动观察,我们认为大脑血清素系统的主要功能是,启动并促进粗大肌肉运动持续重复地进行。除此之外,在根据具体运动的需求协调自主神经系统和神经内分泌功能的同时,对感觉信息加工过程起到抑制作用。但在血清素系统处于非活跃状态时(如在朝向反射时)则结果恰好相反:运动输出不会得到促进,而感觉信息加工也不会受到抑制。

三、脑细胞与精神障碍

虽然我们还远不能解释任何一种精神疾病发生背后的确切神经机制,但一些研究结果已表明抑郁症与血清素之间的联系。一项尤为重要的发现是,在自杀抑郁症患者的脑脊液中,血清素的一种主要代谢物 5-羟吲哚乙酸(5-HIAA)明显少于常人。从我们自己的研究推断,血清素神经元是导致产生抑郁性精神疾病内在生理异常的关键原因。前文提到血清素对于促进兴奋性肌肉运动及抑制感觉信息加工十分关键,一旦动物的血清素神经元反应异常,例如神经元的活动频率或模式发生改变,也就意味着运动功能和感觉信息加工均受到损害。

抑郁症常常伴随行动迟缓和认知障碍的发生。倘若血清素神经元无法促进兴奋性肌肉运动,那么抑郁症患者感到无精打采,甚至起床也要耗费九牛二虎之力的表现就不足为怪了。不正常的感觉信息加工也是导致抑郁症患者发生记忆错误并对外部环境缺乏兴趣的原因。另外值得一提的是,剥夺快速眼动睡眠能够治疗抑郁症,其功效至少部分与血清素有关。由于血清素神经元在快速眼动睡眠中通常保持静默,因而剥夺动物的快速眼动睡眠就可以在系统中维持较高的活动水平。本人实验室中的初步研究表明,剥夺快速眼动睡眠也会提高动物在清醒状态时血清素神经元的活动水平。

血清素神经元的活动也是强迫症发生的重要因素。我们的研究结果表明,由于重复性的动作可以增加血清素神经元的活动,因此强迫症患者通过重复某种仪式性的行为,如洗手或踱步,来作为一种自我医治。换言之,他们学会了激活大脑中的血清素系统,并以此获得某种益处或奖赏,即可能的焦虑减轻。由于强迫性行为会重复甚至会不间断地发生,因而这些动作可以源源不断地向脑部提供血清素(始终萦绕于脑中的强迫思维可能具有同样的效用,只是在动物实验中难以检验)。选择性血清素再吸收抑制剂(SSRI)最终能达到相同的神经生化效果,因此强迫症患者能够摆脱那些既浪费时间,不被社会接受,又常常有害身体的行为。

我们的研究显示,有规律的运动对治疗情感障碍具有重要作用。例如,如果某种类型的抑郁症存在血清素缺乏的症状,那么增加兴奋性肌肉运动或进行某种形式的重复肌肉练习,如骑自行车或慢跑,都将有助于缓解抑郁的症状。事实上,种种报告指出,慢跑和一些其他形式的锻炼都对抑郁症患者有益。这并不意味着单靠锻炼就能治疗抑郁症,由于锻炼对脑

部血清素浓度的长期影响还不得而知，或许它只有暂时的疗效。在另一方面，锻炼可以成为辅助药物治疗的一项重要手段，能降低患者的服药剂量……

四、结论

我们的研究所引发的问题是，为什么一个原本作为肌肉运动调节器的系统改变会对情绪有着如此深远的影响？除了发现中缝核与有关情绪的大脑区域（例如大脑边缘系统）存在连接外，还值得一提的是在所有脑脊椎动物的大脑中，血清素胞体及其纤维终端均按共同的组织计划分布着。这就意味着血清素系统在进化历程中得到保留，也暗示情绪与肌肉运动之间的联系或许具有某种适应性意义。

让我们来考虑如下的可能性。我们知道情绪可以发挥这样一种作用，让动物停下所从事的一系列活动，转而寻找另一种出路。一旦发生某些糟糕的事件（甚至可能威及生命），个体完全有理由暂停身体的活动，并斟酌各种其他的选择。换言之，如果一个人的生活中发生了某些消极事件，那么继续探索或沉溺于这样的环境中只会产生反作用，甚至具有危害性。此时最佳的适应性选择应为撤离并加以仔细思考。这样来看，情绪是在一种更高的复杂度层面帮助动作行为得更加有效。在另外一种情况下，如果情绪高涨的话，人去探索环境中各种新的可能就非常有益了。情绪波动范围加大会导致人们以更广阔的视角来探索问题，或许这可以解释众多文献中指出的艺术家、作家和作曲家的情绪障碍与创造力之间的相互关系。

最后需要指出，大脑血清素系统也可能涉及某些不具临床讨论特性的行为。为什么有些人会不停地抖动大腿？咀嚼口香糖会带来什么好处？呼吸练习、各种邪教以及宗教团体采用的旋转或舞蹈为什么会有治疗效果或强化效应？读者们也许还能想到其他可以增加脑部血清素释放的行为。

第八选
环境与基因：行为的决定因素

罗伯特·普洛明(Robert Plomin)，1989

几个世纪以来，有关先天因素（基因）和教养因素（环境）对行为发展哪一个更为重要的争辩从未停息。然而，直到近几十年间心理学家才开始逐渐了解遗传如何影响个体认知及行为的特定机制，与此同时，也发现个体环境对行为同样具有影响。事实上，人类的所有行为都是遗传与环境相互作用的结果，而罗伯特·普洛明（Robert Plomin）正是一位研究此类交互作用的行为遗传学家。

普洛明生于 1948 年，1974 年他在奥斯汀的得克萨斯大学（University of Texas at Austin）获得了生物心理学的博士学位。他曾先后在科罗拉多大学以及宾夕法尼亚州立大学任教。目前他在英国伦敦大学精神病研究中心任职。他在行为基因研究领域非常活跃。同时他也是教科书《行为遗传学入门》（第三版）（*Behavioral Genetics*：*A Primer*，3rd ed.，Worth，2001）的作者之一。

本章节选自普洛明 1989 年发表于《美国心理学家》杂志的"环境与基因：行为的决定因素"（Environment and Genes：Determinants of Behavior）一文。普洛明在文中回顾了 20 世纪 80 年代行为遗传学领域内的一些研究结果。行为遗传学之所以重要是因为它可以帮助我们认识自己以及周围的事物。当前，有关特定的基因是如何对人类智力、人格、心理病理学以及其他身体过程产生影响的研究报告正不断地出炉。当你阅读这一节选时，请注意普洛明所强调的遗传与环境对人类行为的共同影响作用。

关键概念：行为遗传学（behavior genetics）

APA 索引：Plomin，R.（1989）. Environment and genes：Determinants of behavior. *American Psychologist*，44，105－111.

摘要：近年来的行为遗传学研究业已证实，遗传因素对行为发展中的个体差异起到显著而且往往是实质性的影响，然而有些矛盾的是，这些研究也同样支持环境因素的重要作用。本文回顾了有关智力因素、人格因素及心理病理学领域遗传性的研究。同时，通过讨论研究家庭内部环境差异的重要性，以了解在发展进程中个体差异的环境来源。

《美国心理学家》杂志在1979年发行了一期有关儿童发展的特刊，自此以后的10年间，心理学界发生的重大改变之一便是越来越多地接受和承认发展过程中存在的、造成个体差异的遗传因素。近期一项涉及1 000多位科学家及教育工作者的调查研究显示，即使是在从来都充满争议的IQ分数领域，如今大多数人也都相信，个体在IQ分数上的差异至少有部分是受到了遗传因素的影响(Snyderman & Rothman, 1987)。在本文的前半部分，我们将首先回顾为这一观点提供实验基础的行为遗传学研究。

学界认为遗传因素对行为具有影响的呼声日益高涨，以至于几乎吞没了该项研究所传递出的另外一条信息：即同样的数据也为环境的影响作用提供了重要的现实依据。心理学家们以及社会所感兴趣的复杂行为的差异性，环境的影响作用至少与遗传因素的影响不相上下。由于行为遗传学的研究方法同时承认环境和遗传因素对行为的影响，因此它在理解环境因素时取得了新的进展……

尽管文章篇幅有限，我们无法对行为遗传学研究的理论及方法展开讨论，但简要来说，行为遗传学研究主要采用两种方法，分别是双生子研究和收养研究。前者将同卵双生子的相似性与异卵双生子的相似性进行比较，而后者则分别对那些有血缘关系但分开抚养的个体，以及无血缘关系但一同抚养的个体加以比较。这些方法主要用来评估遗传力(heritability)，这是一个统计值，用来描述在特定人群中所观察到的行为方面的差异，有多少部分可以归之为遗传差异……

行为遗传学领域中有两个概念性的问题需要澄清。首先，行为遗传学的理论和方法强调个体差异的遗传因素和环境因素来源。它较少涉及发展的普遍性问题(如，为什么人类会使用语言)，以及群体间的平均差异(如为什么女孩在言语测验中的表现优于男孩)。正是这一点造成了诸多误解，我们已在其他地方详细进行了讨论(Plomin, Defries & Fulker, 1988)。其次，当我们发现儿童间的遗传差异与其行为上的差异之间存在相关时，这一可能存在的相互关系其实与所发现的环境因素与儿童发展之间存在关联几乎是一样性质的……遗传因素对行为的影响具有多因素性，即包含了许多基因的影响，而每个基因只产生较小的效应，这与环境影响中的情况大同小异。换句话说，心理学家所感兴趣的遗传因素对复杂行为的影响，并不适用一种单基因效应的决定论模式来解释，像孟德尔对豌豆性状的研究，以及对镰刀状细胞性贫血等遗传性疾病所进行的研究都采用的是这样的模型，其发挥作用完全是独立于其他基因和环境因素影响的……

一、近年来行为遗传学研究撷英

本节将简要回顾近年来一些人类行为遗传学的研究，这些研究显示，遗传对行为的影响我们再也不能视而不见。证据主要来自如下三个方面，首先是智力因素，包括IQ、特定认知能力、学业成就、阅读障碍等；其次为人格因素，包括外向型和神经质型、儿童期的气质以及态度和信念；最后是心理病理学方面，主要包括精神分裂症、情感障碍、违法或犯罪行为以及酗酒。

1. 智力因素

IQ。在IQ方面取得的行为遗传学研究数据资料，要远远多于其他特质的资料。对

1980 年之前进行的十几项研究的概述得出这样的结论,在总共近 100 000 对双生子以及具有生物学关系或收养关系的亲子研究中发现,个体在 IQ 分数上表现的差异,无论如何都绕不过遗传这一重要的影响因素(Bouchard & McGue, 1981)。例如,有基因上的联系但分开收养的个体表现出显著的相似性,而同卵双生子的相似性也明显高于异卵双生子。然而不知是什么原因,20 世纪 70 年代的研究对遗传力的估计(大约 50%)要低于更早研究的结果(大约 70%;Plomin & Defries, 1980; cf. Loehlin, Willerman & Horn, 1988)。

近期两项正在进行的双生子研究中,分开抚养的双生子被试数是以往研究中同卵双生子人数的三倍,并且还在研究中首次加入了数百对分开抚养的异卵双生子这一重要的组别。这两项研究的先期报告显示,他们的研究获得了与其他行为遗传学研究文献一致的结果,即遗传因素对于 IQ 分数有着实质性的影响(Bounchard, 1984; Pedersen, McClearn, Plomin & Friberg, 1985)……

特定认知能力。虽然有研究证据显示,遗传因素在语言及空间能力方面的影响要大于对感觉速度测验及记忆能力测验的影响,但是这些形式各异的认知测验无不显示出遗传因素在整个生命进程中显著且实质性的影响(几乎与对 IQ 影响的作用相当,Plomin, 1988)。在 10 项双生子研究中,科学家发现遗传对创造力的影响小于认知领域的其他方面,尤其是在 IQ 因素得到控制的条件下(R. C. Nichols, 1978)。

在过去 10 年间,有关特定认知能力进行了如下的一些研究,其中包括一项对近 2 000 个家庭中超过 6 000 位被试进行的研究,三项关于儿童期的双生子研究、一项成人双生子研究,以及与前述讨论的 IQ 有关的两项分开抚养双生子研究同时进行的、附加的亲子收养研究(Plomin, 1986)。

学业成就。虽然在过去的 10 年间没有任何有关学校行为的行为遗传学新研究,但遗传对学业成就同样具有广泛的影响。有关学业成就的双生子研究显示,学业成就测试分数与特定认知能力一样,都受到遗传因素的实质性影响,甚至连学习报告手册的成绩以及受教育年限也都会受到遗传因素的影响。这些双生子研究及收养研究还发现,遗传因素对于个体职业兴趣的影响也非常显著(Plomin, 1986)。

阅读障碍。阅读障碍具有明显的家族一贯性(Defries, Vogler, & Labuda, 1985)。一项近期的双生子研究发现了这一家族相似性的遗传学基础方面的证据(Defries, Fulker, & Labuda, 1987);而另一项双生子研究发现,遗传因素对阅读障碍的影响仅限于拼写障碍(Stevenson, Graham, Fredman & Mcloughlin, 1987)。曾有研究指出拼写障碍具有单基因效应(Smith, Kimberling, Pwnnington & Lubs, 1983),尽管之后的研究未能确认这一联系(Kimberling, Fain, Ing, Smith & Pennington, 1985; McGuffin, 1987)……

2. 人格因素

外倾与神经质。近期一项有关人格的研究聚焦于人格中两大"超级"因素:外倾和神经质。回顾过往超过 25 000 对的双生子研究发现,这两项特质的遗传力估计可达 50%(Henderson, 1982)。这一回顾性研究同时还指出,外倾与其他人格特质往往显示出不可累积的遗传变异。基因的非累积性效应中包括独特的基因组合方式,正是因为这一个因素导致了同卵双生子的相似性,而与一级亲属之间却不表现出这样的相似性。近期一项在澳大

利亚展开的大规模双生子研究支持了以上这些结论(Pedersen, Plomin, McClearn & Friberg, 1988; Tellegen et al., 1988)。非累积性遗传变异的出现可以用来解释为何在一级亲属的收养研究中遗传力因子相对较低的原因(Loehlin, Willerman & Horn, 1982, 1985; Scarr, Webber, Weinberg, & Wittig, 1981)。

情绪性,活动性及社交性(EAS)。外倾和神经质是包含诸多人格维度的整体特质。然而,外倾的核心是社交性(sociability),而神经质的关键成分是情绪性(emotionality)。从婴儿到成人,这两种特质及活动性(activity)水平都被认为是人格中最具遗传性的部分,这一理论也因为这三部分的首字母而被称为EAS理论(Buss & Plomin, 1984)。一项关于这三种特质在婴儿、儿童、青少年以及成人中行为遗传学数据的回顾研究支持了EAS理论(Plomin, 1986)。但是,也许是因为外倾和神经质具有广泛的遗传影响力,所以许多其他人格特质也显示出具有遗传影响,而且很难确认哪些特质的遗传性更高(Loehlin, 1982)。

态度和信念。出乎意料的发现是,遗传因素对某些态度和信念的影响不亚于对其他行为特质的作用。近年来对态度研究的兴趣焦点之一是传统主义(traditionalism),即遵循规则和权威,认同高道德标准和严格的纪律。例如,一项大规模的双生子研究发现,个体在该项指标上的差异有一半可以归结为遗传影响(N. G. Martin et al., 1986),另一项针对分开抚养的双生子研究也同样发现,遗传因素对于传统主义有着实质性的影响(Tellegen et al., 1988)。不过,在宗教和特定的政治信仰则没有发现遗传因素的影响。

3. 心理病理学

行为遗传学研究在儿童及成人心理病理学领域内尤其活跃(Loehlin et al., 1988; Vandenberg, Singer, & Pauls, 1986)。本节将简单回顾近年来对精神分裂症、情感障碍、违法及犯罪行为、酗酒以及其他心理病理症状的有关研究。

精神分裂症。在14项既往研究中共对超过18 000位精神分裂症患者的一级亲属进行了比对,结果发现一级亲属的罹患风险达到8%,这一数值是随机人群中患该病风险的8倍(Gottesman & Shields, 1982)。一些近期的家庭研究也获得了相似的结果。

双生子研究发表明,这一家族相似性可以归之于遗传。最近一项双生子研究以所有参加过二战的男性孪生老兵作为研究对象(Kendler & Robinette, 1983)。在164对同卵双生子中,均患有精神分裂症的人数比例达到30.9%,而在268对异卵双生子中这一数值为6.5%。有关精神分裂症的收养研究结果也支持双生子研究的结论,即遗传因素对精神分裂症有一定的影响……

情感障碍。虽然双生子研究结果显示遗传因素对情感障碍的影响高于精神分裂症,但收养研究却发现遗传的影响并不显著(Loehlin et al., 1998)。在最近一项收养研究中发现,虽然与患有情感障碍的被收养者基因有联系的亲属被诊断患有同样疾病的比例更高,但这一差异并不明显,前者的比例为5.2%,后者为2.3%(Wender et al., 1986)。研究还显示,基因有关的亲属在酗酒(5.4% 对 2.0%)以及自杀或自杀未遂(7.3%对1.5%)上的高百分比……

违法及犯罪行为。随着相关著作的出版(Wilson & Herrnstein, 1985)并声称生物学因素会影响犯罪行为,有关遗传影响的争议逐渐开始从原来的IQ领域转向犯罪行为。在6项有关青少年犯罪的双生子研究中,同卵双生子表现出87%的一致性,这一比例在异卵双生子中也达到72%,说明遗传因素比较微弱,而环境却有实质性的影响(Gottesman, Garey & Hanson, 1983)。但近来一项针对犯罪行为的定量研究指出,遗传因素的影响比早前在试图诊断青少年犯罪的研究中获得的结果更为显著(Rowe, 1983b)。

已有研究表明,青少年违法日后成为成年罪犯,两者之间存在一种遗传倾向(Wilson & Herrnstein, 1985)。过去8项有关成人犯罪的双生子研究结果显示,同卵双生子与异卵双生子在犯罪行为中的一致性分别达到69%和33%。收养研究的证据虽不及双生子研究结果显著,但仍然支持成人犯罪中遗传影响的假设(Mednick, Gabrielli & Hutchings, 1984)。

酗酒。酗酒行为往往会在家庭内蔓延。直系亲属的酗酒行为是预测酗酒是否发生的最有效的指标(Mednick, Moffitt, & Stack, 1987)。酗酒者的男性亲属中大约有25%也同样是酗酒者,这一数值远高于一般人群中男性酗酒者的比例(5%)。虽然有关正常饮酒者的双生子研究表明存在明显的遗传影响(例如:Pedersen, Friberg, Floderus-Myrhed, McClearn & Plomin, 1984),但没有专门针对酗酒的双生子研究。一项在瑞典进行的收养研究为至少是男性酗酒行为的遗传影响提供了最佳的证据(Bohman, Cloninger, Sigvardsson & Von Knorring, 1987; cf. Peele, 1986)。由他人收养且其亲生父亲为酗酒者的被试中同样酗酒的人数比例高达22%,这一结果再次显示出实质性的遗传影响。

其他心理病理症状。虽然大多数有关心理病理学的行为遗传学研究将问题的焦点集中于精神病、犯罪以及酗酒等问题,近来的研究已逐渐将关注点转移至其他障碍。近来的研究包括焦虑性神经症,有时也称为惊恐症(panic disorder)的家庭研究,有关神经性厌食的双生子及家庭研究,以及涉及躯体化障碍,即来源不明的多重及慢性生理疾病的家庭及收养研究(Loehlin et al., 1988)。

二、总结

行为遗传学研究所获得的首要结论是,遗传因素对在行为发展过程中显现的个体差异往往具有重要且实质性的影响。遗传影响普遍存在于各类行为之中,因而我们所强调的研究重点已不再是探究哪些特质具有遗传性,而是试图寻找哪些特质不可遗传。

这些研究所传递出的第二条信息也同样重要:这些研究数据同样为证实环境因素的重要性提供了最佳的证据。虽然本章节回顾的研究结果显现出普遍的遗传影响,但是这也同样表明,对于大多数复杂行为而言,个体差异的一半以上要归之于非遗传因素的作用。例如:同卵双生子均患有精神分裂的概率为40%。由于同卵双生子在基因型上完全一致,因而其中一人被诊断患有疾病而另一人正常的原因只可能归结为环境因素而非遗传因素。“行为遗传学”这一名称从某种程度上说用词并不恰当,因为它同时研究先天因素与后天教养因素。除了指出环境变异的重要性之外,它还提供了一种新颖的视角,在遗传的情境之下来看待环境,尤其是家庭环境的影响……

从原本拘泥于影响行为发展的环境因素,到采取一种更为平衡的观点,同时接受遗传和环境因素对个体差异的共同影响,这一转变必然有益于社会科学及行为科学的健康发展。现在的危险已是转到对环境主义的越来越不重视。在20纪70年代,我必须极为谨慎地谈

论遗传因素的影响，小心翼翼地提出遗传对于行为的重要意义。然而，现在我却时常提醒其他人："是的，遗传因素的影响确实非常显著而且重要，但是环境因素的影响也同样重要。"这一点在心理病理学领域的表现尤为突出，明显存在的遗传影响的证据，导致研究者们试图寻找单基因以及简单神经化学触发机制，却忽视了其心理社会成因的探索。如果能在研究中发现可以治疗精神分裂症的生化治疗法，不仅简单也许还便宜，这样的愿景固然很好，但是这一乐观的结果似乎很难得以实现，因为精神分裂症不仅受到遗传因素的影响，环境因素在其中也发挥着同等重要的作用。

此外，正如前文所提到的，遗传对行为的影响并非是单基因或决定性的，而是多基因且具有或然性。孟德尔研究的豌豆特征、亨廷顿氏舞蹈症及镰刀型贫血症等疾病，都取决于单一基因的作用，而不需要考虑个体的环境或遗传背景。而心理学家所研究的行为之复杂，其代价就是根本不可能获得这样一个确定性的模型或者其他简化的解释方法。也还没有任何确切的证据可以证明单基因效应足以解释那些复杂行为中可见的诸多个体差异……

当研究的钟摆逐渐远离环境论的时候，我们必须在它倒向生物决定论之前，使它停留在两个极端的中点。因为行为遗传学研究清楚地展示了这样一个结论，在人类的发展进程中，先天和教养的因素都非常重要。

参考文献

[1] Bohman, M., Cloninger, R., Sigvardsson, S. & von Knorring, A. L. (1987). The genetics of alcoholisms and related disorders. *Journal of Psychiatric Research*, 21, 447 - 452.

[2] Bouchard, T. J. (1984). Twins reared together and apart: What they tell us about human diversity. In S. W. Fox (Ed.), *Individuality and determinism* (pp. 147 - 178). New York: Plenum Press.

[3] Bouchard, T. J., Jr. & McGue, M. (1981). Familial studies of intelligence: A review. *Science*, 212, 1055 - 1059.

[4] Buss, A. H. & Plomin, R. (1984). *Temperament: Early developing personality traits*. Hillsdale, NJ: Erlbaum.

[5] DeFries, J. C., Fulker, D. W. & LaBuda, M. C. (1987). Evidence for a genetic etiology in reading disability in twins. *Nature*, 329, 537 - 539.

[6] DeFries, J. C., Vogler, G. P. & LaBuda, M. C. (1985). Colorado Family Reading Study: An overview. In J. L. Fuller & E. C. Simmel (Eds.), *Behavior genetics: Principles and applications* Ⅱ. (pp. 357 - 368). Hillsdale, NJ: Erlbaum.

[7] Donis-Keller, H., Green, P., Helms, C., Cartinhour, S. & Weiffenbach, B. (1987). A human gene map. *Cell*, 51, 319 - 337.

[8] Egeland, J. A., Gerhard, D. S., Pauls, D. L., Sussex, J. N. & Kidd, K. K. (1987). Bipolar affective disorders linked to DNA markers on chromosome 11. *Nature*, 325, 783 - 787.

[9] Gottesman, I. I., Carey, G. & Hanson, D. R. (1983). Pearls and perils in epigenetic psychopathology. In S. B. Guze, E. J. Earls, & J. E. Barrett (Eds.), *Childhood psychopathology and development* (pp. 287 - 300). New York: Raven Press.

[10] Gottensman, I. I. & Shield, J. (1982). *Schizophrenia: The epigenetic puzzle*. Cambridge, England: Cambridge University Press.

[11] Gusella, J. F., Wexler, N. S., Conneally, P. M., Naylor, S. L., Anderson, M. A., Tanzi, R. E., Watkins, P. C. & Ottina, K. (1983). A polymorphic DNA marker genetically linked to

Huntington's disease. *Nature*, 306, 234 - 238.
[12] Henderson, N. D. (1982). Human behavior genetics. *Annual Review of Psychology*, 33, 403 - 440.
[13] Kendler, K. S. & Robinette, C. D. (1983). Schizophrenia in the National Academy of Sciences-National Reasearch Council twin registry: A 16 - year update. *American Journal of Psychiatry*, 140, 1551 - 1563.
[14] Kimberling, W. J., Fain, P. S., Smith, S. D. & Pennington, B. F. (1985). Linkage analysis of reading disability with chromosome 15. *Behavior Genetics*, 15, 597 - 598.
[15] Loehlin, J., C. (1982). Are personality traits differentially heritable? *Behavior Genetics*, 12, 417 - 428.
[16] Loehlin, J., C., Willerman, L. & Horn, J. M. (1982). Personality resemblance between unwed mothers and their adoptedaway offspring. *Journal of Personality and Social Psychology*, 42, 1089 - 1099.
[17] Loehlin, J., C., Willerman, L. & Horn, J. M. (1985). Personality resemblance in adoptive families when the children are late adolescents and adults. *Journal of Personality and Social Psychology*, 48, 376 - 392.
[18] Loehlin, J., C., Willerman, L. & Horn, J. M. (1988). Human Behavior genetics, *Annual Review of Psychology*, 38, 101 - 133.
[19] Martin, J. B. (1987). Molecular genetics: Application to the clinical neurosciences. *Science*, 238, 765 - 772.
[20] Martin, N. G., Eaves, L. J., Heath, A. C., Jardine, R., Feingold, L. M., & Eysenck, H. J. (1986). Transmission of social attitude. *Proceedings of the National Academy of Science*, USA, 83, 4364 - 4368.
[21] Martin, N. G. & Jardine, R. (1986). Eysenck's contributions to behavior genetics. In S. Modgil & C. Modgil (Eds.), *Hans Eysenck: Consensus and controversy* (pp. 13 - 27). Philadelphia: Falmer.
[22] McGuffin, P. (1987). The new genetics and childhood psychiatric disorder. *Journal of Child Psychology and Psychiatry*, 28, 215 - 222.
[23] Mednick, S. A., Gabrielli, W. F., Jr. & Hutchings, B. (1984). Genetic influences in criminal convictions: Evidence from an adoption cohort. *Science*, 224, 891 - 894.
[24] Mednick, S. A., Moffitt, T. E. & Stack, S. (1987). *The causes of crime: New biology approaches*. New York: Cambridge University Press.
[25] Nichols, R. C. (1978). Twin studies of ability, personality and interests. *Homo*, 29, 158 - 173.
[26] Pederson, N. L., Friberg, L., Floderus-Myrhed, B., McClearn, G. E. & Plomin, R. (1984). Swedish early separated twins: Identification and characterization. *Acta Geneticae Medicae et Gemellologiae*, 33, 243 - 250.
[27] Pederson, N. L., McClearn, G. E., Plomin, R. & Friberg, L. (1985). Separated fraternal twins: Resemblance for cognitive abilities. *Behavior Genetics*, 15, 407 - 419.
[28] Pederson, N. L., Plomin, R., McClearn, G. E. & Friberg, L. (1988). Neuroticism, extraversion, and related traits in adult twins reared apart and reared together. *Journal of Personality and Social Psychology*, 55, 950 - 957.
[29] Peele, S. (1986). The implications and limitations of genetic models of alcoholism and other addictions. *Journal of Studies on Alcohol*, 47, 63 - 73.
[30] Plomin, R. (1986). *Development, genetics and psychology*. Hillsdale, NJ: Erlbaum.
[31] Plomin, R. (1988). The nature and nurture of cognitive abilities. In R. J. Sternberg(Ed.), *Advance in the psychology of human intelligence* (Vol. 4, pp. 1 - 33). Hillsdale, NJ: Erlbaum.
[32] Plomin, R. & DeFries, J. C. (1980). Genetics and intelligence: Recent data. *Intelligence*, 4,

15 - 24.

[33] Plomin, R., DeFries, J. C. & Fulker D. W. (1988). *Nature and nurture during infancy and early childhood*. New York: Cambridge University Press.

[34] Roew, D. C. (1983b). Biometrical genetic models of self-reported delinquent behavior: Twin study. *Behavior Genetics*, 13, 473 - 489.

[35] Scarr, S., Webber, P. L., Weinberg, R. A. & Wittig, M. A. (1981). Personality resemblance among adolescents and their parents in biologically related and adoptive families. *Journal of Personality and Social Psychology*, 40, 885 - 898.

[36] Smith, S. D., Kimberling, W. J., Pennington, B. F. & Lubs, H. A. (1983). Specific reading disability: Identification of an inherited form through linkage analysis. *Science*, 219, 1345 - 1347.

[37] Snyderman, M. & Rothman, S. (1987). Survey of expert opinion on intelligence and aptitude testing. *American Psychology and Psychiatry*, 28, 229 - 247.

[38] Tellegen, A., Lykken, D. T., Bouchard, T. J., Wilcox, K., Segal, N. & Rich, S. (1988). Personality similarity in twins reared apart and together. *Journal of Social and Personality Psychology*, 54, 1031 - 1039.

[39] Vandenberg, S. G., Singer, S. M. & Pauls, D. L. (1986). *The heredity of behavior disorders in adults and children*. New York: Plenum.

[40] Wender, P. H., Kety, S. S., Rosenthal, D., Schulsinger, F., Ortmann, J. & Lunde, I. (1986). Psychiatric disorders in the biological and adoptive families of adopted individuals with affective disorders. *Archives of General Psychiatry*, 43, 923 - 929.

[41] Wilson, J. Q. & Herrnstein, R. J. (1985). *Crime and human nature*. New York: Simon & Schuster.

[42] Wyman, A. R. & White, R. L. (1980). A highly polymorphic locus in human DNA. *Proceedings of the National Academy of Sciences*, 77, 6754 - 6758.

[43] 本文的完成得到“国家科学基金”(BNS - 8643938)和“全国衰老研究会”(AG - 04563)的资助。

第三章

DI SAN ZHANG

感觉与知觉

第九选

库尔特・考夫卡，摘自"知觉：格式塔理论介绍"，《心理学报》

第十选

罗伯特・L・范兹，摘自"新生儿的图案视觉"，《科学》

第九选
知觉：格式塔理论介绍

库尔特·考夫卡(Kurt Koffka),1922

知觉始终是心理学的核心主题之一。今天科学家们对知觉原理的了解在很大程度上还是受到诸如马克斯·韦特海默(Max Wertheimer)、沃尔夫·科勒(Wolfgang Köhler)、库尔特·考夫卡(Kurt Koffka)这些昔日德国的格式塔心理学家的影响。

考夫卡(1886—1941)于1909年获得柏林大学的心理学博士学位,之后前往法兰克福大学任教,并于1910年在那里结识了其他几位格式塔心理学的创始人。到美国之后1911年至1924年间他在吉森大学(University of Giessen)任教。1927年,他被史密斯学院(Smith College)聘为心理学教授,直至终生。考夫卡尤其对执掌我们进行环境知觉的原则的研究感兴趣。在他发表的著作中最有影响的是《格式塔心理学原理》(*Principles of Gestalt Psychology*, 1935)。

本选集摘自《知觉:格式塔理论介绍》,该文1922年刊登于《心理学报》(*Psychological Bulletin*),此文反映了德国心理学家鼓励美国心理学家们支持格式塔学派观点的努力。文中,考夫卡讨论了感觉、联想和注意等现象同心理学之间的关系,请注意他所做的与行为主义观点的比较。虽然此文写于80多年前,但它所涉及的许多问题对于当今的认知心理学而言仍旧相当重要。联想和注意对知觉而言究竟有多么重要?考夫卡声称格式塔理论不仅仅是知觉理论那么简单,对此你做何思考呢?

关键概念: 知觉的格式塔理论(Gestalt theory of perception)

APA索引: Koffka, K. (1922). Perception: An introduction to the Gestalt-theorie. *Psychological Bulletin*, 19, 531 - 585.

当有人建议我对近年来知觉领域中所做的研究进行一番综述和回顾时,我觉得向美国的读者介绍心理学中进行的这场运动正是时机,尽管该运动在过去的10年中一直是由德国所发起的。1912年,格式塔理论诸原则首先由韦特海默提出,并成为德国一小部分心理学家在该领域进行探索的起点。一旦这些新的思考和工作方法接触到实际问题时,不仅会显示出成效,而且会令我们发现唯有通过该理论的指引才能揭示出来一些令人吃惊的重要

事实。

格式塔理论绝非简单的知觉理论，甚至可以说它不仅仅是一个心理学的理论。不过它发端于知觉研究，而且有关该主题的研究是迄今完成的实验工作里较为出色的部分，因此，对知觉现象进行讨论或许是各位了解格式塔理论的最佳途径。

由于这一新的视角在德国心理学界还没有取得主流地位，因此公平地说许多德国心理学家对之也是置若罔闻。然而，其他研究者完成的大量研究工作所得出的结论，也可纳入我们理论的范围之内。相应的，我会提到这些研究成果，辅之以格式塔心理学家对此做出的解释。我会展示格式塔理论迄今为止可以涵盖多少事实，即使暂时还不能对之加以完美的解释，借此说明我们理论的全面完整性。基于同样的理由，偶尔我也会追溯到很远的一些研究。另一方面，我也无法面面俱到地介绍关于知觉的全部研究，而只能是根据我最初的目的挑选出对我有用的证据。

下文中提到的知觉，不是指某一特定的精神机能，我只是想用这一术语来代指我们全部的经验范围，并不只包括那些可以"想象"、"表征"或"想到"的内容。因此，我称现在正在它上面书写的写字台为一种"知觉"，同样，我正从烟斗中吸入的烟草气味，窗外街道上过往车辆所发的噪声都可称为知觉。也就是说，我使用知觉这一术语的方式能够排除所有理论的偏见。我的目标就是要提出有关这些日常知觉的理论，过去 10 年中德国一直有人进行这方面的研究，它与传统心理学的知觉理论形成反差。基于这个目的，我需要的是一个相对中性的术语，而"知觉"一词在当今心理学教科书中有着特定的含义，它与"感觉"相对应，意指一种更为复杂的心理加工过程。在此开篇的导言章节中，我想到的是对所有现在的知觉理论而言其内在的线索是什么，顺使也回顾一下传统心理学关于知觉的基本原则有哪些。于是我找到三个概念，它们包含了时下任何心理学系统中都具有的三条原理。对于有些学派而言这三个概念只是基本概念，而在另一些系统里还会有别的概念来补充它们。不过，其重要性长久以来都毫无争议。我指的这三个概念就是感觉、联想和注意。我将系统阐述依据这三个概念提出的有关理论原则，并试图从根本上来说明它们的意义，以便揭示使用这些概念进行思考时的方法。当然我也完全清楚大多数该领域的学者，即使不是全部，会对我提出的主张提出不同的见解，然而我还是坚持认为，运用这些原则解决实际问题时还是会按照我所指出的方式进行。

1. 感觉

所有当前或存在的意识都包含了一定数目真实的、可分离的(尽管不一定需要分离)元素，每个元素都与某个确定的刺激或某个记忆片段相关。因此，一个意识单元可以视作由一束这样元素所组成，韦特海默在最近一篇有关介绍我们新理论的论文中，将之称为"束假设"(bundle-hypothesis)[7]。这些元素，或其中的一部分就是所谓感觉，心理学的首要任务就是找到它们并确定其特性。

这些元素既然可以以感觉的形式出现，也就有可能以意象的形式为我们所感受。意象同样被视为心理结构的元素或分子，在某些特性上与感觉是可以区分的。然而，在很大程度上它们只是一个从属的类别，因为每个意象都建立在相应的感觉之上。所以即使意象与感觉是不同的概念，但都符合相同的原理，即所谓的束假设。

根据感觉研究中所采用的方法,我们在确定构成这一概念基础的原则时有必要提及感觉的刺激方面。很显然,感觉与刺激之间的关系可以由一个大致都可以接受的规则来加以表达,苛勒称之为“恒常性假设”(constancy-hypothesis)[4],即感觉是刺激直接而确定的函数。只要有特定的刺激和正常的感觉器官,我们便可得知主体会产生某种感觉,甚至可以知道感觉的强度和质量,至于感觉的“清晰度”或“意识程度”则由另一个因素决定,即注意。

刺激之于感觉,就相当于记忆片段之于意象。由于每个分离的感觉元素都会留下一个分离的记忆碎片,所以在大脑中就会有大量这样的记忆碎片,而其中每一个都能被单独地唤起,因此就有了一种相对于感觉被经历时最初安排的独立性。这导致G·E·缪勒(G. E. Müller)[5]提出了“联想混合效应”(association mixtures,德文为associative Mischwirkungen)的理论,海宁(Henning)[2]在一篇论文中将该理论推向了极致。

2. 联想

在第一个小标题中我们就已经涉及记忆的概念。根据目前的学说,记忆的主要工作原理是联想,但就连最纯粹的联想主义者也承认记忆并不仅仅遵从联想原则。从罗莎·海茵(Rosa Heine)[1]对在缪勒实验室内工作的总结中,就足以让我们认识到这一点。她发现再认依据的就不是联想,因为她没能于再认之中找到任何反摄抑制的迹象,而反摄抑制是所有联想学习中非常重要的一个因素。类似的,缪勒自己在看到L·施吕特(L. Schlüter)[6]的实验之后,也承认单凭相似性就有可能进行再创造。尽管如此,我们依然认为联想是能够控制思想形成和消逝的首要因素,联想律依托的是感觉—意象的概念。思维进程就好比是长长的列车,我们可以把它分为一个个独立的元素,若问是什么道理导致一个元素可以引出另一个元素,答案就是联想,即各个元素之间构成的联系,所有元素之间始终保持着连贯性。正如韦特海默[7]再次指出的那样,该理论的核心是联想形成和运作的充要条件为一种开始便业已存在的联结——只要a和b共存过,那么两者中任何一方的出现都可能引出另一方。而意义,根本就不作为联想产生的条件之一,是通过联想的作用来加以解释的,联想本身并没有意义。

该理论另外一个特点是具有统计学的性质。每时每刻都有不计其数的联想在发挥作用,相互强化或相互抑制。由于相互间各种有效的作用我们永远也不可能完全把握,因此即使是简单的例子也不可能做出准确的预测。由于联想的特定原则只能够通过统计学方法来加以发现,所以我们的预测也只能是统计学意义上的。

3. 注意

学界普遍的认为是,感觉和联想理解起来比较简单清晰,而要一旦涉及注意的概念就存在许多模糊的地方。而且,如果某种效应不能通过感觉或联想加以解释的话,往往就该由“注意”粉墨登场了。在更为复杂高级的系统中,你会发现注意往往沦为其他一些原则发挥受到干扰时的替代品甚至是替罪羊。如果在适宜的刺激下预期的感觉没有发生,那就一定是注意指向其他事物,导致该刺激被忽略了;如果感觉没有很好地对应于所施加的刺激,那一定是注意力不够导致对刺激做出了错误判断。这样的例子我们一再遭遇,于是我们得出如下的结论:注意必然是一个独立的附加因素,不仅能够影响我们意识加工的结构和进程,同时也受到意识加工的影响。

现代心理学致力于为每一个心理学概念找到一个生理学的基础。我们不妨也对这三个概念的生理学层面略作讨论。大致的观点认为，感觉（和意象）的基础是大脑皮层某块限定独立的区域被唤起所造成的，联想的实质是这些区域间神经元联系的建立。注意的作用还是两可，有些情况下对神经过程起促进作用，而有时则起到抑制作用。无须再过深入，我们便可审视这一心理—生理对应的性质。就方法论层面上看，这三条原则的心理学方面和生理学方面对应得严丝合缝：大脑皮层分成各个区域，直接经验也被分解为不同的元素；大脑各区域之间存在着联系，而意识的元素之间也存在着关联。此外，神经运行过程中会发生功能性的改变，这也对应着心理元素会受到注意功能的影响。很明显，心理过程和生理过程是交互依赖的，那么非感觉、非联想、非注意的情况存在吗？非大脑皮层的区域存在吗？同样还有非神经束。对兴奋的非促进或非抑制现象存在吗？当然，用这样的方式加以解释的话这些假设都会存在，但是我们相信，一旦面对其他更为复杂的情况时这些解释就不那么充分了。此外，我们坚持认为，这些有缺陷的旧理论并不是加上后三条原则的补充就可以挽救的，唯有摒弃它们并找到其他原则加以替代……

近来，美国心理学正处潮流的当口，行为主义在它的框架内剔除了所有意识的形式，严格来说是全盘否定了这三大原则。因此，在行为主义的文献中既看不到"注意"，也没有"感觉"一词，甚至"联想"都已经消失了，因为他们将其解释为一个起初的动作便可形成的连接。正如我在另一篇讨论韦特海默理论与迈农(Meinong)和贝努西(Benussi)[3]理论之间差异的文章中所指出的那样，尽管在术语运用上有所限制，但行为主义从整体上看并没有摆脱传统心理学的窠臼。他们用"反应"一词替代"感觉"，这样能够包含过程中更为有效的方面，但除此之外，行为主义无非是把反射弧一个接一个地串联起来，这与"束假设"的方法简直就是并无二致。

参考文献

[1] Heine, R. Über Wiederkennen und rückwirkende Hemmung. *Zeits. f. Psychol.*, 1914, 68, 161-236.

[2] Henning, H. Experimentelle Untersuchungen zur Denkpsychologie. 1. Die assoziative Mischwirkung, das Vorstellen von noch nie Wahrgenommenem und deren Grenzen. *Zeits. f. Psychol.*, 1919, 81, 1-96.

[3] Koffka, K. The same. Ⅲ. Zur Grundlegung der Wahrnehmung spsychologie. Eine Auseinandersetzung mit V. Benussi, von *K. Koffka*. *Zeits. f. Psychol.*, 1915, 71, 11-90.

[4] Köhler, W. Über unbemerkete Empfindungen und Urteilstiuschungen. *Zeits. f. Psychol.*, 1913, 66, 51-80.

[5] Müller, G. E. und Pilzecker, A. Experimentelle Beiträge zur Lehre vom Gedächtnis. *Erg. Bd.* I, *d. Zeits. f. Psychol.* Leipzig: Barth, 1900, pp. xiv+300.

[6] Schlüter, L. Experimentelle Beiträge zur Prüfung der Auschauungs und der Übersetzungsmethode bei der Einführung in einen fremdsprachlichen Wortschatz. *Zeits. f. Psychol.*, 1914, 68, 1-114.

[7] Wertheimer, M. Untersuchungen zur Lehre von der Gestalt. I. Prinzipielle Bemerkungen. *Psychol. Forsch.*, 1922, 1, 47-58.

第十选
新生儿的图案视觉

罗伯特·L·范兹(Robert L. Fantz),1963

多年以来,心理学家们认为新生儿的感觉功能并不完善,部分原因是不太可能有效测试新生儿究竟能够感知到什么。心理学家们一直致力于开发侦测新生儿感觉能力的技术,作为该领域的领军人物之一,罗伯特·L·范兹(Robert L. Fantz)开发出一套能够研究新生儿图案视觉的技术。

范兹生于1925年,60年代时他曾在克利夫兰的西储大学(Western Reserve University)担任心理学教授,并致力于婴儿知觉的研究。本文于1963年刊登在《科学》(*Science*)上,其中提到的"箱子"全称为"视觉箱"(looking chamber),是他个人的发明。实验中,各种视觉刺激目标出现在箱顶部分,婴儿躺在箱内,实验者能够通过一个窥视孔来观察被试(即婴儿)的眼球移动和注视焦点。由于范兹设计的研究非常简便有效,引来许多心理学家纷纷效仿,用它来研究新生儿的视觉偏好。自范兹的早期研究起,心理学家们开发出更为复杂的程序应用于婴儿研究。在阅读本篇时,请思考为新生儿提供刺激性视觉环境意义何在。同时,为什么说了解婴儿的感觉能力其实非常重要呢?

关键概念: 新生儿的视觉(vision in newborn infants)

APA索引: Fantz, R. L. (1963). Pattern vision in newborn infants. *Science*, 140, 296-197.

摘要: 出生5天的婴儿注视黑白相间图案的时间要多于注视单色图案表面的时间,这表明他们生来就具有知觉图形的能力。

通常都认为,新生儿在刚出生的头几周甚至头几个月里,尚不具有或仅具有非常有限的图案视觉,这是因为视觉需要渐进学习,眼睛和大脑尚未发育成熟,抑或两者兼而有之[1]。但这一观点却受到了直接的挑战——婴儿对形状或图案不同的视觉刺激,其注意是有所差异的[2]。这一证据表明,婴儿在出生的头几个月里(1)具有相当精确的图案视觉(能分辨10英寸之外仅1/8英寸的方格图案);(2)对图案的视觉兴趣超过对单一色彩的兴趣;(3)能够对复杂程度相似的图案进行区分;(4)对类似人脸的图案尤感兴趣。

本研究旨在确定在新生儿身上是否也能得到类似的结果，如果是肯定的话我们便可得知，对于图案视觉来说视觉学习和新生儿后期的成熟都不是先决条件。之前我们做过较大婴儿的研究，比较他们对有图案的和只有单一颜色的刺激的视觉反应性[3]。因此，现在做的只是一次重复性的研究。我们得到的结果基本上是先前研究的翻版，这进一步支持了上面的结论。

参加实验的一共有 18 名新生儿，最小的出生仅 10 小时，最大的不超过 5 天。由于实验系列中有 6 个目标，且至少呈现 2 次，这就要求婴儿眼睛睁开时间足够长，为此我们不得不从众多孩子中挑选出合适的被试。通过箱子顶上的一个小孔，我们可以观察婴儿注视每个目标的时间，并用秒表进行计时。一旦婴儿将一只或两只眼睛转向目标，其凝视时间便开始计时，使用的标准为瞳孔与角膜上形成的目标的细微映象相重合；当眼睛转向别处或闭上时则计时停止。向每个婴儿随机呈现这 6 个目标，如果可能的话序列要重复 8 次。只有完整呈现了 6 个目标的序列才纳入计算每个目标总体注视时间的百分比。

视觉目标为圆形，直径 6 英寸，非光滑表面。其中三个包含黑白双色的图案——图式化的人脸、同心圆、含一段字符大小为 1/16 英寸到 1/4 英寸的报纸；另外三个目标没有图案——白色、荧光黄色、暗红色。其反光度按降序排列依次为：黄色、白色、印有字符的报纸、人脸、同心圆和红色。包含图案或颜色的目标安放于一个扁平的托柄上，托柄能够水平滑到箱子顶部微微凹下去的地方，透过托柄底部的圆形孔婴儿可以看到图案或颜色。箱子内部和托柄底部覆有一层蓝色的毡，既可以衬托出视觉刺激也能漫射来自婴儿头部两侧的光线（在 10 到 15 ft-ca 之间）。新生儿脸正朝上对着目标躺在婴儿吊床内，距离为 1 英尺。

表 1 的结果显示，婴儿注视图案目标的时间大约是注视单色目标时间的两倍。不论是出生不到两天还是两天以上的婴儿，对 6 种刺激物的反应都存在着显著性差异，组别之间的结果没有太大的差异，与先前做得更大年龄组婴儿的结果也十分相似。如果统计并列举每个新生儿注视时间最长的目标，我们会发现其视觉反应的选择性令人吃惊：注视时间最长的是人脸刺激的有 11 人，同心圆有 5 人，报纸有 2 人，白色、黄色和红色目标均为 0。作为比较，2 至 6 个月的婴儿选择的分布情况依次为：16，4，5，0，0，0。

表 1

在相继和重复呈现的情况下婴儿对 6 种刺激对象初始注视的相对持续时间

年龄组	N	注视时间的平均百分比						P*
		人脸	圆圈	报纸	白色	黄色	红色	
48 小时以内	8	29.5	23.5	13.1	12.3	11.5	10.1	.005
2 到 5 天	10	29.5	24.3	17.5	9.9	12.1	6.7	.001
2 到 6 个月	25	34.3	18.4	19.9	8.9	8.2	10.1	.001

* 显著水平
资料来源于先前的研究(2)。

有三名出生不足 24 小时的新生儿可以胜任这一测验，结果也显示这类反应的个体一致性。其中两名新生儿在相继呈现的刺激序列中表现出显著性差异（.005和.05），一人在 8 次中有 7 次注视人脸时间最长，另一人在 6 次呈现中有 3 次注视最久的是“公牛眼睛”(同心圆)。第三名出生仅 10 小时的新生儿在 8 次呈现中有 3 次注视人脸时间最久。

显而易见，选择性视觉反应与图案有关，而与色调或反射性无关，尽管后两个变量往往被认为是视觉刺激的首要……这一结果并不意味着人能够“本能地认出”人脸或某个独特的图案，因为很有可能换用其他图案进行实验的话也会吸引婴儿的注意，甚至吸引更多。对人脸图案注视更久，仅仅说明那些与社会中所接触对象相类似的图案，也具有刺激的特征和价值，或能相当地激发婴儿内在的兴趣。且不论是何种机制导致了这种内在的兴趣，由于婴儿对之反应的必然是其所接触到的对象，因此这样的偏好无疑能够促进他们社会性的发展。

在一项对新生儿的独立研究中，结果也证实了视觉选择图案胜于非图案。当把视觉刺激更靠近婴儿时，新生儿会将更多的视觉注意投于图像简单但却包含多种色彩的卡片上，而不是单一颜色的卡片[4]。

表 1 的结果显示，通过记录不同的视觉注意时间，新生儿的图像视觉完全可以测定。传统观点认为婴儿的视觉世界起初是杂乱无章的，因而我们必须学会看到各种结构，但以上的结果包括其他的一些研究结论都告诉我们，是时候改变这样的看法。

参考文献和注释

[1] See, for example, Evelyn Dewey, *Behavior Development in Infants* (Columbia Univ. Press. New York, 1935).

[2] R. L. Fantz, J. M. Ordy, M. S. Udelf, *J. Comp. Physil Psychol. 55*, 907 (9162); R. L. Fantz, *Psychol Rec*. 8,43 (1958).

[3] R. L. Fantz, *Sci. Am.* 204, No. 5, 66 (1961).

[4] F. Stirnimann, *Ann. Paediat.* 163, 1 (1944).

第四章

DI SI ZHANG

睡眠与意识

第十一选

西格蒙德·弗洛伊德，摘自“梦是愿望的满足”，《梦的解析》

第十二选

尤金·阿瑟林斯基和内森·克莱特曼，摘自“睡眠中的眼动周期及其伴随的现象”，《科学》

第十三选

艾伦·霍宾森和罗伯特·麦凯利，摘自“大脑是梦的发生器：梦的激活整合假设”，《美国精神病学报》

第十一选
梦是愿望的满足

西格蒙德·弗洛伊德(Sigmund Freud),1900

如果你每晚的睡眠时间为8小时,那么大约有两小时是在做梦。长久以来,人们对梦都怀有深深的着迷与好奇,也有许多关于梦的理论用来解释梦的功能和意义。其中,弗洛伊德于1900年提出的梦的理论最广为人知。他认为梦是通向难以捉摸的无意识心灵的捷径。梦就是愿望的达成,他的这一观点在之后的岁月中引发了后人无数的争论。本章节我们就将重新审视他的理论。

弗洛伊德(1856—1939)是一名伟大的神经病学家,他于1881年在维也纳大学获得医学博士学位,从此开始他大半生的行医生涯,并一直通过临床观察的方法研究患者的精神障碍。作为精神分析学派之父,弗洛伊德极大地影响了包括人格、发展与临床心理学在内的诸多心理学领域。

在1900年发表的著作《梦的解析》(*The interpretation of Dreams*, 1900)中,弗洛伊德提出了他有关梦的意义的理论。本章节选自此书的第三章"梦是愿望的满足",正是弗洛伊德有关梦的理论之核心观点。通过这一章节的阅读,我们可以了解他是如何提出梦的解析及精神分析的概念的。当你阅读本章时,想想你会如何解释你自己的梦,又该如何检验弗洛伊德解析梦境的理论呢?

关键概念:弗洛伊德有关梦的理论(Freud's theory of dreaming)

APA索引: Freud, S. (1900). *The interpretation of dreams*. New York: Random House.

当一个人穿越艰险的峡谷,登上一处可远眺八方的高地时,他应当会停下脚步,思考未来的方向。而我们如今的处境正如那位旅行者一般,行走在"释梦"的途中,发现那道初现的曙光。梦,绝不是什么乱弹琴,它不是出自音乐家之手,而是由某种外部的力量敲响。梦不是毫无意义的,它既不荒谬,也不意味着一部分思想的昏睡而另有一部分开始觉醒。它是一种完全有意义的精神现象,事实上,梦是愿望的达成和满足。它可以算是一种清醒状态精神活动的延续,是由非常复杂的智慧活动所产生。然而,当我们正为这些发现得意时,一大堆

问题又呈现在眼前。如果梦真的如理论所言是愿望的达成，那么这种达成以如此令人吃惊而不寻常的方式实现又当作何解释呢？在梦思中究竟做了何种变形和转化，才最终形成我们醒后能记得起来的"显梦"(manifest dream)？这些转化又是如何发生呢？梦的材料又从何而来呢？还有梦中许多千奇百怪的现象究竟是如何产生的，比如有些内容怎么会互相矛盾呢？……梦能够告诉我们一些有关内部精神活动新线索吗？对我们白天所持观念是不是满意呢？我想最好暂且先将这一大堆问题搁置一边，而只专注一条路径的探索。我们已发现梦代表愿望的满足，下一步需要确定的是，这究竟是所有梦的共同特征，还仅仅是某一个特定的梦所表现出来的特点……即使我们已经得出结论，所有梦均有其意义和精神价值，我们仍需考虑这样的可能性，即每一个梦的意义并非都相同。第一个梦(也许)是愿望的满足，但第二个梦可能是一种担忧在梦中的实现，第三个梦以自我反省为主，而第四个梦也许只是回忆的唤醒。是不是除了愿望达成以外，还有其他类型的梦呢？还是其实只有愿望达成满足这一种形式？

梦所代表的"愿望满足"往往不加掩饰、很容易辨认，这一点能得到很好的证明，不免使人觉得奇怪的是，既然如此为什么这种梦的语言直到最近才开始为人所了解。有些梦，只要愿意，甚至可以通过实验的手法加以诱发。例如，如果当天晚上我吃了咸鱼、橄榄或其他很咸的食物，那么晚上我就会渴得醒过来。但在醒过来之前，往往总先有一个同样内容的梦——我在喝水，我正大口地喝水，那滋味就有如干裂了的咽喉，饮入了清凉彻骨的冰水一般的过瘾。然后我惊醒了，发觉我确实想喝水。这个梦的原因就是我醒来后所感到的渴。由这种感觉引起喝水的愿望，而梦告诉了我它已使这愿望满足，因此它确有这样功能，而其本质我不久即会提到。我平时睡眠极好，不易被身体的需求所扰醒；如果我能用喝水的梦来缓和口渴，我就可以不用渴得醒过来。它是一种如此"方便的梦"，就此可以取代各种行动。然而不幸的是，饮水止渴的需求无法像在梦中一解心头对(某人)的愤怒一样，通过梦就能得到满足，但动机却是一样的。不久前，我做了一个与此稍有不同的梦。这次的情况是，在上床前我就已经感到口渴，于是我把床头茶几上的水整杯喝光，然后再去睡觉。但几小时过后我又口渴难耐。此时如果我再想喝水，就必须起床到我太太床边小几上拿茶杯。因此，我就梦见我太太从一个罐子中取水给我喝。这个罐子是我以前从意大利西部的伊特拉斯坎(Etruscan)买回来收藏的骨灰坛。然而，那水喝起来是如此之咸(可能是因为骨灰的关系)以致我不得不惊醒过来。梦在安排事务方面是如此这般的得心应手。由于满足愿望是梦的唯一目标，因而它完全是自我中心式的。贪图安逸当然很难与考虑别人相提并论。骨灰坛的引入很可能又是一次愿望的满足，我后悔未能再拥有那个坛子，正如我太太床侧的茶杯一样，也是可望而不可即的。而且，这个坛子与我梦中不断增加的咸味感觉很有联系，也正因为如此我才会在梦中惊醒。

在我年轻时，这样的"便利之梦"可谓时常造访。由于那时我经常熬夜，所以早起对我而言不是一件容易的事情。于是我便会经常梦到自己已起床梳洗，尽管不多久我就知道其实自己并没有起床，但与此同时我依旧继续酣睡。一个与我同样贪睡的年轻同事也有过类似的梦，而且他的梦更加滑稽。他租住了一间离医院不远的房间，让房东太太每天早晨叫他起床，但这可不是一件容易完成的差事。有天早上，他睡得特别沉，这时房东太太来敲门了，

“裴皮先生,起床吧!该上医院去了。”于是他做了这样一个梦:自己正躺在医院某个病房的床上,有张病历表挂在他头顶,上面写着“裴皮·M,医科学生,年龄22岁”,他在梦里对自己说“既然我已经在医院里了,就不需要再到那儿去了”,于是他翻了个身,继续睡他的大觉。事后,他坦白了做此梦的动机。

这里还有一个睡眠中刺激如真的例子:我的一位女病人曾经历过一次不成功的下颚手术,医生关照她每天从早到晚都要在患侧颌面戴一个冷敷装置。但是一旦睡着之后,她就会不自觉地把那些东西扯掉。有一天,她又在睡梦中将冷敷装置扔到地上,于是我就说了她几句,对此她是这样辩解的:“这次我实在是无法控制自己,其实这是晚上做梦的结果。梦里我置身于歌剧院的包厢内,全神贯注看演出。但想到梅耶先生因为下颚疼痛而正躺在疗养院里。我对自己说,‘既然我已经不痛了,就不需要这些冷敷玩意’,这也就是我为什么丢掉它的原因。”这位可怜患者的梦,不由使我想起当我们身处窘境时往往会说:“好吧,我就想些更愉快的事吧!”这个梦也正是代表了这种“更愉快的事”。至于那位被女病人将颚痛分派到自己头上的梅耶先生,只不过是她偶然想起的一位朋友而已。

在我搜集的一些健康人的梦里,也很容易发现“愿望满足”是极为自然的。一位朋友谙熟我关于梦的理论,他也把这些理论解释给他太太听。一天他对我说:“我太太让我转告你,说昨晚她梦见自己月经快来了,你应该知道这个梦的含义。”显然我很清楚,如果年轻的太太梦见自己月经即将到来,这意味着其实月经已经结束。我完全可以想象,其实她很想能再逍遥一段日子,而不受做母亲的种种不适。这其实是她初次怀孕的一个非常巧妙的征兆。另一位朋友写信告诉我,说他太太最近曾梦见上衣沾满了乳汁,这其实也是怀孕的前兆,但这次不是第一胎。这位年轻的妈妈希望她的第二个孩子能比第一个有更多的营养。

一位年轻的女性因为要照顾患传染病的小孩,而不得不在几周时间彻底与社会绝缘,她做的一个梦是,在儿子康复之后,一大堆包括 Alphonse Daudet、Paul Bourget、Marcel Prévost 等在内的众多人济济一堂,这些人都十分和蔼可亲并逗得她非常开心。在梦里,这些作家的形象都与肖像画上的一样。其中 Prévost 的容貌她并不熟悉,看上去就像前天那位第一个进到这间病房进行消毒的工作人员。这个梦很显然可以翻译为:“快乐的日子即将来临,而不再是永无尽头的护理工作。”

以上这些例子足以证实这样一个结论,经常的、哪怕是在最为复杂的情况下,我们所提及的梦都只能解释为愿望的满足,而且是不加掩饰地呈现出来。大多数情况下,这些梦都比较简短,而且相对令人愉快,与那些吸引作家注意的、充满纠结和情节曲折复杂的梦形成鲜明的对比。不过,只要你肯对这些看似简单的梦再稍加以斟酌的话,定会有新的收获。我认为儿童的梦是所有梦中最为简单的,因为他们的精神生活远没有成人那么复杂。而且根据我的经验似乎可以得出结论,既然可以通过研究低等动物的构造发育来解释高等动物的构造,我们完全可以通过儿童心理学来了解成人的心理。但遗憾的是,迄今为止很少有人能运用儿童心理学的研究达到这一目的。

小孩子的梦往往是一些愿望的简单满足,与成人的梦相比,谈不上有趣。这些梦没有提出亟待解决的问题,但他们的价值体现在为我们提供了证明,从最为基础的构造分析,梦就是一种愿望的满足。我从自己儿女那里搜集到不少这样的梦的例子。

在 1896 年夏天，我们举家赴荷尔斯塔特远足时，我那八岁半的女儿以及五岁三个月的男孩各做了一个梦。我必须先说明的是，那年夏天我们住在靠近奥斯(Aussee)湖的小山上，天气晴朗时可以欣赏达赫山(Dachstein)的风景，如果用望远镜的话更可清晰地看到在山上的西蒙尼(Simony)小屋。也不知怎地，孩子们天天就喜欢看望远镜。在旅行出发前，我向孩子们解释说，我们此行目的地荷尔斯塔特(Hallstatt)就在达赫山的山脚下。为此他们显得格外的兴奋。由荷尔斯塔特进入耶斯千(Eschern)山谷时，孩子们更为变幻的景色触动而欢欣鼓舞。但五岁的男孩渐渐地开始不耐烦了，只要看到一座山，便问："那就是达赫山吗？"而我总是回答："不是，那只是达赫山下的小山包。"几次一来他就沉默了，也不愿跟我们爬石阶上去看瀑布了。当时我想，他一定是累了。但想不到第二天早上，他神采飞扬地跑过来告诉我："昨晚我梦见我们走到西蒙尼小屋了。"至此我才恍然大悟，当初我说要去达赫山时，他就满心以为一定可以由荷尔斯塔特翻山越岭走到他天天用望远镜观察的、一直憧憬的西蒙尼小屋。而一旦获知他只能到山脚下的瀑布时，便大失所望，不满之情溢于言表。结果梦使他得到了补偿。当时，我曾试图再问此梦的一些细节，却发现空乏无物，只有一句："你只要再爬石阶上去 6 小时就可以到达。"这还是我们告诉他的。

在这次旅行中，我八岁半的女儿也有类似的愿望依靠梦得到了满足。我们这次远足还带着一位邻居家 12 岁的小男孩同行，小家伙文质彬彬，颇有小绅士的派头，而且已经赢得了小女的欢心。第二天早上她告诉我："你想想，我梦见爱弥儿成为我们家庭的一员，称呼你们'爸爸'、'妈妈'，而且与我们家男孩子一起睡在大卧室内。不久，妈妈进来，把满手用蓝绿纸包的巧克力棒棒糖扔到我们的床底下。"她的弟弟显然还没有得到我释梦的真传……宣称姐姐的梦是荒谬之谈。但小女至少对她梦中的某一部分进行了抗辩，如果从神经症理论的立场分析，我们能够从中得到有意思的启发。她说："爱弥儿变成我们家的一员确实有些荒谬，但巧克力棒棒糖则不然。"就是后面这段辩解令我不解，直到我太太道出了其中的原委。原来在从车站回家的路上，孩子们经过一台自动售货机，吵着要买就像女儿梦见的那种用金属光泽纸包的巧克力棒棒糖。但我太太认为，这一天已经满足了孩子们太多的愿望，不妨留点遗憾到梦中去实现。由于有这一段我忽略的插曲，经由妻子这么一说，小女梦中的一切就一点也不难理解了。那天我自己也曾听到走在前面的小绅士招呼女儿："走慢点，等'爸爸'、'妈妈'上来再赶路。"而小女在梦中就把这暂时的关系变成永久的入籍。其实小女的感情，不会允许自己像梦中所想象的那样、让那个男孩永远伴随自己左右，也就是梦中想想而已，她弟弟恰恰指出了这一点。但为什么把巧克力棒棒糖丢在床下，不问他们是无法了解其中的含义的。

从朋友那我得知一个与我儿子的梦非常相似的梦，主角是一个 8 岁的女孩。她爸爸带了几个小孩一起徒步旅行到隆巴赫(Dornbach)，此行目的是想造访洛雷尔(Rohrer)小屋，但因为时间太晚，中途只好折回，大人答应孩子以后再来。在回来的路上，他们看见一块指向哈密欧(Hameau)的路标，于是孩子们又请求大人带他们去哈密欧。基于同样的原因，她爸爸也只答应有机会再带他们去。第二天早上，这个小女孩兴冲冲地跑来说："爸爸，我昨晚梦见你带着我在洛雷尔小屋，之后又到了哈密欧。"因此，在梦中她的不耐烦促成了她父亲承诺的提早实现。

还有,我女儿三岁三个月时,对奥斯湖的迷人风光所做之梦,也同样是直白式的。我们第一次带她游湖时,也许是因为时间过得太快就登岸的缘故,她觉得很不过瘾,于是既不肯离船上岸,还大哭大闹。第二天早上她告诉我:"昨晚我一直在湖上航行。"但愿这梦中的游湖会使她更满足。

我的大儿子 8 岁时,就已经做过实现幻想的梦了。他在兴致勃勃地看完姐姐送给他的希腊神话当晚,就梦见与阿基利斯(Achilles)一起坐在达欧密地斯(Diomedes)所驾的战车上驰骋疆场。

如果儿童的梦呓也算梦的话,那底下这段就应该是我最早搜集的材料。那时我最小的女儿只有 19 个月大,一天早晨她吐得很厉害,以致整天都不能给她进食。而当晚,我就听到她口齿不清的梦呓:"安娜·弗(洛)伊德,草莓……野(草)莓,(火)腿煎(蛋)卷、面包粥……"她以自己的名字引出她想要的东西,这张菜单上包括的可能都是她最喜欢吃的东西,两次出现的不同形式的草莓,显然与家居卫生准则相冲突,这是她无法回避的,而护士也已经指出她的毛病就是因为吃了太多的草莓所引起的。因此,她就在梦中发泄了对禁令的不满。

当我们说儿童没有性欲所以快乐时,千万别忽略他们其实也有着极多的失望和被忽视的情境,由此会引发梦,也包括其他一些对儿童来说非常重要的冲动。这里有另外一个例证。当我的侄儿 22 个月大时恰逢我生日,大人让他向我祝福生日快乐并且送给我一小篮樱桃(当时樱桃产量很少,极为稀贵),他似乎不太情愿,口中一直重复地说"里面是樱桃",而一直不愿将小篮子脱手。不过,他知道如何不使自己吃亏,其中妙法是这样的:本来每天早上他会习惯地告诉妈妈,梦中他曾在街上看到并心生仰慕的一个穿白色军袍的军官又来找他,但在不情愿地给了我那篮樱桃后的隔天,他醒来却高兴地宣称"那个军官把所有的樱桃都吃光了"。

至于动物究竟做些什么梦,我可无从知道。但我记得一个学生曾告诉我一个谚语:"鹅梦见什么?"回答是"梦见玉米"。梦是愿望满足的整套理论,几乎就概括于这两句话中。

现在是我们用通俗浅显的语言表达关于梦所隐含意义的理论的时候了。诚然,格言智笺对梦不乏讽刺轻蔑之语,正如科学家们"梦有如气泡一般"的说法,但通俗来讲,梦显然是顺理成章的愿望满足。当我们一旦发现事实超出预期而兴高采烈时,会情不自禁地感叹:"就连我最心黑的梦都不可能想到!"

第十二选
睡眠中的眼动周期及其伴随的现象[1]

尤金·阿瑟林斯基(Eugene Aserinsky)[2]和内森·克莱特曼(Nathaniel Kleitman),1953

1953年,两位心理学家尤金·阿瑟林斯基和内森·克莱特曼在睡眠实验室中首次观察到人在睡眠过程中快速眼动(REM)的现象。现在我们已经知道,如同在觉醒时所观察到的情况一样,睡眠休息时我们也会受到周期性的大脑活动的影响。REM睡眠的一个标志就是眼球前后、上下的快速移动。一般认为梦大多数发生于REM睡眠阶段。

阿瑟林斯基(1921—1998)于1953年在芝加哥大学研究生就读期间,在其8岁儿子的睡眠过程中发现了有快速眼动睡眠的现象存在。获得博士学位后,他曾先后任教于杰弗逊医学院以及马歇尔大学。克莱特曼(1895—1999)于1923年在芝加哥大学获得博士学位,随后便开始其将近40年的睡眠研究生涯,直至1960年退休。1963年由芝加哥大学出版社出版了他的《睡眠与觉醒》(*Sleep and Wakefulness*)(第二版)一书,这只是他诸多著作其中之一。阿瑟林斯基和克莱特曼在研究眼球运动中率先使用的技术方法已经成为睡眠研究领域中的标杆,因此他们也被尊为现代睡眠研究的奠基者。

本章节选自1953年发表于《科学》(*Science*)杂志中的"睡眠中的眼动周期及其伴随现象"(*Regularly Occurring Periods of Eye Motility, and Concomitant Phenomena, During Sleep*)一文。阿瑟林斯基和克莱特曼于文中报告了睡眠中存在快速眼动现象这一重要发现。在此之前,人们普遍认为睡眠时意识处于一种消极的状态。尽管也需要那么一点专业的技术,但是你仍然可以在所有人身上轻易地发现快速眼动现象的存在,以及伴随此过程发生的心跳、呼吸方面的变化。那么究竟是什么原因花了这么长时间科学家才发现REM睡眠存在?为什么理解REM睡眠有非常重要的意义?

关键概念:快速眼动睡眠(REM睡眠,REM sleep)

APA: Aserinsky, E. & Kleitman, N. (1953). Regularly occurring periods of eye mobility and concomitant phenomena, during sleep. *Science*, 118, 273-274.

伊利诺伊州,芝加哥大学,生理学系。

在已往的一些研究中,皮尔特鲁斯基(Pietrusky)[1],德托尼(De Toni)[2],富克斯

(Fuchs)和吴(Wu)[3],安德列耶夫(Andreev)[4]等对成人和儿童睡眠的观察,以及伯福德(Burford)[5]对处于睡眠和麻醉状态中人群的观察中,都发现眼球有慢速转动或来回摆动的现象,我们在研究中也观察到了。但在此我们报告的是一种不同的眼动类型——快速的、抽搐式的双眼对称眼动,前人的研究中只是略微地提到过[6]。

我们以眼电记录(electrooculograms)的形式对眼动进行量化的记录。在眼睛上下眉骨缘处设置一对电极来探测眼球垂直面"角—网膜电位"(corneo-retinal potential)的变化,并且在同一眼睛的内外眼角处设置另一对电极以采集眼动时水平方向的变化。随后我们将电位导入示波型脑电图仪(Grass Electroencephalograph),并将眼电记录(EOG)①通道设为最长的程值。眼动的标准是在微弱和渐强照明条件下,对一些被试直接进行观察加以确定的。在后一种条件下,在不叫醒被观察者的情况下对其中两名被试的眼动进行摄像,以进一步确认我们记录方法的有效性以及眼动的同步性。

共有20位正常成年被试参与若干系列的实验,但并非每位被试均参与各个系列的实验。为了确认这一特定的眼球运动与梦之间确实存在关联,我们分别在眼动发生时以及眼球静止至少30分钟至3小时这两种情景下,唤醒14个实验中10位睡着的被试,并加以询问。我们根据脑电图的波形来选择眼球的非活动期,尽可能接近与眼动期形成鲜明对照的深度睡眠期。在眼动时期的询问中,有20次被试报告了包含视觉图像的详细的梦境,其余7次回答包括完全无法回忆或者"好像有做梦的感觉"但无法回忆起具体的梦境,而在非眼动期的23次询问中,有19次结果显示完全无法回忆,其余的4次又分为两种类型。显然这不足以作为独立的两组询问进行 X^2 检验,但通过 X^2 分析为基础的概率判断,能回忆出梦境的情况与出现眼动现象之间存在显著的关联性($P<0.01$)。

在一个包含16个实验的系列实验中,整晚我们允许11位被试不受打扰地睡眠。他们平均睡眠时程为7小时。观察发现,第一次快速无规则眼动出现在睡眠后的1小时40分至4小时50分之间(平均为3小时14分)。这一眼动模式持续时间有所变化,时常在1分钟不到或几分钟内消失,并再反复出现、消失若干次。一次完整的眼动周期,从第一次眼动从开始到眼动消失,其持续时间从6分钟至53分钟不等(平均值为20分钟)。第二次眼动周期出现在第一次眼动周期起初始后的1小时10分至3小时50分之间(平均2小时16分)。如果睡眠时间足够长,还可能出现第三次甚至第四次眼动周期。眼动记录显示,产生的活跃电位振幅可达300—400毫伏,每次大约持续1秒。而同步记录的单侧大脑额叶和枕叶的脑电图振幅则始终维持在较低水平(5—30毫伏),且活动频率无规则性(主要为15—20次/秒以及5—8次/秒两种形式的波形),两厢对照令人生奇。

在另一组有14位被试参与的实验中,我们对被试进入眼动半分钟时的呼吸频率,以及眼动周期之前与之后15分钟的呼吸频率分别加以测量。结果显示,眼动期的平均呼吸频率为16.9次/分钟,对比非眼动时的13.4次/分钟。使用费什 t 检验发现,呼吸频率的差别具有显著的统计意义($P<0.001$)。正在进行的一些实验显示,快速眼动出现时,心跳频率也会相应提高。在另外6项实验中,我们在床垫弹簧上安装一个晶体二极管传感器来记录参

① Electrooculogram的英文缩写形式。

与测试者身体运动方面的数据，并将信号连接输入示波前置扩大器(Crass preamplifier)。虽然在非眼动期内身体的翻动也很经常，但对所有参测者而言，快速眼动期的身体活动均到达峰值。

在这些试验中，两位女性被试与其余男性被试的实验数据至少在性质上没有区别。

实验中，眼球运动，脑电图波形模式，以及自主神经系统的活动之间存在显著的相关性而完全不是随意性的，这一事实表明，这些生理现象，似乎也包括做梦，很可能都是睡眠中某一特定层面大脑皮层活动的表现形式，在睡眠过程中常常都会遇到。睡眠中第一次眼动周期大约出现在入眠后的 3 小时，且间隔 2 小时会出现第二次，在间隔稍短的时间之后又出现三次，在苏醒前出现第四次。这一方法也为研究梦的发生和持续时间周期提供更多的途径。

注释

1. 本研究受到芝加哥大学 Wallace C. 和 Clara A. Abbott(Wallace C. and Clara A. Abbott Memorial Fund of University of Chicago)纪念基金的资助。
2. 国家心理健康学会公共健康服务研究会员(Public Health Service Research Fellow of the National Institute of Mental Health)。

参考文献

[1] PIETRUSKY, F. *Klin. Monatsbl. f. Augenheilk*, 63, 355 (1922).
[2] DE TONI, G. *Pediatria*, 41, 489 (1933).
[3] FUCHS, A. and WU, F. C. *Am. J. Ophthalmol*, 31, 717 (1948).
[4] ANDREEV, B. V. *Fiziol. Zhur. SSSR*, 36, 429 (1950).
[5] BURFORD, G. E. *Anesth. & Analgesia*, 20, 191 (1941).
[6] ASERINSKY, E. and KLEITMAN, N. *Federation Proc.*, 12, 6 (1953).

第十三选
大脑是梦的发生器：梦的激活整合假设

艾伦·霍宾森(J. Allan Hobson)和罗伯特·麦凯利(Robert W. McCarley)，1977

长久以来，诗人、哲学家、心理学家和生物学家们都在不断思考梦的意义，我们周围的许多普通人也对自己的梦境充满好奇。一个世纪前，弗洛伊德提出了著名的"愿望实现理论"，近年来也有观点认为，梦可以对我们在白天获得的知识信息加以巩固。然而，艾伦·霍宾森和罗伯特·麦凯利两位学者却赋予梦全新的诠释，他们提出了所谓的"激活整合理论"(activation-synthesis theory)。

霍宾森生于1933年，26岁时于哈佛医学院获得医学博士学位，现为精神病学教授，他的著作包括《做梦的大脑》(*The Dreaming Brain*, Basic Books, 1988)及《睡眠》(*Sleep*, *Scientific American Library*, 1989)等。麦凯利于1964在哈佛医学院获得医学博士学位，如今是波士顿VA医学中心的精神病学教授。他们二人因在梦及睡眠领域的杰出贡献而被世人所知，其中便包括梦的激活整合理论。

本节"大脑是梦的发生器：梦的激活整合假设"一文刊登于1977年《美国精神病学报》(*Journal of Psychiatry*)。作者在文中回顾了弗洛伊德关于梦的经典理论，并以现代大脑科学为基础提出了一套全新理论。该理论的基本观点是：大脑产生自身的电活动，之后再与做梦者具有意义的经验进行结合。这一有趣的观点一经提出便引发了众多梦研究者的广泛讨论，但至今仍未获得明确的结果。当你阅读本节时，也请想想自己的梦。你的梦是关于什么的？你的梦是否经过组织或相互关联？或者仅仅只是试图让产生的生理过程富有意义？

关键概念：梦(dreaming)

APA 索引：Hobson, J. A. & McCarley, R. W. (1977). The brain as a dream state generator: An activation-synthesis hypothesis of the dream process. *American Journal of Psychiatry*, 134, 1335 - 1348.

20世纪初以来，有关梦的理论主要由精神分析学派提出的假设为主导，他们认为：梦是为了保护意识以及防止睡眠受到无意识愿望的干扰效应而在睡眠过程中产生的一种反应性

过程[1]。因而梦可以看作是由心理动力所决定的状态，而梦之内容所具有的那些与众不同的形式特点，可以理解为无意识愿望经由假想的审查员审核，不能为意识所接受，继而进行了一种防御性转换变形后的表现。一条关于这一愿望实现—伪装理论的关键原则在于，是由审查员加以变形转换的无意识愿望，将一些想象的信息内容伪装或降格为梦中的意象。我们惊奇地发现，精神分析有关梦的理论其基本信条竟然最初是来自1890年时期的神经生理学而且弗洛伊德在早期相关的论文中就已经提及并说明了这种转换[2]。为了细化说明精神分析有关梦的理论之神经生理学的起源，就不得不提到声言心理事件和生理现象之间具有相似性的"心身同构论"(mind-body isomorphism)的概念，这也可以视作弗洛伊德思想显见的一个前提条件。

我们也认同弗洛伊德的"心身同构论"不失为一个有效的研究切入点，不过我们将从一些现代神经生理学的证据回顾入手，它们可以对精神分析关于梦的理论进行适当而且是必要的修正提供基础。本文中首次提出的"激活整合假设"认为，许多有关梦体验的形式表现，也许是有规律重复出现、且在生理学方面可以确定的、一种称之为"做梦睡眠"的大脑状态下必然且相对未经扭曲的心理伴随状态。因而可以把梦之体验中某些形式特点归结为睡眠状态下大脑活动的特定组织特征。更确切地说，这一理论阐述了大脑在睡眠过程中被周期性地激活的内在机制，并且详细描述了大脑如何同时阻断感觉输入以及运动输出的方法，正因为如此，人才可能在大脑中枢激活的情况下依旧保持睡眠的状态。梦的出现及其特征，正是由这些生理过程所决定和造就的。

激活整合假设最为重要的观点认为，做梦时被激活的大脑会通过一种脑干神经机制(该机制将在后文中详述)产生自身信息。我们假设，这种部分随机部分特定、且由内部产生的感觉运动信息，随后将与整合的梦之内容所保存的感觉运动信息进行比较。虽然我们对大脑激活以及对伴梦睡眠中内生信息加以整合的功能意义还不甚了解，但是我们认为，梦不仅起到缓减紧张与维持睡眠的作用，同样可能起到状态依赖学习(state-dependent learning)的作用。

当我们确信论文中所强调的"激活"和"整合"这两个过程是有关梦的理论一个核心重要的突破，我们其实同样也希望能澄清哪些内容是我们无意涉及的。尽管激活整合假设并不排斥梦对本无价值的感觉运动刺激产生防御性扭曲的可能性，但我们确实对将此类过程视为解释梦境"形式"方面特点以及作为诱发梦产生的首要因素的观点不敢苟同。虽然梦揭示内心愿望的论调超出了新理论的研究范畴，但是我们会对一些经典梦境提出其他特定的解释。

这一新的理论暂时还无法解释梦的体验中情绪方面的因素，但我们认为这部分情感体验的产生是由大脑负责情绪的区域的激活造成的，这与我们熟知的感觉运动通道的激活有着对应的关系。最后，激活整合理论并不否认梦的意义，但更强调的是：(1) 这些意义获得的更为直接的路径，而不是通过自由联想来回想其意义，因为梦发源于基本的生理过程，而并不来自扭曲的愿望；(2) 应用相对不复杂的方法对其加以解释，而不是通过精神分析谈话的方式，将隐藏的内容彰显。在我们看来，梦之所以具有不同寻常的特点，并不是因为被扭曲，而是睡眠过程中大脑和思维作用的结果；(3) 更为宽泛地看待其在治疗中的应用，而不仅将其视为一种有所指的移情(transference)结构,因为梦不能被简单地视为伪装起来的无意识(移情)愿望。梦是了解内心世界和行为层面大脑的必由之路,与清醒状态相比,其运作的规则和原理都不尽相同,这些差异所造成的不同结果因而有可能给我们带来一些临床方面的有益启示。

一、什么是梦?

梦可以定义为一种出现在睡眠中出现的心理体验,常常出现幻觉性的意象,尤以视觉为主,而且非常生动。多有诸如压缩、间断、加速等时空扭曲的怪诞元素,而且处在梦境中者/做梦者常常会把这些现象误以为真的,妄加接受。梦除了这些显著的形式属性外,还可能伴随强烈的情绪体验,当然,也可能与情绪无关。然而除非在梦出现时把当事人叫醒,否则人们很难回忆起这些心理活动。

这一用来描述人类统一经验的技术性术语看来具有一定的确凿度,因为无论我们让天真之人还是老于世故者来描述他们各自梦的特点时,他们一般都会罗列出该定义中的五个关键点。我们暂且先不考虑睡眠中其他欠生动且非知觉性的心理活动是否也可以称之为“梦”,而把关注点集中于“类幻觉型梦”的生理心理学上。这样,我们不仅简化了手头的任务,也同时有助于了解构成千姿百态的心理病理学症状的内在机制。也就是说,我们也会时常将精神病体验中的幻觉和妄想与此处定义的梦加以比较。

二、伴梦睡眠中大脑的状态是怎样的?

梦体验的生理学状态分别对应于中枢神经系统三种主要的操作状态:即,清醒(W),“同步睡眠”(S),以及“去同步睡眠”(D)。这些状态可以通过脑电图(EEG),肌电记录(EMG)和眼动记录可靠而客观地加以区分。人的这一“类幻觉”梦(hallucinoid dreaming)呈周期性地反复出现于睡眠过程之中,此时的特点是,脑电图去同步化,肌电记录受到抑制,并且出现快速眼动(REMs)[3]。我们将这类睡眠称为“D”(即“去同步睡眠”,也可简称为“梦”)。

如果应用图1中标记的系统分析术语,这一D大脑状态具有以下“感觉运动”的特点:激活的大脑;外界刺激输入的相对排除;由前脑产生继而作为信息进行加工的某些内在刺激的生成;阻断了除眼球运动通路之外的其他运动输出。在这一模型中,情绪被视为前脑的一个部分。由于我们缺乏大脑在不同状态中工作机制的确切生理证据,因而我们无法对该部分进一步加以细分。尽管记忆的部分并没有在模型中显示,但我们认为在D状态下大脑的运作有别于其他,因为长时储存的输出信息被阻断了[4]。关于梦境遗忘的现象我们已提出了一个特定的假设。接下来,我们将根据同样的事实基础对做梦过程中一般感觉运动方面的特点尝试进行回顾。

三、睡梦状态中的大脑电生理学基础

D状态中三个主要的脑电记录特征与解答以下三个有关睡梦状态下大脑组织的问题息息相关。

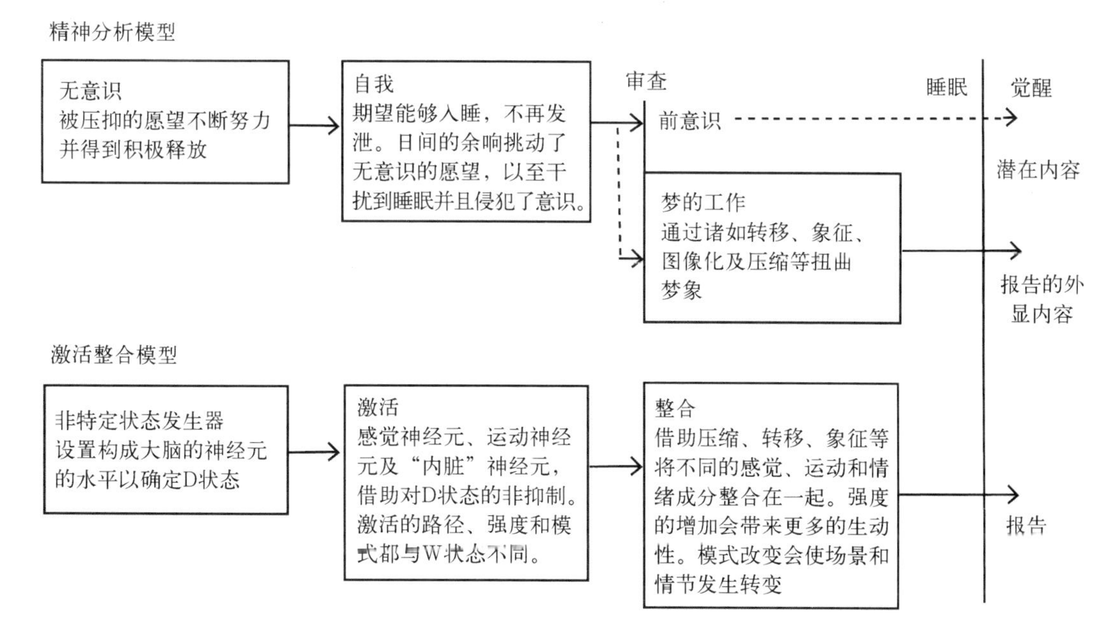

图1　做梦过程的两种模型

前脑是如何被激活并进入D状态的？生理学证据清楚地显示，D睡眠中深层肌电记录的抑制是脊髓运动神经元受到直接抑制的结果[5]。因此，D睡眠阶段如此强烈的大脑激活状态下原本应当发生的任何组织化的运动模式都没有表现出来。

那些有组织的运动模式事实上已经形成，只是在正常的D睡眠中没有表达出来而已，但在一批前背脑干脑桥处发生病变的猫身上却戏剧性地表现了出来[6]。除了肌紧张消失没有出现之外，这些猫表现出所有D睡眠的主要特征。它们不会出现D状态中常见的脚趾及四肢抽搐的现象，相反，表现出一系列复杂的运动行为，包括脚爪的反复运动以及与环境没有明显关联但高度协调的攻击与防御系列动作。

在D状态中感觉意象是如何产生的？在觉醒状态下，研究表明在急速眼动期间，眼动系统会必然有所释放，抑制视觉传导，可能的功效是维持视野的稳定性[7]。而类幻觉梦的意象也可能具有相同的机制，即在D睡眠过程中，一方面抑制和刺激外侧漆状体神经元和视觉皮层，同时减少视网膜输入或根本就不让其形成。

四、产生伴梦睡眠的细胞神经生理学其心理学含义

我们认为类幻觉梦境是与D睡眠相伴随的心理状态。为了解释做梦时前脑的激活、感觉输入的阻断、脊髓层面运动输出的阻断以及系统内部信息的生成，我们对D状态时大脑的活动进行了分析。证据显示，脑干的脑桥部位存在一种可以解释前面提到这些现象的定时触发机制。我们假设，这一触发机制的周期性是脑干的脑桥中彼此连接且经化学编码的细胞群产生相互影响和作用的结果。

我们将该模型称之为梦的激活整合假设（如图1所示），这一模型中所包含的心理学意义与精神分析学派观点（如图1所示）中的许多原则存在显著的不同，主要表现在以下几个方面：

1. 激活整合假设将梦的原初驱动力归结于生理因素而非心理因素,因为伴梦睡眠的出现与持续时间相对固定,这提示我们这些现象其实有一个预先设置好的神经生理决定的起源。事实上,个中包含的神经机制业已能够准确地加以描述。当然,这一结论并不意味着梦就不是一种心理事件,也不能就此认为梦根本不具有心理学的意义和功能。但这一结论确实表明了这样一个事实,梦其实是一个更为基础的生理过程,而不是弗洛伊德以为的那样,由精神动力学所确定、转瞬即逝的、充当"睡眠的守护者"的过程。这一结论也对梦的出现及其性质都只具有心理学意义的观点提出了质疑。

2. 产生梦境意象的特定刺激确实产生于大脑内部,但并非来源大脑的认知区域而是脑干的脑桥部位。这些刺激的发生主要依靠随机或反射的过程,为构建梦境意象提供了特定的空间信息。此外,强度、速度以及持续性皆不同寻常的眼球运动也对梦体验的某些特征有所贡献,以前这些被视为非常古怪的眼动在精神分析学派看来就是一种防御。因此,这些场景转换、时间压缩,颇具个人色彩的将一些情节浓缩、拆分,以及象征形成等梦境特点,都与睡梦状态时的神经系统状态有着丝丝入扣的紧密关系。换言之,前脑尽其所能地,利用由脑干传来的相对嘈杂的信号编织着尽管只有部分是有联系的、梦的意象。

因而我们可以在感觉运动系统中找到梦的来源,几乎不包括任何想象、意志或是情绪方面的内容。这一概念与弗洛伊德的理论截然不同,后者将"梦之所想"或愿望看作是梦的基本刺激和来源。感觉运动刺激也许的确为想象、意志和情绪内容的投射提供了一个框架,但框架本身却并不包含矛盾。因此,在心理动力学看来具有特定意义的梦之过程的主要能量驱力,以及梦的内容的特定原初刺激,都是由基因型所决定,因而也就无所谓冲突的存在。

3. 前脑的知觉、概念以及情绪结构对脑干刺激的精细化加工,可以基本视为一个整合建构的过程,而并非弗洛伊德认为的是一种扭曲的过程。与由基本刺激提供的、相对初始和不完整的材料最为吻合的部分会在记忆中唤起,在伴梦睡眠中这样的唤起还会得到促进。因此,伴梦睡眠状态下的大脑就犹如一台计算机,用关键字来搜寻它的地址。表型经验数据与基因型刺激两厢匹配,正是梦中心理活动具有"奇怪"特性的主要原因所在,而非意味着一种扭曲的愿望。因此,没有必要假设有一个审查员,或是有一个审查员命令之下的信息退化过程存在。经前脑精细化加工的梦的内容也可能包含那些冲突的记忆,即便如此,梦的建构特点也同样具有整合和易识破的特性,而不具有退化性质的或是费解的特点。

4. 最后关于梦的遗忘,通常对梦的回忆不好,很可能是一种状态依赖失忆症(state-dependent amnesia)所导致,如果是很小心地让状态逐渐改变,醒过来的话,应该会产生关于梦的非常丰富的回忆。所以,根本没有必要用无意识的压抑来解释梦的遗忘。这一假设显然是非常经济的,根据交互作用的原理该假设应该是很简约的,而根据交互作用的假设,梦的失忆现象可以用一个可资证实的方法来加以模拟,也就是乙酰胆碱和组织胺的神经活动之间不同的平衡状况所造成的结果。关于梦境遗忘的研究还为生理心理学带来诸多贡献,例如伴梦睡眠可以为记忆的研究提供适当的生物模型,同时伴梦睡眠在促进学习过程的某些方面也扮演着重要的机能性角色。

参考文献

[1] Freud S: *The interpretation of dreams* (1900), in The Complete Psychological Works, standard ed, vols 4 and 5. Translated and edited by Strachey J. London, Hagarth Press, 1966.

[2] McCarley RW, Hobson JA: The neurobiological origins of psychoanalytic dream theory. *AM J Psychiatry* 134: 1211-1221, 1977.

[3] Dement W, Kleitman N: The relation of eye movements during sleep to dream activity: an objective method for the study of dreaming. *J Exp Psychol* 53: 89-97, 1957.

[4] Pompeiano O: The neurophysiological mechanisms of the postural and motor events during desynchronized sleep. *Res Publ Assoc Res Nerv Ment Dis* 45: 351-423, 1967.

[5] Volkman F: Vision during voluntary saccadic eye movements. *J Opt Soc Am* 52: 571-578, 1962.

[6] Bizzi E: Discharge pattern of single geniculate neurons during the rapid eye movements of sleep. *J Neurophysiol* 29: 1087-1095, 1966.

[7] Evarts EV: Activity of individual cerebral neurons during sleep and arousal. *Res Publ Assoc Res Nerv Ment Dis* 45: 319-337, 1967.

第五章

DI WU ZHANG

学　习

第十四选

伊凡·P·巴甫洛夫，摘自“条件反射：对大脑皮层生理活动的研究”，由 G. V. Anrer 翻译和编著

第十五选

约翰·B·华生和罗莎丽·雷纳，摘自“情绪条件反射”，《实验心理学杂志》

第十六选

B·F·斯金纳，摘自“操作行为的塑造与保持”，《人类行为的科学》

第十四选
条件反射：对大脑皮层生理活动的研究

伊凡·P·巴甫洛夫(Ivan P. Pavlov),1927

在心理学发展历史的绝大多数时间里,学习都是心理学家们最为关心的主题之一。事实上甚至可以这么说,我们所做的任何事都包含了学习。然而,其中最为重要的一项关于学习的研究却不是心理学家做的,而是由俄国的医学生理学家巴甫洛夫完成。

巴甫洛夫(1849—1936)于1879年获得德国皇家外科医学学院(Imperial Medicosurgical Academy)授予的医学学位,并且一直在德国从事生理学的研究,直到1890年回到圣彼得堡实验医学研究院(St. Petersburg Institute of Experimental Medicine)担任药理学教授。巴甫洛夫于1904年凭借对犬类消化系统的生理学研究赢得了诺贝尔奖。

本节内容摘自巴甫洛夫的著作《条件反射：对大脑皮层生理活动的研究》(*Conditioned Reflexes: An Investigation of the Physiological Activity of the Cerebral Cortex*)一书的第二章,该书于1927年由牛津大学出版社出版。巴甫洛夫建立了专门研究狗条件反射的实验室,此文中巴甫洛夫提出了一些经典条件反射的基本术语,并讨论了一些影响学习的因素。行文用的是讲座的格式,也向我们展示了当时他所做的实验。

关键概念： 经典条件反式(classical conditioning)

APA索引： Pavlov I. P. (1927). *Conditioned reflexes: An investigation of the physiological activity of the cerebral cortex*. London: Oxford University Press.

在讨论(唾液分泌)实验的一般技术之前必须牢记的重要一点是,我们研究的是大脑皮层中高度特定的活动,这套异常复杂的信号表达装置具有最为精细的感受性,动物凭借它才接受到无数来自外部世界刺激的影响。每一个刺激都会对动物产生一个特定的效果,当所有刺激同时作用时,它们之间便会产生冲突、干扰或相互强化。除非我们采取非常谨慎的态度,不然整个研究的成功就很难得到保证,想要在如此众多的不同影响因素之中找寻因果关系也只能是徒劳无功,因为它们早已缠杂不清而成为一种名副其实的混乱了。很显然,实验条件必须加以简化,也就是说,要尽可能排除任何可能对动物造成影响、但却超出我们控制范围的刺激,而只接受实验者能完全掌控的刺激。在研究开始之初,我们只需简单地让实验

者和实验狗在实验室中各处一方，保证实验过程中不能有任何人进入即可。不过即使这般谨慎也还是远远不够的，因为实验者本身就可能成为各种刺激的来源。他的一举一动——例如眨眼睛或转动眼睛、身体姿势的改变、呼吸等等——都会对狗产生刺激作用，足以污染实验，从而使得我们获取有关实验的准确解释变得极其困难。为了尽可能减少来自实验者的影响，实验者必须站在狗待的房间之外。但事实证明，即便如此小心，如果不是把狗放在专门设计用来研究这些特殊反射的实验室里，研究依然不能取得成功。即使待在关上门的房间里，动物所处的环境还是不断变化着。途经者的脚步声、隔壁房间的对话声、关门声、汽车开过的震动声、马路上的喧闹声，甚至是透过窗户射入的光线改变，任何偶发而无法控制的刺激，只要被狗的感受器接收到，都会形成一种干扰并最终导致实验失败。为了排除所有这些干扰因素，我们在彼得格拉德(Petrograd)的实验医学研究所(Institute of Experimental Medicine)设计建造了一个专门的实验室，建设的资金是由一位热心而富有公益精神的莫斯科商人提供的。该实验室的首要任务就是防止狗受到外界无法控制的刺激影响。为此，我们在建筑周围挖了一条分隔沟，还采用了其他一些特殊结构的设施。建筑内部用于开展研究的房间(每层四间)都有十字回廊隔开；这些房间所处的顶楼和底楼之间铺有地板。每个研究室都用隔音材料隔成两部分——动物居于一边，实验者则在另一边。至于对动物施加刺激，以及记录相应的反射行为，我们采用的是电子装置以及气体传动装置。通过这样的设计，我们才有可能让环境条件达到某种程度的稳定，而这对于实验取得成功而言至关重要。

以上这些介绍展示了我们研究的目的以及所采用方法中技术的内容，接下来我想通过介绍一些实验示范，让大家了解在研究对象层面上首要的、也是最基本的原则。

实验一

实验狗事先经过手术，其输送唾液的唾管被暴露至皮肤之外，以便观察唾液腺的分泌情况。在没有特别刺激的情况下，唾液腺的分泌处于非活动状态。从狗听到节拍器的声音起9秒钟以后，唾液便开始分泌，并在此后的45秒钟内一共分泌11滴唾液。此处唾液腺的分泌行为是受到声音刺激后启动的，声音刺激和食物两者毫不相干，但分泌行为也只可能解释为消化系统的反射结果。除了唾腺分泌以外，实验中狗还表现出受食物刺激后的身体动作反射，它会转向我们给它递送食物的方向，同时开始一个劲地添嘴唇。

该实验是中枢神经系统的行为受到大脑整体支配的一个例证，一条接受过大脑切除术的狗是绝不可能因为受到这类刺激而产生唾液分泌反应的。另外，真正造成反射的原因是信号作用，节拍器的声音被看作是食物的信号，接收到信号时，动物会做出如同看到食物时一样的反射行为，这两种反射行为之间不存在本质区别。

实验二

当狗看到食物时，5秒钟之后其唾液开始分泌，并在此后15秒内一共分泌6滴唾液。这和我们让它听节拍器的声音时所观察到的现象一样，这还是一个信号作用，同样是受大脑的支配。

闻到或看到食物并由此产生的反射行为并不是天生的反射，而是动物在自身的生存经验中所获得的,这一点 Zitovich 博士在实验中曾经得到过证明。他把几条刚出生的小狗从母狗身边抱走,并在相当一段时间内只给小狗喂养牛奶。经过数月之后,他在小狗的唾管上安装了人造管道,以便准确测量唾液腺的唾液分泌。他把固体食物呈现给小狗,比如面包和肉,但是小狗并没有分泌出唾液来。只有当小狗吃过数次面包和肉之后,才会在看到或闻到这类食物时产生唾液分泌。

相比以上信号作用的反射实验,以下的实验揭示唾液腺的天生条件反射。

实验三

当我们突然地把食物塞到狗的嘴巴里,唾液分泌现象会在 1 至 2 秒钟内发生。此时之所以分泌唾液,是由于口腔以及舌部黏液的膜感受器感受到食物的物理和化学信息所引起的,这是纯粹的生理反应。

通过这一简单的实验,我们就能够解释为什么经过去大脑手术后,狗会在食物充足的情况下饿死,因为只有当碰巧食物接触到它的嘴巴或者舌头以后,它才知道去吃。另外,通过这个实验我们揭示了内在生理反射的本质,它既存在局限性又存在缺陷,由此看来,承担信号作用的刺激显得尤为重要。

我们下一步的研究是要从纯粹的生理学角度揭示信号作用的构造和机制……反射是当器官受到新异刺激时不可避免会发生的反应,它必定是由通过神经系统中某条确定的路线传递的信号所引起,在信号作用下,照样会引起反射的全部现象。首先,我们需要一个来自外部的刺激,在第一个实验中,这个新异刺激就是节拍器的声音。声音刺激作用于狗的听觉感受器,并沿着听觉神经传递,在大脑中该刺激被转入唾液腺的分泌神经,并经此传递给唾液腺,使唾液腺开始分泌唾液。实验中,从开始给予声音刺激到唾液开始分泌之间,存在着数秒的时间间隔,而在激发动物本能反射时,这个时间仅为 1 到 2 秒。这段时间上的延迟是由实验设计的特殊条件所引起的,深入研究后我们会弄明白究竟是怎么回事,不过按常理来说,在自然条件下看到信号所做出的反应速度应该和自然反射一样快。

在研究过程中,通常我们会把某一个反射描述为:在特定的环境状态下受到特定的刺激后必然会出现的反应。在信号作用中也完全可以这样来定义反射,唯一的区别是,需要形成对信号的有效反应必须满足更多的条件,但这并不会影响我们从本质上了解信号反射的各个方面,因为即便是受到抑制后延迟产生的各种特性,最终也都可以追溯到由某特定条件引起的。

经过对动物的仔细研究,我们发现大脑活动中的信号作用从不会出现任何意外,所有的实验过程都和计划中的完全一致。在专门设计的实验室中,我们会经常对狗进行严格的观察,结果发现,只要实验者不给予特定的刺激,在 1 到 2 个小时的观察时间内,实验狗都不会分泌一滴唾液。若是在以前的普通生理实验室中进行这样的研究,受制于外部不可控的干扰因素,这样的实验往往不会成功。

所有这些实验控制条件让我们最终能够确信这个被称作信号作用的现象,确实就是反射。但是乍一看,似乎信号作用和传统意义上的反射存在着差别,传统意义上的反射——例

如食物带来的化学刺激和物理刺激就能够引起的反射，是每一条狗天生具有的，而新的“信号反射”是在其成长过程中建立起来的。但这是本质性的区别吗？这是否足以证明，新出现的习得行为不能被称为反射呢？我认为，这的确是两种反射之间的区别，但它不涉及器官做出反应过程的性质，区别仅仅在于反射机制的形成模式，因此绝不影响我们把两者都冠以反射之名。举例而言，以电话通信为例，我既可以在家和实验室之间铺设一条电话专线，也可以通过中央交换处和实验室取得联系，两种方法的结果是一样的，区别仅仅在于前者是随时可以接通的线路，而后者必须是在中央交换处已经建立的前提下才能连通；前者的传递线路永远是连通的，后者必须在中转处再接上一根线路。反射行为拥有相类似的运作模式，内在的反射连接自从出生以来就已建立完成，而信号作用的反射是日后建立的。接下来，我们需要了解新的反射机制的建立模式。只要处于一定生理条件之下，新的反射行为就一定会形成，而且非常容易形成，因此我们无需考虑当时狗所处的主观意识状态，只要能够掌握所有可能作用于狗的外部因素，就能完全控制将要建立的信号反射。其过程同其他生理过程一样，是有机体生理活动的一部分，遵循生理活动的规律。我把这一类新的反射命名为条件反射，以区别于天生的反射，或无条件反射。虽然人们越来越广泛地运用“条件”一词，此处使用该词还是非常恰当的，因为和天生的反射相比，这种反射确实由许多条件所决定，在其形成以及维持过程中皆是如此。当然除了运用“条件”和“非条件”这两个术语以外，还有许多同样恰当的词可以描述这两种反射。比如说，我们仍把第一类反射称为“天生的反射”，把第二类反射称为“习得的反射”；或把前者称为“种群反射”，因为每个物种都会有自己的反射特点，并把后者称为“个体反射”，因为同一种群内每个个体之间的反射都不一样，甚至同一个体在不同时间或不同条件下都会有不一样的反射行为；也许我们还能把前者称为“传导反射”，后者称为“关联反射”。

生理传递路径和新的连接都是在两个大脑半球中形成的，这一观点并不存在异议。因为中枢神经系统的特定机能便是在有机体与外部环境之间建立起最为复杂也是最为精巧的对应关系，而且这样的发现似乎是顺理成章的，好比一位技师的日常所为，将一个高度发达的连接系统安装于一个传动系统之上。生理学家应该不会反对采用“Bahnung”这一来自德语的术语，意指中枢神经系统中铺架起新的生理传导路径。条件反射现象属于随处可见的一般生理活动，是在日常生活中通过整合功能建立起来的。在人或动物身上都能够看到，并往往冠以“教育”、“习惯”或“训练”等字样。而所有这些过程，无非就是在某个有机体出生以后又建立起新的神经连接。事实上，它们也是联系特定新异刺激与特定应答反应的连接。我认为认识到条件反射的存在并对之加以研究，将为我们打开一扇关于真正生理学的研究大门，也许会涵盖大脑半球所有最高级的神经活动。本节的目的就在于告诉大家我们已经取得的部分成果。

首先不妨思考一下，如果要建立新的条件反射或新的神经连接，需要哪些特定的条件？最为基本的先决条件是，任何在条件反射中成为信号的新异刺激，与非条件刺激的作用在时间上必须有所重叠。以我的实验为例，非条件刺激物即为食物，如果动物在进食的同时还接收到一个与食物没有关联的中性刺激，那么该中性刺激很快也能够引发动物产生相同的反应，其作用与食物的作用一样。在我们进行的实验中，节拍器发出的声音就是中性刺激。根据我们的实验安排,狗受到节拍器声音的刺激,紧接着就呈现食物——一个原来中性的刺激叠加于天生的进食反射上。我们观察发现,历经数次这样的组合性刺激后,节拍器的声音刺激获得了刺激唾液分泌的特性,并引发了进食反射的动作反应特点。前述第一个实验展示就是条件刺激发挥作用的例子。当我们在实验中用温和的防御反射代替进食反射,也得到同样的结果:实验中我们把一些带酸味的东西塞进狗的嘴里,它会迅速做出反应,吐出酸的东西,使劲摇晃脑袋,张开嘴,舌头动来动去,同时分泌大量的唾液。与此同时给狗另外一个中性刺激,通过若干次练习,这个中性刺激也能独立地引发完全一样的反应。因此,要形成条件反射最为重要的先决条件是该中性刺激能够和某非条件刺激在出现时间上的重合。此外,光是时间上有所重合还不够,必须在动物接收到非条件刺激并做出反应之前,让它先接受到条件刺激方可。

如果把两者的顺序改变,先给非条件刺激,然后再呈现条件刺激,那就不能形成条件反射。科莱斯托夫尼科夫(Krestovnikov)博士在诸多变化和多种控制条件下进行过这样的尝试,但始终得到一致的结果。以下是他所记录的实验结果:

我们把香草醛的气味和酸性物质结合起来,一共进行了 427 次尝试,但每次都是在把酸性物质放入狗的嘴里,等 5 到 10 秒钟才让狗闻到香草醛的气味。香草醛最终还是没有能够成为条件刺激。而当我们把刺激的顺序颠倒过来,换醋酸脂的气味代替香草醛,才经过 20 次组合就形成了条件反射。同样,我们用电铃声做刺激,在进食之后的 5 到 10 秒钟才出现,结果经过多达 374 次的组合后依然没有效果,而换做是在食物出现之前让狗看某个旋转的物体,仅仅经过 5 次练习它就形成了条件刺激,当把电铃声的刺激也放在食物出现之前,仅在一次组合之后,就形成了条件反射。

科莱斯托夫尼科夫博士在实验中一共用了 5 条狗,无论中性刺激出现在非条件刺激后的 10 秒内、5 秒内,甚至只有 1 秒的间隔,实验都无一例外的失败了。实验过程中动物的唾液分泌反射和行为反应都受到严密观察,两者总能相互为证。因此我们可以得出结论,建立新的条件反射必须满足一系列条件,包括非条件刺激的呈现时间和那个将会成为条件刺激的刺激物的呈现时间之间的关系。

如果涉及大脑本身的话,想要形成新的条件反射的第二个必要前提是,神经系统必须维持在一个清醒的状态之下。如果在实验过程中狗始终处于昏昏沉沉的状态,整个建立反射的过程会变得冗长而乏味,在某些极端情况下甚至无法建立连接。我们认为,大脑半球必须不进行任何其他的神经活动。因此,要建立起新的条件反射的话,很重要的一点是防止外界刺激,否则这些刺激又会引起其他的反应。如果这点没有达到要求的话,条件反射的建立过程将会变得十分艰难。举例来说,假使狗处在极端兴奋的状态下,任何事情都能使它做出剧烈反应,那么无论经过多少次尝试都不可能建立起条件反射——甚至有一次实验狗表现出非常夸张的自由反射(freedom reflex)行为。此外,也可算作规律的是,在动物身上第一次建立条件反射通常都要比后继条件反射形成来的困难。显然这是必然的,即使是在最为理想的实验环境下,实验条件本身依然会引起许多不同的反射——即产生许多其他的大脑半球的干扰活动。但这一结论只有在这些不可控制的反射的成因无从知晓的情况下才生效,所以我们无法摆脱它们,而大脑半球本身将会帮助我们。只要动物所处的环境中并没有强烈

的干扰因素，那么额外的反射会随着时间的推移就会自然而然的逐渐减弱。

第三个影响条件反射建立的因素是动物的健康状况，良好的健康状况保证大脑的正常运作，而我们也不会受到内部病理性刺激的干扰。

第四个也是最后一个因素，与将成为条件刺激的特性以及所挑选的非条件刺激的特性有关。如果动物多少能够无视某种刺激存在的话，那么该刺激的条件反射就很容易形成。但严格说来，动物感知范围以内的任何刺激只要存在，动物就不会完全视而不见。对于一个正常的动物而言，环境中哪怕是最微小的改变，如非常轻的声音、很微弱的气味、光线变化，都会立刻引起反射，我将之称为观察性反射。仿佛动物会问"这是什么?"这往往会通过一种非常确定的动作反应来得以表现。然而，如果这一中性刺激的反复出现，它们对大脑的作用很快就会自动减弱，条件反射建立的障碍也会一点一点地撤除。如果新异刺激既强且不同寻常的话，条件反射的形成将会遇到麻烦，极端的情况下甚至不能形成条件反射。

第十五选
情绪条件反射

约翰·B·华生(John B. Watson) 和 罗莎丽·雷纳(Rosalie Rayner),1920

早期的研究人员迫切期望通过经典条件反射和操作条件反射的技术——涉及关联刺激和强化的两种行为学习模式——来解决现实问题,于是就有了约翰 B·华生(John B. Watson)著名的小阿尔伯特实验(Little Albert)。该实验已经成为经典教学内容,实验中阿尔伯特习得了对小白鼠以及其他毛茸茸的或类似老鼠的东西的恐惧。

华生(1878—1958)是行为主义学派的创始人,于1903年获得芝加哥大学(University of Chicago)的博士学位,并任教至1908年,此后转往约翰·霍普金斯大学(Johns Hopkins University)任教直至1920年,1919年出版著作《心理学——行为主义的观点》(*Psychology from the Standpoint of a Behaviorist*)。罗莎丽·雷纳(1899—1936)在小阿尔伯特实验中充当实验助手,华生与雷纳于1920年结婚。

本节所选论文于1920年发表于《实验心理学杂志》(*Journal of Experimental Psychology*),虽然小阿尔伯特实验只属于试验性质的研究,也存在许多方法上的缺陷,但它却是条件反射能够改变行为的最好的例子。华生和雷纳对实验的过程及结果进行了详尽的描述。由于实验后阿尔伯特的母亲决定立刻搬家,实验者们没能把阿尔伯特习得的条件反射去除。通过阅读本文,读者也可以回忆自己在成长过程中,对某些事物的恐惧是如何习得的。

关键概念: 婴儿的情绪条件反射(conditioned emotional reactions in infants)

APA索引: Watson, J. B. & Rayner, R. (1920). Conditioned emotional reactions. *Journal of Experimental Psychology*, 3, 1-14.

从最近的文献中可以发现,人们对各种类型情绪反射的条件化的可能性有颇多揣测,但始终欠缺该方面直接的实验证据。根据华生和摩根的理论,在生命初期阶段的婴儿身上仅能观察到有限的情绪反应模式:恐惧、愤怒、爱等。因此,通过简单的手段很容易扩展能够引发婴儿情绪的刺激范围,否则就无法解释成人为何具有如此复杂的情绪反应。虽然没有足够的实验证据作支持,但在作者看来,条件反射是增加刺激范围的一种方法。

迄今为止,我们只对一名儿童进行了实验研究,即阿尔伯特,自从出生以来,他一直在哈

里特巷残疾儿童收容中心(Harriet Lane Home for Invalid Children)长大,母亲是受雇于该中心的奶妈。阿尔伯特自出生以来身体状况良好,是医院里最健康的孩子之一,9个月大的时候体重达到21磅,基本上属于不易激动、情绪不丰富的类型。他稳定的性格是被挑选为实验对象的理由之一,因为实验对他造成的伤害会相对较小。

在大约9个月大时,我们对阿尔伯特进行了常规的情绪测试,以确定除了因突然出现的响声或突然撤去支撑物之外,是否还存在其他引发恐惧情绪的原因。总的来说,测试中我们对阿尔伯特在第一次面对小白鼠、兔子、狗、猴子、绵绒和点燃的报纸等等的行为反应做详细的记录并加以保留。在大多数情况下,他会尝试去接触这些呈现的物体,而且并未表现出些许的恐惧情绪。阿尔伯特母亲和医院工作人员的意见同观察记录一致,从来没有人看到阿尔伯特表现出恐惧或愤怒,而且他几乎不哭。

当阿尔伯特8个月26天大时,我们首次进行了测试,看他是否会对响声产生恐惧。实验中用锤子击打一个4英尺长、直径3/4英寸、悬挂着的铁条以制造响声,以下是实验记录:

一名实验者让他转过头来并控制他的手不要乱动,另一名实验者在婴儿的背后,猛地击打铁条。婴儿立即表现出剧烈的惊吓,屏住呼吸,并用特定的方式举起双手。第二次听到响声时,他表现出相同的反应,同时嘴唇撅起并颤抖。第三次听到响声时婴儿突然开始哭,这是我们第一次在实验条件中使阿尔伯特产生恐惧、哭泣。

由于事先对其他儿童进行过类似的实验,阿尔伯特的反应在预期之中。值得注意的是,我们还全面测试了突然失去支撑物的情况下(让婴儿篮突然往下掉或猛得往上提),他有什么样的反应,结果这样做并不一定能让阿尔伯特产生恐惧情绪,这种手段对于更小的婴儿会有用,但我们尚不知道婴儿要长到多大时它才会失去作用,也不知道不那么安静的儿童是否会一直保持这种恐惧。值得注意的是,一方面儿童很喜欢被抛向空中再接住,但与之相反,成人在过木板桥时,如果突然脚底踏空的话就会十分恐惧,由此拓展开去或许会发现许多值得研究的领域。

因此,在婴儿9个月大的时候,我们可以把响声作为工具来进行一些重要的测试。首先,是否可以建立对动物的恐惧?例如小白鼠,所采用的方法类似于:让婴儿看到动物的同时听到响声。其次,假设情绪条件反射能够建立成功,那么这种反射是否会迁移到其他动物或物体?

Ⅰ. 建立情绪条件反射

一开始,考虑到要进行的实验是建立恐惧情绪反射,我们必须承担许多风险,令人犹豫再三。但最终我们还是决定进行这个实验,至少当儿童离开了医院这个庇护所,回到无情、混乱的家庭之后,迟早都会建立起这样的恐惧情绪,这多多少少算是给我们的一点安慰。当阿尔伯特长到11个月零3天大时,我们才着手这项实验,之前已经对他进行了所有的情绪测试,在任各种情况下他都没有表现出恐惧情绪。

下面是情绪条件反射建立步骤的详细记录。

11 个月零 3 天

1. 当我们把小白鼠放在阿尔伯特面前,他很自然地伸出左手想去碰小白鼠,当他手碰到小白鼠的一瞬间,我们在他背后猛敲铁条。阿尔伯特吓了一大跳,人向前扑倒并把头埋在婴儿床里,但是没有哭。

2. 当他伸出右手,碰到小白鼠的瞬间,我们再次敲响铁条,阿尔伯特又吓了一大跳且向前卧倒,并开始抽泣。

为了不对婴儿造成过大的影响,一周以内我们没有进行下一步实验。

11 个月 10 天

1. 我们仅把小白鼠放在阿尔伯特面前,但并不给响声,阿尔伯特在那不动,没有想去碰它的企图。之后把小白鼠放得更近一些,于是他开始又想用右手去触摸小白鼠。小白鼠向他的左手移动过去,他立刻将左手缩回。随后,他伸出左手食指想去碰小白鼠的脑袋,但在碰到之前又猛地抽回。由此可见,一周前的实验操作并不是没有效果的。随后,为了检验他是否对其他物体也建立了条件反射,我们在第一时间把积木放在阿尔伯特面前,结果他毫不犹豫地拿起积木来玩耍。在以后的实验中,积木成了让阿尔伯特安静下来的工具,并用来测量他的一般情绪水平,而在建立条件反射的过程中不会让他看到积木。

2. 将小白鼠和响声同时呈现,阿尔伯特吓了一跳,向右侧扑倒,没有哭。

3. 第二次将小白鼠和响声同时呈现,阿尔伯特向右侧趴下用手支撑身体,把头转开不去看小白鼠,没有哭。

4. 第三次将小白鼠和响声同时呈现,得到相同的反应。

5. 突然把小白鼠单独地放在阿尔伯特面前,他皱起眉头,开始抽泣,突然地向左侧退缩。

6. 第四次将小白鼠和响声同时呈现,他立即向右边扑倒,开始抽泣。

7. 第五次将小白鼠和响声同时呈现,他吓了一大跳并开始大哭,但是没有扑倒。

8. 只给小白鼠。阿尔伯特看见小白鼠就开始哭,几乎同时猛地向左侧转过身来,用四肢以最快的速度向后面爬去,直爬到桌子边上我们才好不容易把他抱住。

这足以说明,我们已经完整地建立起恐惧的条件反射,为了建立这个反射一共经历 7 次小白鼠和响声的同时呈现,如果刺激响声更响一点的话,有可能用不了 7 次。我们正着手设法寻找什么样的响声能够最好地充当情绪刺激。

Ⅱ. 当个体建立了情绪条件反射以后,这种反射是否会迁移? 5 天之后,阿尔伯特又被带到实验室,进行如下测试:

11 个月 15 天

1. 首先测试是否对积木产生迁移。结果他欣然拿起积木,若无其事地玩起来。这表明没有发生全面的迁移,如对房间、桌子、积木等都未产生迁移。

2. 只要把小白鼠放在阿尔伯特面前，他便立刻开始抽泣，缩回右手，转过头和身子。

3. 再给他积木，他立刻开始玩积木，咯咯地笑。

4. 再给小白鼠，他身体向左侧倾倒，尽可能远离小白鼠，然后趴下来以最快的速度向反方向爬去。

5. 再给他积木，他又立刻拿起积木，和刚才一样边笑边玩。以上这些预备性的实验表明，对小白鼠建立的情绪条件反射并没有在过去5天内消失。接下来要测试条件反射是否发生泛化。

6. 一只兔子突然出现在他的面前，他的反应是明显的，立刻表现出负面情绪。他尽可能地向远离兔子的方向靠过去，先是抽泣，继而开始大哭。当我们让他和兔子发生接触的时候，他把头埋在婴儿床里，随后爬起来一边哭一边朝反方向爬走。这是最显著的一次测试。

7. 隔了一段时间再把积木给他，他又开始玩耍，四名观察员都认为这次他玩积木的时候显得比刚才要精力充沛，他把积木举过头顶，然后用足了力气往下摔。

8. 我们又给他一条狗，他对狗的反应没有对兔子的反应那么剧烈，他有一阵子待着不动，当狗靠近的时候他向后退去，用四肢支撑着身体，但是没有哭。当狗离开视线范围之后，他立刻安静下来。随后，当阿尔伯特躺在那里时，我们让狗靠近他的头部，他立刻直起身子，然后朝另一面扑倒，把头扭开，然后开始哭泣。

9. 再次给他积木，他又开始玩积木。

10. 向他呈现裘皮大衣，他立刻退向左侧，并表现出不愉快，大衣移向他的左边，他又立刻转身，一边哭一边爬开。

11. 棉绒用纸包裹着，只有一头露在外面，我们先把它放在阿尔伯特的脚跟前，他没有用手去碰，而是用脚把它踢开。然后我们让他的手接触到棉绒，他立刻把手缩回，但是没有表现出接触到动物或者裘皮大衣的震惊程度。然后他开始玩弄包装纸，避免与棉绒接触，最终他好奇的本能克服了对棉绒的负面情绪。

12. 在玩的过程中，W先生把脑袋凑近阿尔伯特，观察阿尔伯特是不是会玩弄W先生的头发，结果阿尔伯特完全不乐意。而另外两名研究员也做同样的尝试，阿尔伯特却立刻就去玩弄他们的头发。随后W先生戴上圣诞老人的面具再做一次尝试，阿尔伯特仍然表现出负面情绪。

从以上的实验结果分析，情绪反射确实产生了迁移(泛化)①。虽然在实验中我们无意测试到底能产生多少种迁移，但可以预见情绪条件反射的迁移泛化范围一定相当广泛。

附带观察记录

1. 吸吮拇指以抵消不好的、令人恐惧的刺激

在实验过程中，当阿尔伯特很难受快要哭出来的时候，他就一直吸吮自己的拇指。在把拇指塞到嘴里的那一刻，似乎他能将恐惧置之度外。这种手段一次又一次得到使用，在休息了30天以后，我们必须事先把他的拇指从嘴巴里移开，才能观察到条件反射。此后他一直

① 原文是 transfer 而非 generalization，但此处的含义基本相同。——译者注

借用口唇期快感满足的方法来抵御负面情绪刺激。

2. 恐惧和爱(或许还有愤怒)具有相同的重要性

我们的研究结果同弗洛伊德学说有一点点小冲突,此处有必要澄清。弗洛伊德学派认为,性(用我们的术语就是爱)一定同条件反射的建立有关,而且会在将来限制并扭曲人格,而根据这次实验的结果,我们对此要作必要的补充:恐惧对人格的影响丝毫不亚于爱的影响,恐惧并不是由爱引发的,而是人遗传本性中固有的。很可能愤怒也是生来具有,虽然迄今为止还不能确定。

精神病学中的恐惧症,很有可能是情绪条件反射,或泛化迁移造成的。人们也许认为儿童期的情绪条件反射,只有在那些天性自卑的人身上才会持续存在。我们的观点是有益的,成人的情绪紊乱不能只归咎于性的问题,它们是由孩童时期的条件反射或条件反射的泛化迁移造成的,而且至少需要从三种基本情绪来思考其成因。

第十六选
操作行为的塑造与保持

B·F·斯金纳 (B. F. Skinner),1953

所谓强化,指的是能够提高之前行为重复发生概率的一种方法,它对行为有着深远的影响作用,而且人们往往会做那些导致强化的行为。许多科学家们最初在动物身上发现的强化效应现已应用于人类的行为。对强化是如何改变人的行为所进行的研究,就是我们常说的操作条件化作用的研究。

B·F·斯金纳(1904—1990)是最早研究操作条件反射的心理学家,他于1926年获得汉密尔顿学院(Hamilton College)的英语学士学位,但他判断并没有什么可为之处,于是重返学府并于1931年获得哈佛大学(Harvard University)的心理学博士学位。事实上他想表达的思想很多,也留下了大量的著作,其中就包括《有机体的行为》(*The Behavior of Organisms*, 1938),以及纯粹虚构性质的《桃源二村》(Walden Two, 1948),书中描述了一个建立在操作原则基础之上的乌托邦社会。另外在与阿尔弗雷德·A·克诺夫(Alfred A. Knopf)共著的《超越自由与尊严》(Beyond Freedom and Dignity)一书中,阐述了我们在日常生活中控制行为的重要性。

本节内容摘自斯金纳的《人类行为的科学》(*Science of Human Behavior*, *Macmillan Press*, 1953)一书第六章,虽然鸽子是斯金纳最常用的实验动物,但在他看来所有的生物都遵守该套法则。最终,斯金纳巧妙地将动物实验的结果应用在人的身上。在此文中他也定义了四种不同类型的间隔强化程序。

关键概念: 操作条件化作用(operant conditioning)

APA 索引: Skinner, B. F. (1953). *Science and human behavior*. New York: Macmillan.

一、行为的连续性

操作条件化作用是利用强化手段来改变行为发生频率的过程,如同雕塑家塑造一堆黏土。尽管从某种意义上说雕塑家制作的是一件崭新的客体,但我们还是可以将这一过程细分为我们所期望的、相继的细小阶段,逐一回溯,直到复原成最初未加雕砌的原材料。在此历程中,任一阶段这堆黏土的模样都不会与前一阶段有太大的不同,然而,最后的作品俨然成为一个特定的整体或完整的设计,但我们却无从发现究竟是在哪一个节点它突然出现的。同样道理,操作(由强化引发的行为)也不是忽然而至的,必须通过一段持续的塑造方能达成。

通过鸽子的实验能非常清晰地证明这一点。“抬头”并不是鸽子的一个特定行为单元,也就是说它一般不会单独出现。当鸽子停在那里或来回走动时,我们很容易对所观察到的鸽子稍显特别的抬头行为进行强化,接着,我们也成功地对各种抬头的高度进行强化。准确地说这并不是一种新的反应行为。而在实验问题箱内触碰机关显然就是一个不同寻常的反应了,但这也仅仅是因为该行为与其他行为之间的连续性很难观察。就鸽子而言,在实验箱内用喙去啄墙上的某个斑点显然区别于伸长脖子之类的行为,因为鸽子没有类似的日常行为。如果要强化这样的行为,也许我们只需静候即可——当然可能会等上几小时、好几天甚至好几个礼拜——一旦鸽子啄了那个点,我们便对之加以强化,整个行为方式是以最终的形式呈现并得到加强的,而不太可能会有“几乎去啄墙上的斑点”的情况。

其实,鸟类的通常行为与如上所示的操作之间的连续关系还是不难加以说明的,要完成这一复杂的反应,基础就在于一套实际的操作过程。要让鸽子尽快地去啄墙上的斑点,我们采用如下方法:首先,只要鸽子在笼子里任意位置将头转向那个斑点,我们就给它食物。无疑这会增加此类行为发生的频率;随后我们提高要求,只有当鸽子向那个斑点靠近一些时才给予强化。至此我们还只是改变了行为通常的分配组合,并没有形成新的行为单元;接下来,我们连续强化鸽子逐渐靠近那个斑点,随后,仅当它把头前伸时才予以强化;最终,只有当鸽子的喙接触到墙上的斑点时才给予强化。借此流程,我们可以在相当短的时间内建立最终的反射。一只饥饿的、对环境和食盘业已习惯了的鸽子只需两到三分钟的强化训练便可达到如期的反应。

未经学习的鸽子能够做出最终形式反射行为的概率相当低,甚至可能为零。通过以上这个方法,我们可以让动物建立起原本不在其能力范围内的复杂操作。通过一系列逐渐逼近的强化,我们可以在短时间内将动物原本很少发生的行为提高到相当高的频率。这显然是一种行之有效的办法,因为它把握并运用了复杂行为所包含的连续性这一重要的特性。鸽子的整套动作——从在实验箱中把头转向目标、朝目标走去、抬头、直到啄中目标,俨然是一个功能连贯完整的行为单元,但其建立却是通过一个连续的分化强化过程实现。将动物未经分化的行为塑造成目标行为模式,恰如一堆黏土经雕塑家之手被塑造成一尊塑像。而假使一味地等待完整反射行为偶然出现再给予强化,效果则会差很多,因为之前的一些步骤都未得到积极的加强。

但有一处说明尚不够准确,我们也许会发现鸽子从把头移向目标点到去啄它,两个动作之间并不连贯。啄的动作通常是作为一个独立的执行单元出现。有两种可能的解释。第一种可能性是,成年鸽子已经建立确定的啄食反应,在当前情况下就会自然地出现。如果我们能够追寻啄食反射形成历史的话,或许可以找到同样的连贯性。还有另外一种可能,即这是一种与生俱来的不连续性,对于鸽子这样的鸟类而言,啄食反应是其物种所特有的一种行为

方式，因而具有特别的意义和特殊的连贯性。正如人类的呕吐和打喷嚏反应，也是与之类似的基因遗传整体动作单元。它们与其他动作的连贯性必须在进化过程中才能找到。但对于脊椎动物而言，此类基因遗传的反射行为并不多见。我们通常所说的行为，无论是从理论还是从实际的角度看，大多都是从未经分化的基本材料出发，经过一系列连续的塑造之后建立起来。

通过对一些略显不同的行为进行强化，儿童学会了起身、站立、行走、抓握物体、移动物体。随后，还是通过同样的过程，又能学会讲话、唱歌、跳舞、玩游戏，直到拥有正常人所具备的全部能力。当考察后期的行为时，我们发现很容易对那些仅是在解剖学上彼此存在差异的不同操作与那些能够产生不同结果的操作两者加以区分。按此方法将行为破解成有助于分析的部分，而这些被分解的部分正是我们赖以进行分析的单元，其发生频率在达成行为法则的进程中起到至关重要的作用。用外行的话讲，它们就是行为被分解之后的"动作"。但是当我们在说明其数量方面的性质时，千万不要忘记行为最终所具有的、连续的特点……

二、行为的保持

"学习"之所以不能等同于"操作条件化作用"，理由之一便是按照传统的定义，学习是指学会"如何做某事"。例如，通过"尝试—错误"学习，动物学会如何逃出箱子或走出迷宫。从中不难发现我们为什么要强调行为获得的理由。早期用来研究学习的实验装置并不能很好地直接揭示这一基本过程。只有当生物体行为发生显著的改变时操作强化效果才最为明显，例如生物体做出此前不会做或不能做出的行为。然而，能够帮助我们了解行为获得的更为灵敏的测量却被摆在了次要的地位。

即使没有诸如新行为获得或动作技能改进这样的进一步改变，操作条件化作用依然持续发生效用。行为持续就会有其效果，而这样的持续是非常重要的。如果结果不再出现的话，行为的消退就会发生。当考察的对象是涵盖了日常生活中所有复杂性的有机体行为时，我们需要时刻提醒自己，是无处不在的强化维持了行为的发生。其实，我们甚至不太需要关心这些行为最初是如何获得的，而只需考虑该行为现在发生的概率即可，这只有从审视当前强化发生的可能性着手。这是过去对学习的经典研究尚未涉及的方面。

三、间歇性强化

通常而言，对周围环境产生作用的行为会得到持续一致的强化。我们调整自己朝向物体的方向并靠近它，伸手够到，再把它拿起来，用到的是一套稳定的反应技能，通过视觉线索和物理的特性总能获得一致的结果。当然，也有可能打乱这种一致性，比如在游乐场的镜子迷宫里，或者在布满误导垂直视觉线索的房间里，建立良好的行为反应也许就丧失了其通常的效用。不过这些情形不同一般，它只是一种商业性质的娱乐，反倒证明了寻常生活中的稳定性。

然而，大部分行为只能得到间歇性的强化。某个特定的结果也许依靠的是一系列难以预测的事件。谁都不能保证在赌牌或掷骰子时只赢不输，因为这些偶然性的结果都是由所谓的"机会"在冥冥之中决定的。我们去滑雪或滑冰的时候，也不能保证每次场地都处于良好的状况。偶然性让所有参与者都明白一切都是不确定的。我们不会在同一家饭店每次都吃到美食,因为烹饪这个事谁也说不准;给朋友打电话也不见得每次都能得到想要的答案,因为朋友也不总是在家;把手伸进口袋里也不一定准能掏出一支笔来,因为我们不一定总是把笔放在口袋里。在工业领域和教育行业中所见到的强化也几乎总是间歇性的,因为不可能每一次反应都得到强化,以此来控制人们的行为。

也许我们会认为,经由间歇性强化建立起来的行为,其发生频率也只能是中等的。然而,在实验室中对不同强化程序进行的研究显示,情形有些异乎寻常的复杂。通常由间歇性强化建立起来的行为相当的稳定,而且更不容易消退①。在前面已经提到的一项实验中,鸽子通过特定的强化程序所获得的反应行为,在之后的消退过程(即撤除强化物)中,该习得的行为还是出现了超过一万次以上。但如果运用的是持续强化程序的话,就不会得到这样的结果。由于这项技术又被称为在给定次数的强化之下,“尽可能多的让有机体做出更多的反应”,因而得到了广泛的使用。例如,按照某种特定的方式发薪水,依据特殊“回馈”程序设计的赌博装置也应运而生,原因就在于这样的强化往往效果显著。此外,诸如肯定、关爱、个人的赞同往往也是间歇性的,这不仅是因为提供这些强化的人在不同时间会有不同方式的表现,更可能是因为他们发现了这样的程序能够带来更为稳定、持久和有利的回报。

尤其重要的一点是,要对有机体之外的某一系统安排的强化程序与受行为本身控制的强化程序加以区分。第一种情形看如下的例子:通过时钟来控制一个强化程序,每隔5分钟给鸽子一次强化,时间间隔内的其他行为则不予强化;第二种情形的强化程序是这样的,每当特定的行为执行若干次之后,再对一个反应予以强化。例如,鸽子每做出15次反射行为,才强化它一次。在间歇性上这两种情形都是一致的,但在偶然性上却存在着微妙的差别,从而导致了截然不同的结果,常常是具有极大的实践指导意义的。

1. 间隔强化

如果每隔固定的时间间隔给老鼠或鸽子这样的动物一次强化,那么它们就会根据强化的频率,调整并形成一个接近恒定的反应比率。强化的间隔时间是1分钟的话,动物的反应建立速度会很快;如果每隔5分钟予以一次强化,则反应建立相对就要慢很多。反应频率的类似效应也可见于某些人类行为。我们拨打某个电话号码的行为发生频率取决于电话得到应答的概率,其他的行为也基本和此差不多。如果两个代理商提供相同的服务,我们会更倾向于选择给予更多答复的那个。相反,如果你和某人待在一起,偶尔才感到快乐,那么你就不太可能与他继续保持联系。如果某人偶尔才给你回信,你便不太可能再给他写信。实验证据准确地显示,只要每次反应都得到强化,通常动物或人就会重新做出这个反应行为。然而,接下来我们会看到,强化程序的效果并不总是如同信号输入便会有输出如此简单。

通过有间隔的强化而获得的行为相对稳定,因此研究其他的变量和条件就会非常有益。每次强化的量或大小会影响反应率——高强度的强化使反应出现得更多。不同类型的强化物也会导致不同的反应率,因而可以根据效果强弱来对强化物进行分级。反应率还会因为强化出现与反应之间的即时性不同而有所不同:如果反应发生之后强化物的获得稍加延迟

① 消退是指随着强化的撤除而造成的行为发生频率的下降。——编者注

的话，整体的反应率就较低。还有一些诸如剥夺程度，特定情绪条件的出现或撤除等，也是影响间隔强化效应的因素，对此也已有深入的研究，我们将在后面的章节中加以讨论。

最理想的强化程序通常也具有最大的应用价值。这样的程序往往也与其他影响反应率的变量一起加以讨论。例如，一次性发 50 美元给一个人所起到的效果，也许不及在同样一段时间里分 10 次、每次给他 5 美元的效果佳。对于古代先民来说尤其如此，他们的行为与最终结果之间的时间间隔过长，缺少使两者联系起来的条件强化物。此外，在强化程序与个人动机水平、强化即时性等诸多因素之间也存在着微妙的相互作用关系，都会影响强化的效果。

如果行为一直受到固定时间间隔的强化，就另有其他的过程介入。由于紧接着强化之后的操作反应是不会再得到强化的，所以每次强化发生之后的一段时间里，操作反应率都有所下降。当间隔一段时间后，动物的操作反应率才会有所回升，尽管我们假设它们是不能区分强化之间到底历经多少间隔的。工厂发工资同样是一种固定间隔强化程序，但是我们并不能观察到类似的工作效率的变化。之所以两者不能相提并论，是由于雇主还采用了其他强化手段来维持劳动者的工作水平……将考勤卡建立成一种条件强化物，旷工的话就扣除相应的工资，以此确保劳动者的出勤。雇主或老板还有厌恶强化(aversive reinforcement)这一招来弥补固定间隔发放工资所产生的缺陷。

如果采取变间隔强化(variable-interval reinforcement)的手段，就可以消除强化发生之后反应率便有所下降的问题。举例而言，我们平均每 5 分钟强化出现一次，但就具体一次强化间隔而言，既可以只有短短的几十秒，也可能拉长到 10 分钟。因为动物获得上一次强化之后的下一次强化何时发生并不确定，为了获得新的强化动物就会持续地进行操作。通过这样的强化程序建立起来的操作会表现出相当的稳定和一致性。用平均每隔 5 分钟给予一次食物的变比强化程序训练鸽子，结果我们观察到它的啄食反射行为一直持续了 15 个小时，最初从每秒钟啄食 2—3 次开始，整个过程中最长的间隔也不超过 15—20 秒。以这样的间隔强化程序所建立的反应通常很难消退。许多社会生活中发生的或与人有关的强化，基本上都是变间隔强化，这样的行为一旦建立便异常持久。

2. 比率强化

当我们设定的强化程序是依据动物自身行为来相应加以制定，比如动物每做出 15 次反射行为便给予一次强化，就会得到截然不同的结果。前述的强化程序称为“定比强化”(fixed ratio reinforcement)——被强化的反射行为与未受强化的反射行为之比是固定的。在教育中实施这样的程序非常普遍，比如学生们每完成一个项目、一篇论文或其他特定数量的任务就会得到一次强化。这也是职场上支付报酬和销售提成的基础，而在企业里这就是所谓的计件工资。雇主们很自然地愿意接受这样的强化系统，因为藉此他们可以事先计算出生产一定数量产品耗费劳动力所需的支出。

在所定比率不过高的条件下，定比强化程序能够引发非常高的反应操作频率。这只遵循输入—输出两者之间的关系。强化比率任何些微的提高都意味着强化发生频率的相应提高，从而又会引发操作比率的持续上升。在没有其他因素干扰的情况下，反应操作发生的频率应该达到可能的最大值。然而在企业生产中却存在着一个限制因素，那就是疲劳。在这种方法指引下,持续高强度地操作再加上工作时间很长的话,无疑会损害人的健康。这也是为什么有组织的劳动者往往会强烈反对计件工资的主要原因所在。

另外一种反对这种强化程序类型的观点认为,随着操作反应率的提高,掌握强化生杀大权的人很可能扩大操作次数与强化获得的比例。在实验室的条件下,起先每 10 次操作便给予一次强化,然后扩大至 15 次,循序渐进,最终可以达到让动物每操作 100 次才得到一次强化,当然在实验伊始便采取这般做法是行不通的。在企业中,由于采取计件工资的强化程序带来雇员劳动生产率的提高,以至员工可以拿到很高的周薪,雇主们便会很自然地认为,应当增加这个比例,即只有完成更大的工作量才能得到一定的工资报酬。

在通过比率强化程序建立的条件化操作中,与定间隔强化程序所遇到的情况一样,在刚刚接受完强化的一段时间里反应行为再次发生的可能性会非常小。在强化比例高的情况下尤其显著,因为动物总是感到下一次强化的来临还要等很久。在所有计件式的强化程序条件下,无论是在工业、教育、销售还是其他专业领域,我们最容易观察到的是,一个单元的任务完成之后,人就会变得情绪低落或表现出缺乏兴趣。而一旦新的一轮反射行为开始,其心态也会随之改善,动物做出的反应越多,强化出现的可能性也就越大。随着动物操作反应变得越来越多也越来越快,其结果也会逐渐均匀加速地到来。总之,高比率定比强化程序得到的行为效果在整体上并不理想。相对的在时间的有效使用方面效果不佳,而其后过于密集的反应则很容易产生疲劳。

对比率强化的实验室研究表明,对某一特定动物和特定量的强化物而言,强化的比率存在一个极限,一旦超过这个比率,则行为很难得到保持。我们把因比率超限而造成的行为极度消退称为“意志丧失”(abulia)。具体表现为在两次强化之间的很长一段时间内,动物都不再有所反应。这并不是一种身体上的疲劳,如果我们改换到另外一种比率强化程序就很容易观察到这样的疲劳。其实更准确地说是一种“心理”上的疲劳,如果强化的比率超过某一限度,我们便会观察到动物将不再做出反应。无论是在实验室研究的条件下,还是在实际的日常生活运用之中,这种操作行为方面的戛然而止,往往就是比率过高使得动物产生紧张压力的首要征兆。在鸽子彻底停止反应,即彻底“意志丧失”之前,它们首先表现为在强化后相当一段时间内不做出任何的反应。同样道理,如果一名学生临时抱佛脚,在最后时刻才以爆发的速度把论文赶出来,那么他将很难再投入下一项新的任务中去。

由于在比率强化的条件下缺乏自我调节机制,有机体会产生精疲力竭的状况。而在时间间隔强化模式下的情景就不会产生类似的现象,因为即使反射行为的发生频率有所下降,操作反应的次数较少,也还是能够得到强化的。变间隔强化程序还具有自我保护的功能:在任意强化间隔的情况下,有机体都会以稳定的速率形成目标操作行为。

我们可以采用与定间隔强化程序相同的处理方法来避免定比强化程序中每次强化之后的反应停顿:依据某一平均值,在相当的范围内改变这一固定的比率。在随后相继做出的反射行为既有可能得到强化,也有可能上百次操作之后仍一无所获。当然,在任一时刻获得强化的概率还是基本恒定的,有机体仍旧保持一个恒定的操作反应频率,只不过具体每次的比率是多少会有所不同。在平均操作反应次数相同的条件下,变比强化(variable-ratio reinforcemnet)要比定比强化程序有效得多。在这种情况下,鸽子可以快速地以每秒 5 次的

速度做出反射，并维持数小时。

博彩业的老板们深谙此道，他们非常清楚这样的强化程序可以产生很高的行为发生率。老虎机、轮盘赌、掷色子、赛马等都是根据变比强化程序设置的。虽然其中还有其他附加的强化因素，但是变比强化程序仍在其中起到至关重要的作用。对赌徒而言只有下注才会赢，而从长期看想要赢的话又取决于下注的次数，什么时候会有回报却无从得知。前面所举的很多“随机”的系统其强化产生的比率都是变化的，沉溺于赌博的人就是最好的例证。如同每秒钟做出 5 次啄食反射的鸽子一样，赌徒们也在不知不觉中沦为这一不可预期强化程序的牺牲品，其实长期的净盈利或净损失几乎与这类强化程序的有效性无关。

第六章

DI LIU ZHANG

人的记忆

第十七选
长时记忆的存储和提取过程

理查德·M·谢福林(Richard M. Shiffrin)和理查德·C·阿特金森(Richard C. Atkinson), 1969

人们对记忆究竟是如何运作的问题总是感到非常着迷。在过去40年间,由理查德·M·谢福林和理查德·C·阿特金森提出的三记忆储存理论在各种记忆模型中占据着主导的地位。根据这一理论,信息是通过感觉登记、短时储存和长时储存来进行加工的。

谢福林于1968年获得斯坦福大学(Stanford University)博士学位后,便开始了在印第安纳大学(Indiana University)的执教生涯,目前他是该校心理学教授,同时担任认知科学研究项目的负责人。他在1975年获得谷根海姆奖金(Guggenheim fellowship)。Atkinson生于1929年,1955年于印第安纳大学获得博士学位。他从1956年起至1975年期间任斯坦福大学的教授,随后担纲国家科学基金会(National Science Foundation)的主任。他于1995年起担任加州大学(University of California)校长,至2003年退休。

本节文章于1969年发表于《心理学评论》(*Psychological Review*),文中作者提出,记忆由感觉登记转入短时储存,继而又进入长时储存,并在那里得以永久保存。他们的理论认为,人们之所以记忆提取失败,是因为其他的信息干扰所致。在阅读本节的过程中,不妨思考如何运用这一理论有效地提高自身的记忆力。

关键概念: 记忆模型(model of memory)

APA 索引: Shiffrin, R. M. & Atkinson, R. C. (1969). Storage and retrieval process in long-term memory. *Psychological Review*, 76, 179 - 193.

首先,我们将对记忆系统的概念做一整体介绍。该系统主要依据阿特金森及谢福林(1965, 1968a)的理论,同费根堡姆(Feigenbaum,1966)和诺曼(Norman,1968)提出的观点也相当类似。这一记忆系统所包含的主要组成部分是(如图1所示): 感觉登记、短时储存(STS)和长时储存(LTS)。图表中实心箭头代表的是信息在系统中转移的方向。请注意,转移并非意味着将信息从原本的储存移至下一处,而是将保持在原先储存的信息"复制"至下一个储存之中,但不会影响其在原有储存空间的状态。需要强调的是,我们假设的这些记

忆储存并不同任何与这些储存的生理上的定位有关，但我们认为不同阶段的记忆储存位于分开的生理结构中，且短时记忆只是长时记忆中那些被暂时激活的永久储存信息。人们可以根据不同的任务或要求对记忆系统使用控制过程，图 1 中已列出了一些控制过程，其主要包括信息运转、复述、记忆搜索、反应输出等等。

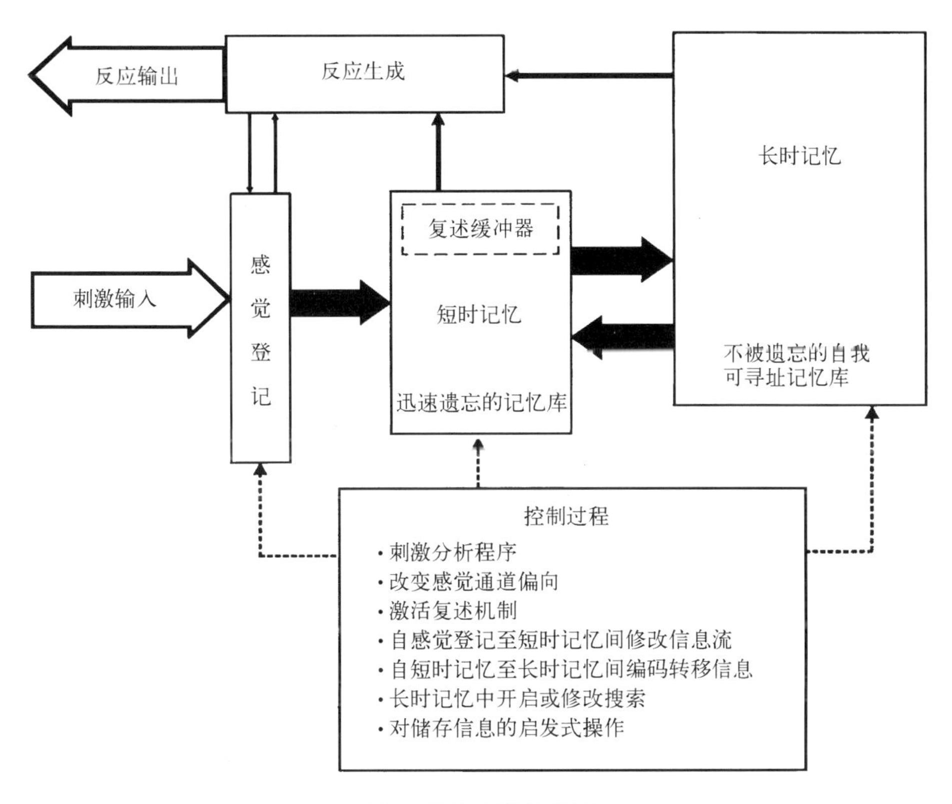

图 1　记忆系统流程图

实线表示信息转移的通路，虚线不仅表示允许系统各部分中信息数组进行比较的连接，同时表示用以激活信息转移，复述机制的控制信号的发送通路。

感觉登记是非常短暂的记忆储存过程，新接收的感觉信息在此短暂停留，经初级加工后被转移至短时记忆中。以视觉形式为例，信息在感觉登记中仅仅停留零点几秒(Sperling，1960)。处于短时记忆中的信息，如果主体不给予注意，就会于 30 秒或更短的时间内遗失，但如果主体使用诸如复述等控制过程，这些信息便能在短时记忆内停留至主体期望的时长(图 1 中显示的缓冲处理便是一种组织完善的复述方法)。得以驻留在短时记忆的信息，有部分将会继续转移至长时记忆中，并且被永久储存。我们发现虽然有些因素会导致记忆丧失，例如大脑损伤，病理损害以及年老后的大脑退化等，但这些影响现象不应纳入本实验研究的考虑范围内。因此，我们假设信息一旦进入了长时记忆后，便不会消失。至于将来是否可以成功提取这些信息，就必须考虑间隔时间及干扰信息等因素的影响。

短时储存的作用是多方面的。首先，它可以减缓外部环境刺激对记忆系统的冲击，缓解系统需时时注意环境变化的职责。在另一方面，短时记忆为临时处理信息提供必要的工作记忆。由于短时记忆中的记忆可以根据需要维持一段时间，因此在一些需要备用信息以待测验使用的任务中,短时记忆时常被视为主要的记忆工具。阿特金森及谢福林(1968a)已经对这类运用短时记忆的任务,以及在此过程中使用的机制和控制过程进行了广泛的研究和考察。在文中我们不再将短时记忆视为保持信息的工具,而更关注短时记忆如何作为一个临时的储存空间,将信息转入长时记忆以及将信息从长时记忆中提取出来的过程。因而在下文中,我们将把讨论的焦点集中在涉及提取长时记忆信息的记忆过程,而暂时省略记忆在短时记忆及感觉登记的过程。

一、长时记忆

在描述长时记忆的结构时,不妨让我们以计算机存储系统来做个类比。通常的计算机存储器均遵循“位置可寻址”的提取原则,即若给予系统一特定位置,系统便会返还该位置所包含的储存信息。而若给予系统一字节信息内容(一“字节”对应计算机存储器内单一位置),该系统即必须逐一扫描每个存储位置以确定该信息所处的位置。显然,在提取过程中,对所有长时记忆信息进行大规模系列搜索的理论站不住脚。于是我们假设了另一种存储器类型,称为“内容可寻址”模式,即若给予记忆系统某单位信息内容,该系统便能够返回储存器内包含这些内容的位置。然而,这一观点需要与另一额外过程相配合,才能使系统在通过平行搜索后的众多返回值中选择真正准确的位置。否则,如若搜索“红色”,系统将返回所有包含“红色”的出处或位置,这样既事倍功半,也无法达到简化原本提取困难的目的。然而,对于形成“内容可寻址”记忆还存在另一种方法,即信息内容在定位过程中本身已包含了其处于某特定储存位置的必要信息。因此如若按照以信息内容为基础的总体规划,将原始信息储存于某一特定位置,人们便能在使用时方便地提取它们。我们将这样的方法称为“自我寻址”系统。如果将图书馆的图书规整系统看作是一个基于藏书内容的“自我寻址”记忆系统,其中一本关于“12 世纪埃及河船铆合方法”的书将会被放置在图书馆的某个特定位置(如埃及馆等)。如果有人希望查阅这本书,便可以使用与起初储存藏书相同的收藏方案寻找到此书的确切位置。我们认为长时记忆很大程度上正是这样一个“自我寻址”的记忆系统,其中存储的全部信息根据各自所属的集合,被分入若干个记忆区域,这就能赋予信息的搜索过程以明确的起始点。但我们认为它只是一个部分“自我寻址”的系统,这是因为如“刺激抽样理论”(Estes, 1959)所提出的观点,该系统对信息储存位置的描述程度会因为集合的不同、时间的不同而有所差异。因此,我们假设在这些特定位置间存在存储器检索功能,使得检索过程可以按顺序从一个存储位置到下一个一次进行。在这个假设的基础上我们得出了大量预测。例如,在记忆再认测试中,人们无需对所有已存的编码进行全部扫描,也无需在长时记忆中进行搜索。当向主体呈现一则信息并且要求他回忆此信息是否曾经出现时,他便会首先检索最后可能存在信息的储存位置。这时,如果信息具有高度的识别性并且能精确地在储存位置中识别,那么在长时记忆中所进行的检索便能大大减少。因此,当目标信息特点突出时,主体仅需要在某个特定的储存位置进行搜索,并且快速准确地判断出这一信息是否曾经出现过。相反,若对储存单位的描述越是模糊,那么准确搜索信息的时间也必然越长。

“位置”这一术语是相对于组织图式而言的,一个长时记忆位置即指一组信息集合在组

织结构中占据的位置，并且以其信息的形式（如，视觉信息或听觉信息），分析程度（如，单词拼写或句子结构），以及所有与之相关的组织维度进行界定。倘若某两个位置中的信息易被同时提取，我们则称这两个位置是“相近”的。此外，我们尤其倾向于将某种编码或某种形象视为关系密切且易被同时提取的信息集合。在此，我们无意将编码或形象作为某种单一的存储单元。这是因为在某一任务中构成一个编码的信息在其他任务中可能被视为若干个编码。例如，当我们拿某个句子的意思同其他句子作比较时，这个句子便被整体作为一个编码。但是，当我们将此句与另一句意思完全相同、但语法结构不同的句子比较时，这句句子就可能被拆作若干个编码。虽然如此，在大多数任务中，运用编码或形象来指代某储存单位中一系列相关信息不失为一种行之有效的办法。

二、存储和提取

由于长时记忆具有“自我寻址”的特征，因此其存储和提取必然是存在许多共同之处的镜像过程。我们认为存储过程主要由转移、安置和图像生成三大机制组成。转移机制包括主体决定在长时记忆中的储存内容、储存时间、储存方法时所使用的那些控制过程。安置机制决定着这些将被贮存的信息组所存储的位置。事实上，这些信息本身所包含的内容已经在很大程度上决定了其存储的位置。更准确地说，当主体在编码这些将被贮存的信息时，会使用在长时记忆中提取的相关信息对当前位于短时记忆的信息进行补充，所形成的信息集合便决定着其储存位置。图像生成机制将决定短时记忆内的当前信息集合中有多少比例将被存储至指定的长时记忆位置。这一储存比例也同时代表着这些信息集合在短时记忆中持续的时程。提取过程与存储过程类似，分别由搜索、恢复及反应产生三大机制构成。在搜索过程中，信息的位置或图像将被循环连续地选取检验。当每个形象被检验完成后，恢复过程将决定哪些信息将从图像中恢复并置于短时记忆。反应产生过程则用于检验所恢复的信息并且决定是否继续搜索或终止搜索，并做出反应。如果搜索没有终止的话，在选取有待检验的下一个位置或图像时，也会依据此前搜索的结果。

虽说我们在本文中将存储和提取过程分开讨论，但两者在时间顺序上并非存在接替的关系。驻留在短时记忆中的信息始终都有部分正在存储到长时记忆中去，同样，在储存过程中也始终进行着信息的提取。例如，当我们试图储存一组对偶联合时，便会在长时记忆中搜索与此有关的突出联合，这组联合便会成为储存与提取的中介……

三、记忆系统的应用

1. 遗忘

随着长时记忆中信息的不断积累，系统便会出现减退的表现。这种减退的现象主要由三种相关机制造成。首先是机械效应，即由于信息量的增加，使得在某个时点足够做出正确反应的信息不再胜任。例如，一组对偶联合信息 GAX－4 以 G**－4 的形式编码后，对于 GAX 的提示，该编码便足够做出正确的反应（若恢复正确）。然而，假设我们又获得另一组对偶联合 GEK－3，并将其存储为 G**－3 编码形式，此时无论对于 GAX 或 GEK 的提示，我们都能从长时记忆中提取这两组编码，因此便只能猜测其正确反应是 3 还是 4。

产生遗忘的第二种原因源自搜索机制中定向部分的故障。也就是说,只有在学习时用于储存的记忆区域内进行搜索才能正确地提取。然而,只要在存储信息过程中,只利用信息中的某一部分来确定存储位置,而在提取过程中,根据信息的另外一部分进行搜索,我们便无法有效地提取信息。如果刺激元素代表着组织的不同纬度,那么我们便可以在刺激抽样理论(Estes, 1959)的框架下理解这一过程。为了更清楚地解释这个机制,我们假设将当前测试中正确反应的图像编码为"c 编码",其余反应则被称为"i 编码"。因此,"i 编码"属于不相关的编码并且会导致侵扰误差,"c 编码"则能通过检验产生正确反应,而搜索过程中的定向部分则由"c 编码"出现在检验子集中的概率(pc)表示。当提取线索使得所有组织纬度均被检验时,pc 值则可能接近 1.0。但在诸如由随机刺激和反应构成的连续任务等情境中,pc 值将会下降并且将取决于"c 编码"的信息量及"年龄"(这里的"年龄"指的是该编码在时间维度上的位置)。虽然搜索机制出错能部分解释造成遗忘的原因,但是我们更关注于遗忘的第三种机制:即检验子集规模的增加。

在对检验子集进行搜索时会产生若干种可能的结果。结果可能会检验到"c 编码"并产生正确反应,或者检查到"i 编码"产生侵扰反应,也有可能检验后无返回结果,搜索终止。如果对检验子集的搜索存在部分随机,我们便能得出以下结论。即当需要检验的规模增大时(例如,"i 编码"的数量增加),产生侵扰反应的概率便会增加,检验到"c 编码"所需要的平均时间也会增加,而产生正确反应的概率则会降低。如果搜索的顺序也存在部分随机,那么编码在检验子集中被选择的顺序便会同时取决于编码所包含的信息量以及编码的"年龄"。显然,若编码包含的信息量越少,或者编码形成的时间越久,该编码被较早搜索到的可能性便越低。

2. 干扰

显而易见,该记忆系统预示着多种干扰现象。虽然在检验子集中的搜索顺序一般而言由编码的"年龄"及信息量决定,但为简单起见,我们假定搜索顺序完全随机。在此情况下,前摄干扰和后摄干扰都会发生,并且从某种意义上来说,它们的效果是相同的。更确切地说,如果在检验子集中增加额外的"i 编码",无论其出现在"c 编码"之前或之后,都会导致正确提取信息的概率下降。至于在随机搜索情况下,无论"i 编码"出现在"c 编码"之前或之后,也会产生同样的效果。正是由于额外编码的增加使得寻找"c 编码"时间增加,致使检测概率下降。因此,倘若检验子集的规模不断增大,则发生搜索终止或侵扰反应的可能性便会不断增加。

显然,当系统在检验子集中按由新至旧的顺序搜索时,前摄干扰的作用则会较少,而后摄干扰则更明显。如果系统严格按照这一顺序进行检验,那么检验到"c 编码"所需的时间将不受任何先于"c 编码"形成前编码的影响,因此不会出现前摄效应。为了检验非特定前摄干扰和后摄干扰效应,最好的方法之一就是以单词表长度作为变量的词汇自由回想任务(Murdock, 1962)。在该任务中,被试将首先会听到一列单词,在呈现结束后,被试需要尽可能多地回忆起这些单词。将研究获得的数据通过以单词位置为自变量,正确回忆率为因变量的系列位置曲线表示(即以单词表中该单词之前与之后的单词量为函数)。研究发现当单

词表长度变化时，目标单词之前与之后的单词数也会发生系统的改变，由此我们将这一理论运用于研究所得到的数据。由于在本研究中被试需要努力回忆起单词表中的所有单词，其检验子集由所有被储存的编码组成，因而对于该理论的应用将更为简单。事实上，一项以这一理论为基础，并且以单词表长度为函数的模型以证明有效（Atkinson & Shiffrin, 1965, 1968a）。该模型认为，随着单词表长度的增加，被试的成绩会随之下降。另外，这一模型还假设，倘若对被试进行第二次回忆测试，一些在第一次测试中被遗忘的单词将被成功提取，特尔维（Tulving）的研究显著地证实了这一点。研究发现，被试在单词表呈现一次后，只有50%的单词数能在之后所有连续三次的回忆测试中被回忆，即便每次回忆起的单词数目保持一致，这一点也不会改变。

搜索机制还会导致项目特异性干扰。所谓项目干扰意指当原本与某一反应相匹配的刺激在之后与另一种不同的反应相匹配时所引发的状况。在这种情况下，长时记忆中储存了与同一刺激有关的两个不同编码。此时，在正确反应前，错误编码经检验并接受的次数，将决定前摄干扰或后摄干扰的程度。其中，主体在搜索过程中所遵循的时间顺序，将决定前摄干扰和后摄干扰的相对程度。也就是说，倘若主体总体上从最新的项目按反向顺序回忆，那么前摄干扰将会较少而后摄干扰则会较多。这样的推理同前一段落中关于非特定干扰是相似的。这一关于干扰效应的观点听来简单，但事实上并不尽然，它至少包含两个因素。其一，被试若事先知道要对该刺激的两种反应均进行测试，他便可能将其联系为相近的编码，或至于同一编码内，这样将会减弱干扰现象（Dallet & D'Andrea, 1965）。其二，当原本的反应发生变化，被试便会在该编码上贴上错误反应的标签，这使当此编码再次被搜索到时，错误反应的标签能帮助被试避免侵扰从而继续搜索，谢福林（1968）曾发现与此类似的效应……

3. 侵扰

该模型的另一有用的特点在于能对侵扰现象，以及不同情况下侵扰频率变化进行预测。在对偶联合任务中，当主体搜索到“i 编码”，并执行其所包含的反应时，侵扰现象便会产生。但由于当“i 编码”与“c 编码”所含信息量相同时，“i 编码”在检验子集中出现的概率以及被接受且执行相关反应的概率比“c 编码”小，因此事实上我们尚且无法清楚地解释侵扰现象。此外，由于储存过程主要基于刺激信息的内容，因此我们假定，“i 编码”出现在检验子集内的概率，与其与测试刺激的相似性有关。而“i 编码”被接受为正确反应的概率也因而取决于测试刺激泛化为“i 编码”所含刺激信息的程度。然而，一旦“i 编码”被检测并接受，其所包含的反应被执行的概率便与“c 编码”一样，直接取决于被编码的反应信息。

该理论还对“第二次猜想”现象进行了预测。所谓“第二次猜想”，即指被试在第一次错误反应后给予第二次反应的机会。我们可以对该过程做多种假设，其中最简单的一种认为被试将会从在检验子集中发生侵扰的地方开始继续搜索。这一假设预示着“第二次猜想”的正确率应当高于随机水平，宾福德（Binford）和盖提斯（Gettys, 1965）也确实验证了这一效应。倘若搜索是按照某种时间顺序进行，我们便能更有信心的预言：“第二次猜想”的正确率取决于引发错误反应的刺激与测试刺激的先后顺序（假设任务中的一系列反应互不相同）。事实上，对这一现象的检验也是判断搜索过程中时间属性的一种方法。

4. 反应潜伏期

我们的理论所直接揭示的另一个变量为反应潜伏期,其基本假设认为反应的潜伏期是以反应前经检验的图像数为变量的单调递增函数,通过这一假设,可得如下几个结论。其一,随着干扰项目的数量增加,正确反应的潜伏期也会随之增加,无论搜索是否按照时间顺序进行,或者测试项目之前存在大量其他项目,都不会对此造成影响。其二,如果包含更多信息的编码会较早接受搜索的假设成立,那么由于强化能使项目获得储存信息,因而随着强化次数的增加,正确反应在搜索过程中将较早得到检验,而潜伏期也将相应缩短。茹梅拉(Rumelhar, 1967)和谢福林(1968)用连续的对偶联合实验证实了这点。其三,任何用于改变受检查编码量的操作,无论使用侵扰,或改变材料的呈现方式,或其他任何方法,都应当在某种特定的程度上影响反应的潜伏期。

5. 再认与回忆

就此记忆系统而言,无论采用再认还是回忆的测试方法,记忆的搜索过程都以相似的方式进行,区别仅在于检验子集规模的差异。然而,一旦信息从长时记忆中恢复,再认与回忆测试中反应生成的判断过程则有所不同。在对偶联合实验中,搜索始于对刺激的再认,以及依赖正确刺激再认后继续搜索的决定(Martin, 1967)。我们无需假设再认及回忆具有不同的提取机制,因为无论是在何种测试中,所有呈现的刺激都将存储于长时记忆区域,而搜索过程则由此开始。就再认测试来说,搜索范围可能相当有限,甚至只包含对单一图像的检验。而就回忆测试来说,尽管对刺激的再认只需较少的搜索,但寻找正确的反应却需要"较大规模"的搜索,虽然所谓的"较大规模"可能只是对额外的几个对象进行检验而已(Shiffrin, 1968)。

参考文献

[1] Atkinson, R. C. & Shiffrin, *R. M. Human memory: A proposed system and its control processes*. In K. W. Spence & J. T. Spence (Eds.), The psychology of learning and motivation: Advances in research and theory, Vol. 2. New York: Academic Press, 1968. (a)

[2] Atkinson, R. C. & Shiffrin, R. M. Mathematical models for memory and learning. *Technical Report* 79, Institute for Mathematical Studies in the Social Sciences, Stanford University, 1965. (Republished: D. P. Kimble (ed.), Proceedings of the third conference on learning, remembering and forgetting. New York: New York Academy of Science, in press.)

[3] Binford, J. R. & Gettys, C. Nonstationarity in paired-associate learning as indicated by a second guess procedure. *Journal of Mathematical Psychology*, 1965, 2, 190-195.

[4] Dallet, K. M. & D'Andrea, L. Mediation instructions versus unlearning instructions in the A-B, A-C paradigm. *Journal of Experimental Psychology*, 1965, 69, 460-466.

[5] Estes, W. K. *The statistical approach to learning theory*. In S. Koch (ed.), Psychology: A study of a science. Vol. 2. New York: McGraw-Hill, 1959.

[6] Feigenbaum, E. A. *Information processing and memory*. In Proceedings of the fifth Berkeley symposium on mathematical statistics and probability, 1966. Vol. IV. Berkeley: University of California Press, 1966.

[7] Martin, E. Stimulus recognition in aural paired-associate learning. *Journal of Verbal Learning and Verbal Behavior*, 1967, 6, 272-276.

[8] Murdock, B. B., JR. The serial position effect of free recall. *Journal of Experimental Psychology*, 1962, 64, 482 - 488.
[9] Norman, D. A. Toward a theory of memory and attention. *Psychological Review*, 1968, 75, 522 - 536.
[10] Rumelhaert, D. E. The effects of interpresentation intervals in a continuous paired-associate task. *Technical Report* 116, Institute for Mathematical Studies in the Social Sciences, Stanford University, 1967.
[11] Shiffrin, R. M. Search and retrieval processes in long-term memory. *Technical Report* 137, Institute for Mathematical Studies in the Social Sciences, Stanford University, 1968.
[12] Sperling, G. The information available in brief visual presentations. *Psychological Monographs*, 1960, 74 (11, Whole No. 498).
[13] Tulving, E. The effects of presentation and recall of material in free-recall learning. *Journal of Verbal Learning and Verbal Behavior*, 1967, 6, 175 - 184.

第十八选
独立字表的短时记忆保持

劳埃德·R·彼得森(Lloyd R. Peterson)和玛格丽特·简·彼得森(Margaret Jean Peterson),1959

记忆中包含了信息存储,借此我们能在事后提取过去的信息。短时记忆是指在任何特定时刻我们感知到的信息所能维持的时间,而心理学家们难以准确测量出这一时间,这是由于人们能够不断地复习短时记忆中的信息(例如,要拨打电话之前,不断地重复那个电话号码)。最终心理学家们凭借一种新技术跨越了这道难关,本文中作者将向我们介绍这种新技术。

劳埃德·R·彼得森生于1922年,1954年获得明尼苏达大学(University of Minnesota)的博士学位,在印第安纳大学(University of Indiana)任教直至1987年退休。玛格丽特·简·彼得森1930年出生,同样于1954年获得明尼苏达大学的博士学位,目前为印第安纳大学的名誉教授。

本文1959年发表于《实验心理学杂志》(*Journal of Experimental Psychology*),借此我们得见在记忆领域中最初的研究方法,实验一(此处未曾摘录实验二)运用了一种行之有效的技术,用以测量语言刺激能够在短时记忆中维持的时间长短。在实验条件中,差异是否确实存在要通过统计测试来证明,当 $p<0.05$ 时则达到了统计意义上的显著性水平。同时读者可以尝试着对自身进行测试,对短时记忆中信息遗失的速度大致有所了解。

关键概念: 短时记忆(short-term memory)

APA 索引: Peterson, L. R. & Perterson, M. J. (1959). Short-term retention of individual verbal items. *Journal of Experimental psychology*, 58, 193 - 198.

众所周知,倘若一个人遇到类似的生活场景时,都重复使用相同的措辞,那么他就会养成特有的语言习惯。现有的教科书仍然把信息获得和信息保持明确地分为两个范畴。由于我们在研究信息获得时,无法了解每次信息重复之间的间隔时间长短,因此关于信息保持时间多长才能使得信息进入长时记忆的讨论就受到了一定的限制。霍尔(Hull, 1940)提出可以利用刺激追踪法来研究信息获得过程中的保持现象,恩德沃德(Underwood, 1949)则认

为在获得过程中遗忘也会发生。目前对获得过程中的信息保持功能的研究局限于这些认识，并且都还停留在理论层面，未有实证研究出现。

有两项研究表明接受语言刺激之后，在仅隔数秒钟之后就会发生信息流逝现象。菲尔斯贝利(Pillsbury)和赛尔维斯特(Sylvester, 1940)在单词表呈现后的10秒钟就进行回忆测试，仍然发现了显著的遗忘现象。然而，如果要使单词表呈现时间和回忆测试之间的时间间隔更短，接近于或短于必要的呈现时间，那么依赖于传统的实验方法就不能做到这点。布朗(Brown, 1958)近期在实验中让被试经过5秒钟的间隔后，回忆一对辅音字母，结果还是发生了遗忘现象。但对于不同的时间间隔，还没有相关的全面研究出现。

一、实验一

研究目的是为了测试被试回忆成绩，被试看到信息，经过一段没有其他干扰的中间间隔时间后进行测试。第一个研究信息单次呈现条件下信息的保持过程。

1. 方法

被试：24名学生，来自印第安纳大学的心理学启蒙课程班，按课程要求前来参加心理学实验。

材料：语言项目一共包含48个辅音音节，它们Witmer关联值都小于33%*(Hilgard, 1951)。另外有48个随机三位数，紧跟着记忆项目之后呈现，要求被试按某个等差做减法，并报出答案。我们认为，让被试在信息项目呈现到回忆测试这段时间内，专注于上述减法的语言活动，能够有效地防止其复习刚才记忆的内容。为了避免随机安排可能造成材料前后的相似性，我们对测试材料做了必要的调整。

过程：被试面前有张桌子，主试与之同向而坐，两者之间用一块黑色的三夹板隔开。被试面前放着一个黑盒子，上面会亮起两种不同颜色的光。实验步骤是，主试先念出辅音音节，然后立刻说出那个三位数，被试则开始以3或4为等差做减法，并依次报出答案，直到红灯亮起，被试要回忆那个辅音音节。实验中设定一个节拍器，一秒钟内会打两下节拍，主试根据这个节奏念出音节，也要求被试如是做。当主试念出三位数时，就按下定时器开始计时，当预先设定的间隔时间过去后，红灯亮起电子钟响起，于是被试就要开始回忆。直到被试说完了回忆的内容，主试才停止计时。从红灯亮起到回忆结束的这段时间称为延迟时间，而从主试说完指导语到红灯亮起被试开始回忆之间的这段时间，则是回忆间隔时间。

对被试的指导语如下："请放松地靠后坐，尽量坐得舒服。实验的过程并无特别之处。在你面前你看到一个黑盒子，上面亮着一个绿灯，表明我们即将进行一次实验。我会说出一些字母和一个三位数，随后你会听到嘀嗒声，只要节拍器不停你就不要停止数数。比如我说：ABC 309，你就要说：309、306、303……如此类推，一直数到红灯亮起。你一旦看到红灯亮，就立刻停止数数并说出最初你听到字母即ABC。你要一直看着这个黑盒子，隔一会儿时间绿灯又会亮起我们就进行下一轮测试。"随后，被试会得到两次练习机会，如果在练习中被试没有立即开始数数，或一直数数没有按信号停下来，或有任何不按指导的举动，都是需要纠正的。

我们一共设定了6个时间间隔，分别是3、6、9、12、15、18秒，对于每个时间间隔被试都要进行 8 次测试,每组时间间隔中辅音音节出现次数相同,而且每个被试听到的辅音音节组合都不会重复,连续的两个辅音音节组中也不会出现相同的字母。另外,经过 6 次测试以后,我们就要把倒序数数的差由 3 变为 4,然后再经过 6 次测试就变回来。提示回忆的红灯亮起到下一轮测试的绿灯亮起之间的时间间隔为 15 秒。

2. 结果和讨论

记录下被试 15 秒间隔时间内的所有反应,得出图 1。

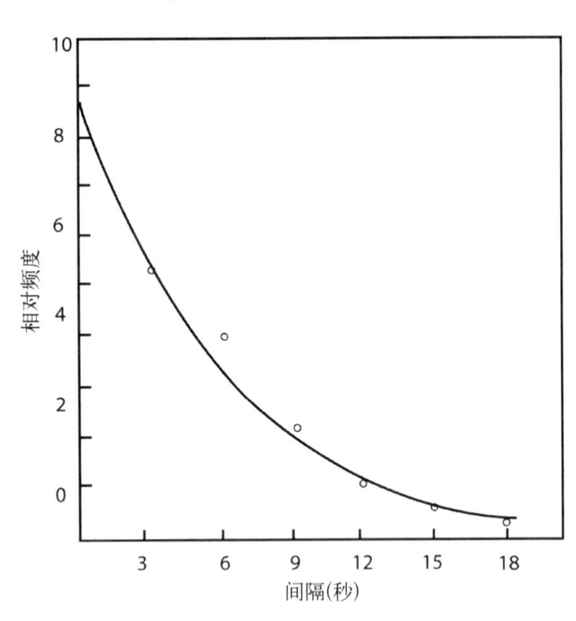

图 1 延迟时间低于 2.83 秒的正确回忆作为间隔的函数

如图 1 所示,我们画出了一条指数曲线,图中的圆点代表着在延迟时间小于 2.83秒的情况下,能够正确回忆的比例,关于延迟时间和正确回忆之间的关系艾斯塔斯(Estes, 1950)进行过详细探讨。本次实验中正确回答的平均延时时间为 2.83 秒,我们运用显著性检验比较了在 2.83 秒以内的正确回答部分,在其中 3 秒和 18 秒两种情况下,比较其显著性达到 0.01 水平,余下的所有组 3、6、9、12、18 秒之间的差异的显著性都达到了 0.05 水平。

根据艾斯塔斯(1955)刺激波动模型,我们可以认为图 1 中的曲线应当属于一个特例。在本实验运用这个模型的过程中,我们已经假设语言刺激会在被试身上产生某种反应,并激活一组相关的信息,这些激活的成分是所有信息中的一部分,随着时间的流逝会逐渐消散。这些被激活的信息与整体信息之比,随着间隔时间的延长而下降,其原因是被试的反应就是取决于这些信息,因此回忆起正确答案的可能性也随之下降。曲线是忠于真实数据的,但根据刺激波动理论,曲线似乎应该位于圆点的下方。

有人对连续回忆任务的独立性提出质疑,因为先前学习内容会对后面的任务产生影响,从而使得实验质量出现问题(Underwood, 1957)。本实验中以 12 次测试为一组,记录正确回忆的次数来检验是否发生前测干扰,其中短时间间隔组与长时间间隔组被分开检测,为了避免把简单的任务看作是发生了干扰。间隔为 3 秒组与间隔为 6 秒组一共 24 次测试被分为 4 组比较其正确回答比例,依次为 0.57、0.66、0.70 和 0.74,显著性检验表明第一段和最后一段差异的显著性达到了 0.02 水平。而 15 秒组与 18 秒组,依次为 0.08、0.15、0.09 和 0.12,即使第一段和最后一段的差异也没有表现出显著性。没有证据能够证明前测干扰的存在,但是练习效果是有可能的。

二、总结

本实验与传统的语言记忆保持实验的不同之处在于,我们用单独的记忆项目取代了整

个词汇列表。我们发现了随着间隔时间推移会发生的遗忘现象,同时单次呈现后记忆保持量可以形成一个统计模型。短时记忆的保持也许被人们忽视,但它必定是学习过程中非常重要的方面。

参考文献

[1] Brown, J. Some tests of the decay theory of immediate memory. *Quart. J. exp. Psychol.*, 1958, 10, 12-21.

[2] Estes, W. K. Toward a statistical theory of learning. *Psychol. Rev.* 1950, 57, 94-107.

[3] Estes, W. K. Statistical theory of spontaneous recovery and regression. *Psychol. Rev.*, 1955, 62, 145-154.

[4] Hilgard, E. R. Methods and procedures in the study of learning. In S. S. Stevens (Ed.), *Handbook of experimenatl psychology*. New York: Wiley, 1951.

[5] Hull, C. L., Hovland, C. I., Ross, R. T., Hall, M, Perkins, D. T. & Fitch, F. B. *Mathematico-deductive theory of rote learning: A stuty in scientific methodology*. New Haven: yale Univer. Press, 1940.

[6] Pillsbury, W. B. & Sylvester, A. Retroactive and proactive inhibition in immediate memory. *J. exp. Psychol.*, 1940, 27, 52-545.

[7] Underwood, B. J. *Experimental psychology*, New York: Appleton-Century-Crofts, 1949.

[8] Underwood, B. J. Interference and forgetting. *Psychol. Rev.*, 1957, 64, 49-60.

* 编者注:Witmer 关联值用来测量音节是否有意义,数值较低表明所使用的辅音音节是无意义的。

第十九选
什么是情节记忆？

安德尔·特尔维(Endel Tulving),1993

我们习得的一切终将存储到长时记忆中去，长时记忆不但容量无限，而且能永久保存信息。过去的许多年里，有关记忆系统的模型层出不穷，心理学家们就长时记忆的结构问题展开了激烈争论。在安德尔·特尔维的理论中，记忆被划分为三大系统：程序性记忆、语义记忆和情节记忆。

特尔维出生于1927年，1953年获多伦多大学(University of Toronto)学士学位，1957年获哈佛大学(Harvard University)实验心理学博士学位，此后任教于耶鲁大学(Yale University)至1974年，后转投多伦多大学，现任该校心理学荣誉教授。同时，他还兼任位于多伦多的贝克列斯特(Baycrest)中心神经认知研究所的负责人和位于圣路易斯的华盛顿大学(Washington Universtiy in St. Louis)的访问学者。作为有关长时记忆研究的领军人物，特尔维著有许多书籍，其中包括《情节记忆的元素》(*Elements of Episocdic Memory*, *Oxford University Press*, 1983)

本选于1993年发表在美国心理学学会(American Psychological Society)之《心理学新进展》(*Current Directions in Psychological Science*)杂志上，文中特尔维论述了情节记忆和语义记忆的特征以其差别，他指出情节记忆的独特之处在于，它要求人们意识到记忆中曾经发生过的事件(他将此命名为自动认知意识)。在阅读此篇文章之时，请思考这样一个问题：在什么样的情况下，你运用的是情节记忆，而在什么情况下运用的是语义记忆？

关键概念： 长时记忆(long-term memory)

APA 索引： Tulving, E. (1993). What is episodic memory? Current Directions in *Psychological Science*, 2, 67－70.

在科学探索过程中，最令人棘手的难题之一便是把两个十分相似又极易混淆的概念之间的关系描绘清楚，如何区分情节记忆和语义记忆便属于这类困难，无论是凭借直觉判断，抑或是经过合理分析，它们之间的相似之处总让人感觉两者其实就是一回事。但只要观察分析足够仔细，还是可以发现其中存在着一些本质上的差异。下面我将试图说明情节记忆

和语义记忆的差异，即两者在各自的信息提取过程中意识参与成分在本质上存在着差异。

一、情节记忆系统和语义记忆系统

简单地说，根据现有的研究发现，记忆可以分为五大系统，情节记忆和语义记忆分别占一席位，余下的三大系统分别是程序性记忆、知觉表征记忆和短时记忆。每个系统都具有自身特有的功能，为其他系统所不能具备（即我们所说的功能不相容性[2]），但无论在实验室里还是日常生活中，各大系统通常都是以一种相互协作的模式运作的。

语义记忆，以最普适的方式登记、存储信息，并使之能够被提取。若某信息基本上可以以命题的形式来描述，那么此信息就被视为语义记忆范畴。通过语义记忆，一个人能够将非处在即时感觉中的场景、事物以及事物间的各种关系表征出来，并进行思维加工——拥有了语义记忆就能够思考不在身边的事物。

情节记忆，确切地讲就是对亲身经历事件的记忆，换言之，它让人能够意识到在特定时间在一特定情境下经历过的事。我们由此可以认为，情节记忆所包含的信息涉及个人在主观的时间与空间中所获得的经验，与之相对，语义记忆加工中的信息涉及的是自由存在于世界上的客体以及他们之间的关系。拥有了情节记忆，不仅可以将原本一些不相关的事件组织并存储起来，同时还能够在思维上进行时空旅行：既可以沉浸于自己的过去，也能够幻想自己的将来，这是其他记忆系统所不具备的功能。

情节记忆和语义之间的关系是上下等级的关系。情节记忆是建立在语义记忆的基础之上的，许多运算方式依然要依赖于语义记忆。我们能确定语义记忆可以独立加工（存储和提取信息）情节记忆，但反过来则行不通，情节记忆不能独立地将信息编码再存储为语义记忆，但在另一方面，情境记忆能改变编码的强度和存储的强度。在儿童早期成长过程中，语义记忆要先于情节记忆出现：首先，儿童能够掌握客观世界中的知识，然后才能够记住发生在自己身上的事件。最后，大脑中语义记忆的核心部分位于中层颞叶以及间脑结构，而服务于情节记忆的则是额叶部分[3]。

二、回忆过程中的意识参与

在《情节记忆的元素》（*Elements of Episocdic Memory*）一书中，有一个问题没有阐述清楚，即两大记忆系统的信息提取过程中意识参与成分是否具有本质上的差异。在该书撰写之时还鲜有客观证据，而现在对此方面的研究已经取得了一定的进展，此处我将略作介绍。

对于情节记忆和语义记忆的根本差异之处，我们假设它们各自的提取过程所涉及的意识参与成分在本质上是不同的。要回忆亲身经历的事件，就必须在意识上重新将它搜集起来，这个过程中参与的意识，乃是此时此地重新游历一遍曾发生在另一个时间、另一个地点发的事件，这是与众不同、独一无二的特征。这种意识特有的感觉是每个人都熟悉的，我们基本上不会把回忆经验同其他经验相混淆——例如感知到的、想象出来的、梦见的、幻想中的或简单地去想某样东西。

根据意识的特征，我将参与个人经历回忆的意识分为两类：自动理性意识（autonoetic awareness）和理性意识（noetic awareness）。理性意识乃是从语义记忆中提取信息的特征，而自动理性意识则会伴随着程序性信息的提取[4]。

三、“记得”判断和“知道”判断

健忘症患者,即是指那些不具备重新搜集信息能力的人,也能够学习新的知识,并且能够将习得的新知识加以保存。那么对于正常人来说,是否也可以在不记得何时何地学到知识的情况下,但却持续地掌握着新的知识呢?这种情况显然屡见不鲜了。每个人都掌握了成百上千的知识,但却不记得是在什么情况下获得的这些知识来源性遗忘症。我们知道,被催眠者、健忘症患者和上了年纪的人,他们的学习过程都有一大特点,就是忘记知识从何而来,遗忘现象在这些特殊人群中比在普通人群身上显得更为突出。

加第纳(Gardiner)和他的同事们进行了一系列的研究,来说明正常人“记得刚学过的知识”或“知道刚学过的知识”两者之间的区别[5]。有意思的是,这些研究中要被试学习的信息是与情节记忆有关的,即测量被试是否能再认刚才学习过的词汇。例如在很典型的一个实验设计中,被试先是学习了一组不相关的词汇,这些单词逐个依次呈现,随后被试接受两个步骤的测试。首先,被试会看到一些学习过的单词和一些没有学习过的单词,要判断出哪些单词是曾经学习过的。然后,每当被试正确地再认一个单词,就要指出自己是根据什么做出的判断。

被试在指出自己的判断来源的时候,有两种选择:选项一,自己“记得”该单词被呈现的发生过程,选项二,自己仅仅是出于某种不知的原因,“知道”该单词出现过,而记不得呈现过程。

实验中,被试被分为两组进行以上的测试,第一组全神贯注地学习这些单词,第二组的注意力则被刻意分散。注意力分散后,报告为“记住”的单词的比例下降(0.50和0.38),但是报告为“知道”的单词的比例却不受影响(0.21和0.20)。此后一系列实验检验了其他一些变量,例如不同的加工程度、呈现方式与阅读方式、学习到回忆之间不同时间间隔、单词出现的频率、被试不同的年龄等等。这些变量的不同也导致了再认过程中“记得”和“知道”的比例发生改变。我们正通过另外一些实验——涉及大脑受损的被试、或使用精神药物、或记录事件关联电位——逐渐了解“记得”判断和“知道”判断的神经关联[6]。

也有研究者采取其他的途径来研究提取信息时的意识参与[7],对这些实验和结果也有着相应的解释。依我看,“记得”判断是基于自动理性意识的,反映了情节记忆系统的加工,而“知道”判断是基于理性意识的,反映了语义记忆系统的加工。于是,对于学习过的词汇被试有着两种信息来源——情节记忆和语义记忆。而当他们采用语义记忆来提取信息的时候,便会遗忘信息的来源:他们不记得该单词呈现时的场景。对于健忘症病人而言,知识来源的遗忘不仅限于忘记何时遇到某个单词,他们也无法回忆遇到任何事物时所处的情境。

四、结论

情节记忆是一个神经认知记忆系统,人们借此可以记得曾经发生过的事情。此处我所用的“记得”一词,不是泛指所有形式的信息提取,而是一个特殊的概念,专指从情节记忆中提取信息的过程。对回忆者而言,记得某件事情即意味着能够意识到曾经参与过的这件事

情。对于实验者、研究者而言，研究情节记忆就意味着对过往经验的自动理性意识进行研究，必须将该情景中的语义记忆内容的提取分开考虑。

注释

1. E. Tulving, Concepts of human memory, in *Memory; Organization and Locus of Change*, L. R. Squire, N. M. Weinberger, G. Lynch, and J. L. McGaugh, Eds. (Oxford University Press, New York, 1991).
2. D. F. Sherry and D. L. Schacter, The evolution of multiple memory systems, *Psychological Review*, *94*, 439 - 454 (1987).
3. E. Tulving, Memory: Performance, knowledge and experience, *European Journal of Cognitive Psychology*, *1*, 3 - 26 (1989); A. P. Shimamura, J. J Janowsky, and L . R. Squire, Memory for the temporal order of events in patients with frontal lobe lesions and amnesic patients, *Neuropsychologia*, *28*, 803 - 813 (1990).
4. E. Tulving, Varieties of consciousness and levels of awareness in memory, in *Attention: Selection, Awareness and Control: A Tribute to Donald Broadbent*, A. Baddeley and L. Weiskrantz, Eds. (Oxford University Press, London, in press).
5. J. M. Gardiner and R. I. Java, Recognizing and remembering, in *Theories of Memory*, A. Collins, M. Conway, S. Gathercole, and P. Morris, Eds. (Erlbaum, Hillsdale, NJ, in pres).
6. H. V. Curran, J. M. Gardiner, R. I. Java and D. Allen, Effects of lorazepam upon recollective experience in recognition memory, *Psychopharmacology*, *110*, 374 - 378 (1993); M. E. Smith, neurophysiological manifestations of recollective experience during recognition memory judgments, *Journal of Cognitive Neuroscience*, *5*, 1 - 13 (1993); T. A. Blaxton, *The role of temporal lobes in remembering visuospatial materials: Remembering and knowing*, manuscript submitted for publication (1993).
7. G. Mandler, P. Graf and D. Kraft, Activation and elaboration effects in recognition and word priming, *The Quarterly Journal of Experimental psychology*, *38A*, 645 - 662 (1986); L. L. Jacoby, A process dissociation framework: Separating automatic from intentional uses of memory, *Journal of Memory and Language*, *30*, 513 - 541 (1991); M. K. Johnson and W. Hirst, MEM: Memory subsystems as processes, in *Theories of memory*, A. Collins, M. Conway, S. Gathercole and P. Morris, Eds. (Erlbaum, Hillsdale, NJ, in press).

第二十选
目击者证词的疑问

伊丽莎白·F·洛夫特斯(Elizabeth F. Loftus),1975

大多数人都自信拥有着完美无瑕的记忆,然而根据心理学家们的发现,各式各样的扭曲现象都会发生在记忆当中。伊丽莎白·F·洛夫特斯就怀疑目击证人在受询问时,不同的问题提问方式会影响对事件的回忆,于是她展开了一系列著名的包括“汽车事故”课题在内的研究,最终确认了错误回忆信息的存在。

洛夫特斯出生于1944年,1970年获得斯坦福大学(Stanford University)心理学博士学位,此后自1973年至2002年任教于华盛顿大学(University of Washington),受职心理学教授兼法律系副教授,现任艾尔文市加州大学(University of California, Irvine)心理学教授。洛夫特斯还是杰出的法律顾问专家,专门研究审判中目击证人的证词,她曾于1998年担任美国心理学学会(American Psychological Society)主席,并撰写了多本书籍,包括1979年出版的《目击者证词》(*Eyewitness Testimony*, Harvard University Press),1994年与凯瑟琳·肯恰姆(Katherine Ketcham)共同撰写的《记忆 vs. 创忆》(*The Myth of Repressed Memory*)。

本选1975年发表于《认知心理学》(*Cognitive Psychology*)杂志,该论文认为,想要改变目击证人的记忆绝非难事。文中涉及了若干个相关的实验,详细描述了每个实验的方法、结果和讨论部分,运用卡方检验或T检验作为显著性检验(各种条件下的区别),以P小于0.05作为显著性的标准。洛夫特斯的研究,对于我们的日常生活有什么启示吗?请读者带着这样的思考,阅读此篇文章。

关键概念: 目击证人的记忆(eyewitness memory)

APA索引: Loftus, E. F. (1975). Leading questions and the eyewitness report. *Cognitive Psychology*, 7, 560-572.

四个实验共计490名被试,在实验中,被试观看了一些快速发生而复杂的事故短片,例如汽车事故、教室坍塌事故等。我们向刚刚看过短片的被试提问时会采用不同的措辞,实验的目的是想了解在经过相当一段时间之后,之前这些不同的提问措辞是否会影响被试对短

片的记忆。实验结果表明，只要在即时提问中被问及的物体，无论其是否是真实的存在（例如提到短片中确实出现过的某样东西，或根本没出现过的某样东西），都会导致被试过一段时间后更易于判断该物体曾出现在短片中。该结果表明，即时提问中新出现的信息——未必为真——可以被添加到对事件的记忆表征中去，从而导致记忆重建或记忆改变。

目前，大部分关于记忆理论都是源自那些应用词汇或语句为实验材料的实验结果，但是事实上在缤纷多彩的世界里，进入记忆中的都是些复杂的、以视觉为主的、快速进行的事件。当然，我们很少需要把经历过的事件详细地回忆出来——随年龄增长人们也越来越偏好追忆往昔——但是在某些特殊情况下，例如在目击犯罪现场或事故现场之后，便很有必要把全过程回忆出来。我们的理论将涉及有关社会记忆的重要领域，法庭、警方、保险公司等等众多机构都迫切地想知道类似记忆的完整性、准确性及可塑性方面的特征。

当一个人目击了一起重要事件之后，有时会面临一系列提问，这些问题是否会影响他今后对该事件的记忆呢？我将先介绍一则以往的研究，以证明提问措辞本身对被试的回答有着重大影响，随后再介绍四个新实验，证明即时提问还会左右日后如何回答这些问题。将这些因素综合考虑，则必然会得出如下结论：在事件刚发生后即时提问的问题会歪曲目击者对事件的记忆。

一、取决于问题措辞的回答

关于问题措辞会如何影响回答？哈里斯（Harris, 1973）的研究便是一例，实验中被试先被告知“实验的目的是要测量估计的准确度，回答问题时要给出尽可能准确的估计数字”。（p. 399）然后被试会听到两种提问“该名篮球运动员有多高？”（How tall was the basketball player?）或“该名篮球运动员有多矮？”（How short was the basketball player?）第一个问题对运动员的身高没有任何假定前提，而后一个问题的假定前提却暗示了运动员可能不高，于是两种提问方式得到的平均答案分别为 79 英寸和 69 英寸（1. 90 米和 1. 75 米）。另外一组问题也得到类似的结论，问题分别是“该影片有多长？”（How long was the movie?）与“该影片有多短？”（How short was the movie?），得到的回答平均值分别是 130 分钟和 100 分钟。虽然哈里斯的实验目的并不侧重于此，但这个实验非常明确地表明提问的措辞会影响回答。

1. 过去个人经验

我也有一项未发表的研究，我一共访问了 40 名被试，假装这是一次头痛药品市场调查，询问头痛情况以及针对头痛的用药情况。众多问题中有两个关键问题，第一个问题是询问除了目前在服用的药物，还使用过其他药物的数量，提问时并分别采用了两种措辞：

（1a）除了现在服用的药物，您还曾经使用过多少种药物？ 1 种？ 2 种？ 3 种？

（1b）除了现在服用的药物，您还曾经使用过多少种药物？ 1 种？ 5 种？ 10 种？

受第一种提问的被试使用过其他药物的平均数量为 3. 3 种，而后一种提问时，平均数量则为 5. 2 种。（$t=3.14$, $s=0.61$, $p<0.01$）

第二个问题是询问头痛发生的频率，提问时也采用两种措辞：

（2a）您是否经常头痛？若是，多少时间会头痛一次？

（2b）您是否偶尔头痛？若是，多少时间会头痛一次？

听到“经常”一词的被试报告说，平均2.2次/周，而听到“偶尔”一词的被试，则认为平均0.7次/周。($t=3.19$，$s=0.47$，$p<0.01$)

2. 最近目击事件

我将举两例已发表的研究，来说明对目击者提问时采取不同的措辞，会使目击者做出不同的回答。在第一项研究中(Loftus，1974；Loftus & Zanni，1975)，一共100名学生观看了一起多车连环事故的录像片段，随后立即要完成一份22个问题组成的问卷，其中包含了6个关键问题，3个问题涉及的物体在录像中出现过，另3个问题涉及的物体在录像中没有出现。一半的被试读到的问题开头如下“你有没有看到一个……”(Did you see a ...)，比如“你有没看到一个砸碎的车灯？”(Did you see a broken headlight?)。而另一半被试读到的问题开头如下“你有没看到那个……”(Did you see the ...)，比如“你有没有看到那个砸碎的车灯？”(Did you see the broken headlight?)

两组问题的区别，仅仅在于冠词上面，“那个”或“一个”(*the* 或 *a*)，从语法上讲，当物体确实存在时使用定冠词，被试也会对物体感觉比较熟悉，当主试说“你没有看到那个砸碎的车灯？”实质上等于是说“短片里有一个被砸碎的车灯，你看见它了吗？”(There was a broken headlight. Did you happen to see it?)这个假设会影响目击者的回答。而当使用不定冠词提问时，便不存在该物体确实存在的暗示。

实验的结果是，无论该物体是否在录像中出现过，听到定冠词的被试更倾向于回答说看见了该物体。这表明仅仅是措辞上如此微小的改变就足以影响目击者的报告。

在另一项实验中(Loftus & Palmer，1974)，被试也是看了一段汽车事故的录像，然后回答关于事故的一些问题，问题的措辞影响了目击者做出的数字估计。一种提问的措辞为“当两辆汽车互相撞碎的时候，它们的速度大概是多少？”(About how fast were the cars going when they smashed into each other?)相比用其他的动词代替“撞碎”(smashed)的时候，如“猛撞”(collided)、“碰撞”(bumped)、“撞到”(contacted)、“碰擦”(hit)等等，目击者会把汽车的速度估计得更高。

我们的结论是，在各种情况下，对事件提问时的措辞能够影响对问题的回答。该现象会在一个人回忆自身经历的时候发生，会在其回忆目击事件的时候发生，甚至在没有目击的情况下，回答普通的一个问题的时候也会发生(例如，“该影片有多短？”)。

二、提问措辞及回答对后继问题的影响

本文中，我们想要了解的并非是问题的措辞会对回答造成的影响，而是不同的措辞会对日后回答其他问题时造成什么影响。通过以下列出的实验证据，我们将要揭示一个重要的记忆现象。

实验中，我们先向被试提出了一组合乎情景的问题，问题中包含着前提假设。例如，“当车经过停车标志时，车速有多快？”(How fast was the car going when it ran the stop sign?)这个问题便假设存在一个停车标志。假定说这个停车标志确实存在，那么被试也许会回顾一下它已加强停车标志的信息，或者制造一些能确定停车标志确实存在的记忆表征。在这种情况下，该问题可能会影响日后目击者关于停车标志的问题(例如，“你看见停车标志了

吗?")的回答。哈维兰德(Haviland,即将发表)对克拉克(Clark)的解释又略作补充:当被试听到"当车穿过停车标志时,车速有多快?"这么个问题时,前提假设的信息会被当作是一个地址、一个路标或一条说明信息,总之它制造了与前提假设相关的信息(也制造了叠加到已知信息上的新信息),因此加强了对前提假设信息的记忆。

若前提假设根本就是假的呢?这种情况下,它不可能同任何已知的表征挂钩,被试会将它看作是一个新的信息并添加到记忆中去。随后,该新的"假"信息,也会出现在被试对事件的报告中。

为了证实这些想法,我们让被试观看复杂、快速事件的录像,紧接着又回答了一些包含着真的前提假设(实验一)或假的前提假设(实验二、三、四)的问题。在实验一中,某样物体在即时问题或者被提到了,或者没有被提到,而在间隔几分钟之后,被试需回答是否在短片中看到过该物体。在实验二、三、四中,被试则在间隔了一周之后,才回答后一个问题。

三、实验一

1. 方法

一共有150名来自华盛顿大学的学生,分为若干个组观看了一起多车事故的录像,片中一辆汽车忽视了停车标志,随后做了一个右转进入交通主干道。为了避免与之发生碰撞,主干道上驶来的汽车紧急刹车,结果导致随后的五辆汽车连环相撞事故。短片不足1分钟,而碰撞事故发生在4秒钟内。

观看录像之后,被试要立刻完成一份含10个项目的问卷,我们把忽视停车标志的车称为A,连环相撞的五辆车分别为B至F,第一个问题涉及A车的速度,用两种方式提问:

(1) 当A车穿过停车标志时,车速有多快?

(2) 当A车右转时,车速有多快?

一半被试看到第一个问题,另一半被试看到第二个问题。10个问题的最后一个为"你有没有看见一个停车标志?"(Did you see a stop sign for Car A?)被试要在"是"或"否"之间做选择。

2. 结果和讨论

第一组被试中,有53%对最后一个问题"你有没有看见一个停车标志?"选择了"是",而第二组只有35%的被试认为自己看见了停车标志($x^2=4.98$, $p<0.05$)。问题的措辞中包含了前提假设,使得被试在间隔一两分钟之后回答与该前提假设相关问题的时候,倾向于认可该补充信息的真实性。

对于这种效果的产生原因我们有两种解释方法。其一,当被试回答第一个问题时,看到了"停车标志"几个字便不由自主地或回顾了此信息、或强化了此信息、或制造更多与之相关的可提取的记忆表征,于是随后在被问及"你有没有看见一个停车标志?"时,他在已经被强化的记忆表征的基础上做出回答。

第二种可能性或许该被称作"构建假设"。当在第一个问题中看到"停车标志",被试回答问题时在大脑中"显现"或"重建"该信息,于是,倘若他接受了前提假设,便会在想象中纳入一个停车标志,无论它是否出现在记忆里。此后当被问及是否存在着停车标志的时候,他便在先前的补充信息的基础上做出回答。换而言之,被试“看见了”自己构建的停车标志。倘若提问中只是提到了“右转”就不会发生这一现象。

构建假设具有相当重要的意义。若在事件发生之后,一条真实的信息能够增强目击者的记忆,那么一条虚假的信息以类似方法,也可以使根本没有出现在事件中的东西进入目击者的记忆。例如,卢夫特斯和帕尔默(Palmer, 1974, 实验二)给被试看了一段汽车事故的录像,然后以两种不同的措辞向被试提问:“当两辆汽车互相撞碎的时候,它们的速度大概是多少?”另一种以“碰擦”代替了“撞碎”一词。而一周以后,当再次询问这些被试是否在录像中“看见碎玻璃”的时候,之前看到“撞碎”一词的被试,比看到“碰擦”一词的被试要更倾向于选择“看见碎玻璃”,而事实上录像中根本没有碎玻璃。在现有理论框架下,我们假定当问题中出现“撞碎”一词时,被试对目击事件形成的原表征受到了更正——事故显得更为严重了。这是因为问题中暗示了一条新的信息——汽车确实相互撞碎了。当问题中含“撞碎”一词时,部分被试会重建所目睹的撞车事故,把新的信息添加到已有的表征中,结果导致在记忆表征中的事故要比实际事故严重得多,而越是严重的撞车事故碎玻璃出现的概率也就越大。

问题中以“汽车相互撞碎”来描述事故,这可能是一条额外的信息,但很难说是一条错误的信息,而我们非常想知道的关键点是,错误信息是否也会影响目击者在日后如何回答关于事故的问题。倘若这个想法得到证实,那么刚才的第一种假设“记忆表征得到强化”将是站不住脚的(因为对于不存在的物体,不可能存在表征),而第二种假设“重建假设”则会得到支持。通过实验二我们可以做一检验。

四、实验二

1. 方法

一共有 40 名来自华盛顿大学的学生,分为若干个组观看了一部 3 分钟的短片,选自影片《学生革命纪实》(*Diary of a Student Revolution*),片中 8 名学生示威者冲进教室打断了一堂课,在一片嘈杂的冲突之后,示威者被赶出了教室。

看过录像后,被试拿到两种不同的问卷,各自包含了 1 个关键问题和 19 个从属问题。对于一半被试,关键问题是“闯入教室的四名示威者中,带头者是男生吗?”(Was the leader of the four demonstrators who entered the classroom a male?)而另一半被试的问题是“闯入教室的十二名示威者中,带头者是男生吗?”(Was the leader of the twelve demonstrators who entered the classroom a male?)被试需回答“是”或“否”。

一周以后,所有的被试在没有重新看过录像的情况下,又做了一份有 20 个问题的新问卷,并要求学生按照记忆如实回答,不要运用推理手段。其中的关键问题是“你看到有多少名示威者闯入教室?”(How many demonstrators did you see entering the classroom?)

2. 结果和讨论

第一次在问题中看到“12 名”的被试组,给出答案的平均值为 8.85 名,而看到“4 名”的被试组平均答案为 6.40 名($t=2.50$, $s=0.98$, $p<0.01$),而实际上录像中有 8 名闯入者。有一种可能性是,部分被试记住了首次问卷中的数字,“12”或“4”,而剩余的被试做出了正确的回答。但分析一下被试的实际回答之后,我们发现先看到“12”的被试中,只有 10%的人第

二次回答“12”,先看到“4”的也只有10%第二次回答“4”。而去除这10%的被试重新计算平均数之后,依然发现了显著的差异,其回答均数分别为8.50和6.67($t=1.70$, $p<0.05$)。这表明,仅依靠被试回忆出了第一次问卷中的数字这种解释,并不足以导致实验的结果。

实验结果显示,问题中所蕴含的数量错误的前提假设,能够影响目击者日后对此数量问题所做的回答。而在下一个实验中,我们想要知道当前提假设提到某个并不存在的物体时,是否也会发生同样的情况。

五、实验三

1. 方法

一共有150名来自华盛顿大学的学生,分为若干个组观看了一段汽车事故的录像,然后做了一份含10个问题的问卷,其中的关键问题是针对事故中跑车的速度的,一半被试看到的问题是“那辆开在乡村道路上的白跑车经过谷仓时车速有多快?”(How fast was the white sports car going when it passed the barn while traveling along the country road?)而另一半看到的是“那辆开在乡村道路上的白跑车车速有多快?”(How fast was the white sports car going while traveling along the country road?)事实上,录像中并未出现什么谷仓。

一周以后,所有的被试在没有重新看过录像的情况下,又做了一份有10个问题的新问卷,关键问题是“你有看见过谷仓吗?”(Did you see a barn?) 被试需回答“有”或“没有”。

2. 结果和讨论

首次提问中包含了谷仓的错误信息的被试中,有17.3%报告看见了谷仓,而另一半被试只有2.7%报告看见了谷仓($x^2=8.96$, $p<0.1$)。由此可见,在即时提问中所包含的错误前提假设,能够使目击者在日后倾向于认为不存在的物体曾经出现过。

通过最后一个实验,我们不仅要从单个例子中拓展开去,还想知道这种效果是否完全归咎于“谷仓”一词有没有在前期出现过。倘若在即时提问中没有采用附带的前提假设,而是单纯地对没有出现过的物体提问,例如“你看见有一个谷仓吗?”(Did you see a barn?)可以预见绝大部分被试会做出否定回答。但如果这个问题在一段时间之后又被提出的呢? 是不是有可能说,被试会对自己说“我记得哪里提到过谷仓,所以我猜我看到过它。”若果真如此,仅仅是提到过某个物体,就能够导致目击证人过一段时间后倾向于回答看见过该物体,那么实验三的结论将得到支持。

六、实验四

1. 方法

一共有150名来自华盛顿大学的学生,分为若干个组观看了一段3分零8秒的录像,录像由车内摄像头拍摄,最终这辆车撞到了由一个男人推着的婴儿车。看过录像后,其中100名被试拿到一份有5个关键问题和40个从属问题的问卷,我们对其中50名被试采取“直接方法”,其看到的关键问题中对没有出现过的物体直接提问,譬如“录像中你有没有看到一辆校车?”(Did you see a school bus in the film?)而另一半依然采用错误前提假设的方法,以前提假设的形式提及没有出现过的物体,譬如“你有看见孩子们上校车吗?”(Did you see the children getting on the school bus?)第三组 50 名被试拿到的问卷上只有 40 个从属问题而没有关键问题,运用大量的从属问题的是为了把被试注意到错误前提假设的可能性降到最低。

一周以后,所有的被试在没有重新看过录像的情况下,又做了一份有 20 个问题的新问卷,其中有 5 个关键问题:它们和先前"直接方法"的问题完全一样,被试对这些问题的回答都限于选择"是"或"否"。

2. 结果和讨论

整体的结果是,问题中包含前提假设的被试中,回答"是"的比例为 29.2%,包含直接问题的被试中,回答"是"的比例为 15.6%,控制组的被试中,回答"是"的比例为 8.4%。

针对每个问题单独检验,即刻问题对此后回答"是"的比例都显著地产生了作用,所有的卡方检验都得到 $p<0.05$。三组被试的两两之间,也都运用了卡方检验测其显著性。其中"错误前提假设"组和控制组之间,每个问题的差异都达到了显著性水平,$p<0.025$,而把这五个问题合起来,则达到了非常显著的 $x^2=40.79$, $p<0.001$。在"直接提问"组和"错误前提假设"组之间,每个问题的差异也都达到了显著水平,$x^2=14.73$, $p<0.025$。而控制组和"直接提问"组之间的差异没有达到显著性水平,$x^2=9.24$, $p>0.05$。

参考文献

[1] Clark, H. H. & Haviland, S. E. Psychological processes as linguistic explanation. In D. Cohen (Ed.), *The nature of explanation in linguistics*. Milwaukee: University of Wisconsin Press, in press.

[2] Harris, R. J. Answering questions containing marked and unmarked adjectives and adverbs. *Journal of Experimental Psychology*, 1973, 97, 399-401.

[3] Loftus, E. F. Reconstructing memory. The incredible eyewitness. *Psychology Today*, 1974, 8, 116-119.

[4] Loftus, E. F. & Palmer, J. C. Reconstruction of automobile destruction: An example of the interaction between language and memory. *Journal of Verbal Learning and Verbal Behavior*, 1974, 13, 585-589.

[5] Loftus, E. F. & Zanni, G. Eyewitness testimony: The influence of wording of a question. *Bulletin of the Psychonomic Society*, 1975, 5, 86-88.

第七章

DI QI ZHANG

认知与智力

第二十一选
比纳—西蒙智力测量量表

刘易斯·M·特尔曼(Lewis M. Terman),1911

20 世纪心理学家们对智力研究产生了浓厚的兴趣。阿尔弗雷德·比纳(Alfred Binet)设计了第一个智力测验量表,斯坦福大学(Stanford University)心理学家刘易斯·M·特尔曼在认真研究的基础上,将其引入美国,并初步形成了思维测验。当时有许多判断儿童的智力高于或低于其年龄水平的量表,但是唯有比纳—西蒙(Binet-Simon)智力测验量表所给出的结果最为准确,因此该量表至今仍广泛使用。

刘易斯·M·特尔曼(1877 - 1956)1905 年于克拉克大学(Clark University)获得博士学位,1910 年开始一直在斯坦福大学任教。他翻译、改进了阿尔弗雷德·比纳的比纳—西蒙量表,并更名为斯坦福—比纳(Stanford-Binet)智力测验量表,后者成为使用最广的智力量表。他最关注的问题是如何将儿童的能力分类,并借助分类能够帮助他们找到合适的工作方向。特尔曼还以其对天才儿童的研究而著称,于 1916 年出版了《智力的测量》(*Measurement of Intelligence*)一书。

本选刊登于 1911 年《临床心理学》(*Psychological Clinic*)杂志,题为《比纳—西蒙智力测验量表:随机四百名儿童测验结果》。文中特尔曼介绍了包括智力量表在内的多种测验量表,指出了各个量表的一些缺陷,讨论了量表如何应用于教育和社会。在此次实验的基础上,他继续对量表进行修订,于 1916 年出版了斯坦福—比纳智力量表。阅读本选时,请思考特尔曼究竟为何会如此热衷于思维测验呢?

关键概念:智力测验(Intelligence testing)

APA 索引: Terman, L. M. (1911). The Binet-Simon Scale for Measuring Intelligence: Impressions gained by its application upon four hundred non-selected children. *The Psychological Clinic*, 5, 199 - 206.

去年,在斯坦福大学教育学院研究生 H. G. 查尔兹(Childs)先生的帮助下,我们在斯坦福大学周边征集了 400 名孩子参与比纳—西蒙智力测量量表测试,本次实验的完整成果(特尔曼和查尔兹的一系列论文)的发表尚需时日。然而受到《临床》(*The Clinic*)编辑部的邀

请，今天我很乐意在此向大家介绍本次实验的一些启示，以及对量表的些许意见。

迄今为止，对于智力测验研究者而言，最大的收获不啻是能够编制出具有普适性的智力测验量表，而且如果这些量表经过修订、拓展和应用以后，还能体现出巨大的应用价值和理论价值，这就将大大超出我们原先的期望。我也曾经耗费将近两年的时间用于研究各种“智力测验”，最终除了一些琐碎的发现，也没有什么值得一提的收获。但现在我相信，在该领域之内只要朝着正确的目标不懈努力，付出的心血终将会得到回报。

有一个现象让人费解，思维测验为什么一直以来没能广泛应用。20 年以来，人们对涉及思维各个领域的量表进行了测试，尝试潜在的各种相关，提出了许多大胆且有意义的假设，还发现了一些在特定年龄段或特定年级里会表现出来的心理特征。但是我们必须承认，这些结论其实根本不是真正的成果。这些实验有的研究的范围太小，有的不能应用到随机样本，或者有的根本不可重复。但是最致命的原因在于，这些实验并没有一个主导思想——例如明确设定一个年龄或年级标准，而完全是依靠瞎摸索碰运气的。此刻出现在人们面前的比纳量表，虽然只是简单地根据儿童的智力在不同年龄段的表现对测验问题进行了分组，但就是如此简单的步骤却能够日显其效，并迅速使得临床儿童心理学成为可能。但我们同时也要承认该量表在内容上相当局限，至少对于普通美国儿童而言，准确性相对较低，多方面尚有待改善。

参与我们实验的儿童年龄段为 4 到 13 岁，实验按照统一的格式进行，实验过程始终处于严格控制中。该实验所得出的结果，有可能会导致迄今为止对量表一次最大幅度的修正。比纳设计的原版量表中，对于最低年龄段的问题设置得过于简单，而对于最高年龄段的问题又设置得过于困难。事实上，在我们的实验中 9 个自然年龄段被浓缩到 5 个年龄段内，除了频繁地调整组别之外，我们还根据各种需要剔除了些不适当的问题，尤其是在 13 岁这个年龄段内。另外，诸如“描述图片内容”、“找出图片中缺少的内容”、“审美判断”、绘画、“理解题”、记忆力、推理能力、词汇和联想等等，这些测试题目所得到的结果最为理想。

除了原有的比纳量表外，我们还尝试了对量表的扩展，具体做法是用另外四个基线来划分不同年龄段的表现水平。第一条为“归纳测试”（对寓言的理解）；第二条为分级的“完整性测试”；第三条为包含 100 个单词的词汇测试；第四条为“应用判断”（包括在圆形场地上追一个球）。为了能更好地判定被试在寓言测试和完整性测试中表现出来的能力，我们设计了一些必要的测试。词汇测试则是基于拉伊德和李（Laird and Lee）的维斯特袖珍字典（《Vest Pocket Dictionary》）设计的，能够测试儿童们对日常用词的掌握程度，以此来判断他们的智力，而不是仅仅反映儿童所受教育的差异。我们相信把以上四种方法加入量表中去，将能够发挥显著作用。

作为对比纳量表的一大改进，实验者还设计了计算“测量年龄”的方法，能够对每个年龄段的测量结果赋予相同的值。具体做法是对每个年龄组都设定统一的值为 1，用 1 除以所有题目的总数就是每道测试题的分值，这样能够保证每个年龄组的总分值为 1，而又避免了由于人为估计而对题目赋予不恰当的权重。

我认为在对其他能力表现水平做判定之前，先确定智力水平是非常有必要的。智力和任何其他能力之间都存在着相关关系。至少就临床目的而言，确定一名儿童的地理、历史或算术知识如何并没有太大意义,除非我们先知道其智力水平。倘若与这些能力相关的智力水平是基于教师的估计或者学校里的成绩推算出来的,那么其信度将会较低。缺乏适当的测量智力的量表(至少是三到四个量表而不是一个),我们就不能明确回答下列问题:

1. 扁桃体炎、蛀牙、营养不良、听力损伤、神经失调,或是其他任何身体症状单一发作或者并发的时候对思维过程造成的影响。

2. 智力发展程度与生理年龄发展的相关(相当重要的一部分,需要深入研究)。

3. 智力发展与受教育程度的相关。

4. 道德不可矫正性和智力发展迟滞的相关,即道德水平在多大程度上取决于抽象能力,或概括能力(根据现有的数据看属于相当重要的部分)。

5. 遗传因素对智力的作用。

6. 艰苦的社会条件、长期食物短缺,以及睡眠缺乏等等对智力的影响。

此外读者们还可以列举出其他一些问题,而现在我们应该了解到,掌握对学校儿童智力的测量方法是何等重要的基础。智力发展状态涉及教育学和儿童卫生学的各个方面,倘若没有能够对智力进行测量的工具,我们就不能研究智力发展迟滞以及其发生原因,也不能对智力低下或智力超常的儿童进行研究。目前状况下,对智力量表的兴趣和需求仍然不减,如新泽西已经制定了法律,要求所有公立学校内留级超过 3 年的学生都必须参加智力测验。

尽管修正后的量表仍然存在着不尽完美之处或不足之处,但是我相信使用智力量表来判断儿童的智力,虽然只是短短 40 分钟的诊断,却远比每天和儿童接触的教师所做出的预测要来得准确。由于人们的估计总是基于一个标准之上的,而无法了解到整个班级所表现出来的智力水平在同龄儿童中所处的层次,教师的估计很可能出现高低偏差、过于模糊、过于机械化或过于零碎的现象。若干年后,很可能我们会在所有学校内使用智力测验量表,测试对象可能包括智力迟滞儿童,或表现为潜在的智力迟滞儿童,或表现出不同寻常能力的儿童等。总之对于非典型的特殊儿童的科学管理,只有待一系列的量表开发之后才会成为可能。

不得不承认,想要确定思维发展迟滞的程度,思维发展迟滞的本质,还有形成思维发展的根源,都是相当难以回答的问题,事实上仅凭现有的技术条件几乎不可能回答。我们对这些儿童的治疗基本上通过猜测,我们期待在不久的将来能够在此基础上设计出一些经过改良的量表,并且通过这些量表,临床心理学家们就能够完全掌握儿童发展过程的本质。我们期待这些量表能够测量每一方面的能力,如智力水平、意志水平、动作能力、身体能力、社会能力、语言能力等等;并且能够考虑这些能力同个人的天生性格、兴趣爱好以及所有的特殊经历之间的相关。

为了尽可能提升智力测验量表的应用价值,我们有必要将它和最新的研究成果——生理年龄——关联在一起。倘若没有生理年龄,很多儿童可能会蒙受错误的判断,并由此导致非常严重的后果。为了杜绝这种不公正事件,一旦儿童参加了智力测验,那么在做出任何进一步安排意见之前,都必须让儿童再经过生理年龄测试,有时候也可能在做出了安排以后做补充测试。

既然我们已经着手对不同智力水平的学生做出不同的安排,那么就必须力求做到完美。

首先，智力测试必须让我们能够区别出智力上的不同水准，以及判定智力不均衡的各种情况。其次，我们还需要设计一些量表能够识别其他的情感或意志问题，倘若这些问题可能引发潜在犯罪倾向、精神错乱、歇斯底里、神经衰弱或其他精神障碍的话。基于我们不断积累的针对个人思维的测量数据，约翰・司徒华・米尔(John Stuart Mill)关于设立一门研究人类性格的科学——他称之为习性学——的理想将逐渐成为可能目前心理学对于思维发展、超常智力和智力迟滞、潜在心理症状、情感、心理分析以及联想反应等的实证观察、研究和测量研究，都预示着一个非常有前景的领域——个性基因学。

近来，有人指责说这些所谓的思维测试其实测试的对象并不是真正的思维过程，而只是某种思维产物，因此这些测试对心理学毫无意义。顽固的构造主义心理学家尤持此观点，他们认为研究意识的内容超出了心理学应当涉及的范围。但是他们的观点已然为时代所淘汰，近来动力心理学的发展，再次强有力地说明研究人类思维状态中潜意识的、本能的、潜在成分引起的行为占有何等重要的地位。虽然结构要素用来解释机能是卓有成效的，但是构造主义不能覆盖心理学中除涉及骨骼神经和肌肉架构的生理化学反应的其他部分，也不能取代生理学。我们的方法则是通过测量在给定的时间内，思维所能完成工作的数量和质量以及所使用的思维方法，来判定一个人的思维效率。因此在思维领域内，思维活动的成果是我们最为关心的部分，而结构要素只是得到最终结果的手段而已。而且，和动物心理学一样，对于儿童心理学我们不可能得到结构要素，只能够通过客体完成的任务来测量的他们的表现。既然历史学家可以通过拿破仑的一生事迹来评判其历史地位，那么我们又为什么不可以通过儿童的表现来判断其思维能力呢？虽然我们也会饶有兴趣地研究拿破仑身体，包括其反应时间还有其他感官刺激的反应等等，甚至包括他身体的化学组成，但是这些研究对我们了解拿破仑的历史地位又有多大帮助呢？

第二十二选
教师期望效应：学生智力测验结果的决定因素

罗伯特·罗森塔尔(Robert Rosenthal)和列侬·雅各布森(Lenore Jacobson),1968

有时候我们不经意间就在心理学实验中掺入了个人偏见，由此导致对实验结果做出错误的解释。虽然自己未必能意识到，但是内在期望效应确实会作用于知觉和行为，针对这个现象的研究罗伯特·罗森塔尔和列侬·雅各布森当属领军人物。而对于所有的心理学家们而言，都必须提防实验研究中随时可能出现的个人偏见。

罗森塔尔于1956年获位于洛杉矶的加州大学(University of California, Los Angeles)心理学博士学位，此后在哈佛大学(Harvard University)一直工作到退休，现今在河岸市(Riverside)的加州大学担任教授。在进行该项研究的时候，雅各布森目前就职于南旧金山联合校区(South San Francisco Unified School District)。罗森塔尔和雅各布森共同著有一本专门讨论期望效应的书，出版于1968年，书名为《课堂中的皮格马利翁效应：教师期望与学生的智力发展》(*Pygmalion in the Classroom: Teacher Expectations and Pupils' Intellectual Development*, Holt, Rinehart & Winston出版社)。

本文于1968年发表于《心理学报告》(*Psychological Reports*)杂志，文中详述了教师的期望(在本次研究中，即在一年的时间内，教师一直以为某些学生拥有过人的智力)是如何左右学生的行为表现的(这些随机选择的学生最终获得更高的IQ分数)。回忆一下你自己念小学的时候，是不是在老师认为你很好的那些科目上会表现得尤为出色？期望效应在日常生活中存在吗？是否可以设计一些研究，以降低期望效应的作用呢？

关键概念：心理学研究中的偏见(Bias in psychological research)

APA 索引：Rosenthal, R. & Jacobson, L. (1968). Teachers' expectancies: Determinants of pupils' I. Q. gains. *Psychological Reports*, 19, 115－118.

实验研究表明，在行为实验中无论是采用人或动物做被试，主试的期望效应都会成为左右被试行为的一个显著决定因素(Rosenthal, 1964, in press)。例如在动物实验中，一部分"主试"被告知其实验老鼠是具有较高学习能力的老鼠，另一部分"主试"被告知其实验老鼠是相对较笨的老鼠，结果在两组的实验结果报告中，前一组的老鼠表现要明显地高于后一组

的老鼠(Rosenthal & Fode, 1963; Rosenthal & Lawson, 1964)。在我们的研究中对"主试"和被试对象略作拓展,分别为教师和学生。

弗兰纳甘(Flanagan, 1960)设计了一个书面的智力测验(*Tests of General Ability*,亦作*TOGA*),它并不完全局限于测试学校中学到的技巧,学校技巧意指那些譬如阅读、写作、数学等能力。而 TOGA 测试由两部分组成,分别为"语言"和"推理"。"语言"部分测量儿童所掌握的信息、词汇、概念等,"推理"部分测试儿童的概念形成能力。弗兰纳甘设计 TOGA 的初衷是为了"建立对每个人都相对公平的智力测验,亦包括那些没有机会接受教育的人"(1960, p.6)。

我们选定一所小学让校内所有学生都参与了一次 TOGA 测试,并假装要运用该测试来预测儿童的学习能力和智力水平。学校中一共有 6 个年级,每个年级有 3 个班级,于是我们在每个班级中随机选取了 20%的学生,把他们的名字列为一份名单交给各班负责老师,告诉他们说"根据测试结果,名单上的孩子们一定能够在学习上表现出高人一等的能力"。事实上这份名单是我们用一串随机数字选出来的,同时,仅有的实验变量就是告诉老师们这些孩子更加聪明。

事隔 8 个月后,我们再次来到该所学校让所有的学生又进行了一次相同的 IQ 测试,并计算出每个学生得分的前后差值。表 1 显示了每个年级中实验组及控制组的被试前后两次的 IQ 得分。结果显示,在整所学校范围内,实验组的 IQ 得分要显著地高于控制组的得分($p=0.02$, one-tail)。表 1 还显示了在不同的年级中教师期望作用有所不同,在越是低的年级中作用越是明显(rho$=-0.94$, $p=0.02$, two-tail),在一年级和二年级中尤为显著。在一年级中,实验组中进步最大的一名儿童在第二次 IQ 测验时比第一次多得了 24.8 分,控制组为 16.2 分,二年级中实验组为 18.2 分,控制组为 4.3 分。

有几种可能性来解释出现在低年级学生身上出现的教师期望效应:第一,低年级的学生还没有在学校中很好地表现出真实能力,所以对教师而言更有理由相信我们的预测;第二,年龄较小的儿童更容易受到例如教师的期望等来自社会的影响;第三,刚进入学校的儿童和高年级学生之间可能还存在着其他个性上的差异,而不仅仅是年龄差异;第四,低年级的教师和高年级的教师存在着差异,他们更容易在无意识间表露自己的期望。

然而,最重要的且悬而未决的问题是,教师的期望到底是如何转化成行为,并最终导致学生达到预期中的表现呢?已有研究表明,即使在严格控制的交流活动中,依然存在无意识的期望流露,可见这个问题必定存在着某种解释(Rosenthal, in press)。

暂不考虑实验的结构,仅实验的结果就带来非凡的实际意义。例如,我们可以提出如下的质疑:被归功于当今教育体制的智力提升,在多大程度上是由于教育的内容和方法得当而获得,又在多大的程度上来自于教师或管理人员的期望呢?对于这个问题,我们已经能够设计出相关的实验(Rosenthal, in press),同时心理、社会和经济各方面都迫切期望我能够有所进展。

表1　智力测验里的平均得分

年　级	控制组		实验组		差　异	t	$P+$
	M	σ	M	σ			
1	12.0	16.6	27.4	12.5	15.4	2.97	.002
2	7.0	10.0	16.5	18.6	9.4		.02
3	5.0	11.9	5.0	9.3	0.0		
4	2.2	13.4	5.6	11.0	3.4		
5	17.5	13.1	17.4	17.8	−0.1		
6	10.7	10.0	10.0	6.5	−0.7		
权重均数	8.4*	13.5	12.2**	15.0	3.8	2.15	.02

*　平均各年级学生人数=42.5
**　平均各年级学生人数=10.8
+　单尾检验

参考文献

[1] Flanagan, J. C. *Tests of general ability: technical report*. Chicago, Hill Science Research Associates, 1960.

[2] Rosenthal, R. The effect of the experimenter on the results of psychological research. In B. A. Mather (Ed.), *Progress in experimental personality research*. Vol. I. New York: Academic Press, 1964. pp. 79 - 144.

[3] Rosenthal, R. *Experimenter effects in behavioral research*. New York: Appleton-Century-Crofts, in pres.

[4] Rosenthal, R. & Fode, K. L. The effect of experimenter bias on the performance of the albino rat. *Behavioral Science*, 1963, 8, 183 - 189.

[5] Rosenthal, R. & Lawson, R. A longitudinal study of the effects of experimenter bias on the operant learning of laboratory rats. *Journal of Psychiatric Research*, 1964, 2, 61 - 72.

第二十三选
儿童对性别偏向语言的理解

珍妮特·希伯理·海德(Janet Shibley Hyde),1984

英语是一种具有性别偏向的语言[例如男性代词他(he)同样可以泛指两性],该现象对人们的日常生活造成很大的影响,而针对这一现象的实证研究却进展缓慢。正如本选所述,为了寻求上述问题答案,心理学家们选取了儿童对中性代词理解方式的习得过程作为切入点。

海德生于1948年,1972年获得加州大学(University of California)的心理学博士学位,先后任教于博林格林州立大学(Bowling Green State University)和德尼森大学(Denison University),并自1986年起在威斯康星大学(University of Wisconsin)任教,现今担任心理学教授的同时,出于对性别问题的兴趣还专门从事女性课题研究,并著有若干书籍,包括和丈夫约翰·德拉马特(John DeLamater)共同撰写的《人类的性存在》(*Understanding Human Sexuality*, 9th ed., McGraw-Hill, 2006)。

本选于1984年发表在《发展心理学》(*Developmental Psychology*)杂志之上,介绍了儿童理解具有性别偏向的语言的实验结果的同时,它还能被视为学术文章的范本。在第一个实验中,当学生们听到"he or she"时要比听到"he"时更倾向于选择女性故事人物。海德的第二个实验未被收录在文中,第二个实验中先告诉被试儿童一项中性性别的工作,然后让儿童判断女性完成这项工作的能力,结果是当儿童听到"she"的时候对后者打分要明显高于听到"he"的时候。海德在实验中运用了心理学统计方法,当 p 小于0.05时则达到统计意义上的显著水平,心理学家由此可以把实验的结果推广到更大的范围。

关键概念: 儿童对性别偏向语言的理解(children's understanding of sexist language)

APA 索引: Hyde, J. S. (1984). Children's understanding of sexist language. *Developmental Psychology*, 20, 697-706.

多年以来,一系列女权主义运动正逐步展开,妇女们要求受到同等的工资待遇,还要求更多的日常关爱等等。其中有一项运动是抗议语言中存在的性别歧视,即在英文中"he"(他)和"man"(男人)也可以是泛指所有人(例如, Martna, 1980)。

语言中的性别歧视现象引发了一系列问题，而心理学家们对此能够从实证的角度作一番解答。例如，人们如何理解“他”这一代词的中性用法？当他们见到这一代词时又将对其作何种演绎？这种理解和加工方式会对个人的其他方面，例如记忆形成、刻板印象形成、态度形成等有什么影响呢？

莫尔顿、罗宾逊和艾莱斯(Moulton，Robinson 和 Elias，1978) 最先针对语言中存在的性别偏见进行研究，他们在实验中找来一些大学生并要求他们根据一个假想的角色编写一段故事，被试获得的信息如下：“在一所男女混合教育机构中，新生在________新入学阶段会感到很孤独。”(原句为：In a large coeducational institution the average student will feel isolated in ________ introductory courses.)在空格处，1/3 的学生读到“his”(他的)，另 1/3 的学生读到“his or her”(他的或她的)，剩下 1/3 的学生读到“their”(他们的)(我们对另一些学生提供了外貌描述，不过在这项研究中使用“男女混合教育机构”的描述最为恰当，因为它在性别上是中性的)。实验结果显示男生和女生之间存在着正常的显著差异，男生更倾向于在故事中写男性角色，女生倾向于写女性角色。但同时我们也得到令人振奋的结果：读到“his”的被试中有 35%写女性，在读到“their”那组中有 46%，而在读到“his or her”那组中该数值为 56%。由此我们推断，虽然“his”一词在语法层面上是中性的，但是在心理层面上却未必是中性的，当描述人物时，在其他信息都属中性的情况下，人们更容易把“his”一词当作男性来考虑。

在性别角色发展的理论和实证研究中，研究者很注重模仿和强化 (Bandura & Walters, 1963; Mischel, 1966) 以及认知发展水平 (Kohlberg, 1966) 所起的作用，相比之下，语言所扮演的角色往往被忽略。儿童心理学家们也面对着许多重要问题，例如儿童对性别偏向的语言如何理解？尤其是对作为中性词使用的“he”如何理解？这种理解是否会随着年龄的增长而改变？儿童的理解和成人的理解有区别吗？语言是否在性别角色发展过程中发挥作用？能否把语言整合入性别角色发展理论呢？

本姆(Bem)的性别图式理论 (Gender Schema Theory, 1981; see also Martin & Halverson) 是从认知的角度出发的，较为完整的一套理论。他认为，儿童习得了一套性别图式，即一系列同真实社会中男性特征和女性特征相关的概念，性别图式能够组织知觉并影响信息加工过程，当“自我”的概念被纳入性别图式的时候，儿童的性别塑造即开始了。本姆选取大学生作为被试，测量他们的自由回忆以及反应时间，得到的结果支持了性别图式会影响信息加工的假设。在儿童方面她并没有得到相关的数据，而另外两项研究表明，年龄只有 6 岁的儿童身上也能够发现性别图式化了的信息加工程序 (Kail & Levine, 1976 ; Liben & Signorella, 1980)。马丁和哈佛森(Martin，Halverson, 1983) 的实验则证明了 5 至 6 岁的儿童已经能够区别并更正图片中存在的性别不一致的信息，使图片符合性别一致性。实验的结果同性别图式理论是一致的，本姆认为儿童必须吸收大量的信息，才能形成性别图式，其中一类信息来自语言，虽然她本人并未在这方面进行实证研究。

把日常用语中存在的性别歧视现象，和儿童性别角色发展过程的理论研究结合起来考虑，会使我们面对许多新的问题。例如，和成人相比儿童是如何理解性别偏向语言的？尤其是性别中性使用的“he”？使用“he”作为中性词对儿童会有什么影响，是否会影响其性别分类？是否会改变其模式化概念的形成——例如对不同职业的模式化概念？是否会影响其性别图式的形成过程，会影响到性别图式中的哪些部分呢？仅仅是职业的模式化概念？还是更发散的方面，如男性或女性角色的社会地位，或是自身作为男性或女性的社会地位？

实验一的目的是复制莫尔顿等人（Moulton et al.）以大学生为被试的实验，并将被试范围扩展到一年级、三年级和五年级的学生，测量对“he”的理解方式的年龄差异，为了全面地了解被试回答的内在含义，我们还在实验中增加了另一些内容，包括一道填空题，要求被试根据自身对“he”的语法应用规则的理解作答。

一、实验一

1. 方法

(1) 被试：共 310 人，一年级学生 60 人（男生 23 人，女生 37 人，年龄范围：5 岁 8 个月至 7 岁 8 个月，平均年龄 6 岁 7 个月），三年级学生 67 人（男生 34 人，女生 33 人，年龄范围：7 岁 8 个月至 10 岁 2 个月，平均年龄 8 岁 11 个月），五年级学生 59 人（男生 26 人，女生 33 人，年龄范围：9 岁 8 个月至 12 岁，平均年龄 10 岁 10 个月），大学生 124 人（男生 57 人，女生 67 人，年龄范围 17 岁 11 个月至 21 岁 9 个月，平均年龄 19 岁 3 个月）。前来参与实验的大学生都是心理学系的学生，前来参与实验的小学生的父母们则都签署了同意参加协议。小学生们一共来自三所不同的学校，其中两所是中产阶级学校，一所是工人阶级学校。

(2) 程序：实验者同每一个小学生都进行一对一的谈话，一半由男性主试进行，一半由女性主试进行。

(3) 讲故事：在一小段热身之后，实验者说：“我讲一个故事的开头，故事关于一个小孩，然后我希望你把故事讲下去，我会把你讲的故事写下来。故事的开头是：孩子们都要去上学，第一天上学的时候________很激动。（原句为：When a kid goes to school, ________ often feels excited on the first day.）”在空格处，1/3 的被试听到“he”，另 1/3 的被试听到“they”，剩下 1/3 的被试听到“he or she”。根据被试年龄，我们在莫尔顿等人实验的基础上对此处提供的线索有所调整。实验者随后记录下被试所讲述的故事的大概内容，以及故事主人公的名字，在实验的后阶段（在“改正句子”完成之后）向被试提问：“某某是个男生还是女生？为什么你要选择讲一个关于男生/女生的故事？”

(4) 填写句子：接着，我们要求被试完成一些填空题，试图了解儿童是否理解作阳性代词作为中性词使用的语法规则。被试可以自己读这些句子，如果需要，主试也可以读给被试听：

1. 有个爱吃糖的小孩，________也许会吃太多的糖。（原句为：If a kid likes candy, ________ might eat too much.）

2. 大部分父母都期望________孩子取得好成绩。（原句为：Most parents want ________ kids to get good grades.）

3. 一个小孩去踢球，________喜欢和伙伴们一起玩。（原句为：When a kid plays football, ________ likes to play with friends.）

4. 有个小孩学会了认字，因此________能在学校里学到更多的东西。（原句为：When a kid learns to read, ________ can do more at school.）

(5) 改正句子：我们要求儿童更正句子中的代词，指导语如下："我会给你读几句句子，你来告诉我这些句子是否正确，如果不正确，告诉我错在哪里。比如说，我说：'他去商店买东西。'这句句子对吗？为什么？"

1. 刚开始学走路时，________常常摔倒。(原句为：When a baby starts to walk ________ often falls down.)

2. 通常孩子们将来想成为________父母的样子。(原句为：Usually a kid wants to be just like ________ own parents.)

3. 在一个人学会写字之前，________总是先学会识字。(原句为：The average kid learns to read before ________ can write.)

4. 孩子都喜欢和________伙伴一起踢足球。(原句为：The average kid likes to play football with ________ friends.)

在空格处，我们随机选择填入 he/his(他/他的)，they/their(他们/他们的)，she/her(她/她的)，he or she/his or her (他或她/他的或她的)。

(6) 语法规则：我们问被试："当你使用'he'(他)这个词的时候，是不是总是指一个男生？比如我说：'一个小孩刚开始去上学，开学第一天他总是很兴奋。'(原句为：When a kid goes to school, he often feels excited on the first day.)是不是就意味着这个小孩是个男孩？"如果被试给予否定回答，那么我们就会继续问为什么。

(7) 大学生实验：大学生们在一起进行实验，他们会拿到的问卷如下：

请根据下列给出的描述，创造一个虚构的故事人物，请不要描写自己：

"在一所男女混合教育机构中，新生会在________新入学阶段赶到很孤独。"(原句为：In a large coeducational institution the average student will feel isolated in ________ introductory courses.)

空格处 1/3 的学生读到"his"(他的)，三分之一"his or her"(他的或她的)，剩下 1/3 的学生读到"their"(他们的)。

当学生们完成写作之后要回答问卷反面的一些问题：

当我们在句子中使用"he"或"his"的时候，是不是总是指代男性角色？例如，如果我说"在一所男女混合教育机构中，新生会在他的新入学阶段赶到很孤独。"(原句为：In a large coeducational institution the average student will feel isolated in his introductory courses.)是不是就指这个新生是一名男生？如果你认为不是，那么你认为的"he"或"his"的含义是什么呢？

2. 结果

(1) 故事人物的性别：如表 1 所示，实验的结果用"被试中将故事人物当作女性的百分比"来表示，以四个变量做卡方检验(chi-square)，分别是"被试性别"、"故事人物性别"、"所用代词"和"被试年级"。参照了 Everitt(1977)的建议，第一步我们对四个变量的共有独立作用进行分析，即等量地分析"被试性别"、"所用代词"和"被试年级"是否以三条不同的途径共同作用于因变量"故事人物性别"，测试的结果是显著的，$x^2(40, N=310)=95.36$，$p<0.001$。只有该测试结果表现为显著之后，才能够逐一地检测其他假设，即每次只检验一个变量所发挥的作用。"被试性别"的作用是显著的，男性被试中只有 8%的"故事人物性别"为女性，而女性被试中该比率为 38%，$x^2(1, N310)=35.54$，$p<0.001$。"所用代词"的作用也是

显著的，当用到“he”或“his”时，一共有 12%的故事描述女性，而用到“they”或“their”时，该比例上升为 18%，当用到“he or she”或“his or her”时，该比例上升为 42%，$x^2(2, N=310)=28.81, p<0.001$。而“被试年级”的变量作用没有达到显著水平，$x^2(3, N=310)=5.34$，即便是刚才提到的它能够和其他变量一起产生共同作用，这从表 1 中能够清楚地看到。值得注意的是，一年级的男生中没有一个人把“故事人物性别”定为女性，而三年级的男生中，当听到“he”或“they”的时候，也没有一个人把“故事人物性别”定为女性，但听到“his or her”时，这个比例上升为 30%。

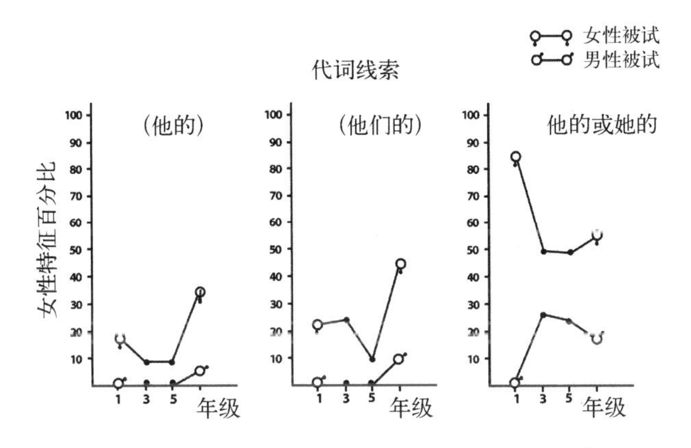

表 1 当用“他的”、“他们的”和“他的或她的”作代词时，3 个年级的男性和女性被试将故事人物当作女性的百分比

(2) 改正句子：这项测试没有在大学生被试上进行，总体而言，孩子们认为这些句子是正确的，平均 76%的概率句子被判断为正确的。当句子的空格处填上“he”时，有 19%的句子被判断为错误，当填上“she”时，有 28%的句子被判断为错误。儿童的判断依据也同句子中的性别塑造信息由关，例如，在有关“足球”的句子中，填上“he”时 6%被判断为错误，而当填上“she”时，有 39%被判断为错误，同时该句子填上“she”的时候还表现出了年龄差异，一年级学生有 18%判断为错误，而五年级的学生有 67%判断为错误。

(3) 填写句子：在所有年级中，绝大部分的儿童填写了“he”或“his”，只有第二句是例外，此处都填写“their”，因为语法上要求复数是正确的。而其他三句句子所含有的性别塑造的信息是有所不同的，“糖果”是中性的，“足球”是偏男性的，“阅读”是偏女性的。而事实上绝大部分的空格都填上了“he”，可见此信息的作用十分有限。最值得注意的是第一句句子，即以“糖果”为中性信息的句子，一年级有 72%的学生填写了“he”，三年级为 88%，五年级为 76%。

(4) 语法规则：语法规则中，当在中性的场景中，运用代词“he”能够指代男性或者女性，通过如上的提问我们能够了解儿童对此语法的掌握与否。若儿童回答“不是”并指出可能为男孩也可能为女孩，那么我们就认为其掌握了该语法。实验结果显示大年龄的儿童更多地掌握该语法，一年级的比例为 28%，三年级为 32%，五年级为 42%，大学生则为 84%。同时另有 6%的大学生表明了自己“女权主义”的态度，即了解该语法，但并不认同：“he 所指代的对象为男性，所以应当用 he or she 更好，就很明确地指代每个人了。”

二、讨论

在实验一,我们以大学生为被试复制了莫尔顿等人(1978)的实验之后,所得到的实验结果基本上与原来一致,原实验结果中 39%的故事人物为女性,我们的实验中只有 30%。莫尔顿等人还发现,当用到“his”时产生女性人物的比率最低,而用到“his or her”时产生女性人物的比率最高。倘若“his”从心理学的感知上而言确实是性别中性的,那么应该有 50%左右的故事人物为女性,但大学生面对“his”时只产生了 21%的女性人物,因此,我们的实验结论也同莫尔顿等人(1978)相一致,即“his”在心理学感知的层面上不是性别中性的。

在儿童被试上获得的实验结果同样令人震惊,当这三个年级的学生面对代词“he”时,产出男性人物的倾向甚至要高于大学生,只有 7%的小学生此时讲述了女性人物的故事。

当我们审视儿童针对语法规则理解的表现之后,便能够解释为何他们面对代词“he”的时候会有如此强烈的倾向将故事人物描述为男性,绝大部分儿童不理解这条语法规则,显然他们认为“he”就是指代男性。

根据填空任务的实验结果,我们发现小学生们,尤其是三年级和五年级的学生,已经习惯性地在中性场景中运用代词“he”,虽然此后改正句子任务中,他们还不能够澄清运用“he”的原因。我们这部分的实验成果与玛塔纳(Martyna, 1978)以大学生为被试的填空任务的实验结果十分相似。

因此,我们有理由做出如下的结论。第一,大部分的小学生已经习得在中性场景下运用代词“he”;第二,大部分小学生不了解在中性场景中运用代词“he”能指代男性或者女性,并且再创造故事时有着强烈的男性倾向。或许可以假设他们意识中一系列的推理过程为:故事人物为某个“he”,同时“he”只能指代男性,因此,这个故事人物只能是男性。

我们知道在一年级的时候,女孩已经表现出较少的自信心以及较低的成功期望(Block, 1976; Crandall, 1969, 1978),而我们的研究便解释了造成这种现象的一种可能性,即由语言习惯所致。也就是说,当一年级学生习惯性地运用代词“he”来指代所有人的时候,还不知道其背后的语法规则,那么是不是会因此就更加看重男性的地位,并贬低女性的地位?本姆(1981)认为性别的图式同化了自我的概念,倘若果真如此,那么女性较低的自信心是否与性别图式有关,而性别图式则是否由偏重男性的语言所致的呢?如此意义深远的问题有待进一步的研究。

综上所述,从一年级学生到大学生,在性别中性的场景中听到代词“he”的时候,都倾向于将人物视为男性。语言对性别角色发展的作用非常值得关注,需要从理论层面和实证层面同时入手研究。我们需要了解儿童对偏重男性的语言的理解,当然还有对其他与性别相关的语言的理解,以及如此的语言习惯如何左右着性别图式的发展过程。

参考文献

[1] Bandura, A. & Walters, R. H. (1963). *Social learning and personality development*. New York: Holt, Rinehart & Winston.

[2] Bem, S. L. (1981). Gender schema theory: A cognitive account of sex typing. *Psychological*

Review, *88*, 354 - 364.

[3] Block, J. H. (1976). Issues, problems, and pitfalls in assessing sex differences: A critical review of *The Psychology of Sex Differences*. *Merrill-Palmer Quarterly*, *22*, 283 - 308.

[4] Crandall, V. C. (1978, August). *Expecting sex differences and sex differences in expectancies: A developmental analysis*. Paper presented at the meeting of the American Psychological Association, Toronto.

[5] Everitt, B. S. (1977). *The analysis of contingency tables*. London: Chapman and Hall.

[6] Kail, R. V. & Levine, L. E. (1976). Encoding processes and sex-role preferences. *Journal of Experimental Child Psychology*, *21*, 256 - 263.

[7] Kohlberg, L. (1966). A cognitive-developmental analysis of children's sex-role concepts and attitudes. In E. E. Maccoby (Ed.), *The development of sex differences* (pp. 82 - 172). Stanford, CA: Stanford University Press.

[8] Liben, L. S. & Signorella, M. L. (1980). Gender-related schemata and constructive memory in children. *Child Development*, *51*, 11 - 18.

[9] Martin, C. L & Halverson, C. F. (1981). A schematic processing model of sex-typing and stereotyping in children. *Child Development*, *52*, 1119 - 1134.

[10] Martin, C. L. & Halverson, C. F. (1983). The effects of sex-typing schemas on young children's memory. *Child Development*, *54*, 563 - 574.

[11] Martyna, W. (1978, Winter). What does "he" mean? Use of the generic masculine. *Journal of Communication*, *28*, 131 - 138.

[12] Martyna, W. (1980). Beyond the "he/man" approach: The case for nonsexist language. *Signs*, *5*, 482 - 493.

[13] Mischel, W. (1966). A social-learning view of sex differences in behavior. In E. E. Maccoby (Ed.), *The development of sex differences*. Stanford, CA: Stanford University Press.

[14] Moulton, J., Robinson, G. M. & Elias, C. (1978). Psychology in action: Sex bias in language use: "Neutral" pronouns that aren't. *American Psychologist*, *33*, 1032 - 1036.

第八章

DI BA ZHANG

动　机

第二十四选
动机理论

亚伯拉罕·H·马斯洛(Abraham H. Maslow),1943

动机是心理学中的核心概念之一,心理学家们从各个角度着手分析动机,其中马斯洛(Maslow)的人本主义视角别具一格。在他看来,需求是一种金字塔结构,当逐层需求得到满足之后,最终能够达到自我实现,或使个人能够发挥出最大潜能。

亚伯拉罕·H·马斯洛(1908－1970)于1934年获得威斯康星大学(University of Wisconsin)的实验心理学博士学位。他先后任教于布鲁克林学院(Brooklyn College)和布莱德斯大学(Brandeis University),并在1969年前往位于加州门罗公园的拉芙琳基金会(The Laughlin Foundation in Menlo Park, California)工作。作为人本主义动机理论的创始人及最大的拥护者,马斯洛著有若干著作,其中包括了1962年的《人格的潜力与成熟》(*Toward a Psychology of Being*, Van Nostrand Reinhold 出版社),以及1954年的《动机与人格》(*Motivation and Personality*, Harper, 1954)。

本选于1943年发表在《心理学评论》(*Psychological Review*),文中马斯洛讲述了他对积极的人本主义构思,他认为需求就好比构建一个金字塔,在其顶端是一个人的自我实现,也就是最高层次的需求。马斯洛行文直白,深入讨论了人之所以为人的本质,读者亦可考虑自己在生活中各方面的动机。

关键概念: 人本主义的动机理论(humanistic theory of motivation)

APA 索引: Maslow, A. H. (1943). A theory of human motivation. *Psychological Review*, 50, 370－396.

人们不难去了解或去批判现有的动机理论,然而想要对它有所改进却又未见得十分容易,原因在于此方面的研究数据实在是过于匮乏。我认为之所以会造成数据资料匮乏,主要原因依然没有正确的动机理论。因此,我期望在此提出的理论能够成为未来研究工作的出发点或研究框架,文中提到的一些问题会给我们带来新的研究方向,通过这些研究,我们才能取得更多的数据以及证据。

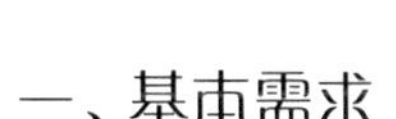

一、基本需求

1. 生理的需求

动机理论的出发点通常是我们所称的生理需求，但是随着最近两项研究浮出水面，传统的观点将面临改变。第一项研究是关于体内平衡的研究，第二项研究则发现一个人的食欲(对食物的偏好)能够很好地揭示身体所需求的物质是什么，反之也能发现身体所匮乏的物质。

体内平衡是指通过身体自动调节作用，将血流维持在稳定正常的状态。凯能(Cannon)[1]将血流的指标分为血的水含量、盐含量、糖含量、蛋白质含量、脂肪含量、钙含量、含量、恒定的氢离子浓度以及恒定的温度。当然，还可以考虑其他元素的含量，荷尔蒙的含量，维生素的含量等等。

扬(Young)[3]在最近发表的一篇文章中总结了饮食与身体需求的关系，当身体缺少某种化学物质的时候，就会产生特定的食欲，或偏好特定的食物成分。照此种观点，随着具体描述的细化需求的数量可以无限扩大，因此妄想将基础的生理需求列出一张详表来，这根本没有实际意义。我们无法确定每一种生理需求是否是体内平衡的，即使在动物实验中，我们尚无法证明性欲、睡眠、鼓励行为、母爱行为是否也属体内平衡的概念。此外，基础需求中不包括其他快感(味觉、嗅觉、挠痒、抚摸等)，虽说它们都属于生理需求的范畴，也是我们行为的动机。

此处我必须指出，任何生理需求及其相应的行为其实还为其他需求提供了通道。举例而言，处于饥饿的人可能更多地在寻找舒适感或依赖，而不是寻找维生素或蛋白质食物，当然也有可能喝水或者吸烟也能满足饥饿的需求。换而言之，这些生理需求虽然相对独立，但却并非完全独立的。

毫无疑问，生理需求是所有需求中效应最大、最占据上风的。这句话的内在含义是指，当一个人在极端的一无所有的情况下，他对满足生理需求的渴望是最强烈的。当一个人缺少食物、安全感、爱和自尊时，他在这些东西里最想要得到的是食物。

显然，一个人若长期处于极度的饥渴状态下，必然会使人忘却"较高级"的动机，而仅仅展示出某一方面的本性。研究动机时倘若把处于应激状态下的个体当作一般个体处理，或当个体处于极度生理需求被剥夺的情况下研究其目标和愿望，则必然陷入一叶障目的困境。确实，当食不果腹时，一个人唯一赖以生存的便是食物。然而当一个人得到了充足的食物并不愁饥馁时，他的欲望又会发生什么变化呢？另一种(较高级别的)需求就会立刻出现，它会取代生理需求并掌控你的行为。在第二种需求得到满足之后，又会出现新的(更高层次的)需求，并以此类推。这就是我所说的，人类的需求是一个金字塔结构，彼此之间属于上下等级关系。

按金字塔方式来表达人的需求所能带来的最主要的暗示在于，在动机理论中"满足"的概念将同"剥夺"的概念具有平起平坐的地位，当生理的需求在逐步满足了之后，便不再处于支配地位，于是有机体才能追求更加社会性的需求。当生理需求能够长期的且稳定的被满足，那么生理需求就不能维持对行为的主控地位，而仅仅是处于潜伏状态，当满足生理需求遇到阻碍的时候，它才会重新支配人的行为。然而，需求得到了满足之后就不再是需求了，生物体的行为仅仅受到未满足的需求的支配,常言道饱汉不知饿汉饥,食物对于饭饱者的行为而言,可谓无足轻重。

2. 安全需求

当生理需求得到满足之后,即会出现另一系列的需求,我们将其归类为安全需求。之前我们所说的生理需求对行为的支配作用,安全需求也同样具备,仅程度上稍逊而已。安全需求可以完全地支配个体,可以充当绝对统治者的角色,动用生物体的全部能量,以至于整个生物体将是一个寻找安全需求的个体;生物体的感觉接收器、情感机制、智力以及其他各种功能都成了寻求安全的工具。于是,我们又可以发现,就像饥饿的人那样,能够对生物体行为起到决定性作用的生活目标就不仅是对现实世界的看法和思考,还包括对未来的期望。事实上,此时再也没有任何事情显得比安全感更为重要(甚至有时候尚未全部满足的生理需求也会被忽略),在极端的情况下,倘若一个人长期处于这种状态,那么他的性格表现在其他人眼里就是只为安全感而活。

虽说本文所论述的需求是一般成年人的需求,但通过观察婴儿及儿童去研究安全需求,将会是更加行之有效的办法,因为婴儿及儿童的表现更加直接、更加明显,他们不会像成年人那样,有意地克制恐惧或感到危险的反射行为,成年人即使在安全受到威胁的时候,由于他们的生活经验使得这些变化不至现于言表。而婴儿的安全受到威胁的时候,无论是突然受到干扰、失重、听到响声、看到灯闪、被举来举去、没有被抱稳或受到其他任何不祥的感官刺激,他们都会倾其所能地表达出恐惧来。

从类似的观察之中,我们得出以下结论:儿童所喜欢的环境,最好是安全的、井然有序的、能够预测的,于是儿童能够依赖于它,儿童期望那些突发性的、令人不愉快的或危险的事情都不会发生,期望每时每刻都有无所不能的父母陪在身旁,便不会受到伤害。

健康的、正常的、也多少算得上是幸运的成年人,一般都不会缺少安全感。和平、稳定、良好的社会秩序能使人们远离野兽、远离极端气温、远离犯罪、袭击和谋杀、远离残酷政治等等。一旦进入这样的社会,安全需求也仅仅是潜在的、非活跃的动机,与饥饿相同。而在另外一些人群身上,比如神经官能症患者或近神经官能症患者,或经济社会地位极端低下的人群,我们能够很直接、很清晰地看到他们的安全需求。对于大多数人而言,如下一些情况中所表现出的也是其安全需求,如:想要得到有保障的终身制的工作合同;想要有一定的银行存款;想要有各种保险(医疗保险、失业保险、残疾人保险、老年人保险)等等。

以更宽广的角度视之,同样出于寻求安全感为目的行为还有很多,例如众人皆偏好自己熟悉的事物,而不是陌生的事物。又例如,宗教或信仰所提出的观点若包含人与世界和谐的关系,也会得到大多数人的青睐。事实上,科学和哲学背后的一部分行为动机也是安全需求。

3. 爱的需求

当生理需求和安全需求得到了满足之后,又将出现新的一种需求:爱、情感、归属感的需求,其对个人的影响,与适才所说的两种需求在方方面面都十分相似。此时的个体与以往不同,将会强烈地希望某人在场,朋友、心爱之人、妻子或是孩子等,并强烈期望情感交流,即获得在群体中的地位。一个人对情感交流的愿望可能超过其他任何需求,并且不达目的决不罢休，甚至有时候也会忘记自己饥肠辘辘。

此处有必须强调爱和性是不同的，性属纯粹的生理需求，一般的性行为是多因素决定的，也就是说除了性需求尚存他类需求，其中主要包括了爱和情感。同时不应忽视的是，爱的需求包含了付出爱和获得爱两层意思。

4. 尊重的需求

现实社会中大多数正常人，都希望得到他人对自己稳定的、有坚定基础的、较高的评价，渴望维护自尊心，并得到他人的尊重。想要有较高的自尊心，我们需求有能力、有成就、有他人的尊重。这些需求可以被归纳为两大类，第一类是关于权力、成就、胜任感、在众人面前的信心、独立性以及自由度。第二类则关于名望或声誉的(我们把它定义为来自他人的尊重)，被认可、受关注、地位重要性以及贡献度。

凡满足自尊心者，会自我感觉信心十足，并体会到自己有价值、有权利、有能力，能够对社会做出贡献；与之相反，不能满足自尊心者，则必自惭形秽，感到无力无助，于是就会导致垂头丧气或通过其他途径来补偿，不排除神经官能症的可能性。参见一份针对严重的创伤后神经官能症的研究[2]，我们就能了解自尊的重要性，以及无助会对人造成什么样的影响。

5. 自我实现的需求

假设所有的需求都满足了，那么除非一个人正在做着最适合自己的事情，否则他很快就会遇到新的不满，或变得不安定起来。如果想要得到最终的快乐，则音乐家必须创作音乐，画家必须作画，诗人必须作诗，一个人必须最终成为自己，这种需求就是我们所称的自我实现。

自我实现一词首先由库特·高登斯坦(Kurt Goldstein)提出，在本文中该概念为其狭义定义。它指达到自我的目标，也就是说，一个人把自己的潜能变为现实的过程。也可以描述为一个人越来越接近真实的自我，做到一切自己有可能做到的事情。

当然，自我实现的表现形式在每个人身上都是截然不同的。对有的人而言，自我实现就意味着成为一名好母亲，对另有的人而言是体育竞技、或者是作画、或者是发明，不尽相同。自我实现对于较有创造性的人而言，往往总表现为一种创作的冲动，但也并非所有人都一样。

在自我实现的需求出现以前，早先的生理需求、安全需求、爱的需求和受尊重的需求必须已经得到满足。只有这些基本需求都满足的人群，才能被称为满足者，且只有他们才能拥有完全的、健康的创造力。在现实社会中，能被称为满足者的人实在是少之又少，无论我们采用实验方法或临床方法，最终对自我实现依然知之甚少，这个研究项目极有挑战性。

6. 基本需求满足的前提

对于基本需求的满足而言，必须满足一些直接的先决条件，如若个体感到这些条件得不到保障，其反应就会像基本需求得不到满足一样。举例而言，自由(只要不妨碍他人)即先决条件之一，比如言论自由、获取信息自由、维护自身权利、公平、诚信、社会地位的自由等。一旦无法获取这些自由，人们会提出抗议或做出紧急反应。这些前提条件得到满足之后，并不等同于基本需求完全得到满足，因而它们不是最终目的。但由于两者紧密联系在一起，因而这些条件对于基本需求的满足这唯一的最终目的而言至关重要。我们必须努力保障这些基本条件,否则谈何基本需求,纵使能够达到需求满足也只是不稳定的临时状态。

认知能力(知觉、智力、学习)具有调节的功能,也能够使我们的基本需求得到满足,在此基础之上我们发现若剥夺或阻碍认知能力,亦会威胁到基本需求的满足。于是就可以从这个角度解释人类的好奇心、对知识、智慧、真理的探求,以及人类为什么会锲而不舍地探索宇宙的奥秘。

7. 求知欲

我们已经附带地谈到了认知需求,获得知识和认识世界被部分地看作是获得基本生存条件的手段的同时,也是智者自我实现的一种形式,刚才还提到信息获取和表达的自由也是满足基本需求的前提条件。虽然这些观点都没有错,然而人类的好奇、学习、思索、实验的欲望,不可完全经此来解释,它们充其量只能作为一部分原因。

二、基本需求的其他特性

1. 需求金字塔的稳定性

从上文的论述出发,人们很容易误解需求金字塔结构是稳定的。其实不然,虽然在我们的研究中大多数人的基本需求都按此顺序排列,但是依然存在着为数不少的例外。

2. 相对满足的程度

至此,我所述理论中五个层级的需求看起来好像是阶梯式的,相互之间的关系非全即无,我们一直使用如下的表述:“一旦前者得到满足,后者即刻出现。”因此读者很容易误解为前者必须得到100%的满足后者才会出现。而事实上,社会中几乎所有的人对各个需求总是部分满足,同时又部分不满足的。对金字塔结构更加恰当的描述是,该模型表示层级越高的需求,社会中得到满足的人比例越低。举例而言,如果能够对所有人的满足程度进行统计,可以假设85%的人对生理需求是满足的,70%对安全需求满足,50%对爱的需求满足,40%对自尊心的需求满足,而仅有10%达到了自我实现。

同样,当较低级的需求得到了满足之后会出现较高级的需求,这个概念也并非指新的需求在转瞬之间出现,反之,新需求的出现是一个在程度上逐渐加强的过程。举例而言,若需求A满足了10%,则需求B还根本未表现出来,当需求A满足了25%时,需求B只表现出5%,当需求A满足了75%时,需求B则表现出90%,诸如此类。

3. 需求的无意识性

这些需求既不一定是有意识的也不一定是无意识的,而从整体上来说,对普通人而言在大多数情况下它们依然更偏向于无意识。在此,我们无意剖析是哪些证据告诉我们无意识动机的重要性,我们只需了解无意识动机很可能比有意识动机来得更加重要。我们所说的基本需求大致上都是无意识的,尽管对于某些老于世故的人而言,他们是能够下意识地控制需求的。

4. 需求的文化普遍性和特殊性

借此话题,我们能够探索隐藏在表面上因文化不同而出现的特定需求背后的,深层次需求的一致性。受意识控制的思想动机,很可能在不同文化中相差甚远,但大多数人类学家都

曾感受到，一旦深入了解某个社会，就会发现除了第一眼见到的差异以外，在深层次思想上各个文明中的人都是十分相近的。大部分惊人的差异都只存于外表，例如发式、着装、饮食等等。我们将基本需求分类，其目的之一就是为了揭示隐藏在不同文化背后的一致性，迄今为止的发现尚不能说基本需求具有绝对的原则性或一致性，只能说相比表面有意识的欲望而言，它们更为绝对、更为一致、更为基础，同时在各人之间也更为相似。与表面欲望或行为相比，基本需求更为每个人所共有。

5. 行为的多重动机

驱动行为的动机绝非特定的或者是单一的。例如在那些表面看来是由生理因素驱动的行为，例如进食或性欲满足等，其背后的动机不完全是特定的或单一的。临床心理学家早就发现，行为背后的动机大都是多重来源通道的，即多动力因素的。只要不超出这些动机决定因素的范围，行为都更倾向于由多重需求决定，更极端的话会是所有的需求所共同决定的，进食的一部分原因是要填饱肚子，还有一部分原因可能是为了获得舒适感或改善其他的需求。有时候人们行房事不仅是为了纯粹的性释放，也是为了自我肯定，对阳刚之气的肯定，或者是为了征服、为了显示权威、为了在感情上取胜等等。换一种解释方法，仅从理论层面上讲，我认为可以分析单独的个体行为，并从中发现该行为多大程度上是源自生理需求、安全需求、爱的需求、尊重的需求和自我实现的需求。这同特质心理学形成了鲜明对比，后者可谓是无稽之谈，认为某种动机就导致了某种行为，例如攻击性行为仅仅是因为攻击性特质所导致的。

6. 动机理论以目标为中心

需求系统的分类原则既非驱动的刺激，亦非受驱的行为，而是行为的功能、效果、目的，或是行为的目标，我们所观察到的绝大部分个人，都让我们确信行为的目标才是动机理论的核心。

参考文献

[1] Cannon, W. B. *Wisdom of the body*. New York: Norton, 1932.
[2] Kardiner, A. *The traumatic neurosis of war*. New York: Hoeber, 1941.
[3] Young, P. T. The experimental analysis of appetite. *Psychol. Bull.*, 1941, 38, 129 - 164.

第二十五选
自我效能感：行为发展理论

阿尔伯特·班杜拉(Albert Bandura)，1977

作为人类是否能够很好地了解自身，包括了解自己的态度和能力，这在班杜拉看来是十分重要的。同时班杜拉还认为，人类有能力掌控自身的行为并完成预定的目标，基于这样的信念他提出了自我效能感的概念，即倘若我们对自身完成任务的能力充满信心，那么将对自我概念的形成大有帮助，还能够提升随机应变的能力。

班杜拉于1925年出生于加拿大的阿尔贝塔省(Alberta, Canada)，1952年获得爱荷华州立大学(University of Iowa)临床心理学博士学位，此后任教于斯坦福大学(Stanford University)，现为该校的终身教授。班杜拉曾于1974年担任美国心理学协会(American Psychological Association)主席，他的主要研究方向是社会认知理论，著有若干本影响深远的专著，包括《思维和行动的认知基础：社会认知论》(*Social Foundations of Thought and Action: A Social Cognitive Theory*, Prentice Hall, 1986)、《自我效能感：控制练习》(*Self-Efficacy: The Exercise of Control*, Freeman, 1997)等等。

本选发表于《心理学评论》(*Psychological Review*)之上，文中介绍了影响自我效能感的各种因素，包括任务表现、间接替代、言语劝说和生理唤起状况等。此处省略了部分原文，省略的部分中班杜拉讨论了治疗过程中自我效能感对于改变行为的重要作用。有哪些因素可以提升自我效能感？有什么办法可以使人准确地认识自身实力，从而提升处事能力？带着这些思考，请阅读此篇文章。

关键概念： 自我效能感(self-efficacy)

APA索引： Bandura, A. (1977). Self-efficacy: Toward a unifying theory of behavioral change. *Psychological Review*, 84, 191–215.

一、自我效能感——操作的机制

本文理论都基于如下的假设之上：任何形式的心理过程都会创造并强化一个人对自我效能的期待。在此，我们有必要对效能期待和反应—结果期待做出区分，通过图1可以清楚

地看到它们的区别。

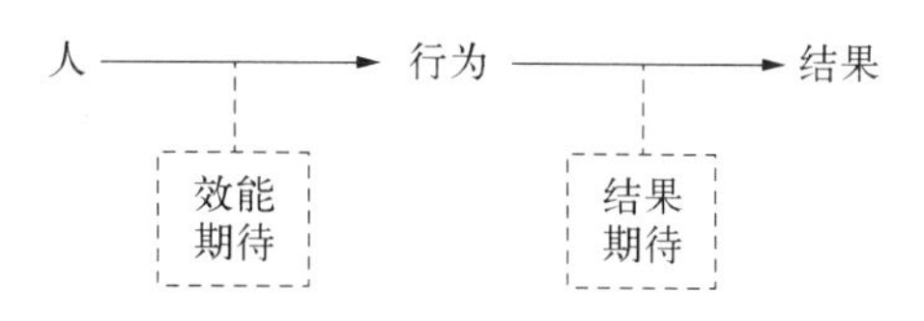

图 1　效能期待和结果期待差异的动态示图

结果期待指的是一个人对于特定的行为是否能够导致特定的结果的期待，效能期待则是对自身是否能够完成特定的行为的期待。结果期待和效能期待是不同的，一个人可以期待特定的行为终将造成特定的结果，然而倘若其对自身是否能够做出特定的行为表示怀疑时，此信息就不会对行为产生任何作用。

按照这个概念系统，行为是否会发生以及是否会坚持，都会受到对自身能力的期待作用的影响。由于信心的缺乏，在有些情况下人们甚至都不愿意做出尝试，当刚决定要付诸行动时，选择什么样的行为方向也受到自我效能感的支配，若觉得某些情况超出了能力范围所及，人们便会感到恐惧并试图回避这种处境，面对自信有能力应对的情况时便更乐于尝试并从容应对。

除了能左右行动与否并影响行动方向外，在行为启动之后，由于对最终成功的期待，自身效能感还会影响行为的力度。效能期待决定了人们会付出多少努力，显然效能感越强付出的努力便越多。同时在面对困难或不愉快经历时，效能期待影响着人们的毅力，有些行为只是在主观上被当作有危险的，事实上并不会造成威胁，只要人们坚持不懈地努力，就能在获得正面的经验同时，也强化对自我能力的肯定，最终不再做出防御性的行为。而那些过早地放弃努力的人，就会陷入自暴自弃的泥沼，很长时期没有勇气面对。

刚才分析了自我效能感对行为表现的作用，但并非意味着期待值是唯一决定行为的因素，仅有期待而缺乏相关的能力，显然是不能够达到预期结果的。此外，当人们根本没有动机的时候，就算完全有把握完成的事也未必会动手去做。然而一旦有了足够的动机以及相应的能力，效能期待就会成为行为选择、付出努力程度、面对困境时坚持性的主要决定因素。

二、效能期待的纬度

我们想通过实证的方法测量当处在危险情况下，效能期待与行为表现之间的关系，但却未能越过对期待值分析水平有限的障碍。在大多数的研究中，测量期待值主要是根据人们对理想结果的期待，而不是对自我能力的判断。此外，期待是一个连续变化的过程，然而人们仅仅测量某一点的期待值，把期待值当作是静态的、单纬度的因素，这是很多此类研究中的普遍错误。在此类实验中，被试需要判断经过一系列事件自己能有多大收益，面对这样的问题，大多数被试都会认为收益多少受到外界力量掌控，而与自我效能感的发展无关。这类普遍的测量方法所能够反映的是个人的综合信念，包括希望、期盼、对这一系列事件是否有效的估计，以及对发问者的信心。于是，由此测得的结果期待与行为改变之间几乎没有任何联系，对此根本无须表示任何惊讶(Davison & Wilson, 1973; Lick & Bootzin, 1975)。

效能期待分为若干个纬度，分别对行为有着重要的影响。首先，效能期待在幅度(magnitude)上有所不同，倘若将可能面对的任务按照难易程度排序，那么效能期待的不同会使某些人局限于简单的任务，有些人愿意尝试难度居中的任务，而有些人敢于应对最困难的任务。其次，效能期待在普遍性上有所不同，有些经验会限制对自我能力的期待，而另有些经验会使效能感超越特定的环境,而延伸到更广阔的范围。此外,效能感还在强度上有所不同,较弱的效能感在遇到困境时很容易就会消失,而对自我能力有着较强的期待即使遇到困境也会坚持不懈地努力。

因此,若要全面地分析效能期待,就不可以忽略其幅度、普遍性和强度,还要精确测量与之对应的行为过程。同时,测量效能期待和行为结果必须是动态的,并着眼于两者的重要的结合点,以确定相互之间的作用,对效能期待的掌握势必影响着行为表现,而行为结果的累积也会影响效能期待。

三、效能期待的来源

由社会学习的角度分析,自我效能的期待的主要来源信息有四个方面:任务完成情况、替代经验、言语劝说和情绪唤起。在图2中指出了用以降低来自防御行为的影响的各种手段,以及用以创造效能期待的主要方法。当效能感主要来自某种途径的时候,多多少少也会涉及来自其他的一种或多种途径。以基于任务完成反馈的方法为例,在强调行为表现的同时还能降低害怕情绪的唤起,从两方面获得自我效能感。除了图2中的方法,很少有手段可以确定自身对各种情境的应对能力。若能在以上的各种方法中找到共同的作用机制,那么日后在研究各种方法会如何导致行为改变时,便有了可以遵循的概念框架。

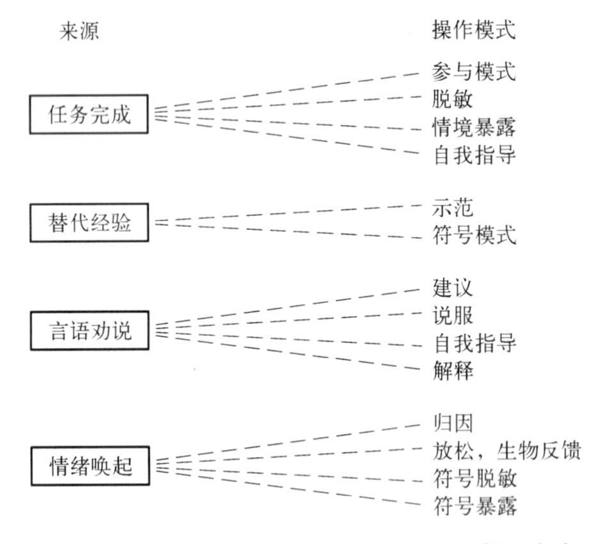

图2 主要效能信息来源及其主要不同处置操作方式

四、效能信息的认知加工

信息包括环境事件中的信息(人们用以判断自我效能感水平的信息)和经过个人加工后的信息,在此我们必须先能够区分这两种信息。信息对效能期待所产生的影响取决于如何认知这些信息,而影响信息加工过程的因素却是多方面的,包括事件发生时社会的、情境的、临时的情况等等。因此,单凭成功经验未必足以引起一般性的自我效能感的大幅提升;长期以来引发自我保护作用的效能期待不会在瞬间消失;当有着强烈的自我效能感的人遭遇了

失败，若感到环境确实过于恶劣，也不会使自我效能感发生太大的改变。

在近期的研究中，我们认为想要在自我效能感和行为方式上取得普遍且持久的改善，其最佳的方法是先提升自身能力，然后去除外部的协助以鉴别自身的效能，最后在恰当的环境中发挥出实力，强化并泛化自我效能期待(Bandura et al.，1975)。来自行为的反馈能够从几方面加强效能期待：① 它能让一个人面对过去的威胁，从而发现这些曾经看似令人厌恶的事情其实也不那么令人恐惧，恐惧的降低能够增加对自身能力的肯定；② 通过能力的发挥，可以使应对技能得以磨炼，这样个体面对压力时便不再那么脆弱；③ 若处置恰当，行为反馈转化为成功的经验，则能加强对自我竞争力的期待。

在越来越艰苦的条件下，若不断地以先前正面的反馈信息来引导自己继续努力，也能够避免重新习得防御性的行为。所获得正面经验都能够形成强烈的自我效能感，而其中出现少数几次的失败遭遇，反倒可以使人识别并避免真正的威胁，这是具有适应意义的。相反，倘若经一次失败的尝试后，一个人就害怕并回避这类事件，那么无论其自我效能感原本如何，此后必将开始减弱且易于变化，因此这些仅有的失败经历很可能再次导致防御性行为，并且错误地泛化。

正如效能信息的价值主要取决于认知加工，那些源自他人的劝告或源自情感的信息也会取决于认知加工。来源于他人的言语劝说是否能够对于一个人自我效能感产生作用，将完全取决于他的认知，包括对方的声望、可信度、专业能力及承诺性。信息来源越是可靠，则越可能改变效能期待。我们也把精力付诸于态度改变所产生的效果，但它是否也会对于自我效能感产生作用还有待研究。

参考文献

[1] Bandura, A., Jeffery, R. W. & Gajdos, E. Generalizing change through participant modeling with self-directed mastery. *Behaviour Research and Therapy*, *1975*, *13*, 141 - 152.

[2] Davison, G. C. & Wilson, G. T. Processes of fear-reduction in systematic desensitization: Cognitive and social reinforcement factors in humans. *Behavior Therapy*, *1973*, *4*, 1 - 21.

[2] Lick, J. & Bootzin, R. Expectancy factors in the treatment of fear: methodological and theoretical issues. *Psychological Bulletin*, *1975*, *82*, 917 - 931.

第二十六选
工作：何人不喜欢，为什么不喜欢？

爱德华·L·德西(Edward L. Deci)，1972

心理学家始终关心人们出于什么原因会做什么事情，简而言之，即行为动机。有时候人们去做某些事情是为了外来的或外在的理由(例如为了金钱或荣誉)，有时候则是为了固有的或内在的理由(例如仅因为喜欢做这件事情)。在若干种情况下，别人期待你完成任务，例如在学校里或在工作岗位上，作为教师或作为上司会对工作动机尤为感兴趣。爱德华·L·德西在其职业生涯中花费了大量的时间和精力，试图对外部动机和内在动机的影响做详细分析。

德西生于 1942 年，1970 年获得卡耐基·梅隆大学(Carnegie-Mellon University)的博士学位，此后任教于罗切斯特大学(University of Rochester)，作为内在动机研究的领先者，他著有若干本相关专著，其中包括与理查德·M·雷恩(Richard M. Ryan)合著的《人类行为的内在动机和自我决定力》(*Intrinsic Motivation and Self-determination in Human Behavior*, Plenum, 1985)。

本选文章发表于《今日心理学》(*Psychology Today*)杂志，对内在动机对工作的影响进行了深入浅出的讨论，文中为那些想要提升工作兴趣的人们提出了若干建议。德西还发现自我决定力是影响内在动机的重要变量之一。德西的各个实验之间存在着什么关联吗？你最喜欢做什么事情？这又是出于什么样的动机呢？带着这些思考，请阅读本选。

关键概念：内在动机(intrinsic motivation)

APA 索引：Deci, E. L. (1972). Work: Who does not like it and why. *Psychology Today*, 6, 56 - 58, 92.

我常常为幼童无穷的好奇心所吸引，他们探索一切接触到事物，任何东西都要摸一摸、闻一闻、尝一尝，可能的话还会吞下肚去。儿童不断地学习，在学习中体验着兴奋和快乐。但一旦长到 7 岁左右，他很可能开始抱怨说不想去学校，不想去念书，从学校离开之后或许他再也不会拿起任何书本了。

以我过去 3 年的研究，或许能够解释好奇心是如何逐渐从儿童身上流失的，让我从心理

学家定义的内在动机和外部动机的区别讲起。当一个人完全是出于对行为本身的乐趣而去做某件事情的时候，我们即将其认定为受内在动机驱动：即行为本身能够提供回报。例如，我曾经耗费了整整12个小时来完成一块拼图，没有人强迫我这么做，甚至没有人知道我曾经这么做过，我完全是出于内在动机。与之相反，当一个人为了外在的报酬如获得金钱、如获得更高的职位，或为了避免惩罚如损失钱、如遭受批评，我们即将其认定为受外部动机驱动。

一、快乐

许多心理学家都把内在动机引发的行为看作是探索和好奇心。哈里·哈洛（Harry Harlow）发现猴子会在没有报酬的情况下花好几个小时对付某个拼图，看起来它们就是喜欢玩拼图，远比我更有兴趣。罗伯特·W·怀特（Robert W. White）认为人们总想有效地应对环境变化："内在动力使我们有创造力，变得主动且富有好奇心。"丹尼尔·布林（Daniel Berlyne）及其他的一些研究人员则关注于另一种内在动机行为——娱乐。总而言之，有许多事情人们之所以去做，仅仅是因为行为本身能够带来快乐。

现在让我们来考虑如下一种情况：当面对着某项有趣的任务，一个人内在动机被激起，同时又能够获得来自外部的报酬时，人们会如何表现。这种情况正是儿童发展过程中所遇到的典型：儿童渴望学习，但是很快学校就将其学习与成绩相关联，学习上的失败是要付出代价的，而成功则能获得褒奖，能赢到五角星等等。在这种情况下会发生什么事情呢？外在的强化是会增加内在的动力？还是降低内在的动力？抑或不会有所改变呢？

二、拼图

为了寻求答案，我曾设计能引起内在兴趣的实验任务，观察了上百名学生被试的完成情况。我采用了当下十分流行的一种拼图游戏——七巧板，它由七块形状各异的板块组成，要求把七块板拼成预先画在纸上的形状。我事先让学生们参与了前测实验，显然大家认为这个游戏有内在的趣味性。

我们运用七巧板游戏进行这一系列的前实验，给每个学生四个图案形状，让他们设法在规定的10分钟时间内拼出来，倘若10分钟内没有能够完成任务，我们也会宣布时间到，并把正确答案告诉他。任务完成了以后，被试将被扣留在实验室内一段时间，他们可以继续玩拼图或读读杂志，想干什么都行。我们有理由相信，倘若学生放弃做其他的事情而继续玩拼图，则说他是出于内在动机的。因此，他们此后在七巧板游戏上耗费的时间多少，成为我们衡量他内在动机的标准。

三、奖金

我们的第一个实验旨在研究金钱的作用。实验共有64名学生被试，其中半数被告知每拼出一个图案会得到1美元的奖励，最多可以得到4美元，完全取决于他们的表现（最后的结果是人均获得了2美元多一点）。另一半学生也会面对相同的四个拼图，但是并不会得到奖金。

金钱确实起到了效果。在完成了基本四个拼图之后,此前拿到奖金的学生继续花费在拼图上时间要明显地少于事先没有得到奖金的学生。因此当面对有趣的任务时,获得奖金刺激会导致内在动机的降低,从某种程度上说,他们行为的动机变为了外在的报酬。

四、蜂鸣器

在第二个实验中,我和维恩·卡西欧(Wayne Cascio)想了解惩罚的威胁是否也会有相同的作用。我们告诉32名学生中的半数说,倘若他们在10分钟内不能拼出四个图案,就会有一个蜂鸣器持续作响,说明你超时了。我们让学生先听了一下蜂鸣器的声音,实在是不怎么好听。实验结果是,这些学生与受到奖金刺激的学生一样,要比没有受到惩罚威胁的学生表现出较少的内在动机。事实上,很少有学生会最终受到惩罚,大部分都能够在规定时间内把图案拼出来。但是事实表明,惩罚的威胁也导致了内在动机的降低。

五、定位

在第三个实验中,我们不考虑学生拼出来的图案的多少,只要来参加实验的学生就给2美元,而不是拼出图案才给钱,可以假定实验中学生们的内在动机的大小没有发生变化。

我们可以根据其因果关系的定位来解释这些实验结果。也就是说,当一个人在没有任何报酬的情况下做某件事情,他会用内在的原因来解释自己的行为,归因可能为:“我做这件事是因为我喜欢这样做。”然而当我们给他一个外在的理由,他就开始认为自己的行为是出于其他原因:“我这样做是为了得到钱,是为了避免惩罚。”正确拼出图案的学生接受奖金的时候,我们把他们行为的因果关系的定位从内部转移到了外部,学生们很乐意地把金钱看作是自身行为的动机。然而,倘若金钱没有和其实验中的表现挂钩时——我们给每个参与者2美元——学生们则不太会认为金钱是工作的原因。玩解谜游戏不是获得金钱的手段,于是他们不会把金钱看作是玩解谜游戏的动机。

因果关系的定位改变是导致内在动机发生变化的两种手段之一,另一种涉及语言反馈。例如,我们发现倘若每当学生拼出一个图案的时候,我们给他一句类似“很好,这个做得很快”的反馈,于是他的内在动机会迅速增加。我们对48名学生做出了这样的语言反馈,而另外48名没有,结果是前者对这个游戏的趣味性评价更高,而且也花费更多的时间接着玩拼图。

为何言语反馈可以增加内在动机,而奖金报酬则会降低内在动机呢?我认为,这是因为受内在动机的行为能够给一个人带来对自身能力以及对自我决定力的信心。我之所以能够持续12个小时面对着拼图游戏,有部分原因是想征服这恼人的东西,而成功能够带来对我自我能力的肯定。语言反馈起到类似的作用:它再次肯定内在的信心,让他意识到自己有能力而且能够自我决定。

六、两种报酬

因此,外来的报酬至少有两种功能,其一是控制的功能,使人产生对外在报酬的依赖;其二是反馈的功能,使人意识到自身的能力和自我决定力。金钱和威胁通常扮演控制者的角

色，很少被视作为对能力的肯定。而表扬和恭维则会使人感觉良好，自己给自己的反馈也许同来自他人的语言反馈之间，在结果上没有区别，两者都能使人体会到自身的价值和能力，因此两者都可以维持内在动机。

当然，在经受过多的语言反馈之后，一个人可能变得依赖于表扬，这同他会变成依赖于金钱或威胁是一样的，语言反馈也有可能从此开始降低内在动机。但至少，迄今为止我们的结论是，反馈报酬和控制报酬这两种外来报酬之间是有明显区别的。

七、抵消

在接下来的实验中，我们既给被试奖金(每拼出一个图案得 1 美金)，又给他们表扬，很明显，这两种报酬相互抵消：同时接受到两种报酬的学生，和没有任何报酬的学生，表现出相同的内在动机。

现在让我来看看给予负面的反馈会发生什么情况。我们另找出些困难得多的图案形状，前来参与的 32 名学生绞尽脑汁却依然拼不出来。此后，同另外 24 名面对较简单的拼图的学生相比，他们花费在拼图的时间上要来得少。来自失败的负面情绪抵消了来自拼图游戏的正面情绪，同样地，我和卡西欧还发现负面的语言反馈也会降低内在动机。

八、玩具

社会心理学中有一项理论与我们的研究结果非常吻合——即，非充分合理化。这一理论认为，当人们没有足够的外在理由来解释自己的行为时，他们便会寻找内在的理由，态度也会随之改变。

例如，埃利奥特·艾瑞森(Elliot Aroson)和卡尔施密斯(J. Merrill Carlsmith)对一组儿童采取了强烈的警告，不准他们去玩某一个玩具，而对另一组儿童只采取了较温和的警告。第一组儿童便抱有着充分的外在理由不去玩这个玩具，因此也无需为之寻找内在的理由。但第二组儿童对该玩具的态度有着一个明显的改变过程：他们认为无论怎样他们确实不想玩那个“傻玩意儿”。由于没有足够的外在威胁，他们找到了内在的理由。约翰森·弗里曼(Jonathan Freedman)也得出类似的研究结果，建立了内在理由的儿童，在处于没有大人管的情况下更倾向于不去碰那个玩具，甚至是出生才两个月以上的儿童便已经如此。这表明内在控制有着持续的效果。

九、控制

当把这些实验结果被纳入对现实世界的思考之后，我们便能发现了儿童在成长过程中对学习的好奇心和快乐减少的真正原因。一旦进入学校环境，儿童就成为众多外在控制的目标。老师会给他们打成绩，会警告他们如果不按照要求做就会不及格，还会决定他们应该学什么，应该以什么样的进度学习。有些家长会在学习过程中额外加入其他东西，如获得好成绩便给予零花钱或礼物，或者能够避免失败后要面临的惩罚。而所有这些的结果，只能导致学生们完全出于外部动机去学习。

约翰·霍尔特(John Holt)形象地描述了这个过程，他说：“儿童的失败是因为他们害怕受到惩罚,而同时又厌极了那些非做不可的无聊琐碎之事。校园生活本来就难以提起人们内在兴趣,外加老师们对学生行为严加掌控,着实让任何可能漏网的内在动机荡然无存。"

十、系统

除了教育者们试图探索维持内在动机的方法之外,企业组织和商业组织对此也十分感兴趣。管理心理学家们正在探索如何才能使员工提升内在动机并把自身和工作联系在一起。他们认为,正确的做法是强调工作中能够提升员工创造力的一面,同时应该让员工参与公司的决策过程。

也有人却更加关注薪酬系统,把工资和福利同业绩挂钩——例如销售提成和按件支付。然而就我的研究结果来看,原本从工作乐趣以及参与公司决策之后获得的内在动机,却会因为这样的工资系统而降低(简单的工资支付方式与员工的绩效没有直接的挂钩,所冒的风险相对较小)。

十一、混乱

许多人提出,假如我们把外在的控制彻底移除,那么突如其来的自由反而会使人们产生踌躇,并可能滥用这种自由。若没有来自校领导的宵禁令,学生们就会通宵进行娱乐活动;若没有来自老板的威胁,员工们就会放下手头的工作;若没有家长要求你取得好成绩,孩子们就不会去努力争取考入大学。

事实上,这些判断基本是正确的。由于他们用外在控制代替了内在控制,因此当外在控制被打破之后,势必会出现一片混乱的局面或破坏性的行为。然而,我认为可以重建内在控制。当一个人处于不得不依靠自己的时候,他就可以建立内在控制和约束,尤其是当校领导、老板、家长能够扮演协助者的角色的时候。

内在动机和内在控制的优势在于,一个人可以在没有其他人在场监视的情况下,依然进行工作。更重要的是,能够帮助一个人维持自尊感和自我价值感。阿伯拉罕·马斯洛(Abraham Maslow)在他《优心管理》(*Eupsychian Management*)一书中提出,与外在控制相比,内在控制会带来较少的焦虑,也更容易达到心理健康。

十二、层次

在我看来,倘若想让人们面对工作就好像面对娱乐,能够从中发现乐趣并获得满足,那么就必须满足两个条件。首先我们要让工作本身变得有趣,能带来快乐,我们绝不可以滥用外在控制,因为这样做会降低原本由内在动机带来的乐趣。其次我们要学会给予他人正面的语言支持,而不应依赖于奖励或威胁的方法。外在控制确实能够让别人按照我们的意愿行事,但同时也废除了人们对于做这些事情的责任感。控制他人似乎反而起到了使他人放任自己的可靠作用。

第九章

DI JIU ZHANG

情　绪

第二十七选

沃尔特・B・加侬，摘自"詹姆士-朗格情绪理论：批判及备选理论"，《美国心理学杂志》

第二十八选

保罗・艾克曼、E・理查德・索伦森和沃伦斯・V・弗里森，摘自"面部表情之泛文化元素"，《科学》

第二十九选

罗伯特・J・斯滕伯格，摘自"爱的成分"，《爱情三角理论》

第二十七选
詹姆士-朗格情绪理论：批判及备选理论

沃尔特·B·加侬(Walter B. Cannon)，1927

情绪是人类生存的核心内容之一，但是研究者们一直到20世纪，才找到研究情绪的科学手段。心理学家们非常想了解情绪的具体内容，自从威廉·詹姆士提出了一套情绪理论后，围绕情绪研究就引发了不休的争论，其中主要原因是情绪属于个人的主观体验，情绪研究面临很大困难。沃尔特·B·加侬认为，关于情绪的研究应该集中在来自大脑的影响，尤其是丘脑的作用。我们对情绪的研究尚没有最终的定论，在研究过程中加侬部分观点也引发了不少争论，但至少今天的情绪研究依然是主要围绕着生理学机制而展开的。

沃尔特·B·加侬(1871—1945)于1910年获得哈佛大学医学院(Harvard University Medical School)的医学博士学位，后留校工作直至1942年退休，曾于1915年出版了《痛苦、饥饿、恐惧、愤怒所带来的身体变化》(*Bodily Changes in Pain*, Hunger, Fear, and Rage)。就一名研究人员而言，加侬可谓是硕果累累，包括了研究肾上腺素对副交感神经系统的作用，发明"体内平衡"一词，研究生理过程，包括饥饿和消化的过程对情绪的影响。

本选于1927年发表在《美国心理学杂志》(*American Journal of Psychology*)，文中加侬描述了自己所做的实验，指出当丘脑处于被激活的状态下身体变化将伴随着情绪变化同时发生，同时驳斥了詹姆士的观点——情绪体验源自周边感觉信息的后续加工以及行为变化。想想影响你的情绪状态的因素有哪些？你对自己的情绪感觉有多大的掌控权？请带着这些问题阅读本选。

关键概念：情绪理论(theory of emotion)

APA索引：Cannon, W. B. (1927). The James-Lange theory of emotions: A critical examination and an alternative theory. *American Journal of Psychology*, 39, 106 - 124.

詹姆士(James)和朗格(Lange)的经典文章经整理后出版，邓禄普(Dunlap)[1]用如下一段话向人们推荐这本著作：由于情绪被视为器质性过程，他们的理论"完美地建立在科学的思维逻辑之上，不仅可以作为现今对于情绪研究之基础，同时还鼓励人们把反射行为假设作为研究一切思维现象的基础"。佩里(Perry)[2]也指出"这个理论不仅有着坚实的证据支持，同

时还得到经验的一再肯定，显然是无可动摇的事实。除去个别处心积虑的反驳之外，没有迹象表明它已经过时"。倘若我还想针对情绪的本质为何提出一点异议，那必定是或多或少地要怀揣不安的，因为心理学家们已普遍接受了这个观点，并乐于用它来解释人的情感体验。然而，詹姆士和朗格在提出其理论之时，尚未有直接来自生理学研究的数据。既然有了新数据，那么原来的理论便有了修正的依据，并且在詹姆士-朗格理论被看作是该领域研究的出发点之前，我们应当思考是否存在着其他的可能性来解释情感体验。

詹姆士首先于 1884 年提出了自己的观点，而朗格的论文则发表于 1885 年，原为丹麦文。由于大家对其理论中有关情绪本质的主要观点都耳熟能详，因此以下我只做简单概括。在运用詹姆士的术语基础上，其理论可概括如下：物体会刺激一个或多个感觉器官，经传入冲动使大脑皮层感知物体，接着电流流向肌肉和内脏，并使之发生复杂的变化，这些变化又形成传入冲动把信息传回大脑皮层，于是大脑皮层的意识从"单纯地知觉客体"变为了"情绪地感觉客体"，换句话说，即"对身体正在发生的变化的感知就是情绪——由感觉、关联和动作能够解释情绪的一切"[3]。该理论的主要依据包括，我们能够意识到紧张、脉搏、脸红、剧痛、窒息，倘若没有这些身体症状，那么情绪也不复存在了。

朗格[4]认为，血管舒张收缩中枢是"任何形式情感的根源"，他写道："血管舒缩中枢主导着思维世界中所有的情感问题，包含一切喜怒哀乐。若施加在我们感官系统上的影响不能够刺激血管舒缩中枢，那么人的一生都将在没有同情心、没有情感的世界中度过，所有外部世界的影响，只能够增加经验、增长知识，却不会唤起任何快乐或愤怒，也不会产生关爱或恐惧。"由于我们从主观上无法区分哪些感觉来自中枢器官，哪些感觉来自外周器官，因此一切来自主观的推论都不足为信。但思考另两方面事实：其一，酒精、毒蘑菇、大麻、鸦片或是凉水澡等等，在引起生理反应的同时也会发生情绪变化；其二，假如一个人因害怕产生的各种身体反应全部消失，那么他的恐惧情绪也无从谈起了。因此可以认为，情绪只是对身体变化的一种知觉。很显然，朗格提出的概念和詹姆士是一致的，只不过更加精致化，定义更为精确——仅限定于在血液循环系统内的变化。

基于丘脑加工程序的情绪理论

但是詹姆士-朗格的理论却因为如下事实而开始受到挑战，即控制情绪表达的神经活动发生于皮层下中枢，这些中枢一旦受到适当的刺激突破皮层限制，便随时可以释放出巨大的能量，中枢神经的这一内在过程将能够导致丰富的情感体验。我们用半身瘫痪者作为被试进行实验，当对被试施以相同的情感刺激时，刺激的效果可以在正常地受限制的和不受限制的两种情况下进行比较，实验结果是令人振奋的，半身瘫痪的被试仅在身体的半侧产生了情感体验。

根据上述观察的结果，我们对情绪的神经组织做出如下描述：某外在的情境先刺激感受器，感受器将神经冲动传向大脑皮层。神经冲动到达大脑皮层，经过某种特定的过程将决定神经反射方向。可能是由于反射以某种模式或形态被激起，因此大脑皮层神经元能唤起丘脑的运作，抑或是由于来自感受器的神经冲动在移向轴心的过程中能唤起丘脑的运作，总之丘脑确实开始运作也随时准备释放。若干情绪状态特别的反应模式证明，丘脑神经元在特定的情绪表达中会以特有的组合方式运作。这些神经元无需自上而下的神经支配便能够形成反射动作,首要条件是从动作中获得解脱,然后它们就骤然地、大量地释放。丘脑内部和丘脑周边的有关情绪表达的神经元,位于外周神经与大脑皮层间的感觉通道附近,我们可以假定这些神经元以某种特定的组合释放时,它们不仅刺激肌肉运动及内脏运动,同时还以直接的链接或者是辐射的方式激发指向大脑皮层的传入通道。以下这句话能最恰当地描述这个理论:当丘脑的运作被唤起之时,情绪所独有的性质便被赋予到简单的感觉上。

该理论似乎与已知的全部事实相符,以下我们将简要介绍它如何在各种情况下发挥作用。

当丘脑的神经冲动释放发生之时,身体的变化与情绪的体验几乎同时发生。肌肉和内脏反应与发生震颤、激动或抑郁之间的巧合,在本质上是容易带来误解的,因为倘若丘脑的作用被忽略了,人们就会倾向于把特定的情绪成分看作是由躯体的变化引起的,而这个推论正是詹姆士-朗格理论的核心内容!前文指出的证据表明这个推论是存在问题的,与詹姆士的观点不同,来自躯体变化的感觉是"苍白的、黯淡的、缺乏情绪热量的",只有引入了丘脑的参与成分,才能赋予原本简单的认知状态更多的热力与色彩。通过分析可以知道詹姆士和朗格何以会得出他们的结论,他们的观点欠缺事实证据支持,必须寻找新方法来解释情感的来源,而此刻我们正好有了发现:丘脑运作能赋予感觉以情感色彩。

詹姆士-朗格理论对此也提出了争辩,其中最强有力的观点认为在以态度表达情绪时,态度本身就会帮助建立这种情绪。例如,"成天没精打采地坐着,不断叹气,语气阴沉地和他人交谈,抑郁情绪就会徘徊你左右"。与之相对,"放平前额,放亮眼睛,挺胸抬头而不要弯腰弓背,信心十足地谈话与沟通,倘若还未精神振奋,则你必属顽固不化"。凡采用该建议的人无一例外证明了它的惊人效果,由此认为预成的态度可以决定情绪。并非所有人都赞同模仿情绪外在的表象就能够造成情绪的这个说法,对此,詹姆士以内脏器官的不同参与方式来解释刻意制造的情绪表象,然而正如前文中指出,"由内脏的变化引起的"这种说法并不可靠,而"由丘脑引起的"则既简单又合乎情理。正如海德(Head)提供的案例中所看到的那样,来自记忆和想象的情绪对已经从动作控制中获得释放的那一半丘脑的作用要明显高于另一半。这表明皮层的运作可能启动丘脑的运作,并由此从那一部分大脑获得情感的反馈。倘若已经确定了某种情绪态度,那么针对丘脑神经元的皮层抑制作用就会彻底废除,因此丘脑神经元得以完全解放。在这种情况下,想刻意表现的情绪就会真的出现。在另一方面,纯粹地在皮层模仿情绪表象,而没有丘脑的参与,那么模仿将是冷酷的、不带感情的,正如一些演员声称会出现的情况。无论情绪是否出现,对于感情来源的丘脑理论要比詹姆士-朗格理论更好地解释特定的身体姿势所引起的效果。

当丘脑从一侧的皮层控制得以释放时,就会伴随着同一侧情绪体验的加强,此类情况给詹姆士-朗格理论带来了无法逾越的障碍。无论是胸腔的还是腹部的内脏都不可能某一半单独运作,血管收缩中枢是一个整体,再怎样人们也无法仅在单侧面部上做出笑或哭的表情。因此,由受刺激的周边器官所传回的神经冲动也必须是两边对等的。为了能解释不对称的体验,我们被迫去寻找能够不对称地运作的器官——例如丘脑,我们认为它就是情绪的源泉。

詹姆士-朗格理论所面临的另一大难题是，当情绪表达已经有所收敛时，情绪体验的强度却依然会增加。事实上，有些心理学家坚持认为情绪状态的存在时间，仅限于“想要表现情绪的行为冲动”和“对此情绪的犹豫、谨慎的抑制”两者的相持不下的状态。然而一旦抑制作用占了上风，那么被看作是情感来源的器官变化也受到压制。对于此时为何还能体验到情绪，詹姆士对此做了两种解释。首先，他否认此刻的情绪体验。他写道：“若拒绝表达感情，感情随即消失。”“发火前先从一数到十，便会觉得想要发火的缘由是如此之可笑。”在另一方面，他似乎承认强制压抑情绪会带来灾难性的结果：“若单纯地强忍泪水或怒火，而致使悲伤或愤怒的源头尚在脑中徘徊，原本从正常渠道发泄的情绪就会转向其他渠道，因为它必须寻找某种解脱之路。此后它将以不同的方式运作，随后带来更糟的效果。复仇的幽思将取代义愤的爆发，本可用流泪排遣的内伤将逐渐瓦解一个人的意志。抑或者他能承受，正如但丁所说，其心已成冷酷之石。”并没有什么理由将“复仇的幽思”、“意志为内在的忧扰所瓦解”和“内心已成冷酷之石”排除在情绪体验之外。然而，詹姆士并没有把它们看作情绪体验，而是取而代之地强调压抑情绪表达的训练。对这些模棱两可的、不明确的评述并无人过问，然而一些最平常不过的事实却能够揭示出问题，例如，先于外在的行为发生以前，伴随着招人怜悯的无助之感，我们便能体验到高度的恐惧，而在行为开始发生的时候内在的缭乱的心绪已然开始消退，而且身体力量也开始做出正面的努力。在对这些情境做出解释时，詹姆士-朗格理论所面临的困境便是不言而喻的。然而，倘若真的存在着对行为的双重控制，那么与强烈情感伴随的内在冲突和随后情感的部分消沉都会得到合理的解释。丘脑模式的运作是神经组织所固有的，它们就像是能够立刻控制动作反应的反射神经，在发挥作用时拥有巨大的能量。但是，丘脑运作受到大脑皮层运作过程的控制，而决定皮层运作过程的是早先经验形成的各种条件。大脑皮层还能够控制所有的外周结构，仅内脏是个例外。丘脑运作若受到抑制，那么除了自动控制的部分，其他器官便不会做出行为，但自动控制部分亦能以简单的方式制造情绪，还有可能由于丘脑处在抑制状态下而产生强度更剧烈的情绪。一旦丘脑运作从皮层抑制中得到释放，两种原本对立的控制冲突就会消失并彼此协作。丘脑神经元持续活跃多长时间，情绪的条件就持续多长时间，在詹姆士在描述情绪表达过程时也表示了对此的赞同。因此，我们的新理论不仅摆脱了詹姆士-朗格理论的困扰，同时还令人满意地解释了在身体瘫软无法作为的阶段何以有强烈的感觉。

对于反应的双重控制的讨论，还有另一观点值得我们重视。麦克唐盖尔(McDougall)[5]对詹姆士-朗格理论也提出反对意见，他认为该理论涉及情绪中“感觉”的方面是无可否认的，但是对于同样存在的、有时候处于压倒性重要地位的“神经冲动”方面却几乎未曾关注过。位于丘脑中的情绪表达的反应模式(正如处于脊髓中，能够简单地自动运转，除非受到了抑制)不仅解释了感觉方面，即“体验到的情绪”，也揭示了神经冲动方面，即丘脑神经元的释放倾向。这些强有力的神经冲动源自大脑中某块与认知的意识和唤起无关的区域，也因此对情绪冲动的强烈体验“不为所知”，“毫不相关”，它们能够解释情绪为何会被外在力量掌握、占有、控制，以及为何人们会做出一些不计后果的行为。

最后，丘脑运作可以对感觉赋予情感色彩的观点，也补足了詹姆士-朗格理论在面对解释“细微感觉”时所遭遇的困难。詹姆士不得不假定存在着不明确的、假想的身体反馈，才能够解释微小的快乐感和满足感。然而,在一个丘脑受伤的案例中仅是一个温热的试管就能够引起受损那一侧的极度快乐,这显然证明任何物体或环境只要能唤起丘脑运作,则必然能对感觉赋予情感色彩。正如我们能够把刺激限定在针对某个动作反应或腺体反应,类似地我们也能够把刺激限定在针对丘脑中神经元的活动模式。当刺激反复作用时,情绪也反复发生,这是由于激活了特定的模式。以这种方式,我们可以对人们的丰富多彩的情绪生活给出精细的解释。

注释

1. W. James and C. G. Lange, *The Emotions*, 1922.
2. R. B. Perry, *General Theory of Value*, 1926, 295.
3. James, *op. cit.*, 123.
4. Lange, *op. cit*, 73.
5. W. McDougall, *Outline of Psychology*, 1923, 328.

第二十八选
面部表情之泛文化元素

保罗·艾克曼(Paul Ekman), E·理查德·索伦森(E. Richard Sorenson)和沃伦斯·V·弗里森(Wallace V. Friesen), 1969

经过数十年努力,研究人员发现可以通过面部表情来识别不同种类的情感——也就是说,来自不同文化的人会将某一特定的面部表情共同认定为某一情感。心理学家们也发现与某些特定情感相关的肌肉动作(例如皱眉表示悲伤)会导致生理唤醒的变化,也会加强与肌肉运动相关联的特定情感的体验。保罗·艾克曼在其一生的职业生涯中,始终在面部表情研究领域中处于领先地位。

艾克曼生于 1934 年,1958 年获得阿德菲大学(Adelphi University)博士学位,目前为旧金山的加利福尼亚大学(University of California)的心理学荣誉教授,并担任人际互动实验室的主任。他著有许多著作,包括《说谎》(*Telling Lies* 3rd ed. W. W. Norton, 2002)、《流露的情感》(*Emotions Revealed*. Times Books, 2003)。沃伦斯·V·弗里森生于 1933 年,1972 年获得位于旧金山的加利福尼亚大学博士学位。在韦恩州立大学(Wayne State University)和加利福尼亚大学从事了一段时间工作之后,转至肯塔基大学(University of Kentucky)。E·理查德·索伦森,人类学博士,曾担任位于华盛顿的美国国家博物馆的科研人员,随后投入大量时间在亚洲研究文化和野生动植物,现工作于泰国普济的蓉谷泰研究学院(Roonguthai Research Institute)。

本选于 1969 年发表在《科学》(*Science*)杂志上,题为"面部表情表达中的泛文化元素",通过本文作者简要介绍了这项耗时 10 年之久的研究最初取得的成果。为了探寻在面部表情表达中,文化和遗传的作用问题,研究者们选择了分别来自有文字系统和没有文字系统部落的被试进行比较。阅读本选请注意在整个研究中前后一致的实验条件,为何研究人员要小心翼翼地保持其一致?文化到底对面部表情流露情感的方式有没有影响?

关键概念: 情感与文化(emotion and culture)

APA 索引: Ekman, P., Sorenson, E. R. & Friesen, W. V. (1969). Pan-culture elements in facial displays of emotion, *Science*, 164, 86 - 88.

经过在新几内亚、婆罗洲、美国、巴西及日本的一系列研究,我们发现各个文化中的人们在运用面部表情来表达情感的时候,存在着彼此共同的成分。当我们把一套面部表情的照片给来自各个文化的人看时,他们都可以辨认出照片上的表情所要表达的情感。该发现首先与现有的理论产生矛盾[1]——用以表达情感的面部表情是源自社会学习的,因此存在着文化差异;同时还与单一文化范围内的一些发现相矛盾——仅仅通过观察面部表情,人们无法准确地、一致地识别出不同的情感[2]。

布鲁纳(Bruner)和塔圭里(Taguiri)[3]认为:“(在30年的研究过程中,)我们得到的最具有说服力的证据所指向的观点是:不存在特定的情感表达方式(至少没有天生的固有表达方式)。”与之相对,我们研究结论则支持达尔文[4]的观点,达尔文认为无论来自何种文化,因为人类有着共同的进化根源,所以都使用类似的面部表情来表达情感。

我们的研究是基于汤姆金(Tomkin)[5]的人格理论。汤姆金强调情感的重要性,并假设存在着内在的皮下层组织,这些组织与各种可辨别而又普遍的面部表情的激活装置相连接,这些基本的面部表情包括如感兴趣、快乐、惊讶、恐惧、愤怒、压抑、厌恶/蔑视、羞耻等。艾克曼和弗里森[6]认为,过去我们对面部表情文化差异的理解,有可能会阻碍我们辨别面部表情里的泛文化元素(与各种基本情感相关的肌肉运动)和各文化特有的变量(习得的情感诱发因素,情感表达的行为后果,以及“表达规则”的作用)。

“表达规则”的定义是,在生命早期阶段习得的对情感表达的管理过程,包括感情流露的弱化、强化、使中性化,或隐藏。人们受这些规则的约束,在不同的社会情境下有特定的情感表达方式,表达方式必须根据社会角色和群体特征而变化,且在各文化中有所不同。

为了解释面部表情中的泛文化元素,首先必须取得各种面部表情的样本(照片),这些表情必须免受(由于习得的诱发因素、表达规则、表达后果等造成的)文化差异的影响。我们努力寻找这样的照片,并试图证明来自不同文化的被试能够将相同的照片认知为同一种情感。由于在发达社会中存在视觉资源共享(电视、电影、杂志等),这给人们提供了熟悉自身文化及其他文化中面部表情的线索,这会影响到面部表情的认识过程,因此有必要从视觉资源受隔离的文化中取得相关的数据,最好是从尚无文字的文化中获取。

3 000张是可供挑选的照片数目,我们依据由艾克曼、弗里森和汤姆金斯[7]编写的一套面部表情评分程序选出了那些仅仅纯粹表达单一情感的照片,该程序列出了每个基本表情所特有的线索。其实当我们开始此项跨文化的研究时,照片的挑选工作并没有结束,因为当时面部表情评分程序的编制尚未完成。但是即便如此我们会保证选出来的那些照片能够准确地、单一地表达如下这些情感:快乐、惊讶、恐惧、愤怒、厌恶/蔑视、悲伤。与Tomkins的基本情感分类表相比,我们选择的照片只是缺少了感兴趣和羞耻这两种情感,而且这些照片几乎包含了在各文化中均可辨认的上述几种情感状态。

通常我们拒绝选择某些照片的理由是,其中的表情受到了表达规则的影响,或者并非含有单一表情的线索,而是涵盖了多种表情的线索。最终,一共有30张照片达到了我们的标准,照片中都是白人,包括男性和女性,成人和儿童,专业演员和非专业演员,也包括精神病人。我们把它们剪裁到只剩颈部以上的面部表情,制成了35 mm的放灯片和13 cm×18 cm的冲印照片。

实验中，被试观看这些照片，并要从6个备选单词中选出最能表达照片中的情感的那个单词。在美国、巴西和日本，我们选用大学一年级的本地学生为被试，用投影仪每相隔20秒呈现一张放灯片，在新几内亚和婆罗洲则把冲印出来的照片(13cm×18cm)呈现给被试看。描述情感的单词也被相应地翻译为当地语言(日语、葡萄牙语、新美拉尼西亚语、Fore语[1]、Bidayuh语[2])，在新拉美尼亚语中缺少与“厌恶/蔑视”、“惊讶”相对应的词汇，在这些情况下我们使用句子来代替，分别为“看到糟糕的东西”和“看到新奇的东西”。

在选择那些被隔离的、非西方的前文字文化的样本时，我们试图找到那些受现代技术、商业化、现代思潮影响最小的人们，有幸在新几内亚的样本来自一个Fore语言文化群体[8]，12年之前他们还处在与世隔绝的新石器物质文化中。我们对此群体中的两类分化的人群都进行了实验，一类是与西方文明接触最多的人群(主要是政府官员和传教士)，另一类是受西方思想影响最少的，仍然驻留在山间与世隔绝的村落里的人们。

我们对那些与西方文明接触最多的Fore部落人的数据做了详细分析，而对于与西方文明接触较少的Fore人我们只能做大致的总结，他们无法了解所需要完成的任务是什么，我们必须为他们特别设计一种判断程序，再额外地安排一些实验。采自那些更为西方化的Fore人的数据也分为两类，一类是用翻译为新美拉尼西亚语的词条完成的判断任务，另一类用他们自己的Fore语。

婆罗洲的样本为Sadong人，他们居住在沙捞越地区(Sarawak)西南部的Dyaks山区，说Bidayuh语，他们依然住在传统的狭长房子内，保留原有的农业生活方式。村落中只有一人会说英语，大部分人会说一些马来语，许多人曾去过某需步行一天才能到达的商业中心，在那里看过电影。

每个情感类别中，我们计算了6个选项的分布情况，其中出现频率最高的单词按其在整体中的出现次数被转换为百分比数(参见表1)。三个来自先进文化的样本数据支持了我们的论点，即面部表情包含着泛文化元素。每个文化组内对情感再认的一致性和准确性要远远高于不同文化组别之间，在比较美国和巴西两组时，被选中频率最高的那个词在所有30张照片中都是一致的；与日本组比较时，其中29张照片是一致的。来自三个先进文化的样本还不足以说明面部表情的“世界性”，然而，在我们研究工作的同时，伊扎德(Izard)[9]独自展开了研究，他依据自己的标准选取了一些照片并针对其他8个文化做测试，他的实验结论和我们的结论实质上是相同的。

相比处于先进文化中的人们，那些处于前文字文化中，且视觉资源受限制的人们再认表情的一致性和准确性就要低很多(为了解先进文化中的相似性是否仅仅是通过大量媒体学习的结果)。我们相信这是由于在前文字文化的实验过程中存在着巨大的语言障碍，同时他们也不能理解所要做的选择判断(甚至其中最受西方文明影响的人也是如此)。尽管存在着这样那样的困难，我们依然发现了相似的情感再认，包括快乐、愤怒、恐惧(所有三个前文字文化)，以及厌恶、惊讶、悲伤(其中两个文化)(参见表1)。另外，此三个文化中大部分的被试对其中“快乐”情感从来没有发生过错误判断。研究了与西方文明接触较少的Fore人之后，我们也得到了相似的结果，除了“悲伤”情感是个例外，于是我们正着手调查Fore人如何表达悲伤情感，业已小有进展。另外，在前文字文化的实验中使用白人面部作为材料可能导致偏见,为了排除偏见,我们在额外的实验中使用人的面部照片为材料,以南 Fore 人为被试,并取得了相类似的结果。

我们和伊扎德在有文字的文化中的研究结果,以及我们在前文字文化中得到的大部分结果都支持了本文的观点,即人们的情感表现中包含着泛文化元素。

表 1　美国、巴西、日本、新几内亚和婆罗洲样本 6 种情感再认率

情感种类	美　国	巴　西	日　本	新几内亚*		婆罗洲*
				美拉尼西亚	Fore	
快乐(H)	97H	97H	87H	99H	82H	92H
害怕(F)	88F	77F	71F	46F	54F	40F
			26Su	31A	25A	33SU
厌恶/蔑视(D)	82D	86D	82D	29D	44D	26SA
				23A	30A	23H
生气(A)	69A	82A	63A	56A	50A	64A
	29D		14D	22F	25F	
惊讶(SU)	91SU	82SU	87SU	38SU	45F	36SU
				30F	19A	23F
悲伤(SA)	73SA	82SA	74SA	55SA	56A	52SA
				22A		
	观察样本量					
	99	40	29	18	14	15
	与预期反应相一致的刺激反应数					
	30/30	30/30	29/30	11/24	12/24	18/23
	70%被试认同的刺激数					
	25/30	26/30	23/30	7/24	6/24	6/23
	CHI 平方**					
	10 393	3 818	2 347	532	261	427
	除去快乐刺激的 CHI 平方**					
	5 718	2 119	1 241	188	92	211

*　为了使测试时间适当,在对前文字文化被试进行测试时删减了一部分照片,其中大多为快乐表情的照片。

**　所有 CHI 平方在 p=.01 层级上有显著差异。

注释

1. Fore:生活在巴布拉新几内亚地区高山地带的人们,及其所使用的语言。
2. Bidayuh:婆罗洲岛之马来西亚沙捞越地区西南部地区的人们所使用的语言。

参考文献

[1] For example, O. Klineberge, *Social Psychology* (Holt, New York, 1940); W. La Barre, *J. Personality 16*, 49 (1947).

[2] 虽然各文化中情感判断在语义层面的基础是相类似的，但还没有对各文化中采用相同的表情表达相同情感做出证明。H. Scholsberg, *Psychol. Rev.* 61, 81 (1954); C. E. Osgood, *Scand. J. psycho.* 7, 1 (1996); H. C. Triandis and W. W. Lamber, *J. Abnorm. Soc. Psychol.* 56, 321 (1958).

[3] J. S. Bruner and R. Taguiri, "The perception of people", in *Handbook of Social psychology*, G. Lindzey, Ed. (Addison-Wesley, Cambridge, Mass., 1954), Vol. 2, pp. 634 - 654.

[4] C. Darwin, *The Expression of the Emotions in Man and Animals* (Murray, London, 1872).

[5] S. S. Tomkins, "The positive affects", *Affect, Imagery, Consciousness* (Springer, New York, 1962), vol. 1; "The negative affects", *Affect, Imagery, Consciousness* (Springer, New York, 1963), vol. 2; S. S. Tomkins and R. McCarter, *Percept. Motor Skills* 18 (Monogr. Suppl. No. 1 - V18), 119 (1964).

[6] P. Ekman and W. V. Friesen, "Origins, usage and coding of nonverbal behavior", in *Communication Theory and Linguistic Models in the Social Science*, E. Vernon, Ed. (Di Telia, Buenos Aires, 1968); "The repertoire of nonverbal behavior", *Semiotica*, in press.

[7] P. Ekman, W. V. Friesen, S. S. Tomkins, "A facial affect scoring technique; and initial validity study", in preparation.

[8] D. C. Gajdusek, *Trans. Roy. Soc. Trop. Med. Hyg.* 57 (No. 3), 151 (1963); B. R. Sorenson and D. C. Gajdusek, *Pediatrics* 37 (No. 1), 149 (1966).

[9] C. E. Izard, "The emotions and emotion constructs in personality and culture research", in *Handbook of Modern Personality Theory*, R. D. Cattell, Ed. (Aldine, Chicago, in press).

第二十九选
爱的成分

罗伯特·J·斯滕伯格(Robert J. Sternberg),1988

爱是人类最重要的情感之一,尽管不计其数的诗歌和艺术作品都以爱作为主题,然而直至近年来,爱才成为心理学家研究的焦点。研究者们发现,爱也分为各种类型,因而不易归纳所有研究成果。为了做到这一点,耶鲁大学心理学家罗伯特·斯滕伯格提出了"爱情三角理论",构成爱的三元素分别是"亲密"、"激情"和"决定/承诺"。

斯滕伯格于1975年获得斯坦福大学博士学位,在智力认知方面以及爱情情绪方面的研究颇具影响力,并于1981年获美国心理学协会授予的"美国心理科学青年科学家杰出贡献奖"。斯滕伯格著有多本专著介绍其爱的研究成果,其中就包括《爱情三角理论:亲密,激情与承诺》(Basic Books, 1988)。

本节文章选自此书第二章《爱的成分》。斯滕伯格以大众化的,贴切实际的方式向读者描述了亲密、激情和承诺的三元素如何相互组合,构成八种爱情类型。他在文中描写了许多栩栩如生的例子,读者会有似曾相识的之感,斯滕伯格希望借此来帮助读者更全面地了解爱的特征。在阅读本文之时,读者也可对爱情三角理论做出自己的评价。除了这三个元素外,是否还有其他爱的成分呢?

关键概念: 爱(love)

APA 索引: Sternberg, R. J. (1988). *The triangle of love*. New York: Basic Books.

大量证据显示,亲密、激情和承诺在爱情中扮演着至关重要的角色,远非其他因素可比。在我的研究还未开始之前,我便选择它们作为理论的基石,选择依据如下:

其一,爱的诸多其他方面在经过缜密考察后均被证明是这三要素的一部分,要不然就是它们的某种表现形式。例如,沟通是亲密的构建元素,关怀和同情亦是。若把亲密、激情和承诺都进一步分解为各自的子部分,这一理论最终会包含过多的成分,显得臃肿庞大。爱情理论并非仅有一种恰当的分类法,然而三元分类法在各种情况下均能奏效……

其二,纵览美国或其他地区描写爱情的文学作品后可以发现,爱情中的某些元素属于特定的年代或特定的文化,然而我提出的三个元素具有跨时间和跨文化的一致性。虽然在不

同的文化中各自的重要性不同,但在任何时代任何地点,每个元素多多少少都会受到重视。

其三,这三种元素当然是相互关联的,但确实也表现出独立的一面,你可以具备任何一项元素而不具备另外一项或两项元素。与此相对,若以其他的元素来构成爱的理论——例如照料和关爱——它们就难以相互分离,无论是在逻辑上还是在心理学上。

其四……其他许多对爱的解释似乎都能逐步简化,它们最终会和我的解释相仿,或只是它的子集。若除却语言或风格之异不谈,其他理论的观点往往与我的观点殊途同归。

其五,也许是最重要的一点,就是这种分类法实用……

一、亲密

在爱情三角理论中,亲密是那些令人际关系更为紧密、更为依赖、更为关联的感觉。在与苏姗·嘉捷克(Susan Grajek)共同研究后,我们认为亲密至少包含以下10种元素:

1. 希望增进爱人的幸福。相爱的人会彼此照料并试着让对方幸福。一方会牺牲自己而让对方幸福,但同时也期望对方会适时地回报。

2. 与爱人一同体验幸福。相爱的人享受共度的时光。他们愉快地一起努力并留下美好的回忆,身临困境时能得到来自美好回忆的鼓舞。此外,同享快乐时光也会使关系更为亲密。

3. 维持对爱人的高度评价。相爱的人会高度评价对方并尊重对方。虽然伴侣间会意识到彼此的缺点,但这丝毫无损于彼此间的尊重。

4. 必要时能依赖于爱人。相爱的人在需要帮助时会感到爱人就在身边。在危急关头他们会呼喊对方并希望得到对方的帮助。

5. 与爱人相互理解。相爱的人彼此理解,他们了解对方的优点和缺点,懂得如何表达出自己正体验着对方的心情,彼此了如指掌。

6. 坦诚自我,分享财富。相爱的人愿意彼此奉献出自我、自己的时间、自己的东西。未必每样东西都必须是共有财产,但若有所需,他们会共用所有财富。最重要的是,他们愿意奉献自己。

7. 向爱人提供情感的支持。相爱的人会因为对方而备受鼓舞甚至犹如重获新生,这一点在危机时尤为明显。

8. 给予爱人情感的支持。相爱的人在彼此需要的时候能够给予对方共情和感情上的支持。

9. 与爱人间亲密的交流。相爱的人可以进行深入、真挚的交流与沟通,分享内心深处的感受。

10. 珍视爱人的存在。相爱的人会把对方看作是生命中最为重要的人。

上述10项仅是一个人从亲密的爱情关系中可能体验到的感觉,此外,未必要拥有全部的感受才算是体验亲密感。我们的研究显示,当获得其中的一部分的感受时就体验着亲密感,而足够产生亲密感的体验数量则是因人而异,也因情境的变化而改变。通常人们不会单独地体验到某种感受,而是获得整体的感受……

亲密很可能始于自我开放。为了同他人建立亲密关系,你首先需要打破分割彼此的那堵围墙。众所周知,敞开了自己的心扉才能换来别人的真心,当试图了解他人时,就要让对方了解自己。然而自我开放在同性间往往比在异性间更容易,或许,这是由于人们害怕自己在爱情中自我敞开会受到更大的伤害。听来有几分不可思议,但事实上确有证据显示与陌生人相比,配偶间的自我开放更少,其中的原因很可能是因为爱情中的自我开放具有更高的风险……

亲密是爱的基础,但它发展缓慢,只能循序渐进,非常难以建立的。不仅如此,亲密感一经获得,却又莫名其妙地开始丧失,因它会带来的危险,它不仅会导致自我开放所带来的危险,还会让人们开始怀念自己的独立自主。很少有人愿意为了一段感情而抛弃一切,但许多人在过于接近对方之后,会有完全被占有之感。因此,大多数配偶终其一生都在维持着亲密与自主之间的平衡,而彻底的平衡点又往往难以企及。然此未必就是坏事,亲密关系的时多时少也会带来些许感动,双方的感情维系因此而延绵不绝。

二、激情

伊莱恩·赫特菲尔德(Elaine Hatfield)与威廉·沃尔斯特(William Walster)将爱情中的激情元素称为一种"强烈渴望与他人结合的状态"。激情在很大程度上是欲望与需求的表现,诸如自尊、依赖、支配、顺从和性满足等等。这些驱使力的强度会随着不同的个体在不同的情境及关系中有所差异。例如:在恋爱关系中,性满足是一种强烈的需求,而在亲子关系中则不是。这些需求往往同时表现在不可分割的两方面,即心理上的唤起和生理上的唤起。

爱情中的激情与亲密有强烈的相互作用,两者相辅相成。比如,亲密关系在很大程度上起到满足个体激情需求的功能。反之,亲密也可以激发起激情。在一些异性亲密关系中,激情会在瞬间点燃,亲密也接踵而至。激情可以把人们带入某种关系,但亲密感才能使这段关系得到维持。然而在另一些关系中,激情,尤其是生理吸引的激情,只可能出现在亲密感建立之后。比如两位异性密友可能在获得了情感上的亲密感之后,才终于意识到彼此生理上的吸引……

大多人在谈到激情的时候就把它简单地看作是性。事实上,任何形式的心理生理唤起都可以产生激情的体验。例如某人具有强烈依赖需求,他可能从他可能去依赖的那个人身上体会到激情的感觉。比如,黛比在一个破碎的三口之家长大,父母长年争吵,在她十几岁的时候离了婚。黛比从未体会过家的温暖,直到她遇到亚瑟,那深埋在她心底的激情才被点燃。亚瑟给予黛比的并不是性,而是一个温暖的、紧密的大家庭。亚瑟让黛比感受到她一直向往却从未有过的归属感,正是亚瑟带来的归属感唤起了黛比对他的激情……

对于另一些人而言,顺从需求会是打开激情的钥匙……社会工作者花了数月帮助一位遭受家庭暴力的妇女离开她的丈夫,但最终她又回到了丈夫的身边,实在是令人沮丧。有人无法理解她为什么还要回去,也有人把它归结于经济原因。但事实往往都不尽然,她非常不幸地把遭受虐待和被宠爱混为一谈,回去遭受虐待,对她而言,就是寻找她所习惯的那种被爱的感觉。

这类反应模式往往是基于多年观察经验或亲身体验才建立的,无法在社工或其他人的短短数月协助之后就轻易地被抹去。建立激情反应时,最特别的一种学习机制大概要数间

隔强化机制，即给予受刺激产生的某种反应周期性的或随机的奖赏。当你完成某件事情后，时而受到强化，时而没有强化，这就是间隔强化机制。最奇怪的是，间隔强化比持续强化更有助于产生或维持某种行为模式。倘若每次完成任务都能得到奖赏，你就会失去对这件事的兴趣或欲望，产生厌烦情绪。换言之，有时候愉悦感并非来自最终的结果，而来自追求的过程。当然，如果一种行为模式始终未能获得激励，你会因为彻底的挫败感而放弃这种应对方式(学习理论称之为"消退")。

激情依靠间隔强化而不断滋长，至少在情感关系的建立之初，间隔强化会频繁地出现。当你需要某人之时，或者会感到似乎越来越接近他，或者会感到离他越来越远——交替的心情让激情持续燃烧……

三、决定/承诺

爱情中的决定/承诺包括短期和长期两个方面。短期方面是指爱上一个人的决定，长期方面则指维持爱情的承诺。这两方面不一定就要同时出现，相爱的决定不就意味着对这份爱的承诺。奇怪的是，这句话反之亦然，比如在包办婚姻中，双方彼此做出承诺，但并没有做出过决定。有些人甚至还不愿承认这份爱情时，便已经开始履行承诺了。然而，无论在时间上还是与逻辑上，决定先于承诺的现象更为普遍。事实上，婚姻即是决定与另一个人始终相爱且共度一生的合法化承诺。

相比亲密和激情，决定/承诺这一爱的组成元素或许缺乏一些"热情"或"火花"，但几乎恋爱关系不可避免地有高潮也有低谷，当处在低谷阶段，正是决定/承诺维持了感情关系的延续。尤其在山穷水尽之时，它更是共渡难关的关键。倘若忽略了它或分离了它，也许就难以走过艰难的时刻，就连稳稳当当的日子也无法继续。有时，甚至需要相信你的承诺将带领你通往前方的幸福时光。

决定/承诺与亲密和激情间均存在相互作用。对大多数人而言，承诺是亲密关系和激情唤起后的产物；然而承诺也可以产生亲密关系或激情的唤起，正如在某些包办婚姻之中，又如在无法选择对方的关系当中。例如，你无法选择你的父母、兄弟姐妹、叔侄等等。在这些亲密关系中，你会发现你所体验到的亲密感与激情正是来源于你对这份关系的承诺。因此，爱的起点可以是一个决定。

芝加哥大学洛杉矶分校(UCLA)的心理学家哈罗德·凯利(Harold Kelley)是研究承诺的专家……在他看来，承诺是指一个人在多大程度上坚持某件事情或忠于某个人，始终不渝。承诺了某件事就意味着他要坚持努力，直到承诺的目标达成。今天，存在于亲密关系中的一大问题在于夫妻双方对于什么是"执子之手，与子偕老"或什么是目标实现的观点不尽相同。这种差异又难以交代清楚，例如一方可能将彼此关系无法维持之时视为终点，另一方则可能将终点设为一人生命的尽头。在如今承诺的概念和价值都在发生变化的年代里，夫妻间很可能对承诺的本质和期限有着不同看法。曾几何时，婚姻的承诺被认为应当维持一生，离婚显然会受到巨大的压力。时至今日，对离婚的认可度明显地高于 15 年前，从某种角度说，这是因为许多人对婚姻的承诺所应具有持续性产生了不同的观念。

对承诺的理解上的差异并不总能通过彼此间的交流得以消除，因为随着时间的推移，双方观点也会发生改变。在结婚的时候,双方都期盼着一段白头偕老的婚姻,然而随着岁月流淌,一方或许会改变想法,甚至还会变心……

四、爱的类别

人们是如何去爱？又有哪些爱的方式呢？我们将爱的类别归结于“爱情三角理论”(如表1所示)。

表1

爱的分类体系			
爱的种类	亲密	激情	决定/承诺
无爱	－	－	－
喜欢	＋	－	－
迷恋	－	＋	－
空洞的爱	－	－	＋
浪漫的爱	＋	＋	－
伴侣的爱	＋	－	＋
愚蠢的爱	－	＋	＋
完美的爱	＋	＋	＋

注:“＋”表示该元素存在;“－”表示该元素缺失

1. 只有亲密:友爱

……当你只体验到爱的亲密而缺乏激情和承诺时,这便是喜欢。这里所说的喜欢不是世俗意义上的喜欢,也并非用以描述你对一般的熟人或者路人的感觉,而是在一段确实属于友情的关系中所体会到的一系列感情。你会在与对方的交往中感受到亲切、依赖和热情,但不会感到强烈的激情或长期的承诺。换言之,你会对朋友产生情感上的亲近,但他并不会唤起你的激情,也不会让你产生长相厮守的念头。

朋友间可能会产生激情唤起或长期承诺,但这类友情已然超越了单纯的喜欢。使用缺席测试可以区分纯粹的喜欢与超乎喜欢的爱情。当一位好友朋友不在身边,即使他要离开很长的时间,你也只会想念他并不会沉溺于离散的痛楚。若干年后,或许你们会重拾那段友情,常常还是不同程度的友情,却不太在意曾经分开的日子。然而当一份感情已经超越了喜欢,你会强烈地思念对方,因他的离去而耿耿于怀,甚至茶饭不思,这种离别将对你的生活产生深远的影响。倘若某人的离开唤起了强烈的亲密感、激情、承诺,那这段关系就绝非单纯喜欢而已。

2. 只有激情:迷恋

汤姆在工作中遇见了丽莎,只消对她看上一眼,就足以改变他的生活:汤姆疯狂地爱上了丽莎。他不再专注于令人厌烦的工作,满脑子只有丽莎。丽莎虽然有所注意,但对于汤姆却没有什么感觉。汤姆试图靠近时,丽莎总是尽可能地避开他。

汤姆的这种“一见钟情”便是痴情的爱,是盲目迷恋。这是由于他的激情被她唤起,但缺乏亲密与决定/承诺。痴情往往是显而易见的，只是旁观者清而当局者迷。痴迷来得快，去得也快。它还通常表现出强烈的生理心理唤起和身体的反应，诸如心跳加快，甚至心跳紊乱，荷尔蒙大量分泌，血液流向生殖器官等……

3. 只有决定/承诺：空洞的爱

约翰和玛丽结婚已有20年，但15年以来，玛丽一直考虑着离婚的事，只是无论如何下不定决心……

玛丽的这种爱来自她早期的一个决定，即去爱一个人就要忠于这份爱情，即使这份爱情已经失去了亲密或者激情。这类爱情往往出现在停滞多年的关系当中，当初的情感投入和身体吸引力都不复存在了。除非对它的承诺十分强烈，否则这样的爱情几乎就等于没有。在我们的社会中，空洞的爱通常被看作是一段长期关系的终结阶段或者快要终结阶段，但在另一些社会中，空洞的爱或许是长期关系的初始阶段。正如刚才所说，在包办婚姻中，夫妻双方做出相爱的承诺，或尝试着去爱对方，仅此而已。在这种情况下，空洞的关系意味着它会被激情和亲密逐渐填满，因此它标志着爱的起点，而非终点。

4. 亲密＋激情：浪漫的爱

苏姗和拉尔夫在大学二年级时相识，他们的关系始于一段友情，不久便坠入深深的爱河。他们形影相随，享受分分秒秒。但是他们并没有准备好终身付之于这段感情，他们都觉得自己还没有到做出任何长期决定的年龄，而且至少要等到大学毕业后知道未来的方向，否则甚至都不知道能否走到一起……

拉尔夫和苏姗的关系中包含了爱情中的亲密与激情元素。实质上，就是在喜欢的基础上添加了另一种元素——生理吸引被唤起。因此，在这一爱的类型中，男性与女性不仅在生理上相互吸引，在情感上也相互联系。我们经常可以在一些经典的文学作品中发现这类浪漫爱情，例如《罗密欧与朱丽叶》……

5. 亲密＋承诺：伴侣的爱

在山姆与莎拉20年的婚姻生活中曾经有一段艰苦的日子，他们眼看着许多朋友的婚姻破裂，山姆多次更换工作，莎拉更是生了一场大病还差一点丧命。他们都有各自的朋友圈，但毫无疑问，在他们的心中彼此才是最珍贵的好友。在经历磨难之时，他们都知道可以依赖对方。虽然他们之间已经没有大量激情，但他们从未有过出轨行为……

山姆与莎拉的爱包含着亲密和决定/承诺。它在本质上是一段长期承诺的友情，这类爱情通常出现在生理吸引(激情的主要来源)已逐渐褪去的婚姻里……

6. 激情＋承诺：愚蠢的爱

当蒂姆与戴安娜在巴哈马的度假胜地相遇时，他们都处于低潮期。蒂姆的未婚妻突然宣布取消婚约……戴安娜的婚姻也刚刚破裂，全因第三者所致。他们对爱情已经绝望了，彼此认识之后，他们立刻觉得自己就是天造地设的一对……度假村的经理一直在寻找邂逅爱情来为自己打广告，于是主动提出要为他们主婚，就在度假村免费布置婚礼还免费地盛情款待。考虑一番之后，蒂姆与戴安娜接受了提议……

正如蒂姆与戴安娜之间的爱，这类愚蠢的爱源自激情与决定/承诺的组合，但缺乏亲密感，亲密感是需要时日逐渐建立的。这类爱情有时候让人们联想到好莱坞，或者联想到闪婚族,他们在相见的两周后就订婚,一个月后就宣布结婚。考虑到双方仅出于激情就向对方许下了承诺,而没有稳定的亲密感,这类爱情可谓是愚蠢的。由于激情可以倏忽而至,而亲密感不能,因而建立在愚蠢爱情基础上的婚姻难以持久。

7. 亲密+激情+承诺:完美的爱

在所有朋友的眼里,哈里与伊迪丝称得上是一对神仙眷侣。使得他们有别于其他所谓的"完美夫妻"的一点在于,他们完整实现了爱的定义。他们在精神上相互依偎,在结婚15年夫妻生活依然美满,并且他们坚信除了彼此再也找不到一个始终让生活充满快乐的伴侣……

像哈里与伊迪丝这样完美的,或完整的爱情是爱的三个要素均衡组合的结果。这是大多数人,尤其是正处于恋爱中的人们所向往的爱情。从某种角度上说,获得完美的爱情就好像实现减肥计划一般:达到目标总是比维持成果更容易些。获得了完美的爱情,并不足以保证它一定会持久;事实上,人们只有在失去之后才会懂得珍惜。完美的爱情,犹如任何珍宝一样,必须细心维护……

8. 元素缺失:无爱

杰克几乎每天都能会遇见同事米拉,在工作关系上他们合作得很好,但对彼此都谈不上特别喜欢。在谈到私人的话题时,他们彼此都显得很拘束,于是在若干次尝试之后,他们决定仅谈公事。正如杰克与米拉的关系一样,如果完全没有爱的元素,那么爱也就不存在。

许多人际关系都体现出无爱的特征,它们仅仅是肤浅的关系,谈不上爱情,甚至谈不上友情。

第十章

DI SHI ZHANG

人的发展

第三十选
儿童智力发展阶段

让·皮亚杰(Jean Piaget), 1962

在研究儿童的认知发展时,心理学家常常会因为不能很好地与儿童沟通想法而会遇到一些困难。瑞士心理学家让·皮亚杰对儿童的认知发展非常感兴趣,用了近60年的时间研究儿童的思维过程,当然还包括成人的思维过程。

皮亚杰(1896—1980)于1918年获得瑞士内夏特大学(University of Neuchâtel)的动物学博士,即使在研究无法同我们交流的动物时,他也能够观察到它们解决问题的方式,这些经验对他研究儿童认知发展非常有帮助。皮亚杰的理论认为儿童会遇到某些无法解决的难题,并在日后发展出更为复杂的思维结构来解决这些难题。作为日内瓦大学的教授,皮亚杰创立并领导了位于日内瓦的国际发生认识论中心。

本选1962年发表于《曼宁格诊所公报》(*Bulletin of the Menninger Clinic*),文中皮亚杰描述了认知发展的四个阶段,通过这些阶段智力从简单的反射一直发展为复杂的推理。通过本文,除了能够了解思维发展每个阶段的开始年龄,更应该去思考如下问题:我们应当如何去理解婴儿和儿童的思维方式呢?儿童的思维方式与成人不尽相同,为什么认识到这一点是如此重要呢?

关键概念:认知发展(cognitive development)

APA索引: Piaget, J. (1962). The stages of the intellectual development of the child. *Bulletin of the Menninger Clinic*, 26, 120 - 128.

在定义智力的发展阶段之前,我们必须先考虑一个问题:什么是智力?很遗憾对于这个问题并没有统一的答案。瑞士心理学家埃杜瓦·克兰帕瑞德(Edouard Claparède)认为,智力是对新环境的适应能力,当个体面对新的环境,无法激起任何条件反射,也没有任何习惯可以依赖的时候,就必须寻找新的应对办法。也就是说,克兰帕瑞德将智力定义为一种探索和摸索的过程,一种试误行为。在不同水平层次的智力行为中,都存在这种试误行为,在高级智力水平中,这种试误行为就表现为假设检验。而在我看来,这样的定义过于模糊了,

因为试误行为也会出现在行为习惯养成的过程中，还会出现在最早的反射行为中：如新生儿学会吸吮的过程。

卡尔·布勒尔(Karl Bühler)将智力定义为瞬间理解的过程，也就是顿悟，布勒尔所给出的定义非常精确，但我认为其定义似乎又太过于精确。当人在解决数学难题的时候，的确是凭借顿悟来找到正确的解答，但在找到答案之前，他也一直在进行摸索。而且，如果将试误的过程排除在智力的定义之外，而只有当找到解决问题的答案时才把它称作智力，这样的定义太狭隘了。我把智力定义为一种平衡状态，或一些平衡状态，所有的认知机能都将最终形成平衡状态。

首先，我需要解释平衡的定义，在我使用的词术语中，平衡并不完全是指格式塔理论中的自动平衡，我将平衡定义为：对外界干扰的补偿。

当个体遇到外界干扰的时候，他会采取某种行为以补偿这种干扰造成的结果，最大化的平衡状态也就是最大程度地补偿行为的进行状态，并非补偿行为完成后的休息状态。平衡是一个动态的过程，而不是一个静止的状态。因此，我把平衡定义为补偿，补偿是通过相反的变化来抵消原来的变化的过程，因此它能够导致平衡。补偿包含了一种可逆性，这种可逆性就是智力运算的特点。智力运算是一种思维化了的行为，也是一种可逆的行为。但是任何一次运算都不会是独立的，它必定从属于其他运算，是思维整体结构的一部分。因此，我们以运算和运算之间的协调性来定义智力。

以相加为例，相加是具体的行为，一个使结合的过程，在另一方面，它也是一个可逆的行为，因为相加可以通过相减来补偿。相加会得到一个整体的结构，如果是数学上的数字相加，就会得到一个"加法群"结构，如果是逻辑结构中的类别相加，我们就把这一结构称作"群集"，等等。

因此，对于智力阶段的研究，首先应当是对于运算结构形成过程的研究。针对每个智力阶段，我会分别使用一个整体的运算结构来描述，还包括该运算结构是如何被整合入下一阶段。我将把智力发展主要划分为四大发展阶段：第一阶段，语言出现之前的感知运动阶段；第二阶段，在 2 到 7 岁左右，出现在真正的运算之前的前运算阶段；第三阶段，7 到 12 岁左右的具体运算阶段(依赖于具体对象)；第四阶段，12 岁以后的形式运算阶段，或命题运算阶段。

一、感知运动阶段

在语言出现之前，我们能够把有些行为看作是智力的。例如，一个 12 个月左右的婴儿想要得到某件东西，但是相距太远够不到。如果这件东西放在毯子上面，他就会拉毯子，然后拿到这件东西，这种行为就是智力的表现，他借助了中介物作为达到目标的一种手段。同样，如果儿童通过拉绳子得到绑在绳子另一端的物体，或使用棍子去够到某个物体，都是智力行为的表现。他们在感知运动阶段中的各个阶段都会表现出来，从最早的反射阶段，最初的习惯养成阶段，直到在方法和目标之间做出协调的阶段。

值得注意的是，在智力的感知运动阶段，我们已经可以观察到整体结构。感知运动阶段的智力主要表现在行为动作中，而不是语言中，但这些行为之间的组合模式相对固定，我们把这种组合称为行为的格式。在我们的行为中,格式可以被推广使用,可以被用来应对新的环境。例如,通过拉毯子来够到物体,这可能构成一个格式,并导致以后遇到物体摆放在某样东西上面的时候,都会运用这一格式。换句话说,我们把新的环境合并入旧的格式中,形成一个新的格式,这是一个持续的过程,不断地把新的客体和新的环境同化到已经格式化了的行为中。举例来说,我递给儿童一样他从来没有接触过的东西——一包香烟,儿童会把它拿起来,先是看,再放进嘴里,然后晃动它,用一只手抓着用另一只手去拍打它,拿它在婴儿床的边缘摩擦,然后又晃动它,看上去像是在尝试着让它发出声音。这些行为都是探索的过程,用已有的格式进行尝试并试图弄懂新的物体。日后在比纳的智力测验中,有一项"通过用途来定义物体"的测试,此时儿童还会表现出相类似的行为,诸如回答说:勺子是吃饭时候用的。

当儿童遇到新的事物,即使他还不能说话,也已经懂得逐一运用已获得的格式,去同化、合并新的事物,就好比查阅实用手册的过程。这就是一次智力的建构,整个构建过程的出发点,即基础,是其中最为重要的部分。在感知运动阶段,儿童能够建立客体永久性的格式。

从这一阶段开始,儿童开始培养客体永久性的概念。刚开始的时候,如果我们把一个物体从儿童的视线范围内拿走,他不认为自己还能再看到这样东西,通过这样的测试,我们知道在感知运动阶段的儿童还没能建立起客体永久性,但是,此时他已经开始构建一些基础概念,同样,他也开始构建空间、时间、因果关系的基础概念。在感知运动阶段,儿童所形成的基础概念是将来他们能够完全掌握客体永久性、空间、时间、因果关系等高级概念的准备工作。

二、前运算阶段

从一岁半到两岁大的时候,智力的发展将经历一次十分重要的变化,符号功能的运用开始出现。任何一个智力的行为都包含了某种象征含义,而且只要有象征含义存在,就一定同时存在"象征物"和"被象征物"。虽然感知运动阶段时亦是如此,但那时出现的象征物只是能够知觉到的符号或信号(如条件反射),也就是被象征物。举例来讲,距离是某感知的线索,它能作为我们判断某物体大小的线索,或某物体显现的大小,能够作为我们判断该物体所处距离的线索。作为同一事实所表现出来的两个迹象,它们还不是剥离出的象征物。从一岁半到两岁的阶段出现一类新的象征物,这类象征物同它们所对应的被象征物之间是存在区别的,我把这种区别化称为符号功能。在儿童做游戏时所使用的符号运用就是这一类象征物出现的一个例证,在感知运动阶段的儿童游戏只是"实物演习",而现在他们的游戏已经是符号化了的、虚构的游戏,游戏中运用某样东西来象征另一样东西。另一个例证是儿童开始延迟模仿,所谓延迟模仿即模仿对象并非即时存在,而只是曾经出现过,这就涉及一种符号化或思维想象的能力。

在符号出现的同时,儿童开始获得语言能力,也就是说,同步出现了另一种区别化的象征物——语言信号,或共同信号。这一符号功能为智力发展提供了极大的便利。在此之前,智力只涉及儿童所处的即时场景和即时的感知,拥有了语言能力和符号功能之后,就能够延伸到非即时感知的东西,能够重建过去的场景,能够拟订方案,计划未来,能够思考一切遥远

的事物。用一句话概括说，就是能够摆脱时间、空间的束缚。

儿童发展过程中，这一新的、建立在感知运动阶段之上的思维表征阶段，不仅仅是前一阶段的延伸而已，想要做到延伸，儿童必须先学会重建，使用语言描述的行为，并不就等于在思维中形成的表征。当儿童能够根据连贯的线索，绕着屋子或是花园走一圈的时候，并不等于说他已经能够表征出或描述出屋子或花园的概貌。想要能够表征出、复制出某事物，儿童需要在更高层次的思维世界中，重建出所经历过的一切。

最近，我同耐尔・斯米斯卡(Nel Szeminska)进行了一次有趣的实验。我们找来一些四到五岁间的儿童，他们都独自走路上学，放学后也独自回家。我问他们是否能够告诉我们他们去上学和放学回家是怎么走的，当然我不要求他们画出来，这太难了，我给他们许多道具，就像玩一个建造的游戏。我们发现这些儿童不具备表征能力，他们已经拥有了一种动作记忆，但是不能形成整体的表征，也就是说，所经历过的事物还没有能在思维表征的层面上进行重建，这种重建运算能力还没有形成。他们拥有的一些表征仅仅是内化了的行为，但这些行为仍旧以躯体为中心，以动作为中心。这样的表征不能说是思维和客观世界的合并，只有重建运算才能带来这一去中心化的合并。行为以躯体为中心，以前我把这一现象称为自我中心化，把它看作是缺少行为的转换能力也许更为恰当。

在此发展阶段，缺少运算能力的最有力证据就是，儿童还没有形成客体守恒性的概念，这个概念将在下一发展阶段形成。事实上，运算涉及事实的转变，但也不是所有事物都转变，有些恒定的事物依然是恒定的。当你把水从一个容器倒入另一个容器的时候变化已经发生，水的外观形状变化了，但是水的总量不变。因此，从智力运算的角度看，处于前运算阶段的儿童还不具备客体守恒性的概念。例如，拿倒水的例子来说，当儿童看到水从一个容器倒入另一容器时，他会认为水的量也发生了变化，在新的容器中的水不是比原来的多就是比原来的少。而当你问他多出来的水是从哪里来的时候，他却回答不上来，对于儿童来讲，他注意到的是自己所观察到的事物形态发生了变化。这种缺乏客体守恒性的现象，针对各种物体都存在，如长度、面积、数量、宽度……

三、具体运算阶段

从具体运算开始，儿童能够进行操作客体的运算，这涉及逻辑分类、逻辑关系，或数字的运算。但是儿童还不能进行有关命题或假设的运算，这要到最后一阶段才出现。

让我来逐一列举这些具体运算。最简单的运算是，将物体按照其相似性或相异性分类，这是将小类归集到更大的类别中的运算，涉及包含的概念。这样的分类任务看起来简单，但一直要到七八岁才能完成，在此之前的前运算阶段中，儿童是不具备包含概念的逻辑的。例如，你给处在前运算阶段的儿童看一束花，其中一半是菊花，另一半是各种鲜花，然后问他这里是花的数量多还是菊花的数量多。在你仔细分析之前，你听到的回答也许会让你感到惊讶：无论儿童是从整体上还是部分上做的推理，他都不会回答说花的数目比菊花多。儿童不能理解包含的概念，不能理解菊花是花的一类，于是就会得出菊花比花多，或者菊花和花一样多的结论。一直要到七岁或八岁，儿童才有能力回答包含的问题。

这个年龄段儿童还会掌握的另一种运算是序列化，即根据对象的大小或重量的递增关系排序。和依赖具体运算的分类一样,这也是一个整体的结构,由对具体对象的操作组成。同时儿童还会掌握数字的构建,这是分类和序列化运算综合的结果。数字涉及包含的概念和序列的概念,这些基础的运算构成了整体的结构。没有分类运算,就不存在类别的概念,没有序列化运算,就没有对称关系,没有一系列的数字,单个数字的存在也就没有意义。然而,这些整体的结构仅仅是集合中涉及类别和关系的情况,比如说数字本身就是集合,对于以后的结构而言,这些只是最基础的结构而已。

四、形式运算阶段

智力发展的最后一个阶段我们称之为形式运算阶段,或命题运算阶段。儿童到了 11 至 12 岁左右将有巨大进步,不仅能够根据实际的对象进行推理,同时还能够根据假设或是根据命题进行推理。

伯特(Burt)所做的测试是一个非常好的实例,能够说明根据实际对象的推理和根据命题的推理之间存在的差异。Burt 让不同年龄段的孩子去比较三个女孩头发的颜色,问题如下:艾蒂的头发颜色比苏珊的头发颜色浅,艾蒂的头发颜色比莉莉的头发颜色深,那么三个女孩中谁的头发颜色最深?这个问题涉及序列化运算,但不是基于具体的对象,而是口头描述,这就需要更为复杂的思维运算。结果是很少有不到 12 岁的儿童能够正确回答这一问题。

一类新的运算,由逻辑运算和数字运算发展而来,这就是命题运算。同之前的年龄段相比,这是一次根本性的变化。这些运算不仅涉及语言,涉及具体运算,重要的是它们所拥有的结构要复杂得多。

第一个新的结构是组合结构,同数学结构一样,它是由简单的分类结构或序列化结构发展而来。简单的结构不能被称为系统,因为它们不涉及组合系统。系统中两个概念之间能够灵活地组合在一起我们称之为组合系统,有了组合系统才可能有命题的逻辑。假设我们给不同年龄段的儿童一些不同颜色的盘子,让他们把盘子每两个为一组或每三个为一组进行组合,我们会发现具体运算阶段的儿童不具备组合运算能力,他们能够给出一些组合,但却不能列举出所有的组合。到 12 岁以后,儿童就能够找到列举出所有组合的办法了。具备了组合运算能力,同时儿童也就开始具备数学逻辑和命题逻辑。

第二个新的结构则构成了四元转换群*。至此我们知道两种可逆性:第一种是反演,通过废除,取消得到的可逆性,第二种我们称为互反,它不采用取消,而采用另一次组合,存在关系才有可能倒易。若 A 等于 B,那么通过互反则 B 等于 A;若 A 小于 B,互反得到 B 大于 A。命题运算阶段发展出的新的系统包含了这两种可逆性,反演和互反被整合为这个更大更复杂的系统,只有建构了这样一套系统,儿童才能获得一系列基础运算格式。

儿童到了 12 岁左右,才有能力去理解数学中比例的概念,才能开始同时运用两套参照系统进行推理。例如,你把一块板向前移动,把一辆玩具车往相反的方向移动,此时,为了理

---

* 此处应指 INRC 四元群,四种转换指的是同一性转换(I),反演性转换(N),互反性转换(R)和对射性转换(C)。

解板相对于车的运动，儿童就需要拥有一套四元转换群。同样，想要理解比例问题，数学或物理问题，或其他逻辑问题，都需要这套四元转换群。

儿童的智力发展主要有上述四个阶段，每从一个阶段过渡到另一个阶段，儿童都需掌握新的运算结构，这些运算结构是将来成人智力的基础。

第三十一选 母婴依恋

玛丽·安斯沃斯(Mary D. S. Ainsworth), 1979

婴儿是如何建立对父母的依恋的呢？家长、教育学家和心理学家都对此表示关注，值得注意的是，婴儿还会表现出不同的依恋行为模式。心理学家玛丽·安斯沃斯在该领域的研究中取得了突出的成绩。

安斯沃斯(1913—1999)出生在俄亥俄州的格兰代尔(Glendale, Ohio)，她的童年时光大部分在多伦多度过，并于1939年获得多伦多大学(University of Toronto)的人格心理学博士学位。1956年至1975年，她任教于约翰·霍普金斯大学(John Hopkins University)，此后就职于弗吉尼亚大学(University of Virginia)。在儿童发展及依恋这一学术领域她有过许多出版物，1967年出版了《在乌干达的婴儿期：婴儿保育及爱的成长》(*Infancy in Uganda: Infant Care and the Growth of Love*, Johns Hopkins University Press)。

本选发表于《美国心理学家》(*American Psychologist*)杂志，文中介绍了安斯沃斯对依恋发展的研究，她运用陌生场景来测试婴儿的行为模式，并至少发现了三种不同的依恋模式，她认为婴儿的哭闹行为是决定母婴之间关系发展的关键。我们应该思考依恋模式对将来长期发展的影响，以及婴儿期形成安全型依恋、焦虑型依恋，或回避型依恋，会对一个人将来的人际关系有何影响。

关键概念：婴儿依恋(infant attachment)

APA 索引：Ainsworth, M. D. S. (1979). Infant-mother attachment. *American Psychologist*, 34, 932 - 937.

根据鲍尔比(Bowlby)从生态进化论角度提出的依恋理论(1969)，我们知道对于人类以及其他生物而言，婴儿会对母亲的形象产生依恋，这在生命基础上是至关重要的。依恋的对象未必非得是婴儿生物学意义上的母亲本身，任何扮演第一照顾者角色的人都能成为依恋对象。通常婴儿都能实现依恋，除非在非常极端的情况下，由于接触时间不够，婴儿和任何一个照料者之间都不足以形成依恋。对于依恋被剥夺的相关研究资料在此不作详述，迄今为止我们还不知道多大程度的接触可以确保产生依恋行为。

近来，针对依恋行为的研究取得相当的进展，如依恋行为的个体差异，不同的依恋模式形成过程的差异，以及不同依恋模式对儿童将来发展的影响等等。母婴依恋的研究之所以能取得这些进展，除了长期的观察以外，还要归功于专门设计的标准化实验场景，我们称之为“陌生场景”。事实证明，陌生场景应用于测量1岁左右婴儿的依恋行为非常有效(Ainsworth, Blehar, Waters & Wall, 1978)。

测量过程中，根据儿童在陌生场景中的行为模式，尤其是在分离后重逢阶段的行为模式，我们对依恋进行分类，共得到8种依恋的行为模式，我把这8种模式归为三大类型，分别命名为A类型、B类型和C类型，在此我先简单概括。先说B类婴儿，他们在分离前的阶段把母亲看作是安全的“基地”，并以母亲为中心向房间周围探索；在分离阶段他们的依恋行为得到加强，具体表现为减少探索行为，并可能出现不愉快的情绪等；而在重逢阶段他们会试图和母亲交流，靠近或至少企图接触。C类婴儿在分离前阶段就表现出一些焦虑的迹象；分离阶段会使他们非常不高兴；而在重逢阶段他们对母亲怀有双重情感，既寻求和她亲密接触，又抵触任何接触或互动。A类婴儿则完全相反，即使在分离阶段他们也很少哭闹，而在重逢阶段，要么在靠近之时又伴随着回避行为，要么完全忽视母亲的存在，总之是回避母亲。

一、陌生场景中行为和一般行为的比较

我们采用纵向研究的方法，观察过去一年以来被取样的婴儿在家庭生活环境中的表现，以此来比较A类、B类和C类婴儿的行为类型。根据在9至12个月大的婴儿身上进行的因素分析，我们制作出一个“安全—焦虑轴”(Stayton and Ainsworth, 1973)。B类婴儿的行为表现特征显著地位于轴的“安全”端，因此他们的依恋是安全的，而另两类依恋则坐落于轴的“焦虑”端，因此他们的依恋是焦虑的。另一个维度显然与身体亲密接触的程度有关，在这方面A类婴儿表现得明显不同于另外两类，他们没有另两类婴儿那么渴望被大人抱起，然而一旦被抱着了又更加表现出不愿意被放下。同时用分类的另两种行为——合作和愤怒——不包括在因素分析内，B类婴儿比另两类婴儿表现得更为合作，较少生气，A类婴儿比C类婴儿更加容易生气。显然，A类婴儿同母亲之间的身体接触方式存在问题，在下文中我将解释为什么不恰当的接触方式会使他们更加倾向于生气。

这三类婴儿的身上还存着其他行为的差异，我们对这些差异的比较研究作了总结(Ainsworth et al., 1978)，有关社会情感行为的研究结果和上面的概括内容基本一致，另外，根据三项认知测量的研究，我们发现安全的依恋对婴儿是有好处的。

二、母亲的行为和陌生场景中行为的比较

通过测量最常见的一些母婴之间互动的情境，我们发现在这一年照料婴儿的过程中，安全型依恋婴儿(B类)的母亲，要比另外两类婴儿的母亲对婴儿给出的信号更为敏感并积极做出反应(Ainsworth et al., 1978)。我认为通过母亲积极的回应，婴儿能够形成初期的简单期望，这种期望效果能帮助婴儿学习如何对身体内部和外部发生的事情做出适度的反应，并逐渐形成一种概念，把母亲视作为能提供帮助的、可依赖的形象表征，或称为“工作模式”(Bowlby, 1969)，这就是其能够感到安全的原因。与之相反，由于另一些母亲没能够对婴儿

的信号做出积极反应,或者是延迟反应,或者反应不恰当的,就会导致婴儿无法从母亲身上获得期望,无法把她视为一个可依赖的形象,因此,婴儿产生了焦虑。

在研究身体亲密接触的过程中,我们惊讶地发现,回避型依恋婴儿(A 类)的母亲对亲密接触都表现出发自内心的厌恶,这是其他母亲身上所没有的。另外,与另两类婴儿的母亲们相比,她们表现出更多抵触性,更容易生气,更少地表达自己的感情。从理论的角度分析回避型婴儿同他们的抵触的母亲之间的互动关系(Main and Ainsworth et al., 1978)表明,婴儿的依恋行为在被激发的状态下,由于索求身体接触遭到了冷落,他们内心承受着"接近—回避"的冲突,回避被看作是婴儿的自我防御手段,能减少内心冲突可能会导致的焦虑和愤怒情绪,但也仍然与母亲维持在一定距离以内。

基于以上这些研究成果,我们不禁要问,婴儿的依恋行为模式形成,在多大程度上取决于这一年中母亲的行为呢?又在多大程度上,是天生的,由性格所致呢?在一项研究中我们得到的结论是,不同依恋类型的形成大部分是母亲行为的结果(Ainsworth, 1979)。而从另外两项研究中得到的结论是,C 类依恋婴儿可能是天生就存在"困难",外加上母亲不能够很好地对婴儿给出的信息做出反应,这样婴儿就很容易形成焦虑的依恋关系。

1. *母婴互动情境*

在母婴互动情境中,大部分的研究集中在母婴面对面交流的情境。许多研究表明,面对面相隔着一段距离的交流对于人类相互之间关系的建立非常重要(e.g., Walters & Parke, 1965)。我们采用定格播放录像的方法做微量分析研究,发现由于母亲对婴儿行为线索具有高度敏感性,因此面对面的交流总是能有条不紊地进行(e.g., Brazelton, Koslowski & Main, 1974; Stern, 1974)。弗雷伯格(Fraiberg, 1977)在对失明婴儿的纵向研究中发现,对于婴儿的依恋发展以及母亲会做出的反馈而言,视觉都起到至关重要的作用。

以上这些关于面对面交流的研究很有说服力,以至于人们几乎忘记去研究身体接触的交流情境,而进化论的观点则强调身体接触的重要性。对于其他灵长类动物而言,婴儿始终和母亲保持着亲密的身体接触,这是至关重要的生存法则。人类的祖先们居住在那个危机四伏的年代里,母婴之间身体的接触要远远超过现代社会(e.g., Konner, 1976)。布雷顿·琼斯(Blurton Jones, 1972)发现,在人类的进化过程中婴儿始终是由母亲抚养长大,并受到有规律地喂食,而其他一些生物种群的婴儿往往被藏在安全的地方,喂食也是不规律的。鲍尔比(Bowlby, 1969)认为,当依恋行为被激发的时候,婴儿尤其渴望亲密的身体接触,事实上,在研究中我们发现当婴儿哭泣的时候,作为母亲能采取的最常用的,也是最行之有效的办法就是把婴儿抱在怀里(Bell and Ainsworth, 1972)。最近的一次研究则表明,母婴之间的亲密身体接触行为和面对面的交流具有同等的重要性,在婴儿出生后最初几个月里可能尤为重要(Blehar, Ainsworth & Main)[1],虽然我们研究样本有一定的局限性,但我们发现母亲把婴儿抱在怀里这个动作环节中,她们抱的方式比抱的时间长短,对婴儿的依恋发展有着更大的影响。

喂食过程没有被单独地列为母婴交流的情境来研究,而是被看作社会性面对面交流的一种。早先有以心理分析和社会学习理论角度出发的研究,把母亲的喜怒哀乐看作是婴儿本能的行为动机,或者说在婴儿眼中母亲扮演着次级强化物的角色,因此认为母亲的喜怒哀

乐决定了婴儿依恋的本质。但是这方面的研究并不能提供证据说明,给婴儿喂食的方式能够显著地影响婴儿的发展,同时在研究方法上它还明显存在着漏洞(Caldwell, 1964)。相反,在我们的研究发现,喂食过程中母亲是否对婴儿做出及时反应,这同婴儿最终形成什么类型的依恋有着密切的相关(Ainsworth & Bell, 1969)。该发现让"命令式"喂食过程得到了重新定义——婴儿给出的信号不仅表明了什么时候需要喂食,也表明了什么时候可以终止喂食,还能控制进食过程的节奏,表达对新的食物的喜好与否。

虽然有了这些发现,但我们尚不能明确地指出,哪一种母婴互动的情境是最为重要的。喂食过程、身体接触、面对面的交流或是婴儿哭泣的时候,总之,母婴之间的互动能够让婴儿对母亲形成一种依赖性期望,一种工作模型,把母亲多多少少看作为能提供帮助、能够依赖的形象。事实上有一系列研究都表明,在某个情境中对婴儿给予的信号能快速反应的母亲,往往在其他情境中也能够快速反应。

2. 把母亲看作安全基地,并向周围探索

在依恋理论中,行为系统只是众多服务于依恋的系统之一,每个系统都有各自的启动和终止机制,相应的功能及结果。在漫长的人类婴儿时期,依恋能起到的保护作用是尤其重要的。值得注意的是保护功能和探索行为之间有着相互作用,因为人类具有适应各种各样的环境的潜力,所以探索行为作为一种认识环境的功能是非常重要的。依恋行为和探索行为彼此支持,当依恋行为被激活的时候,婴儿更倾向于靠近或接触母亲,而当依恋行为处于低激活水平的时候,婴儿则更多受到好奇心的驱使。只要有依恋对象在场,尤其是有一个能提供帮助的、可依赖的对象,婴儿就能够接受环境中新鲜事物的刺激,并展开探索行为。

然而,也有人认为依恋行为或多或少地会影响婴儿独立性的发展,我们的研究并不支持这一想法。例如,布勒哈尔(Blehar)等人发现那些能积极地同母亲之间发生亲密身体接触的婴儿,同样也很乐意被放下来并继续独自探索[1]。培养安全性的依恋非但不会妨碍,反而会有利于独立性的健康发展。

3. 同依恋对象分离时的反应

对于应该如何判断婴儿是否对某人产生依恋,谢弗尔(Schaffer, 1971)给出的严格的判断标准是:在婴儿的思维中某人是否可以被他人取代。因此,儿童是否对母亲的离开或长时间不在身边表示抗议,也能够表明依恋的形成(Schaffer & Callender, 1959)。这并不意味着婴儿在任何情况下对于依恋对象的分离都会表现出一成不变的抗拒,不同的情境下抗拒行为出现概率和程度均有所不同。我们有相当的证据表明,当婴儿主动地希望离开母亲并进行一些探索行为时,他们不会表现出,至少一开始不会表现出抗拒行为。另外,陌生环境中倘若有其他依恋对象在身边,相比完全没有人在场的情况或只有陌生人在场的情况下,婴儿会表现得更加安静,而婴儿在家中独自待着,也要比在陌生的环境中独自待着更安静,这是由于在家中婴儿知道母亲会回到自己身边。婴儿的认知过程发展,会导致他们对分离的抵抗行为发生变化,这是一个复杂的影响过程,有待进一步的研究。

4. 其他依恋对象

许多人把鲍尔比的依恋理论理解为,婴儿只能够同一个人之间产生依恋关系,那就是其母亲,事实上这是错误的。在依恋理论中一共有三处提到了“多样化”依恋。第一,我们认为婴儿会在自己熟悉的众多人群当中谨慎地选择其依恋对象(Ainsworth, 1967; Schaffer & Emerson, 1964);第二,哈洛(Harlow, 1971)指出,母婴之间的感情和儿童伙伴之间的感情是有区别的,虽然在没有其他人做选择的情况下,婴儿有可能把某个伙伴看作是依恋对象(e. g. , Freud & Dann, 1951; Harlow, 1963);第三,婴儿可能拥有多个依恋对象,但是这并不代表所有的依恋对象在其心目中处于同等地位。鲍尔比(1969)认为,婴儿会有一个主要的依恋对象,通常是对自己照顾最多的那位,而其他人只是处在次要依恋对象的地位,他们之间存在等级关系。婴儿可能因任何一个依恋对象的存在而感到高兴和安全,但是在某些情况下,例如生病、疲劳或紧张时,婴儿就会对不同依恋对象表现出偏好。

最近这些年来,人们也热衷于研究婴儿如何将父亲看作是依恋对象,但是,针对婴儿把父母以外的人看作是依恋对象的研究就相对较少。婴儿会不会对专职婴儿保姆产生依恋呢?或者是婴儿日间照顾中心的工作职员?弗里纳(Fleener, 1973)、范伦和雷米(Farran & Ramey, 1977)、李克提(Ricciuti, 1974)都指出这种依恋是可能存在的,不过婴儿会明显地偏好母亲作为第一依恋对象,福克斯(Fox, 1977)还比较了在以色列居民区中,分别由母亲抚养大的和由老师抚养大的婴儿在陌生场景中的行为区别。这些只不过是一个开始,我们还需要深入研究婴儿对其他照料他们的人所产生的依恋行为。

5. 依恋关系的影响

相比焦虑型依恋的婴儿,那些有幸在一岁左右形成了安全型依恋的婴儿在日后同母亲还有其他一些熟悉的人的交往中,表现得更乐意交往,也表现出更多的正面情感,同时还更少地表现出攻击性或回避性。日后在和同伴交往的过程中,他们会更具备竞争力,也更富有同情心;在自由玩耍的时间里他们对探索事物更感兴趣,花费更多的时间精力;面对要解决的问题时,他们更乐意思考,更能够坚持不懈,更可能找到问题解决的方案,同时更乐意接受母亲的帮助;他们更富有好奇心、自制力和适应能力,往往能在智力测试和语言测试中取得更高的分数。在另一些研究中我们比较两类焦虑性依恋之间的区别,发现回避型依恋(A类)儿童会持续地表现出更加富有攻击性、更不合作、更回避;而反抗型依恋(C 类)则更容易被激怒、更缺乏坚持力、缺乏竞争力。

6. 结论

由于受到一年内母婴之间不同的互动方式的影响,一岁左右的婴儿和母亲之间会形成不同的依恋关系,这会对婴儿将来的发展产生影响。根据婴儿对母亲的行为方式,我们可以推断出这种行为组织将影响到他将来为人处世的方式。尽管将来的认知和社会情感发展能带来一定程度的改变,但依恋的行为组织方式仍将起到某种核心作用,并贯穿在整个发展过程中。

注释

1. Blehar, M. C. , Ainsworth, M. D. S. & Main, M. *Mother-infant interaction relevant to close bodily contact*. Mnograph in preparations, 1979.

参考文献

[1] Ainsworth, M. D. S. *Infancy in Uganda: Infant care and the growth of love*. Baltimore, Md.: Johns Hopkins Press, 1967.

[2] Ainsworth, M. D. S. Attachment as related to mother-infant interaction. In J. S. Rosenblatt, R. A. Hinde, C. Beer & M. Busnel (Eds.), *Advances in the study of behavior* (Vol. 9). New York: Academic Press, 1979.

[3] Ainsworth, M. D. S. & Bell, S. M. Some contemporary patterns of mother-infant interaction in the feeding situation. In A. Ambrose (Ed.), *Stimulation in early infancy*. London: Academic Press, 1969.

[4] Ainsworth, M. D. S., Blehar, M. C., Waters, E. & Wall, S. *Patterns of attachment: A psychological study of the strange situation*. Hillsdale, N. J.: Erlbaum, 1978.

[5] Bell, S. M. & Ainsworth, M. D. S. Infant crying and maternal responsiveness. *Child Development*, *1972*, *43*, 1171 - 1190.

[6] Blurton Jones, N. G. Comparative aspects of mother-child contact. In N. G. Blurton Jones (Ed.), *Ethological studies of child behavior*. London: Cambridge University Press, 1972.

[7] Bowlby, J. *Attachment and loss: Vol. 1. Attachment*. New York: Basic Books, 1969.

[8] Bowlby, J. *Attachment and loss: Vol. 2. Separation: Anxiety and anger*. New York: Basic Books, 1973.

[9] Brazelton, T. B., Koslowski, B. & Main, M. The origins of reciprocity: The early mother-infant interaction. In M. Lewis & L. A. Rosenblum (Eds.), *The effect of the infant on its caregiver*. New York: Wiley, 1974.

[10] Caldwell, B. M. The effects of infant care. In M. L. Hoffman & L. W. Hoffman (Eds.), *Review of child development research* (Vol. 1). New York: Russell Sage Foundation, 1964.

[11] Connell, D. B. *Individual differences in attachment: An investigation into stability, implications, and relationships to the structure of early language development*. Unpublished doctoral dissertation, Syracuse University, 1976.

[12] Farran, D. C. & Ramey, C. T. Infant day care and attachment behavior toward mother and teachers. *Child Development*, *1977*, *48*, 112 - 116.

[13] Fleener, D. E. Experimental production of infant-maternal attachment behaviors. *Proceedings of the 81st Annual Convention of the American Psychological Association*, *1973*, *8*, 57 - 58. (Summary)

[14] Fox, N. Attachment of kibbutz infants to mother. *Child Development*, *1977*, *48*, 1228 - 1239.

[15] Fraiberg, S. *Insights from the blind*. New York: basic Books, 1977.

[16] Freud, A. & Dann, S. An experiment in group upbringing. *Psychoanalytic Study of the Child*, *1951*, *6*, 127 - 168.

[17] Harlow, H. F. The maternal affectional system. In B. M. Foss (Ed.), *Determinant of infant behavior* (Vol. 2). New York: Wiley, 1963.

[18] Harlow, H. F. *Learning to love*. San Francisco: Albion, 1971.

[19] Konner, M. J. Maternal care, infant behavior, and development among the ! Kung. In R. B. Lee and I. DeVore (Eds), *Kalahari hunter-gatherers*. Cambridge, Mass.: Harvard University Press, 1976.

[20] Main, M. Avoidance in the service of proximity. In K. Immelmann, G. Barlow, M. Main & L. Petrinovich (Eds.), *Behavioral development: The Bielefeld Interdisciplinary Project*. New York: Cambridge University Press, in press.

[21] Ricciuti, H. N. Fear and the development of social attachments in the first year of life. In M. Lewis & L. A. Rosenblum (Eds.), *The origins of fear*. New York: Wiley, 1974.

[22] Schaffer, H. R. *The growth of sociability*. London: Penguin Books, 1971.

[23] Schaffer, H. R. & Callender, W. M. Psychological effects of hospitalization in infancy. *Pediatrics*, *1959*, *25*, 528 - 539.

[24] Schaffer, H. R. & Emerson, P. E. The development of social attachments in infancy. *Monographs of the Society for Research in Child Development*, *1964*, *3*(Serial No. 94).

[25] Stayton, D. J. & Ainsworth, M. D. S. Individual differences in infant responses to brief, everyday separations as related to other infant and maternal behaviors. *Developmental Psychology*, *1973*, *9*, 266 - 235.

[26] Stern, D. N. Mother and infant at play: The dyadic interaction involving facial, vocal and gaze behaviors. In M. Lewis & L. A. Rosenblum (Eds.), *The effect of the infant on its caregiver*. New York: Wiley, 1974.

[27] Walters, R. H. & Parke, R. D. The role of the distance receptors in the development of social responsiveness. In L. P. Lipsitt & C. C. Spiker (Eds.), *Advances in child development and behavior*. New York: Academic Press, 1965.

[28] Waters, E., Vaughn, B. E., & Egeland, B. R. Individual differences in infant-mother attachment relationships at age one: Antecedents in neonatal behavior in an urban economically disadvantaged sample. *Child development*, in press.

第三十二选
性别及两性关系：发展的视角

爱莲娜·麦考比(Eleanor E. Maccoby)，1990

这些年来，心理学家们对两性差异的兴趣日渐浓厚，出现了诸多针对个体差异的研究，例如认知能力、数学问题解决能力、情感表达和语言能力等等。发展心理学家爱莲娜·麦考比认为我们对个体差异倾注了过分的关心，以至于忽略了社会关系中性别差异的重要性。

麦考比生于1917年，1950年获得密西根大学(University of Michigan)实验心理学博士学位，随后她在哈佛大学(Harvard University)的人类发展实验室工作，自1958年起任教于斯坦福大学(Stanford University)，现为荣誉退休教授。她曾同卡罗尔·杰克琳(Carol Jacklin)合著出版了《性别差异心理学》(*The Psychology of Sex Differences*, Stanford University Press, 1974)一书，最近又出版了《两种性别：分别成长，终归合一》(*The Two Sexes: Growing Up Apart, Coming Together*, Belknap Press of Harvard University Press, 1998)。

本选于1990年发表在《美国心理学家》(*American Psychologist*)之上，文中麦考比认为，当我们单独地对儿童做测试的时候，性别差异并不明显，但是在社会环境中对儿童做测试，就会表现出明显的性别差异。此外，儿童们还倾向于与相同性别的伙伴在一起，男孩们和女孩们在玩耍常常分为两群。当团队中有异性伙伴和没有异性伙伴的两种情况下，儿童运用交流模式之间存在什么差异？了解了这些性别差异的存在，对我们的日常交流有什么帮助呢？

关键概念：性别和社会关系(gender and social relations)

APA索引：Maccoby, E. E. (1990). Gender and relationships: A developmental account. *American Psychologist*, 45, 513 - 520.

众所周知，心理学家对于性别心理学的研究来源于个体差异的研究。我们经常测量人的各种指标或能力，并根据其所处的样本分布位置给每个人评分。大多数心理学指标的测量结果都显示个体差异的存在，于是我们投入大量精力研究这些差异之间的相关性，及其产生的原因。过去在这类研究中，我们通常会在进行实验之前，先按照诸如被试年龄或所处环境特征等已知变量对被试进行分组,随后根据该已知变量或自变量的分组来讨论被试在实验任务中的差异表现是什么原因所造成的。除了极个别的双性人之外,最简单的分类法就是把被试分为男性和女性,在讨论个体差异的原因时,还能有什么方法比这种美妙的自然两分法来得更为恰当呢?

15 年前,卡罗尔·杰克琳(Carol Jacklin)与我合作出版了一本书,书中我们总结了性别差异心理学从个体差异心理学中独立出来后所取得的进展(Maccoby & Jacklin, 1974)。当时研究成果有限,只发现在若干个心理特征上男女两性始终表现出性别差异,而且即使发现了性别之间的差异,这个差异量相对同性别个体之间的差异而言,也是非常小的。我们的结论恰好符合当年女权主义的时代潮流,大部分妇女都提出了最低待遇要求,认为两性应该被同等对待,认为任何差异都来自旁观者的幻觉或是社会塑造的结果。但我们的结论受到了众多议论,有人认为我们夸大了性别差异(Tieger, 1980),也有人认为我们低估了性别差异(Block, 1976)。

15 年以来,我们采用更成熟的技术来研究性别差异,即元分析法,在揭示差异存在的同时,还揭示了差异量的大小。我认为,时至今日我们取得的结果,与 1974 年杰克琳和我的结果非常相似:在数学能力和空间能力方面的测试是,依然发现了中等程度的性别差异;而这次没有在语言能力上发现性别差异,智力其他方面的测试依然是男女平等的。至于性格—社会性的层面,研究结果涉及方方面面,相互间并不完全一致,我们继而发现男性要比女性更富有攻击性(Eagly, 1987; Huston, 1985; Maccoby & Jacklin, 1980),依格雷(Eagly, 1983, 1987)还发现女性要比男性更容易受他人影响,而男性则要比女性更无私、更乐意帮助他人。然而,从整体上来说,两性间并没有呈现出有规律的性格特征差异(Huston, 1985)。这无疑部分地支持了如下的观点:男人和女人之间的确非常相似,当在同一文化环境中生活时,他们所拥有的绝大部分心理特征都基本一致。然而我却认为,虽然通过性格测试没有发现男女之间的差异,但这仅是一个表面假象,是迎合时代所特有的个体差异观需要的人为现象。许多人都指出,一个人的作用无法构成社会行为,至少需要两个或两个以上的人之间的互动才能构成社会行为。我们对待不同的人会有不同的相处方式,性别特征一定以某种途径蕴含在社会行为中,而当我们把与各类社交伙伴的相处方式放在一起考虑时,就容易忽略这种性别特征的表达途径。

我们在一次实验中把两个相互不认识的儿童放在一起(平均年龄 33 个月),研究结果揭示了性别无差异只是一个假象(Jacklin & Maccoby, 1978)。我们在实验中或者安排两名同性别的儿童为一组,或者安排一男一女为一组,观察者按时间采样记录每个儿童的社会行为,每个儿童最后都得到一个分数,评价其对自己的伙伴进行的社会行为的总量,这个分数同时包含正面行为和负面行为(例如,把玩具给对方与争夺玩具相对应,拥抱和推搡相对应,打招呼、邀请与拒绝、阻碍相对应)。当我们不把同伴的对象作为考虑因素时,男孩女孩之间的得分并没有表现出差异。但是,同一组内两个儿童的性别之间的关系却有着重大影响:无论是男孩还是女孩,在面对相同性别的伙伴时所表现的社会行为要远远超出面对异性伙伴时的社会行为。华沙曼和斯腾(Wasserman & Stern, 1978)也取得了相一致的结果,他们让一名儿童去接近另一名儿童,发现当对方是一名异性伙伴时,仅有三岁的儿童就会在很远

的地方就停下来不再靠近对方。这表明对同性的理解，以及对异性的谨慎态度。

相类似的，我们观察记录了两个孩子一起时，其中一个孩子被动地站着，观看伙伴独自玩玩具的情况所出现的频率，总体而言这种情况出现频率并不存在着性别差异。但是，对女孩子而言这一情况出现的频率却因其伙伴的性别而迥然不同。当女孩和女孩在一起时，这种情况很少发生，事实上比两个男孩之间发生的可能性还要小；而当女孩和男孩一起时，女孩则常常站在一边看男孩独自摆弄玩具。因此，整体而言，参与实验的女孩并不比男孩更被动。在这些组中的女孩身上所发现的被动性，只能够理解为是同她们的玩伴的性别有关，只有在与男孩共处的情况下，女孩才会表现出这些行为特征。这并非新得出的结论，我们向来认为个人所处的情境会决定社会行为，然而此处我们所看的社会行为不仅仅具有情境特异性，它是由相处伙伴的性别所决定的。我们发现当一个男孩和一个女孩共处的情境会造成许多类似的行为，并推断当多名男孩女孩在一起时也会发生这类行为。

根据在这个年龄段的儿童与同性别的伙伴更容易相处这一点，可以推断出当儿童处在既有男孩又有女孩在场的情况时，会偏向选择与自己性别相同的伙伴一起玩。已经有不少资料提到儿童表现出的同性别偏好，但是两性分化现象在儿童的各年龄阶段表现未必相同，十分有必要进行更系统的研究。杰克琳和我以约 100 名儿童为样本，从其出生到 6 岁进行了纵向研究，按时间采样观察记录他们于学龄前阶段在户外玩耍的情况，以及两年之后课间休息时在操场玩耍的情况(Maccoby & Jacklin, 1987)。研究发现，儿童大约处于四岁半时，对相同性别玩伴的偏好已经明显存在，此时儿童与同性别伙伴在一起玩的时间是与异性别伙伴在一起玩的时间的 3 倍。到了六岁半左右，性别偏好要强烈得多，时间从 3 倍增加为11 倍。

我们曾经对玩伴性别偏好现象作过总结(Maccoby, 1988; Maccoby & Jacklin, 1987)，此处仅对主要研究成果做简单概述：

1. 在任何文化环境中，只要儿童所处的社会团体允许他们选择，就存在性别分化现象。

2. 现实中，儿童性别偏好的程度要比在实验环境下观察到的还要大。

3. 我们曾试图采取一些手段阻止儿童选择与同性别伙伴在一起，实验证明这种性别偏好很难改变。

4. 儿童自愿与同性别的伙伴在一起，而非迫于成人的压力才这样做。在男女同校的情境中研究发现，在没有老师指导的情况下，性别分化现象更为突出(e. g., Eisenhart & Holland, 1983)。性别分化行为具有情境特异性，在某些情况下，不同性别的儿童可以很好地相处，比如每人的角色由老师指定，相互协作完成一件有趣的任务，或比如说在非公开场合(Thorne, 1986)。

5. 性别分化现象与带有性别色彩的活动的参与度之间没有密切关系。性别分化现象表现在男孩玩汽车玩具，女孩玩布娃娃，但学龄前儿童还会花大量时间进行一些不带有性别色彩的活动，在这些活动中也存在性别分化现象。

6. 儿童早在 3 岁左右就表现出对同性别玩伴的偏好，甚至在更小的时候，我们已经能够在特定的情况下观察到这种偏好。但是，到了学龄阶段这种偏好的程度要远远大于学龄前阶段，而且从 6 岁到至少 11 岁以前一直维持在很高的水平。

7. 虽然研究范围不大,但迄今为止我们并未发现儿童对同性别玩伴的偏好与个体差异的测量结果之间存在相关,尤其是同男性化或女性化的程度无关,也与性别图式化的程度无关(Powlishta, 1989)。

为什么儿童会明显地表现出对同性别伙伴的偏好,以及对异性别伙伴的回避呢?我在另一篇文章中总结了造成学龄前儿童的这种偏好的两大重要因素(Maccoby, 1988),第一,参与打群架属于男孩的性格特征,同时他们注重参与竞争及获取优势,而大多数女孩对这种男孩之间的交流模式感到反感,至少会因这类行为而保持警惕。第二,女孩会意识到自己很难支配男孩的行为。塞宾(Serbin)等人在研究中发现,在三岁半到五岁半的年龄段,儿童尝试支配自己同伴行为的次数会大大增加(Serbin, Sprafkin, Elman & Doyle, 1984)。这表明儿童企图将同伴行为和自己的行为整合到一起,并由此达到活动中行为相互协调的目的。他们还发现,同样是企图支配伙伴的行为,女孩逐渐养成有礼貌地对伙伴提出建议的习惯,而男孩则越来越多地采用直接命令式的态度,经过学前阶段,男孩越来越不会听取礼貌的建议,这就导致女孩逐渐养成的习惯在男孩身上却越来越失去作用,但是在女孩与女孩之间、女孩与老师、女孩与成人之间,她们养成的给予建议的习惯却非常奏效。

我们研究 33 个月大的儿童时,就能够预见到这种不对称的影响模式:我们发现倘若男孩的行为受到女孩的反对,他们不会改变要做的事;而如果这一命令来自男孩,他们却会听从,女孩则对来自女孩或者男孩的命令都会做出反应。法哥特(Fagot, 1985)发现由于男性伙伴的正面反馈,施与命令的男孩会受到强化——从某种意义上说,男孩会以此调整自己的行为——但如果是女性伙伴给出的反应,则不会导致调整。

我认为,女孩也会因为男孩不懂得对自己的命令做出反应,而厌恶与男孩交往并开始回避他们。略懂权力与谈判的学生都知道互惠互利的重要性,普鲁伊特(Pruitt, 1976)曾说过:"人类活动中威信与权力无处不在。事实上,很难想象成员之间不能相互影响的团队是如何运作的。"由此看来,为什么男孩女孩很难在团队中共处就很好理解了。

为什么男孩不愿意接受来自女孩的影响呢?心理学家们不约而同地从家庭生活中寻找儿童行为模式的来源。一种解释是,父母教育男孩时注重要有影响力,要坚定自信,教育女孩时注重要文雅,要有礼貌,但这种不同的社会化压力并无相关证据证明。然而,很难想象父母如何教育男孩不要理睬女孩的建议,难道有理由这样做吗?有人说也许这是观察学习的结果:儿童通过对父母的观察,发现父亲要比母亲更有影响力。我对这种解释表示怀疑。首先,在家庭生活中很多事情都是由母亲做出决定,在和儿童相关的问题上父亲通常会尊重母亲的判断。或者,父母们采取联合的态度,这样在儿童看来父母双方具有同等的权力,因此在任何时候无论命令来自父亲或母亲,对儿童而言是一样的。另外,非常年幼时,儿童就表现出两性之间相互影响的不对称性,我认为此时儿童尚不明白自己的性别与父亲(或母亲)的性别相同的概念。换句话说,男孩拒绝女孩想要对他们施加的影响,不太可能是由于女孩让他们联想到了自己的母亲。我们还不清楚女孩不能影响男孩的真正原因,但这个事实除了导致两性分化以外,还会影响其他各种社会行为。

举例来说,波利斯塔(Powlishta, 1987)安排一男一女两名学龄前儿童为一组,给他们一个观看镜,通过它能够看到卡通片,但是观看镜只能允许一个人看。通过此实验波利斯塔观

察儿童争夺稀有资源的情况，发现当只有两名儿童在场的情况下，男孩看卡通片的时间要多于女孩，而当还有成人在场时就不会出现这种现象，成人的在场导致男孩不能发挥其权力优势，而女孩则能够获得等量的资源。

这个研究一方面解释了为什么女孩会尽量避开男孩，另一方面则说明了女孩想要待在老师或其他大人身边的原因。对此，格林诺(Greeno, 1989)专门设计了一套实验，安排四名幼儿园或小学一年级学生为一组，某些小组由四名男生或四名女生组成，而另一些小组中是两男两女。他们待在房间里玩为他们准备的玩具，一名女教师坐在房间的一端，等孩子们玩过一段时间后，她要从房间的这头走到另一头去坐下。实验假设是，相比没有男孩在场的情况下，男孩在场是不是会让女孩和女教师保持更近的距离呢？而女孩在场会不会影响男孩和女教师之间的距离呢？实验结果表明，四个女孩在一起要比四个男孩在一起时，同女教师之间保持着更远的距离。然而在两男两女的小组中，女孩要明显地比男孩更加靠近女教师，始终和女教师保持在一定距离以内。无论是否有女孩在场，男孩都不会因为女教师坐到房间的另一头做出相应的移动。而女孩们在没有男孩在场时，会移向相反的方向，和她之间保持距离，在有男孩在场时，会移向靠近她的方向。同时，我们不出意料地发现在男女混合组中，男孩和女孩都只顾和同性伙伴玩并忽略另外两名异性伙伴，仅有一组特例没有发生性别分化现象。

该实验的结果有着深远的意义。在此之前，通过观察学龄前儿童在幼儿园的行为我们发现女孩通常会比男孩待在更加靠近老师的位置，并把此现象解释为女孩的个性特点中特有的普遍依赖性，这有可能因为在早期的社会化过程中女孩同扶养人之间建立更加亲密的联系。但是，格林诺的实验揭示出女孩并不总表现出想要靠近成人，当女孩处在和男孩在一起的环境中，才想要依赖于成人。女孩的这一行为表明，她们发现当有成人在场时，男孩的行为就不会那么令人讨厌，似乎她们意识到，有成人在场的情况下，男孩那些粗鲁的、霸道的行为会有所收敛，而事实证明她们的判断完全正确。

对于女孩为什么会回避男孩，我们已经做了相当程度的研究，但是对于男孩为什么会回避女孩的研究则相对较少，但事实上，男孩确实也会回避女孩，而且这种回避性表现得更强。因此，直到童年中期，男、女孩的大部分交往时间都是和自己同性别的伙伴度过的。若不是他们采用不同的交流模式，这还不会对将来两性关系产生太大的影响。但是，处于两性分化的社会化环境中，男孩和女孩分别形成了能够与同性别伙伴交流的，但风格迥异的沟通模式，并强化了各自的沟通模式所具有的性别特征。我希望通过了解这两种截然不同的沟通模式，能够推测在进入青春期和成人之后，他们将如何建立同性伙伴关系和异性伙伴关系。

于是，我们必须对只有男孩的群体和只有女孩的群体进行更为透彻的研究。在另篇文章中我总结过对于这两个群体所做的观察研究的成果(Maccoby, 1988)，此处我就已知的结论做一简单概述。

男孩和女孩分别进行截然不同的活动游戏(Huston, 1985)，男孩的活动参与人数更多，更加粗野(Humphreys & Smith, 1987)，在更大的空间里进行。男孩通常在路边或其他公开场所玩耍，女孩则常常聚集在家里或是庭院里玩。女孩倾向于同一或两名伙伴建立十分亲密的关系，并且相互信任吐露心事(Kraft & Vraa, 1975)，而男孩之间的友谊则更多是由于对某件活动所共有的兴趣(Erwin, 1985),女孩之间的友谊破裂会比男孩造成更大的情感冲击。

在目前的研究中,让人最感兴趣的是男孩之间和女孩之间所建立的沟通模式到底存在着什么样的区别。在男孩群体中,他们更加关注支配权。几名心理语言学家记录了两个群体中各自的语言交流,马尔兹和博克(Maltz,Borker, 1983)发现,男孩要比女孩更多地发生以下行为:打断别人、使用命令口吻、使用威胁口吻、炫耀自己的权威、拒绝服从伙伴的命令、争夺发言权、诘难发言者、讲笑话、讲悬疑故事、贬低同伴的故事、直接称呼伙伴的名字;女孩则更多地对同伴的意见表示同意,把自己的话停下来给别人讲话的机会,或在自己说话时先赞同刚才同伴的话。这些现象表明,男孩的发言具有相当的自我中心功能,被用来建立或维护自己的威信,而女孩之间通过对话来建立相互之间的友谊。

在过去的5年中,我们借助分析谈话内容的手段了解了女孩之间的沟通模式,在马尔兹和博克的成果上又取得了新的进展。塞切斯(Sachs, 1987)发现女孩会温柔地对伙伴提出建议,很明显这是要让伙伴也参与到行动计划中来,而男孩们则是更直接地命令自己的伙伴该做什么。理帕(Leaper, 1987)观察了5岁至7岁的儿童,他把女孩之间的语言交流方式称作为“合作性对话”,因为它包含了正面的相互作用,而男孩之间的对话表现出控制欲,带有负面的相互作用。米勒等人(Miller, Danaher & Forbes, 1986)发现男孩之间存在着更多冲突,而女孩之间一旦发生冲突,她们会更多采取缓和策略,这种情况下男生则运用威胁手段或武力解决。赛尔顿(Sheldon, 1989)发现女孩在谈话时做两方面努力,一方面要保持矜持,维护朋友之间的友谊,另一方面要试图达到自己的目的;而男孩则只在乎坚持自己立场。赛尔顿还指出,女孩在相互交流时并不是没有自己的立场,相反,她们能够成功地达到自己的目的,但是在过程中她们很少采取强迫、命令的态度,而是试图让大家达成一致的看法,并维持团队整体的行动。同时应当注意到,男孩之间的相互冲突的沟通模式并没有导致他们的团队不能运作,我们在许多体育运动中所见到团队合作就是最好的证据。还有一点,虽然这些研究涉及的问题方面以及取得的成果会受到研究者自身性别的影响,但是所有这些研究成果中既有来自男性研究者的也有来自女性研究者的,而且他们所取得的结论是一致的。

当儿童迈入青春期以后,当他们长大成人之时,在两性分化的童年时代习得的沟通模式会发生什么样的变化呢?虽然迈入青春期以后,青少年会被异性深深地吸引,但是性别分化现象并没有消失,他们依然会和性别相同的伙伴度过许多的社交时间。在成人阶段性别分化现象在工作环境中广泛存在(Reskin, 1984),在一些社会中、一些特定的社会等级中或一些民族中,即使在婚后,男人们依然在大部分的空闲时间里和男人交往,女人和女人交往。关于在青少年和成人阶段同性别团体内的沟通模式的研究数量众多,在此不便一一列举,但从已经掌握大量证据表明,这种沟通模式和儿童阶段时极其相似(e. g. , Aries, 1976; Carli, 1989; Cowan, Drinkard & MacGavin, 1984; Savin-Williams, 1979)。

男孩和女孩,或者说男人和女人各自形成团体,我们要如何总结这一现象呢?我们尝试寻找一些最能描述沟通模式之间差异的对比纬度,通过对一系列测量数据所做的因素分析,法尔波和帕劳(Falbo & Peplau, 1980)找到了两个纬度,第一个是“直接—非直接”纬度,第二个是“单方面—双方面”纬度。哈尔等人(Hauer et al. , 1987)则将它们区分为“支持型”沟

通模式和“压迫型”或“限制型”沟通模式，我认为这种分法非常恰当。“限制型”模式会使沟通不按“正轨”进行——限制同伴的想法或迫使同伴放弃想法，这样会节省沟通的时间，或直接导致沟通结束，比如采用威胁手段、直接反驳或打断、贬低同伴的讲话、自吹自擂或其他形式的自我炫耀。“支持型”沟通模式表现为尊重同伴的意见，表示同意，无论同伴做什么都表示赞成，并尽可能地使沟通继续。我认为正是由于女性更多采用“支持型”沟通模式，才使得她们更容易建立亲密和牢固的关系。而男性因过于在乎自我主权和优势意识——不想输给其他男性同伴——而导致了“限制型”的沟通模式，不愿意流露个人感情。

参考文献

[1] Aries, E. (1976). Interaction patterns and themes of male, female, and mixed groups. *Small group Behavior*, *7*, 7 - 18.

[2] Block, J. H. (1976). Debatable conclusions about sex differences. *Contemporary Psychology*, *21*, 517 - 522.

[3] Carli, L. L. (1989). Gender differences in interaction style and influence. *Journal of Personality and Social psychology*, *56*, 565 - 576.

[4] Cowan, C., Drinkard, J. & MacGavin, L. (1984). The effects of target, age and gender on use of power strategies. *Journal of Personality and Social Psychology*, *47*, 1391 - 1398.

[5] Eagly, A. H. (1983). Gender and social influence. *American psychologist*, *38*, 971 - 981.

[6] Eagly, A. H. (1987). *Sex differences in social behavior: A social role interpretation*. Hillsdale, NJ: Erlbaum.

[7] Eisenhart, M. A. & Holland, D. C. (1983). Learning gender from peers: The role of peer group in the cultural transmission of gender. *Human Organization*, *42*, 321 - 332.

[8] Erwin, P. (1985). Similarity of attitudes and constructs in children's friendships. *Journal of Experimental Child psychology*, *40*, 470 - 485.

[9] Fagot, B. I. (1985). Beyond the reinforcement principle: Another step toward understanding sex roles. *Developmental Psychology*, *21*, 1097 - 1104.

[10] Falbo, T. & Peplau, L. A. (1980). Power strategies in intimate relationships. *Journal of Personality and Social psychology*, *38*, 618 - 628.

[11] Greeno, C. G. (1989). *Gender differences in children's proximity to adults*. Unpublished doctoral dissertation, Stanford university, Stanford, CA.

[12] Hauser, S. T., Powers, S. I., Weiss-Perry, B., Follansbee, D. J., Rajapark, D. & Greene, W. M. (1987). *The constraining and enabling coding system manual*. Unpublished manuscript.

[13] Humphreys, A. P. & Smith, P. K. (1987). Rough and tumble friendship and dominance in school children: Evidence for continuity and change with age in middle childhood. *Child Development*, *58*, 201 - 212.

[14] Huston, A. C. (1985). The development of sex-typing: Themes from recent research. *Developmental Review*, *5*, 1 - 17.

[15] Jacklin, C. N. & Maccoby, E. E. (1978). Social behavior at 33 months in same-sex and mixed-sex dyads. *Child Development*, *49*, 557 - 569.

[16] Kraft, L. W. & Vraa, C. W. (1975). Sex composition of groups and pattern of self-disclosure by high school females. *Psychological Reports*, *37*, 733 - 734.

[17] Leaper, C. (1989). *The sequencing of power and involvement in boys' and girls' talk*. Unpublished manuscript (under review), University of California, Santa Cruz.

[18] Maccoby, E. E. (1988). Gender as a social category. *Developmental Psychology*, *26*, 755 - 765.

[19] Maccoby, E. E. & Jacklin, C. N. (1974). *The psychology of sex differences*. Stanford, CA: Stanford University Press.

[20] Maccoby, E. E. & Jacklin, C. N. (1980). Sex differences in aggression: A rejoinder and reprise. *Child Development*, *51*, 964 - 980.

[21] Maccoby, E. E. & Jacklin, C. N. (1987). Gender segregation in childhood. In H. W. Reese (Ed.), *Advances in child development and behavior* (Vol. 20, pp. 239 - 288). New York: Academic Press.

[22] Maltz, D. N. & Borker, R. A. (1983). A cultural approach to male-female miscommunication. In John A. Gumperz (Ed.), *Language and social identity* (pp. 195 - 216). New York: Cambridge University Press.

[23] Miller, P., Danaher, D. & Forbes, D. (1986). Sex-related strategies for coping with interpersonal conflict in children aged five and seven. *Developmental Psychology*, *22*, 543 - 548.

[24] Powlishta, K. K. (1987, April). *The social context of cross-sex interactions*. Paper presented at biennial meeting of the Society for Research in Child Development, Baltimore, MD.

[25] Powlishta, K. K. (1989). *Salience of group membership: The case of gender*. Unpublished doctoral dissertation, Stanford University, Stanford, CA.

[26] Pruitt, D. G. (1976). Power and bargaining. In B. Seidenberg & A. Snadowsky (Eds.), *Social psychology: An introduction* (pp. 343 - 375). New York: Free Press.

[27] Reskin, B. F. (Ed.) (1984). *Sex segregation in the workplace: Trends, explanations and remedies*. Washington, DC: National Academy Press.

[28] Sachs, J. (1987). Preschool boys' and girls' language use in pretend play. In S. U. Phillips, S. Steele, & C. Tanz (Eds.), *Language, gender and sex in comparative perspective* (pp. 178 - 188). Cambridge, England: Cambridge University Press.

[29] Savin-Williams, R. C. (1979). Dominance hierarchies in groups of early adolescents. *Child Development*, *50*, 923 - 935.

[30] Serbin, L. A., Sprafkin, C., Elman, M. & Doyle, A. (1984). The early development of sex development of sex differentiated patterns of social influence. *Canadian Journal of Social Science*, *14*, 350 - 363.

[31] Sheldon, A. (1989, April). *Conflict talk: Sociolinguistic challenges to self-assertion and how young girls meet them*. Paper presented at the biennial meeting of the Society for Research in Child Development, Kansas City.

[32] Thorne, B. (1986). Girls and boys together, but mostly apart. In W. W. Hartup & L. Rubin (Eds.), *Relationships and development* (*pp*. 167 - 184). Hillsdale, NJ: Erlbaum.

[33] Tieger, T. (1980). On the biological basis of sex differences in aggression. *Child Development*, *51*, 943 - 963.

[34] Wasserman, G. A. & Stern, D. N. (1978). An early manifestation of differential behavior toward children of the same and opposite sex. *Journal of Genetic Psychology*, *133*, 139 - 137.

第十一章

DI SHI YI ZHANG

人　格

第三十三选

西格蒙德・弗洛伊德，摘自“心理装置”，由 J. Strachey 翻译

第三十四选

朱利安・B・罗特，摘自“外部控制与内部控制”，《今日心理学》

第三十五选

罗伯特・麦卡利和保罗・科斯塔爵士，摘自“利用测量工具和观察者评估大五人格模型的效度”，《人格与社会心理学杂志》

第三十六选

海泽尔・罗斯・马库斯和西诺布・凯塔亚马，摘自“文化与自我：认知、感情与动机”，《心理学评论》

第三十三选 心理装置

西格蒙德·弗洛伊德(Sigmund Freud),1940

我是谁? 我要做什么? 对这两个问题的全面回答也就回答了什么是人格。研究人格的方法很多,有人注重研究外在行为也有人注重内在过程。在早期的人格科学中,西格蒙德·弗洛伊德的精神分析理论代表的是从人格内在结构的角度对人格的分析研究。

西格蒙德·弗洛伊德(1856—1939)是奥地利的神经科学家,于1881年获得维也纳大学(University of Vienna)的医学博士。在行医实践中,弗洛伊德采用其精神分析理论来研究病人的思维紊乱现象,他把人格比作是海面上的冰山,仅有最上端的一小部分露在海面之上(例如从外在的行为表现出来),同时弗洛伊德将人格分为三大结构:本我、自我和超我。

本选摘自1940年出版的《心理分析大纲》(*An Outline of Psycho-Analysis*)第一章,对精神分析复杂的人格理论进行了简明总结,介绍了人格的特征,简单地定义了本我自我和超我。弗洛伊德在该文中开篇即表示,虽然他对心理装置并未了如指掌,但通过对人的观察也能做出大致的描绘。读者阅读本选中,可以思考如何才能检验弗洛伊德的人格理论正确与否。

关键概念: 精神分析学派的人格理论(psychoanalytic theory of personality)

APA 索引: Freud, S. (1940). *An outline of psycho-analysis*. New York: Norton.

我所提出的精神分析基本假设,从来源上讲是属于哲学探索上的;从验证而言,还应根据实际结果来看。我们所熟知的心理活动(或精神生活)包含两层含义,第一层为身体器官,即行为发生的场所;第二层为大脑(或神经系统),即意识的活动,一切意识都在瞬间发生,所以很难对其进一步详细描述。对于这两个层面的活动之间以何种方式相联系,我们尚一无所知,也没有证据说明它们之间的联系是直接的。即使有发现什么证据,也最多能精确地指出意识加工场所,却无助于更深层次地了解它们。

我们与其把现有的知识视为死胡同,还不如视之为新的开端,此刻我们做出的第一个假设即与加工场所有关,我们假设精神生活是某种心理装置在运作,我们把环境中各种事物的特征都放到这个仪器里——想象一下望远镜和显微镜的作用。虽然以前就有从这个角度出

发的研究，但心理装置的概念属于科学首创。

心理装置这个概念是我们在研究个人成长过程之后提出来的，其中最原始的仪器称为本我，它涵盖了一个人自出生那一刻起即先天具备的各种遗传能力，是所有后天建构形成的基础——因此也首先是本能形成的基础，本能由躯体组织发展而来，并且首先在本我之中展现出它的心理特征，但我们还不了解本能的具体形式。

因受客观真实环境的影响，本我的一部分经历了某些特定的变迁。大脑皮层的结构中，既包含了能接收外部刺激的器官，也有能够抵御外部刺激的机制，于是就形成了某种新的中间区域以连接本我和外部世界，我们将这个区域称作自我。

以下将介绍自我的主要特征。感知觉与行为动作之间天生存在着某种关系，于是自我就要自动地调整这种关系，它必须实现自我保护的功能，于是针对外部环境的变化，它便有如下这些功能：感知外部刺激、保留对刺激的记忆、回避过强的刺激、适应中等强度的刺激，并最终能通过调节作用，使环境对自己更为有利。而针对心理内部，它拥有的功能包括：控制本能的要求、决定是否能满足某些本能，或为了满足本能寻找最佳的时间节点、最佳的环境机遇，或干脆完全压抑本能。由刺激所导致的压力能够对自我产生影响，压力抑或存在于刺激之中，抑或是人为赋予的。但无论如何人们都喜欢降低压力，过度的压力会导致不愉快的情绪，积累起来就可能导致焦虑。自我追求快乐，回避不快乐。无所谓焦虑能带来的威胁来自内部或外部，至少人们会从中看到危险性。因此，自我会不时地隔断与外部世界的交往，退而进入休眠状态，并以此方式对机体组织产生深刻的影响。因此只有当人处在睡眠状态中，我们才能发现各种心理能量在自我组织中所占的比例究竟有多大。

在父母的照顾下，儿童经历了漫长的成长过程，在此过程中由于对父母的依赖使得来自父母的影响逐步累积，并在自我中形成一种特殊的仪器，我们称之为超我。超我与自我不同，甚至与自我相对，于是它成为决定自我的第三股力量。

自我的运作同时满足来自本我、超我和现实世界的要求，换言之就是使三股力量相安无事。让我们考虑儿童对于父母的态度，从中可以发现自我与超我之间的关系。来自父母的影响除了包含父母的性格以外，当然还包含了其家庭传统、民族传统、国家传统等，还包含所处的特定社会的环境。同样的，在成长过程中作为父母角色的继承者或替代者，如教师或社会中的榜样等，也会对超我施与类似的作用。除了各种不同之外，我们至少可以发现本我和超我的一个相同点，二者都是经验影响的结果——本我受遗传影响，超我则主要受他人影响，然而自我却源于自身的独特经验，造就自我的因素是千变万化的随机环境。

以上所勾画的心理工具的基本结构图，或许亦可用于其他较高等的、拥有类似于人类思维的动物。只要与人类同样经历一段依赖于长辈的成长过程，我们即可假设动物也能形成超我，同样我们必然会发现本我和自我的区别。迄今未止，动物心理学尚未涉足这些非常有趣的领域。

第三十四选
外部控制与内部控制

朱利安·B·罗特(Julian B. Rotter),1971

关于人格形成的真正原因,心理学家们众说纷纭,绝大部分的心理学家都赞同强化能够塑造行为,并最终会对人格产生影响。根据社会学的人格理论,一旦某个行为受到了正面反馈,主体就会期望这个行为持续地受到褒奖。在社会学习的人格控制点理论中,朱利安·B·罗特提出人格可以分为两种类型:内部控制者认为自身行为导致了强化的结果;外部控制者则认为自身行为和强化的结果无关。

罗特生于1916年,1941年获得印第安纳大学(Indiana University)博士学位。他先是在俄亥俄州大学(Ohio State University)任教,1963年起在康涅狄格州大学(University of Connecticut)担任临床心理学教授至今。在他1954年著成的《社会学习和临床心理学》(*Social Learning and Clinical Psychology*)一书中提出的社会学习理论,对当代心理学可谓影响深远。

本选于1971年刊登于《今日心理学》(*Psychology Today*),详尽介绍了人格理论及其广泛的应用领域。在什么逻辑推论的基础上,罗特得出了控制源的概念呢?内部控制的人和外部控制的人通过这篇文章分别能有哪些启发呢?请带着问题这些思考阅读此篇文章。

关键概念:内源控制和外源控制(internal and external locus of control)

APA索引: Rotter, J. B. (1971). External control and internal control. *Psychology Today*, *5*, 34-42, 58-59.

面对最近校园动荡不安的现状,一些社会学家把原因归咎为年轻人总是自以为是,总是满怀信心地想要掌握自己的命运,想要改变社会。

然而以过去12年的研究来看,我却不得不怀疑大部分的游行、抗议和动乱是出于相反的原因——学生们感到自身无法改变世界,过于势单力薄,社会体系之复杂与掌权者之强大都超出了力所能及的范围。今天的学生比10年之前更加无助,更能体会到被疏远,所以也许他们想采用暴动形式来表达抗议和愤慨。

一、狗

动物学习最普遍的原则是，凡受到褒奖的行为将会重复出现，而受到惩罚的行为则不会。表面上看，似乎褒奖和惩罚能够直接影响行为，但对于人类多样性行为而言，这样的规则显得过于简单化了。

比如说，当一条狗双脚立起的时候恰好有人给它扔了一块骨头，于是在类似的场景下，这条狗就会更频繁地双脚立起——无所谓是否再有人给它扔骨头。人们却不会有如此迷信的想法——假设你摸了一下头发，随后正好发现地上有张钞票，但下次来到同样地点的时候，你未必会刻意地再去摸一下头发。

于是我们发现，人们在思维中形成了概念之后，学习过程中的重要因素不再仅仅是褒奖或惩罚的强度或频率，同时还包含对于自身行为为什么会导致褒奖或惩罚的理解和信念。

经过同事们和学生们的共同努力，我们在数年之前提出了社会学习理论，根据该理论，某个行为受到褒奖必然会加强主体对该行为能够再次获得褒奖的预期。

朱利安·B·罗特是有关个体内部控制和外部控制程度29项迫选量表的编制者。这一内外控制测验被广为采用。下面题项就选自这一测验早期版本，当然不是最新版的。读者可对照并通过将各边的选项加起来，了解到自身内部或外部控制的倾向。

我更倾向于认为：	或者
晋升是努力工作和坚持不懈换来的。	挣大钱往往是因为找到了好的机会。
以我的经验发现，学习努力程度与获得什么样的成绩之间存在着直接的联系。	很多时候老师的反应对我而言都是偶然的。
离婚数字表明越来越多的人并不想经营好自己的婚姻。	婚姻很大程度上就是赌博。
只要我是正确的我就能够说服他人。	要想改变他人的态度无异于痴人说梦。
在我们的社会中人们未来赢得的权力多少取决于他的能力大小。	获得晋升事实上意味着你比其他人的运气要好一点。
如果你知道如何与人相处，那其实他人就很容易引导。	我对他人的行为很少有影响力。
我的情况是，我所获得的成绩是我个人努力的结果，与运气几乎没有关系。	有时我觉得我和我取得的成绩没啥关系。
如果我们的声音能够被别人听到，像我这样的人也能够改变世事的历程。	认为个人能够改变大多数社会上所发生的事只是一种一厢情愿。
我是自己命运的主宰。	我身上所发生的很多事可能只是一种偶然。
与人相处之道是必须加以实践的。	要想找到如何取悦他人的方法几乎不可能。

对于动物而言，对褒奖的期望主要源自其强度和出现频率。而对于人类而言，除此之外还会受其他因素的影响——来自他人的反馈，从各种经历中获得的知识，以及对随机事件的认识。

在一个古老的骗人伎俩中，庄家把一颗豆子扣在三个碗中某一个碗的下面，并在桌上快速地交换这三个碗的位置，玩家要仔细地观察着庄家的一举一动，依赖其敏锐地观察技巧来推断豆子应该在哪个碗的下面。假如他猜对了,那么当下一次他看到庄家做出完全一样的移动时,便会倾向于做出同样的选择,这看起来就是褒奖某行为的一个简单例子。

但假设在移动碗的时候请玩家背过身去不许看,然后他同样猜中了,并同样得到了褒奖,但此时若他请他重新玩一次,就未必会做出原来的选择,因为他对事态的发展完全没有办法控制——仅仅是运气好而已。

二、瓦片

1957年,E·杰瑞·菲利斯(E. Jerry Phares)研究在实验室条件下运气学习和技术学习的差异是否依然存在。菲利斯给每名被试一块灰色的瓦片,然后要求他从另外10块瓦片中找出与这块瓦片色调完全一样的那块。这10块瓦片各不相同,但与原来那块都十分相似,很难辨别开来。对于一半的被试,菲利斯告诉他们,想要找到相同颜色的那块需要高明的技巧,或许你们中有些人拥有这项技巧。而对另一半人说,这个任务非常艰巨,基本上只能看你运气好坏了。在实验开始之前,菲利斯又随机地规定当被试选择哪几块瓦片时,告诉其回答正确,选择另一些则告诉其回答错误。菲利斯对所有被试都统一口径,而且由于该任务过于困难,因此从未有任何被试对此表示过怀疑。

同时,菲利斯还发给每人一些"赌博筹码",要求被试对自己所做出的选择下注,借此来衡量其对于成功的期望值。

那些被告知要"依靠技巧作判断"的被试,其下注的量频繁变化——当答对之后,后一次下注就会较多,而在答错之后,便会减少,这同强化学习理论完全一致。但另一半被告知这项任务更多要"依靠运气"的被试,他们的表现完全不同,大多数的人会在失败之后增加下注,而在成功之后减少下注——博弈者偏见。我们发现,传统的学习理论并不能够解释全部的人类行为。

于是,我下决心研究内在控制和外在控制(I-E),即认为能获得强化是自身行为所致还是外在的因素所致。能推动我研究的动力主要来自两方面,其一是对个体差异的兴趣,其二是想要了解人们如何理解复杂的社会情境。当采取某些态度时一个人不会把褒奖归功于自身行为努力的结果,于是我试图将各种态度归为不同的个体差异指标。一个人或者认为发生在自己身上的仅仅是运气而已,或者认为这一切都是命中注定的,或者认为是其他人造成这个结果,或者只是觉得自身的行为还不足以导致这样的结果,因为这个世界实在太复杂。

三、量表

菲利斯在其博士论文中,设计了一套测量内部控制和外部控制的量表,随后由威廉·H·詹姆士(William H. James)进行了修订,我的许多同事也加入了改进此量表的行列,包括李佛伦特、梅尔文·希曼和克鲁尼(Liverant, Melvin Seeman & Crowne)。1962年,我设计了内部控制—外部控制量表最终版,包含了29个项目,并于1966年发表在《心理学专论》(*Psychological Monographs*)之上。量表中每个项目都包含两句句子,被试必须从中选出自己更加赞同的那句,最终的得分由0至23分,0分表示坚信自身的行为可以改变环境——自内在能力受到了褒奖,而23分表示倾向于相信外在力量。

四、程度

从该量表的测试中，我们不难得出如下的结论：将成功或失败归于自身的原因还是外在因素，其态度是因人而异的。为了方便起见，许多人直接根据被试的得分将其分为内归因者或外归因者，但并非说我们可以随便地把某人确诊为两种人格类型中的一种，每个人都只是处于从完全的内部控制到完全的外部控制中间的某个程度。

对于内部控制和外部控制之间的区别，我们进行了相当多的研究。例如，我们发现年龄较小的儿童倾向于外部控制，而来自更富有的家庭，受过良好教育的儿童，则倾向于认为自己有能力控制发生在自己身上的一切。此量表上的得分与智力之间并不存在着相关性，但随着年龄的增长，儿童会逐渐转向为内归因的。

我与艾瑟·白特尔(Esther Battl)一起在俄亥俄州的某工业城市里，比较了黑人小孩和白人小孩之间的差异。我们运用的量表包含了五张卡通画，要求被试按照自己的理解回答卡通中的人物会说什么样的话。实验结果表明，中产阶级的黑人儿童和白人儿童之间的差别不大，黑人儿童仅稍稍地更外归因一点；而对于低收入家庭而言，黑人儿童则明显地要更加外归因。赫伯特·勒夫考特和高尔顿·兰德伟(Herbert Lefcourt 和 Gordon Ladwig)在针对青少年罪犯的调查中，同样发现黑人比白人更倾向于外在控制。

五、犹他州印第安人

并非仅有社会经济地位会导致不同的态度，西奥多·格雷夫斯、理查德和雪莉·简瑟夫妇(Theodore Graves, Richard & Shirley L. Jessor)的共同研究发现，犹他州印第安人虽说其生活水平高于其样本中的美籍西班牙裔人，但前者却比后者显得更为外归因。格雷夫斯认为，印第安人的传统中更强调命运以及自然界的力量，因此内部控制或外部控制也是文化塑造的结果。同地区的一个白人群体相较这些印第安人和西班牙裔而言，就要更加内归因。

在克里曼(Coleman)著名的《关于平等教育机会的报告》中，运用到了内部控制和外部控制的测量。实验者发现，在 6 年级、9 年级和 12 年级的弱势儿童中，在"成就测试"中得分较高者，更倾向于持有内归因的态度。

或许，内归因的态度能够使一个人积极地去了解其生存的环境，为了证明这个观点，希曼和琼·艾佛斯(John Evans)来到一家专治肺结核的医院，给病人做内在控制和外在控制测试。结果发现，相较外归因的病人而言，内归因的病人更关心服用药物的成分，更加关心来自医生和护士的反馈等。该研究中，实验者能够确保这一结果同受访病人的教育程度、从事职业、病房分配等等无关。

六、下注

高度的外归因者会感觉自身受到环境的支配和外部力量的操纵，当他们被操纵时，坚信外部力量正推动着一切。例如，克鲁尼和李佛伦特设计了一个实验，以测试被试是否会随波逐流地做一些举动。实验设计非常简单，被试要对一些问题做出回答，同时有假被试和他们在一起做判断，结果是无论内归因者或外归因者，都不愿意与大多数人作对。但倘若给予被试一些钱让他们下注于自己的判断,此时外归因者和内归因者的区别就体现出来了,外归因者明显地要倾向于和大多数人做同样的选择。有时候外归因者也会做出与多数人相反的判断,但即使其判断是正确的,其下注量也没有其随大流的时候下注量多。

七、猜疑

有些外归因者在感到自身受外部力量操纵的同时,也对权威表示高度怀疑。在与赫尔伯·汉姆舍和杰西盖勒尔(Herber Hamsher,Jesse Geller)共同的研究中,我发现人们对于肯尼迪总统遇刺调查委员会的报告的态度分为两大类,相信这份报告掩盖着一个阴谋的男性被试要比相信这份报告属实的男性被试更倾向于外部控制。

有时候外归因的态度在面对失败时起到防御作用,但内归因者也有自己的防御办法。关于这点,杰·埃夫伦(Jay Efran)研究了高中生对于过往成功或失败经历的回忆,发现内归因者更倾向于刻意遗忘失败的经历。这表明,外归因者并不把过去的失败放在心上,是因为运用了一种防御手段,即认为失败并不属于自己的责任;而面对失败,内归因者则更容易采取遗忘或抑制的手段。

反观如今那些在政治活动中表现积极的学生团体,我们很容易认为,大学生们多半是内归因者——对自己的能力信心十足、想要改进社会、掌握自身命运。从1962年到1971年,我们进行了一次大规模的内部控制—外部控制量表的测量,各地许多高校学生都参与其中,根据这次调查的结果显示,大学生外归因者的比例正在逐年上升。目前,大学生在这份量表上的平均得分为11分,而在1962年,80%的大学生都比这个平均得分要更靠近内部控制那端。中西部地区大学生的变化要小于沿海地区的大学生。但毫无疑问的是,相较10年以前,今天的大学生一定感到更加渺小,无力改变世界也无力掌握命运。

显然,我们必须想办法改变这种趋势。每当我们的社会陷入困境之时,总是需要尽可能多的内归因者的积极投身。倘若这种外部控制的态度持续发展,就会延续放弃态度和无助感觉,我们势必会走向一个漠不关心的社会——每个人都觉得事不关己,后退一步冷眼旁观历史的轨迹。

第三十五选
利用测量工具和观察者评估大五人格模型的效度

罗伯特·麦卡利(Robert R. McCrae)和保罗·科斯塔爵士(Paul T. Costa, Jr.),1987

多年以来,为了划分人格特征所做出的尝试不计其数,心理学家们曾经一度无法达成一致,直到大五人格模型登上舞台。大五人格模型早在20世纪60年代初期就被提出,但直到80年代才广为流行,其模型中五大因素分别是:外向性(交际性)、宜人性(友善性)、谨慎性(可靠性)、情感稳定性(与神经质相对)和开放性(自由主义)。虽然某特定领域该如何命名的问题始终存在分歧,但将人格分为这五大领域基本已成共识。人格研究的侧重点也转向于深入探索这五大领域,以及如何运用它们来剖析人格。本文作者即为该领域研究的领军人物之一。

麦卡利于1976年获波士顿大学(Boston University)博士学位,此后供职于国家健康研究院(National Institutes of Health)所属国家老年研究院(National Institute of Aging)的老年学研究中心(Gerontology Research Center)。科斯塔生于1942年,于1970年获得芝加哥大学(University of Chicago)的博士学位,也在国家老年研究院工作。

本选发表于《人格与社会心理学杂志》(*Personality and Social Psychology*),文中作者对大五模型中每个领域的概念从其起源到内容都进行了详细解释。在本选没有摘录的一段文章中,作者介绍了他们所进行的一项实验,实验中运用了自我报告、同伴打分以及问卷的形式来测量此五项因素,其研究结果证实了大五人格模型的效度。你自己的人格包含了哪些特征呢?除了这五大因素以外,你还能想到其他的人格特征吗?请带着这些思考阅读本文。

关键概念:大五人格模型(five-factor model of personality)

APA 索引: McCrae, R. R. & Costa, P. T., Jr. (1987). Validation of the five-factor model of personality across instruments and observers. *Journal of Personality and Social Psychology*, *52*, 81-90.

无论出于何种原因,人格学家们在最近这些年里可谓相当注重理论层面的研究。他们对已有的人格模型提出了众多批判(Mischel, 1968),同时也对不完善的人格理论列举出大量的调查结果(Block, 1977)。这种批判的结果是,在人格研究理论的深度得到加强的同时,这些人格心理学家对继续开发人格的个体差异模型仍存有信心。

与之相对的是,对人格组成成分的研究——系统化描述人格——并没有引起过多的关注,而且在选择验证理论假设的变量工具时显得也很随意。肯瑞克和丹切克(Kenrick, Dantchik, 1983)就严厉地指出,当代的社会学家和人格研究者们总是贪图方便,从而忽略了对人格特征进行系统分类的重要意义(p. 299)。

忽略对人格成分的研究是非常不幸的,因为成分和方法总是相辅相成的,倘若针对明确定义且意义深远的人格特征,却在方法论的研究上有所欠缺,则必然导致其结论的可信度下降,倘若各种人格特征并非经过全面的系统分类而得来,则会使人无从归纳,且无从应用。

幸而,部分学者们不仅关注了关于结构的问题,同时意识到了对于人格特征的分类,至少必须在框架上达成基本一致(H. J. Eysenck & Eysenck, 1984; Kline & Barrett, 1983; Wiggins, 1979)。于是大五人格模型出现在大家的眼前,它包含了外向性、宜人性、谨慎性、情感稳定性(与神经质相对)和开放性,此模型由图珀斯和克里斯托(Tupes,Christal, 1961)提出,诺曼(Norman)于1963年推崇其为"恰当的人格分类模型"。在随后若干年内,此模型并未受到足够重视,然而最近从此衍生出来的各种模型正逐渐浮出水面(Amelang & Borkenau, 1982; Bond, Nakazato & Shiraishi, 1975; Conley, 1985; Digman & Takemoto-Chock, 1981; Goldberg, 1981, 1982; Hogan, 1983; Lorr & Manning, 1978; McCrae & Costa, 1985b)。

大五人格的本质

日益增多的研究倾向于支持大五人格模型这一反复出现且比较全面的人格特征分类。但在涉及如何将每个因素明确地概念化时,仍存在理论分歧。因此,我们认为现在很有必要对每个因素进行具体分析,并尝试着排除争论,给出明确的定义。

1. 神经质与情绪稳定性

对于神经质的定义所存在的分歧是最少的,此处用类似担心、不安全感、不自在、易发作等术语来定义。虽说在英语中与神经质相关的形容词寥寥无几(Peabody, 1984),然而心理学家们出于对精神病学的浓厚兴趣,设计了大量与神经过敏相关的量表,事实上,神经质可谓无人不知,理所当然地被视为人格特质之一。

坦里根(Tellegen)发表了对神经质的见解,他认为神经质是一种负面的情绪,倾向于引发一系列的负面情感,如焦虑、压抑、愤怒和窘困等等。事实上,所有的理论学家都同意神经质有这些负面情绪的倾向性,但问题在于神经性是否还包含其他特点。坦里根认为,负面情绪性包含了行为和认知的两方面。吉尔福特(Guilford)则在情绪健康因素中加入了人际关系和客观性(Guilford, Zimmerman, & Guilford, 1976),他认为相互之间的不信任和自我参照也是导致神经质的原因。在我们看来,一些冲动性的行为,例如暴饮暴食、过量吸烟和酗酒,也是神经质的一部分(Costa & McCare, 1980),因此在不包含评级的自我报告中,"是否受冲动控制"是神经质的定义之一。还有人认为神经质的产生同人的非理智思维相关(Teasdale & Rachman, 1983; Vestre, 1984),或者与较差的应对能力相关(McCrae & Costa, 1986)。

然而所有这些行为的共同之处在于,它们都是神经质带来的负面影响。对高度神经质

的人而言，完全戒烟是件极其困难的事情，因为戒烟给他们带来远远多过其他人所能体会到的痛苦。他们也更可能去采用不恰当的应对方式，比如表现出敌意或过分殷勤，因为必须不时地应对自身不恰当的情绪。他们还会有不理智的想法，如过分自责，因为其想法和所遭受的负面情绪之间必然存在一致性。神经质不仅仅带来这些负面影响而已，它还能导致伴随着情感痛苦出现的抑郁思维混乱和行为紊乱。

2. 外向性

善于交际、富有幽默感、富有爱心、友善、健谈，这些是外向性因素中载荷最高的变量。我们所说的外向性与荣格分析心理学中的外向性不同(参见 Guilford, 1977)，而是与大多数现在的研究者们的意见一致，赞同艾森克(H. J. Eysenck)(在一次讲演中)把外向性同社交性联系在一起的观点。

然而，对于哪些内容应该是外向性的核心部分，哪些又是周边概念，分歧依然存在。很多研究人员认为，一个人的社交性、快乐程度、活动积极性、坚毅性以及感觉寻求，相互之间存在共变，同时又保有相对独立性。艾森克觉得有必要将社交性与冲动性加以区分(S. B. G. Eysenck & Eysenck, 1963; Revelle, Humphreys, Simon & Gilliland, 1980)，而霍根(Hogan, 1983)则赞成将外向性再划分为社交性和坚毅性两个因素以此改进五因素模型。高登伯格(Goldberg)指出，外向性核心概念包含了控制性和积极性，类似于冷与热的体验，皆被看作是适应性相对于抵抗性的表现。在坦里根(待发表)看来，为了突出神经质与外向性的本质，有必要给外向性贴上“正面情绪”的标签。

以上这些分歧都是经过深层次的分析之后出现的(H. J. Eysenck & Eysenck, 1976; McCrae & Costa, 1983a)，各种观点依然以社交性为核心——愿意与他人做伴。然而也请记住，喜欢与人交往未必就能使别人愿意与你交往，例如推销员是最典型的外向性代表，显然你对他们的态度远不及他们对你的期盼。

3. 对经验的开放性

在之前的一些文章中，我们致力于重新演绎诺曼提出的“文化作为一种对经验的开放性”的观点(McCrae & Costa, 1985a, 1985b)。而此次研究的目的之一，就是想通过同伴打分复制出其实验结果。根据形容词因素分析结果，如下四个词最能代表开放性：创新的、富想象力的、兴趣广泛的和敢作敢为的。开放性的许多方面(例如，情感开放性)并非单个形容词所能包含，于是在形容开放性或封闭性时，英语语汇的匮乏往往造成一些疑惑(McCrae & Costa, 1985a)。通过问卷调查我们发现开放性可以在许多方面表现出来，包括梦想、审美观、感觉、行动、想法和价值观(Costa & McCrae, 1978, 1980)，然而在形容词因素中只有想法和价值观具有一定的代表性。有趣的是，问卷测量的效度系数要高于形容词因素分析的效度系数。

研究发现，尤为重要的是将开放性和智力区别开来。尽管人们更倾向于将性格开放的人视作更聪明的人，但通过 Army Alpha 智力测验与形容词量表(McCrae & Costa, 1985b)的联合因素分析，或与 NEO 人格问卷①(McCrae & Costa, 1985a)的联合因素分析，都表明

---

① NEO，N 代表神经质(Neunticism)、E 代表外向性(Extraversion)、O 代表开放性(Openness)该量表示人格五因素问卷的前身。

智力是完全独立于开放性的(见表 1)。一个人智力或许在某种程度上事先影响了其开放性，或者说开放性会有助于智力发展,但这两者毕竟是独立的两个方面。

表 1　同伴评价的 80 组形容词项

形　容　词	形　容　词
神经质(N)	宜人性对敌对性
平静-担心	易怒的-脾气好的
淡定-神经过敏	残忍的-心软的
放松-高度紧张	粗鲁的-谦恭的
冷静-情绪化	自私的-无私的
平和-倔强	不合作的-助人的
安全-非安全	冷酷的-同情的
自满的-自怜的	多疑的-信任的
耐心-不耐心	吝啬的-慷慨的
不羡慕的-羡慕/嫉妒	敌对的-顺从的
舒服的-自我觉察的	挑剔的-宽容的
不易冲动的-冲动的	报复的-宽恕的
坚强-脆弱	心胸狭隘的-心胸开阔的
	宜人的-坏脾气的
外向性	顽固的-灵活的
退缩的-社交的	严肃的-开朗的
严肃的-逗趣的	怀疑的-轻信的
矜持的-多情的	巧妙达成的-直接达成的
拘谨的-自然的	骄傲的-谦卑的
安静的-健谈的	
被动的-主动的	谨慎性对无目的性
孤僻的-乐群的	随意的-谨慎的
麻木的-激情的	粗心的-小心的
冷淡的-热情的	不依靠的-依靠的
孤独的-不孤独的	懒惰的-勤奋的
任务导向的-以人为导向的	混乱的-有条理的
服从的-支配的	散漫的-审慎的
胆小的-勇敢的	意志薄弱的-自我约束的
	邋遢的-整洁的
开放性	迟到的-守时的
传统的-独创的	不切实际的-现实的
现实的-想象的	轻率的-深思熟虑的
非创造的-创造的	漫无目的的-野心勃勃的

续 表

形 容 词	形 容 词
兴趣狭窄的-兴趣广泛的	游戏性的-事务性的
简单的-复杂的	精力匮乏的-精力充沛的
不好奇的-好奇的	不学无术的-知识丰富的
不冒险的-敢于冒险的	放弃的-坚持的
倾向于常规-倾向于变化	愚蠢的-聪颖的
从众的-独立的	不公正的-公正的
非分析性的-分析性的	不敏锐的-有理解力的
保守的-不守旧的	没有文化的-有文化的
传统的-非传统的	
非艺术的-艺术的	

4. 宜人性—敌对性

宜人性—敌对性受到的关注虽然不及外向性或神经质,但针对其中某些特质,如信任(Stark, 1978)和欺诈(Christie & Geis, 1970)的研究却是相当广泛的,而想要了解宜人性—敌对性的本质,最好的方法无疑是从不好的那一端入手,即从敌对性入手。充满敌对性的人总是想着和别人对着干,从认知的角度讲,他们不懂信任他人,喜欢怀疑;从情感的角度讲,他们冷漠,缺乏同情心;从行为的角度讲,则不愿合作,顽固而且粗鲁。他们似乎在面对与人交往的问题时,存在着情感缺陷,在极端的例子中,甚至可能类似反社会(参见 H. J. Eysenck & Eysenck, 1975,有关精神质的部分)。

霍妮(Horney)很有真知灼见地将敌对性的神经形态描述为与人作对的倾向(1945, 1950),在她的理论中,这种倾向从根本上源自获得控制权的企图,此后可能变为多种形式,包括自恋倾向、完美主义倾向、高傲、不宽恕人等种种类型。而敌对心者大致分为两类,分别表现为充满外在的攻击性者和精明的操纵者,他们想要追求控制权的企图与 A 型人格相类似(Dembroski & MacDougall, 1983),我们有必要测量这两个极端的行为,并着手对宜人性与敌对性两者之间的关系做系统的研究。

敌对性确实的令人厌恶的,但要知道,极端的宜人性同样是令人不舒服的。这样的人很可能是极依赖的、极奉承的,在霍妮的神经形态理论看来,宜人性表现为以靠近他人为目标的自谦策略。

敌对性最易与支配权相混淆。艾美兰和博肯诺(Amelang,Borkenau, 1982)一直在德国进行研究,显然他们并不知晓诺曼分类法,因为他们将所发现的一个因素命名为支配权,其主要的定义为倔强性和易怒性,根据其问卷的因素来看,与此相反的是宜人性和合作性。显然,这一因素同敌对性相一致。在自我报告中(McCrae & Costa, 1985b),顺从—支配(submissive-dominant)对于定义外向性的意义不大,但从同伴评价的角度看,它却可以定义敌对性。由于语源上关系相近,如权力的(dominant)与极权的(domineering)这两个词,便很容易产生混淆。

讨论人格系统的时候,我们往往忽略了宜人性—敌对性与谨慎性—无目的性,实在是由于它们太过于价值化。事实上,对性格的评判大部分都是从这两个层面上做出的:此人行为目的是善是恶?其实现动机的能力是强是弱?尤其是宜人性—敌对性,往往不被当作是人格的某个成分看待,而是作为评判某人认知的价值标准(e. g. A. Tellegen, personal communication, 28-March, 1984)。

然而,某项特征能够被赋予道德的价值,并不影响其成为人格特征的一部分。由问卷中得到的一致回答,以及同伴评价和自我报告的一致性,可以证明说从某些可观察到的前后一致的行为中,我们可以看出一个人的宜人性和谨慎性。这些特征是经过价值评判的,但它们绝不仅仅是价值评判而已。

5. 谨慎性—无目的性

一般而言我们为了保持谨慎,或需要意识控制,或做到小心细致(Morris, 1976),但什么样的描述最为恰当,各位心理学家却产生了分歧。艾美兰和博肯诺(1982)提出了自我控制—冲动性,康利(Conley, 1985)提出了冲动控制,这样的术语包含了某种抑制作用,即卡特尔的G因素,也被命名为超我的力量(Cattell, Eber & Tatsuoka, 1970)。按此说法,谨慎的人还应当是尽职的、一丝不苟的,或许还是思维狭隘的。

然而,若是采用形容词来对谨慎性进行定义,则会得到完全不同的结果。除了谨慎和一丝不苟之外,还有许多的形容词:努力工作的、富有野心的、精力充沛的、坚持不懈的都可以定义谨慎性。迪格曼和推克墨陀—丘克(Digman, Takemoto-Chock, 1981)把此特性定义为"成功的一员",在其问卷中有一条很值得注意"他凡事力求完美",这已经同成功需求的定义非常接近了(McClelland, Atkinson, Clark & Lowell, 1953)。

同时,目标明确、计划清晰、安排井井有条,都指向谨慎性的另一个因素——目的性,于是我们把与谨慎性相对的另一头称为无目的性。在我们看来,一个谨慎性差的人,并非是处于失控状态,而仅仅是没有目的;并非是出于冲动心理,而仅仅是过于慵懒。

应当说谨慎性和无目的性这两方面是密切相关的,有计划的、维持谨慎的、能自我控制的人只要下定决心,便能够一丝不苟地遵守道德规范——尽管他们并不一定愿意这样做。而无目的性的人由于缺少自我约束力和动力,即便有着很高的志向和极大的负罪感,也不愿去完成某件事情。对于此方面的实证研究应该是非常有价值的,但是迄今为止的研究却远远不够。现实社会中的酒精依赖(Conley & Angelides, 1984)和学业成就(Digman & Takemoto-Chock, 1981)都是与之相关的重要问题,由此拓展开去一定能够有相当大的收获。

有些人格心理学家们也许会提出反对意见,他们认为人格评价无论是以何种形式存在,或来自何种根源,并不一定成为理解个体差异的最佳出发点。我们还可以有许多其他的选择,例如,实验分析人格的生理心理学基础(H. J. Eysenck & Eysenck, 1984),对具有代表性的行为及其发生频率的研究 (Buss & Craik, 1983),将心理动力学公式化(Horney, 1945),以及行为遗传学(Plomin, DeFries & McClearn, 1980)方面的研究。但无论是生理心理学的、行为的、心理学动力学的或遗传学的解释,最终都必须与描述人格的各个特征相联系,而大五人格模型为此提供了一个框架,在此框架之下所有这些关系都有待研究。本文

中曾讨论过的一些概念上的细小出入，说明了此模型还有些值得略作改进之处，并需要进一步的实证研究来完成，而其框架中的研究方式，应该主要包括自我报告、配偶评价、同伴评价，以问卷形式或形容词因素分析(包括英语和德语，Amelang & Borkenau, 1982; John, Goldberg & Angleitner, 1984)等。深层次的因果分析能够加深我们对人格结构的了解，按现今学科的进展，大五人格作为最佳的人格结构模型的地位无可撼动。

参考文献

[1] Amelang, M. & Borkenau, P. (1982). Über die faktorielle Struktur und externe Validitäteiniger Fragebogen-Skalen zur Erfassung von Dimensionen der Extraversion und emotionalen Labilität [On the factor structure and external validity of some questionnaire scales measuring dimensions of extraversion and neuroticism]. *Zeitschrififür Differentielle und Diagnostische Psychologie*, *3*, 119 - 146.

[2] Block J. (1977). Advancing the psychology of personality: Paradigmatic shift or improving the quality of research? In D. Magnusson & N. S. Endler (Eds.), *Personality at the crossroads: Current issues in interactional psychology* (pp. 37 - 63), Hillsdale, NJ: Erlbaum.

[3] Bond, M. H., Nakazato, H. & Shiraishi, D. (1975). Universality and distinctiveness in dimensions of Japanese person perception. *Journal of Cross-Cultural Psychology*, *6*, 346 - 357.

[4] Buss, D. M. & Craik, K. H. (1983). The act frequency approach to personality. *Psychological Review*, *90*, 105 - 126.

[5] Cattell, R. B., Eber, H. W. & Tatsuoka, M. M. (1970). *The handbook for the Sixteen Personality Factor Questionnaire*. Champaign, IL: Institute for Personality and Ability Testing.

[6] Christie, R. & Geis, R. L. (Eds.). (1970). *Studies in Machiavellianism*. New York: Academic Press.

[7] Conley, J. J. (1985). Longitudinal stability of personality traits: A multitrait-multimethod-multioccasion analysis. *Journal of Personality and Social Psychology*, *49*, 1266 - 1282.

[8] Conley, J. J. & Angelides, M. (1984). *Personality antecedents of emotional disorders and alcohol abuse in men: Results of a fortyfive year prospective study*. Manuscript submitted for publication.

[9] Costa, P. T., Jr. & McCrae, R. R. (1978). Objective personality assessment. In M. Storandt, I. C. Siegler, & M. F. Elias (Eds.), *The clinical psychology of aging* (pp. 119 - 143). New York: plenum Press.

[10] Costa, P. T., Jr. & McCrae, R. R. (1980). Still stable after all these years: Personality as a key to some issues in adulthood and old age. In P. B. Baltes & O. G. Brim, Jr. (Eds.), *Life span development and behavior* (Vol. 3, pp. 65 - 102). New York: Academic Press.

[11] Dembroski, T. M. & MacDougall, J. M. (1983). Behavioral and psychophysiological perspectives on coronary-prone behavior. In T. M. Dembroski, T. H. Schmidt & G. Blumchen (Eds.), *Biobehavioral bases of coronary heart disease* (pp. 106 - 129). New York: Karger.

[12] Digman, J. M. & Takemoto-Chock, N. K. (1981). Factors in the natural language of personality: Re-analysis, comparison, and interpretation of six major studies. *Multivariate Behavioral Research*, *16*, 149 - 170.

[13] Eysenck, H. J. & Eysenck, M. (1984). *Personality and individual differences*. London: Plenum Press.

[14] Eysenck, H. J. & Eysenck, S. B. G. (1967). On the unitary nature of extraversion. *Acta Psychologica*, 26, 383 - 390.

[15] Eysenck, H. J. & Eysenck, S. B. G. (1975). *Manual of the Eysenck Personality Questionnaire*.

San Diego, CA: EdITS.

[16] Eysenck, S. B. G. & Eysenck, H. J. (1963). On the dual nature of extraversion. *British Journal of Social and Clinical Psychology*, 2, 46 - 55.

[17] Goldberg, L. R. (1981). Language and individual differences: The search for universals in personality lexicons. In L. Wheeler (Ed.), *Review of personality and social psychology* (Vol. 2, pp. 141 - 165). Beverly Hills, CA: Sage.

[18] Goldberg, L. R. (1982). From ace to zombie: Some explorations in the language of personality. In C. D. Spielberger & J. N. Butcher (Eds.), *Advances in personality assessment* (Vol. 1, pp. 203 - 234). Hillsdale, NJ: Erlbaum.

[19] Guilford, J. P. (1977). Will the real factor of extraversion-introversion please stand up? A reply to Eysenck. *Psychological Bulletin*, *84*, 412 - 416.

[20] Guilford, J. S., Zimmerman, W. S. & Guilford, J. P. (1976). *The Guilford-Zimmerman Temperament Survey handbook: Twentyfive years of research and application*. San Diego, CA: EdITS.

[21] Hogan, R. (1983). Socioanalytic theory of personality. In M. M. Page (Ed.), *1982 Nebraska Symposium on Motivation: Personality—current theory and research* (pp. 55 - 89). Lincoln: University of Nebraska Press.

[22] Homey, K. (1945). *Our inner conflicts*. New York: Norton.

[23] Homey, K. (1950). *Neurosis and human growth*. New York: Norton.

[24] John, O. P., Goldberg, L. R. & Angleitner, A. (1984). Better than the alphabet: Taxonomies of personality-descriptive terms in English, Dutch, and German. In H. J. C. Bonarius, G. L. M. van Heck & N. G. Smid (Eds.), *Personality psychology in Europe: Theoretical and empirical developments*. Lisse, Switzerland : Swets & Zeitlinger.

[25] Kenrick, D. T. & Dantchik, A. (1983). Interactionlsm, idiographics , and the social psychological invasion of personality. *Journal of Personality*, *51* ,286 - 307.

[26] Kline, P. & Barrett, P. (1983). The factors in personality questionnaires among normal subjects. *Advances in Behaviour Research and Therapy*, *5*, 141 - 202.

[27] Lorr, M. & Manning, T. T. (1978). Higher-order personality factors of the ISL. *Multivariate Behavioral Research*, *13*, 3 - 7.

[28] McClelland, D. C., Atkinson, J. W., Clark, R. A. & Lowell, E. L. (1953). *The achievement motive*. New York: Appleton-Cen- tury-Crofts.

[29] McCrae, R. R. & Costa, P. T., Jr. (1983a). Joint factors in self-re-ports and ratings: Neuroticism, extraversion, and openness to experience. *Personality and Individual Differences*, *4*, 245 - 255.

[30] McCrae, R. R. & Costa, P. T., Jr. (1985a). Openness to experience . In R. Hogan & W. H. Jones (Eds.), *Perspectives in personality : Theory, measurement, and interpersonal dynamics* (Vol. 1). Greenwich, CT: JAI Press.

[31] McCrae, R. R. & Costa, P. T., Jr. (1985b). Updating Norman's "adequate taxonomy": Intelligence and personality dimensions in natural language and in questionnaires. *Journal of Personality and Social Psychology*, *49*, 710 - 721.

[32] McCrae, R. R. & Costa, P. T., Jr. (1986). Personality, coping, and coping effectiveness in an adult sample. *Journal of Personality*, *54*, 385 - 405.

[33] Mischel, W. (1968). *Personality and assessment*. New York: Wiley.

[34] Morris, W. (Ed.). (1976). *The American Heritage dictionary of the English language*. Boston: Houghton Mifflin.

[35] Peabody, D. (1984). Personality dimensions through trait inferences . *Journal of Personality and*

Social Psychology, *46*, 384 - 403.

[36] Plomin, R., DeFries, J. C. & McClearn, G. E. (1980). *Behavior genetics : A primer*. San Francisco: Freeman.

[37] Revelle, W., Humphreys, M. S., Simon, L. & Gilliland, K. (1980). The interactive effect of personality, time of day and caffeine : A test of the arousal model. *Journal of Experimental Psychology: General*, *109*, 1 - 31.

[38] Stark, L., (1978). TruSt. In H. London & J. E. Exner, Jr. (Eds.), *Dimensions of personality* (pp. 561 - 599). New York: Wiley.

[39] Teasdale, J. D. & Rachman, S. (Eds.). (1983). Cognitions and mood: Clinical aspects and applications [Special issue]. *Advances in Behaviour Research and Therapy*, *5*, 1 - 88.

[40] Tellegen, A. (in press). Structures of mood and personality and their relevance to assessing anxiety, with an emphasis on self-report. In A. H. Tuma & J. D. Maser (Eds.), *Anxiety and the anxiety disorders*. Hillsdale, NJ: Erlbaum.

[41] Tupes, E. C. & Christal, R. E. (1961). Recurrent personality factors based on trait ratings. *USAF ASD Technical Report* (No. 61 97).

[42] Vestre, N. D. (1984). Irrational beliefs and self-reported depressed mood. *Journal of Abnormal Psychology*, *93*, 239 - 241.

[43] Wiggins, J. S. (1979). A psychological taxonomy of trait-descrip-tive terms: The interpersonal domain. *Journal of Personality and Social Psychology*, *37*, 395 - 412.

第三十六选
文化与自我：认知，感情与动机

海泽尔·罗斯·马库斯(Hazel Rose Markus)和西诺布·凯塔亚马(Shinobu Kitayama)，1991

过往数十年间，心理学家们逐渐意识到文化之于人们自我定义的作用，对于诸如美国文化等西方文化的研究可谓硕果累累。研究表明，深受东方文化熏染的人，其性格和社会行为与西方文化下成长的人大相径庭，例如日本。海泽尔·罗斯·马库斯和西诺布·凯塔亚马研究了这两个文化背景下，人们对于自我概念的含义存在着怎样不同的理解。

马库斯于1975年获得密西根大学(University of Michigan)的社会心理学博士学位，其后至1994年在密西根研究中心(Michigan's Research Center)进行群体动力研究，随后她接受了斯坦福大学(Stanford University)的邀请并任教至今。凯塔亚马生于1957年，1987年获得密西根大学的社会心理学博士学位，此后任教于俄勒冈州大学(University of Oregon)，并于1992年转去日本京都大学(Kyoto University)就职。

本选于1991年发表于《心理学评论》(*Psychological Review*)，文中介绍了独立的自我观念以及相互依赖的自我观念。在美国，自我的概念倾向于强调个人的独特性以及相对于他人的独立性；而在日本，则强调相互的关联性以及集体的和睦。本文只是部分摘录了原文，节略了思维、情感和动机维度上的个体差异的讨论。

关键概念：文化和自我的概念(culture and the concept of the self)

APA 索引：Markus, H. R. & Kitayma, S. (1991). Culture and the self: Implication for cognition, emotion and motivation. *Psychological Review*, *98*, 244 - 253.

美国有句谚语叫做："会嘎吱作响的轮子才能得到润滑油。"而日本有句谚语叫做："钉子露出头，一锤敲回去。"美国的家长会这样教育孩子："想想远在埃塞俄比亚挨饿的孩子们吧，你应该为你自己感到幸运。"而日本的家长则会说："想想种地的农民吧，你要好好珍惜他们辛勤耕种的粮食，否则农民伯伯就会伤心，因为会感到白忙活了。"(H. Yamada, February 16, 1989)德州的一家小公司想要提高生产量，于是让员工在每天上班之前对着镜子说一百遍"我很漂亮！"而近期开在新泽西的一家日本超市，则要求员工每天上班前手拉着手站在一

起，相互告诉对方说“你很漂亮！”(“A Japanese Supermarket”, 1989)

从这些小故事中，我们发现在日本和美国，人们对于自我、他人，以及人与人之间的相互依存关系的理解，居然有如此之不同，着实令人吃惊。日本的例子中所强调的是融入集体，以及相互依赖的重要性。这种解释是由不同文化中，人们的生活模式里内隐的、标准化的规则所决定的(参见 Cantor & Kihlstrom, 1987; Erikson, 1950; Veroff, 1983)。

尽管越来越多的证据表明，东西方文化对于自我概念的理解存在着差异，但大多数心理学家仍旧按照西方文化的观点来理解人类，把人看作是独立的、自我容纳的、自主的整体，包含了自身独有特质(如个性、能力、动机观念、价值观念)，且其行为就是这些个人特点的结果(Geertz, 1975; Sampson, 1988, 1989; Shweder & LeVine, 1984)。此类以单文化为出发点的研究(参见 Kennedy, Scheier, & Rogers, 1984)，往往导致心理学家们对心理现象的理解太过局限(有个别例外，参见 Bond, 1986, 1988; Cousin, 1989; Fiske, in press; Maehr & Nicholls, 1980; Stevenson, Azuma & Hakuta, 1986; Triandis, 1989; Triandis, Bontempo, Villareal, Asai & Lucca, 1988)。我们认为，提出关于自我和他人的概念，以及自我与他人关系的概念的解释，应当再上一层次，并且能够通过文化差异的角度来加以理解。我们尤其要比较两个截然不同的自我概念，即独立的自我与相互依赖的自我，前者在美国的社会现象中尤为明显，在许多西方文化中都是如此，而后者出现在日本文化和其他亚洲文化中，但它同时也是非洲文化，拉丁美洲文化和许多南欧文化的特点。

1. 自我概念中的共同方面

为了研究各种自我概念的不同解释，让我们从哈洛威尔(Hallowell, 1955)的见解入手，哈洛威尔认为，全世界所有人都会从本质上把自己看作是独一无二的，与其他人不一样。海德(Head, 1920)则认为人类自己身体的图式认知是一样的，这种图式保证了我们能够在时空中找到立足点。与海德观点相类似，奥尔波特(Allport, 1937)认为性格中一定有某一方面能够保证人们在每天早晨醒来之时，能够确信自己就是昨晚入睡前的自己。近年来，内赛尔(Neisser, 1988)将奥尔波特所称的自我当中的这一方面命名为生态自我，其定义为“根据周遭环境而意识到的自我，‘我’正于此刻处于此地，‘我’正在做某件事情。”(p. 3)在物质的和生态的自我之上，每个人对内部的活动多少也有点意识，比如梦境，比如连贯的思维和感觉，是他人所无法直接知晓的。对个人内在经验的意识，最终会导致个体建立起内在的独有的自我。

2. 自我概念中的不同方面

对于自我概念的理解，或者是内在的独有的自我，有不少观点是一致的，但另有一些方面却因文化不同而显得非常特殊。我们可以理解人类身上的多样化(参见 Heelas & Lock, 1981; Marsella et al., 1985; Shweder & LeVine, 1984; Triandis, 1989)。自我可以通过多种途径构建、架构或表征概念。在多年之前，德克海姆(Durkheim, 1912, 1968)就提出了自我的不同类型主要是出自社会因素的产物的观点，茅斯(Mauss, 1938, 1985)则认为自我是非常精致的社会概念，其形态有着近乎无穷多的可能性。通过现在的跨文化研究，这些观点将得到支持。

不同文化中，内在自我的内容和结构存在相当的差异；同样与他人交往或在社会团体交往中表现出来的外在自我或公开自我,也同样存在巨大的差异。另外,特里安第斯(Triandis, 1989)认为对于控制行为,独有的、内在的自我,公开的、外在的自我哪个扮演着更重要的角色,也将在不同文化中表现出差异。事实上,正如许多早期人类学家所提出的那样(参见 Allen, 1985),我们不妨做如下假设:当处于特定的文化中,特定的场合下,即便考虑到个人拥有一系列的内在特性,但是人们对于社会关系的归属感仍十分强烈,与其说个体是首要的意识主体,还不如说人与人相互之间的关系才是个体思维意识中真正起作用的部分。

处于不同文化中的人们对自己的认识存在众多差异,当前的分析仅聚焦于其中的一条,即人们对于自己和他人之间的关系的认识,更确切地讲,即人们在多大程度上把自己看作是独立于他人的,或把自己看作是与他人相关联的。我们假设,特定的文化背景中的人们共同具有的关于自己和他人之间是相互独立或相互关联的假设,将决定他们在定义自我的时候,如何审视他人的重要性,以及如何审视他人所扮演的角色功能。

对自我的两种解释:独立的自我和相互依赖的自我

1. 独立的自我

在许多西方文化中存在着这样的信念:人之间本来就是独立的。此文化中所固有的思维定势要求人们成为独立的自我,并展现自己的个性(Johnson, 1985; Marsella et al., 1985; J. G. Miller, 1988; Shweder & Bourne, 1984)。自我独立即此文化的价值目标。为满足之,在构建个人的行为的时候,首先要参照的是自身内在的想法、感觉和行动,而不是他人的想法、感觉和行动。借用吉尔兹(Geertz, 1975)最常引用的一句话,基于如上对自我的理解,一个人就好比是“一个有边界的、独一无二的结合了动机和认知的宇宙,是意识、情感、判断以及行动整合在一起的一个动态整体,每个整体与其他整体之间形成对比,同时也与社会和自然背景形成对比。”(p. 48)

确信了每个人内在特性配置的整体性和独一无二性之后,便能得到如上关于自我的认识(Johnson, 1985; Sampson, 1985, 1988, 1989; Waterman, 1981),于是如下的过程便成为可能:“实现真实自我”,“认识自我”,“表达自我特有的需求、权利和能力”或“发挥自我的潜力”。由于此观念中的核心概念乃是把人看作是自主的且独立的,于是我们将其称为独立的自我,类似的名词还包括个人主义的、自我中心的、单独分离的、自主的、个人核心的和自我包含的。我们假设,平均而言生活在西方文化中的人群会比生活在非西方文化中的人群更倾向于持有此观念。然而在同样的文化中,个人之间的差异则要取决于他们在多大程度上接受了文化对其的熏陶。

即便是独立的自我,也必须与社会环境互动(Fiske, in press),但人们并非纯粹地为了互动而互动,真正的目的通常只是一种策略,借此想要表达或使他人能认识到其内在的自我。他们承认其他人或社会环境的重要性,但仅仅将他人或社会环境的作用限定为给予自我的反馈,或看作是能够核实或肯定内在自我的渠道。

图 1 中,上半部分描绘了在西方文化中对独立的自我观念的理解。最大的那个圈代表自我,而每个小圈都有各自的含义。“X”代表了自我以及其他各个部分的一些内涵,部分小

圈同大圈存在重叠部分，于是一些"X"处于重叠部分，代表与他人相关的自我，或特定的社会关系(例如，"在教授面前我表现得彬彬有礼")。仅存在于自我中而不与其他的圆相交的"X"代表着相对独立的自我，同时也不会随时间推移或环境改变而变化。这些自我的表征通常把个人的愿望、偏好、特性和能力等等作为自我的指代(例如，"我富有创造力")，对于持有独立自我观的人而言，真正控制自身行为的依然是内在的属性，同时，从行为者和观察者的角度都可以发现，行为者的特征在其自身行为中表露无遗。记忆系统中建构最为精良也最容易被提取的，就是这些内在的自我表征(即图1上半部分中的"X")，他们可以被称作为"核心的自身概念"，"突出的自我身份认同"，或"自我格式"(例如，Gergen, 1968; Markus, 1977; Stryker, 1986)。

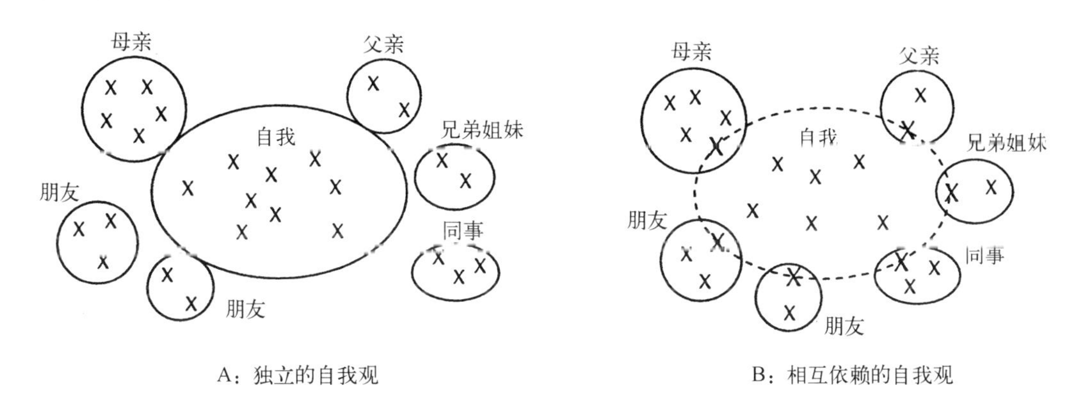

图1 自我的概念表征示意

2. 相互依赖的自我

与之相对，在许多非西方文化中，人与人之间保持着基本的关联性(Kondo, 1982)。其文化中所固有的思维定式即要求人与人之间保持相互依赖性(De Vos, 1985; Hsu, 1985; Miller, 1988; Shweder & Bourne, 1984)。要做到相互依赖，便须把自我看作是包含在社会关系中的一部分。在很大程度上，来自这层关系中其他人的想法、感觉和行动，才是能够决定自身行为的真正动机。因此，日本文化中的自我就包含了相互依赖的概念，也包含了在社会团体中扮演参与者的概念(Sampson, 1988)。基于这样的理解，当处于恰当的社会关系中时，自我将表现出其最为丰富多彩、最为完整的一面，列波拉(Lebra, 1976)认为，日本人置身于集体的环境中时，才最能展现其人性的一面。

此观念着重自我与他人之间的关系，个人不再是脱离社会环境的独立自我，而是相互关联的、彼此之间差异不大的个人。如何与他人相处，如何履行且创造义务，或笼统地说，如何融入复杂的人际关系，将成为一个人的行为动机。与独立的自我相对应，在此概念中自我的主要特征将包含在相互依赖的关系中，也就是自我的外在部分。于是我们将其称为相互依赖的自我，类似的词还包括以社会为中心的、整体的、集体的、共中心的、聚集的、团队的、环境决定的、关联的和相关的等等。对于独立自我而言，周围人群无非是来自社会中的对照以及对自我的肯定，而对于相互依赖的自我而言，周围人群将会是自我必须与之关联的、融入的和同化的一个整体配置、整体环境，或整体情境。于是，个人与他人之间的联系的获得途径，将取决于所处的情境，尤其是取决于对方是什么样的人，因此，在定义相互依赖的自我之时，其他人也积极地并持续地扮演着重要的角色。

相互依赖的自我同样也包含着，并且会表达出一组内在的特性，例如能力、见解、判断以及性格特征，但即便是内在的特性也具有情境特殊性，于是它们既难捉摸，又不可靠。也正因为如此，在决策外在的行为的时候，它们无法扮演举足轻重的角色，尤其是当个人行为还涉及其他人的时候。在社会生活中的许多层面里，个人的见解、能力以及个性只扮演着次要角色，必须加以控制和约束，以满足最重要的相互依赖性。这种主动的自我控制能力，是此类文化中作为成熟标志的最理想象征。若能够理解个人何以会将自主性放在次于相互依赖性的地位，并甘愿受其限制，便能够区分相互自来的自我和独立自我。而同样是独立行为(例如，提出自己的见解)，由生活在相互依赖的自我文化中的某人做出，或是由生活独立的自我文化中的某人做出，其含义是不一样的。若作为前者，其必定依然遵循着相互依赖性的前提。

图1中的下半部分描述了相互依赖的自我，此时，其自我的表征(即"X")与其他部分存在着关联。相互依赖的自我中也包含着个人自身特有的特性和能力的表征，从现象学的角度来说它们也非常重要，但是在大多数情况下，其对于行为并不能起到决定性的作用，也不能够表现自我的特点。与之相对，同特定环境中与其他人相关的自我，才是真正能够控制行为的自我概念，因此，在自我概念中相互依赖的关系，才是其核心概念，或曰自我格式。

将相互依赖的自我视作为一个有边界的整体是不妥当的，因为自我会随着特定的社会情境而改变结构。处于各种不同社会情境下，自我需得用不同的事物来代表，这是由于自我能根据情境的特殊性做出相应的矫正。对于相互依赖的自我而言，其焦点，或目标非自我的内在部分，而是与他人之间的关系(Hamaguchi, 1985)。

相互依赖的自我的概念起源，可以追溯到哲学一元论。一元论中人和自然万物是被视作同本同源的(Bond, 1986; Phillips, 1976; Roland, 1988; Sass, 1988)，因此，自我同他人的关系，或主体与客体之间的关系，就显得十分密切。在许多非西方文化中，自然界的各种成分被视作为不可分割的(Galtung, 1981)，自然包括了自我和其他人、个人与环境。例如，在中国文化中，人们就强调把事物的各个部分或所有的问题或情况综合在一起，形成一个整合的和谐的整体(Moore, 1967; Northrop, 1946)。于是，个人便是整体社会中的一部分，若被单独地隔离开之后，便不能对其完全理解(Phillips, 1976; Shweder, 1984)。这种整体的观念，与西方文化思维中的笛卡儿哲学、二元论哲学是完全相对的，后者认为自我与客体、与自然世界都是分离开的。

相互依赖的自我概念中，其他人扮演着何等角色呢？与独立自我观念不同，此时其他人将被看得更为重要，具有更高的地位，也会是个人行为的相对侧重点，于是相互依赖的自我观念会造成以下这些后果。首先，人们会更注重相互之间的关系，而不是各种个人目标的实现，虽说无论在何种环境下个人都必须维持着同他人之间的关系，但是这种需求对于相互依赖的观念持有者而言则显得更为重要。其次，维持与他人之间的关系，也就意味着必须时刻意识到其他人，关注他们的需求、愿望、目标等等。在某些情况下，一个人过于注重他人的目标，甚至能够达到以他人目标为自己目标的地步。同时，自己的目标被实现与他人的目标被实现，这是两种不同的感觉，但是，满足他人的目标、需求和愿望，却被当作自己的目标、需求

和愿望能够得以满足的前提。于是，人们就会积极地帮助他人实现目标，同时为了实现自己的目标，被动地接受着来自其他人的贡献。Yamagishi(1988)指出，倘若日本人失去了来自他人的帮助，他们会感到极度的不舒服，此心态远远超过美国人。

从独立的自我、“自私的”自我的立场来看，我们很容易感觉那些持相互依赖的自我观念者总是要顾及着与他人相协调，未免太过于无趣。但是在许多情况下，只有在确信他人的动机都是善意的时候，即一定能持续地进行互惠行为且相互支持的时候，人们才会采取互动和协作的行为。显然，相互依赖的自我也并非对所有人的需求、愿望和目标都予以满足，关注他人也不是说一视同仁，人们会仔细地挑选关注的对象，注重自身所处的“团体”的种种特点，并与他们持有共同的信念，于是其他人可以是家庭成员，或某个社会团体成员，比如工作团队。而游离在该群体之外的人，就会受到截然不同的待遇，相互依赖性对他们而言并不会带来任何利处或弊端。持独立的自我观念者亦会对交往的群体有所选择，却不似前者这般斤斤计较，这是因为其行为本来就不受他人的影响。对于相互依赖的自我而言，群体内的其他人对其如何构建对社会的理解，如何塑造行为，都有着相当的影响，因此其群体内的他人会受到与群体外他人截然不同的对待。同时，相互依赖的自我对“群体内”的定义，比之独立的自我会设定更加严格狭隘的标准(Triandis, 1989)。

在相互依赖的自我观念持有者之间的行为本质是互惠，为更好地理解这一点，让我们举个例子说，一个人去探望他的朋友，于是他的朋友决定为他准备午餐：“Tom，你想在三明治里加些什么？这里有烤火鸡肉、萨拉米香肠还有奶酪。”Tom回答说：“我喜欢火鸡肉。”注意，此时Tom的朋友让Tom做选择，因为在他看来，Tom有权利表达自身内在的特性，比如偏好或愿望，而Tom也是这样认为的，于是便给出了确定的答复。这个故事发生在独立自我者的身上，显得十分“自然”。让我们再来看看，倘若故事中的Tom是一个来自日本的访客，会是怎样的情形。面对着“Tomio，你想吃什么?”这个问题，很可能Tomio会经过一阵子慌乱，然后吐出“随便吧”几个字，等于没有回答。这是由于在相互依赖的自我者看来，此时主人应当有能力“洞悉”客人的思维，并能够为客人提供其最理想的食物。而在另一面，客人应该做的是接受主人善意的恩惠，并预备做出回报，即便不是马上，也要在不久的将来完成。于是，倘若整个故事发生在两个相互依赖的自我者之间，很可能发生如下的对话：“Tomio，我为你准备了一个火鸡肉三明治，我记得上个礼拜你曾说过，相比牛肉，你更喜欢火鸡肉的。”Tomio会回答说：“太感谢了，我的确喜欢火鸡肉。”

与他人之间发生的相互依赖行为表明，相互依赖的自我始终需要采取他人的立场进行思考(Mead, 1934)。除了主观的意愿之外，一个人还必须有特殊能力才可以体会他人的感觉，想他人所想，无须他人告知便能够掌握信息，并帮助他人实现其目标。为了保持这种关联，必须抑制以“我”为出发点，而采取以“你”的出发点(Hsu, 1981)，能够“洞悉”他人的思维，了解他人的感受。与之相反，对于独立的自我而言，一个人必须将自己的想法表达出来，才有可能得到关注和理解。

参考文献

[1] Allen, N. J. (1985). The category of the person: A reading of Mauss's last essay. In M. Carrithers,

S. Collins & S. Lukes (Eds.), *The category of the person: Anthropology, philosophy, history* (pp. 26 - 35). Cambridge, England: Cambridge University Press.
[2] Allport, G. W. (1937). *Personality: A psychological interpretation*. New York: Holt.
[3] Bond, M. H. (1986). *The cross-cultural challenge to social psychology*. Beverly Hills, CA: Sage.
[4] Cantor, N. & Kihlstrom, J. (1987). *Personality and social intelligence*. Englewood Cliffs, NJ: Prentice-Hall.
[5] Cousin, S. (1989). Culture and selfhood in Japan and the U. S. *Journal of Personality and Social Psychology*, *56*, 124 - 131.
[6] De Vos, G. (1985). Dimensions of the self in Japanese culture. In A. Marsella, G. De Vos, & F. L. K. Hsu (Eds.), *Culture and self* (pp. 149 - 184). London: Tavistock.
[7] Durkheim, E. (1968). *Les formes elementaires de la vie religieuse* [Basic forms of religious belief] (6th ed.). Paris: Presses Universitaires de France. (Original work published 1912)
[8] Erikson, E. (1950). Identification as the basis for a theory of motivation. *American Psychological Review*, *26*, 14 - 21.
[9] Fiske, A. P. (in press). *Making up society: The four elementary relational structures*. New York: Free Press.
[10] Galtung, J. (1981). Structure, culture, and intellectual style: An essay comparing Saxonic, Teutonic, Gallic and Nipponic approaches. *Social Science Information*, *20*, 817 - 856.
[11] Geertz, C. (1975). On the nature of anthropological understanding. *American Scientist*, *63*, 47 - 53.
[12] Gergen, K. J. (1968). Personal consistency and the presentation of self. In C. Gordon & K. J. Gergen (Eds.), *The self in social interaction: Classic and contemporary perspectives* (Vol. 1, pp. 299 - 308). New York: Wiley.
[13] Hallowell, A. I. (1955). *Culture and experiences*. Philadelphia: University of Pennsylvania Press.
[14] Hamaguchi, E. (1985). A contextual model of the Japanese: Toward a methodological innovation in Japan studies. *Journal of Japanese Studies*, *11*, 289 - 321.
[15] Head, H. (1920). *Studies in neurology*. London: Oxford University Press.
[16] Heelas, P. L. F. & Lock, A. J. (Eds.). (1981). *Indigenous psychologies: the anthropology of the self*. London: Academic Press.
[17] Hsu, F. L. K. (1981). *American and Chinese: Passage to differences*. Honolulu: University of Hawaii Press.
[18] Hsu, F. L. K. (1985). The self in cross-cultural perspective. In A. J. Marsella, G. De Vos & F. L. K. Hsu (Eds.), *Culture and self* (pp. 24 - 55). London: Tavistock.
[19] Johnson, F. (1985). The Western concept of self. In A. Marsella, G. De Vos & F. L. K. Hsx (Eds.), *Culture and self*. London: Tavistock.
[20] Kennedy, S., Scheier, J. & Rogers, A. (1984). The price of success: Our monocultural science. *American Psychologist*, *39*, 996 - 997.
[21] Kondo, D. (1982). *Work, family and the self: A cultural analysis of Japanese family enterprise*. Unpublished doctoral dissertation, Harvard University.
[22] Lebra, T. S. (1976). *Japanese patterns of behavior*. Honolulu: University of Hawaii Press.
[23] Maehr, M. & Nicholls, J. (1980). Culture and achievement motivation: A second look. In Warren (Ed.), *Studies in cross-cultural psychology* (Vol. 2, pp. 221 - 267). New York: Academic Press.
[24] Markus, H. (1977). Self-schemas and processing information about the self. *Journal of Personality and Social Psychology*, *35*, 63 - 78.
[25] Marsella, A., De Vos, G. & Hsu, F. L. K. (Eds.) (1985). *Culture and self*. London: Tavistock.
[26] Mauss, M. (1985). A category of the human mind: The noting of person; the notion of self (W. D.

Halls, Trans.). In M. Carrithers, S. Collins & S. Lukes (Eds.), *The category of the person: Anthropology, philosophy, history* (pp. 1－25). Cambridge, England: Cambridge University Press. (Original work published 1938)

[27] Mead, G. H. (1934). *Mind, self and society*. Chicago: University of Chicago Press.

[28] Miller, J. G. (1988). Bridging the content-structure dichotomy: Culture and the self. In M. H. Bond (Ed.), *The cross-cultural challenge to social psychology* (pp. 266－281). Beverly Hills, CA: Sage.

[29] Moore, C. A. (Ed.) (1967). Introduction: The humanistic Chinese mind. In *The Chinese mind: Essentials of Chinese philosophy and culture* (pp. 1－10). Honolulu: University of Hawaii Press.

[30] Neisser, U. (1988). Five kinds of self-knowledge. *Philosophical Psychology*, *1*, 35－59.

[31] Northrop, F. S. C. (1946). *The meeting of East and West*. New York: Macmillan.

[32] Phillips, D. C. (1976). *Holistic thought in social science*. Stanford, CA: Stanford University Press.

[33] Roland, A. (1988). *In search of self in India and Japan: Toward a cross-cultural psychology*. Princeton, NJ: Princeton University Press.

[34] Sampson, E. E. (1985). The decentralization of identity: Toward a revised concept of personal and social order. *American Psychologist*, *40*, 1203－1211

[35] Sampson, E. E. (1988). The debate on individualism: Indigenous psychologies of the individual and their role in personal and societal functioning. *American Psychologist*, *43*, 15－22.

[36] Sampson, E. E. (1989). The challenge of social change for psychology: Globalization and psychology's theory of the person. *American Psychologist*, *44*, 914－921.

[37] Sass, L. A. (1988). The self and its vicissitudes: An "archaeological" study of the psychoanalytic avant-garde. *Social Research*, *55*, 551－607.

[38] Shweder, R. A. (1984). Preview: A colloquy of culture theorists. In R. A. Shweder & R. A. LeVine (Eds.), *Culture theory: essays on mind, self, and emotioin* (pp. 1－24). Cambridge, England: Cambridge University Press.

[39] Shweder, R. A. & Bourne, E. J. (1984). Does the concept of the person vary cross-culturally? In R. A. Shweder & R. A. LeVine (Eds.), *Culture theory: Essays on mind, self and emotioni* (pp. 158－199). Cambridge, England: Cambridge University Press.

[40] Shweder, R. A. & LeVine, R. A. (Eds.) (1984). *Culture theory: Essays on mind, self and emotion*. Cambridge, England: Cambridge University Press.

[41] Stevenson, H., Azuma, H. & Hakuta, K. (1986). *Child development and education in Japan*. New York: Freeman.

[42] Stryker, S. (1986). Identity theory: Developments and extensions. In K. Yardley & T. Honess (Eds.), *Self and identity*(pp. 89－104). New York: Wiley.

[43] Triandis, H. C. (1989). The self and social behavior in differing cultural contexts. *Psychological Review*, *96*, 506－520.

[44] Triandis, H. C., Bontempo, R., Villareal, M. J., Asai, M. & Lucca, N. (1988). Individualism and collectivism: Cross-cultural perspectives on self-ingroup relationships. *Journal of Personality and Social Psychology*, *54*, 323－338.

[45] Veroff, J. (1983). Contextual determinants of personality. *Personality and Social Psychology Bulletin*, *9*, 331－344.

[46] Waterman, A. S. (1981). Individualism and interdependence. *American psychologist*, *36*, 762－773.

[47] Yamagishi, T. (1988). Exit from the group as an individualistic solution to the free-rider problem in the United States and Japan. *Journal of Experimental Social Psychology*, *24*, 530－542.

第十二章

DI SHI ER ZHANG

应激与调节

第三十七选

汉斯·塞里，摘自“应激概念的演化”，《美国科学家》

第三十八选

理查德·拉扎勒斯，摘自“关于日常困扰研究中的谜题”，《行为医学杂志》

第三十七选
应激概念的演化

汉斯·塞里(Hans Selye),1973

直到20年前,心理学家才开始确信心理因素可以像生理因素一样产生应激。20世纪30年代,加拿大生理学家汉斯·塞里(Hans Selye)在应激研究中首次提出了一般适应综合征(general adaptation syndrome, GAS)这一概念。他将该综合征定义为一连串面对应激的躯体反应,可分为三个阶段:警觉反应阶段,抵抗阶段以及衰竭阶段。直至今天,一般适应性综合征业已成为一种研究范式,并用以探明应激对身体所产生的长期效应。

塞里(1907—1982)于1942年在麦吉尔大学获得理科博士学位,后又获哲学博士及医学博士学位。他在蒙特利尔大学实验内科与外科研究所度过了大部分的职业生涯,作为一位内分泌学家,他终身致力于理解应激综合征中的激素反应。塞里一生共纂写了包括《生活中的应激》(*The Stress of Life*, 1956)以及《健康应激》(*Stress without Distress*, 1974)在内的30多本关于应激的著作。

本选选自塞里1973年发表于《美国科学家》(*American Scientist*)杂志中的"应激概念的演化"一文(*The Evolution of the Stress Concept*),文中塞里叙述了他建立应激一般适应综合征模型的研究过程。值得关注的是,塞里是依据不同情境的发现逐步建立起该模型的。

阅读本选时,请思考你会如何定义应激以及用何种方法测量压力对你生活的影响。

关键概念: 应激与一般适应综合征(stress and the general adaptation syndrome)

APA: Selye, H. (1973). The Evolution of the Stress Concept. *American Scientist*, 61, 692 - 699.

每个人对压力都有自己的体会和理解,但是很少有人真正了解什么是压力。压力应激这个词,就像成功、失败和幸福一样,其意义因人而异。虽然应激已经成为我们日常生活的一部分,但除了专业科学家外,并没有人真正尝试过对应激下一个定义……

如果无法明确定义应激,我们又如何能够应对生活中的压力呢?长期处于来自顾客和员工压力之下的商人,为了无数生命而不敢有任何大意的空中交通管制员,不顾一切拼搏求

胜的运动员，以及那些无助地看着罹患癌症的妻子经受死亡煎熬的丈夫，所有这些人都承受着无比巨大的压力。虽然他们所面对的问题大相径庭，但是医学研究显示他们的躯体反应在许多方面都符合一种具有相同生化变化的固定形式，从而在根本上应对身体组织所产生的各类需求的增多。虽然产生应激的因素（术语称为应激源）各不相同，但是这些应激源在本质上均产生了相同的生物应激反应。了解应激源与应激的差别也许是对那些我们从个人经验中了解的大多数生物学现象进行科学分析的重要的第一步。

但是如果我们想要把有关应激的实验室研究结果运用于个人的生活；如果我们想要规避它的消极作用，享受成功的愉悦，我们就必须对应激的本质和内在机制做进一步的探究。该目标的达成必须有赖于实验室研究所得到的数据，并且将此作为解析个体行为的科学哲学基础。换言之，要达成该目标唯一的途径是数据检验，而不是倒退到传统的主要对思辨观念的接受。

一、什么是应激？

应激是身体对作用于它的任何需求的非特异性反应。为了理解这一定义，我们必须首先理解"非特异性"的含义。任何作用于我们身体的需求从某种意义上都是独一无二的，即具有其特殊性。例如寒冷会使身体颤抖生热，同时皮肤中的血管收缩以减少身体表面的热量消耗。而当身处炎热中时，便会流汗，因为皮肤表面汗水蒸发有制冷的作用。当我们摄入过量糖分使得血糖浓度高于正常值时，我们便会适当排出并且激活某些储存或燃烧多余能量的化学反应，从而使血糖回归正常值。剧烈的肌肉运动，诸如全速登楼，会迅速增加肌肉组织和心血管系统的负荷，也就是说肌肉需要更多的能量以完成这项非常规的工作。因而我们会出现心脏剧烈跳动、血压升高以及肌肉组织供血加速等生理反应。

无论是药物还是激素都有其特定作用，例如利尿剂能增加尿量；肾上腺素使得脉搏频率加快，血压升高，同时增加血糖；而胰岛素则可以降低血糖。但是，无论这些药剂会引发何种类型的变化，它们之间有个共同点，即需要身体进行自我再调节。这一需求具有非特异性，即个体无论面对何种问题，都会产生这类具有适应性的需要。也就是说，这些药物除了产生特定的作用外，还会造成具有某种适应功能的非特定需求的增加，使身体重新恢复正常状态。正是这些药物的非特异效果而非其特定作用才是导致躯体需求增加的原因，而这类功能中的非特定的身体调节需求就是应激的本质。

无论服用的药剂或者面对的情境让人产生愉悦或是非愉悦感，这都与应激的产生即应激源以及应激的效果无关；唯一对此起作用的便是在调整以及适应过程中需求的强度。如果突然告知一位母亲其子在战役中阵亡，她必然遭受巨大的心理打击；但是多年后，她得知当年的消息有误并且出人意料地看到儿子走进房间的时候，也必定体会到一阵狂喜。作为事件截然不同的特定结果，哀伤和喜悦恰好是正相反的两种情绪体验，但是这些应激源的效果，即适应全新情境的非特异需求却是完全一致的。

很难想象本质上不同的事物如寒冷与炎热、药物与激素、悲伤与喜欢却能引起有机体相同的生化反应，但事实上，如今已有研究通过高度客观量化的生化测定证明身体的某些反应完全具有非特异并且普遍存在于各种类型的反应之中……

二、应激不是什么?

人们在使用应激这一术语时,由于缺乏严密性而产生了许多含糊且时常相互矛盾的定义,因此有必要对应激不是什么做进一步清晰的注释。应激不是单纯的神经紧张,应激反应在没有神经系统的低等动物甚至植物中也普遍存在;应激不是一种由伤害导致的非特异性结果。因为我们已经知道无论刺激物是否令人愉悦都与应激反应的产生无关,应激源的效应只取决于躯体适应性需求的强度。正如我在《生活中的应激》一书中所论述的观点:"那些不会导致任何明显危险的正常活动,如打网球或是一个热情的亲吻也会产生大量的应激。"

应激不是需要去加以避免的反应。事实上,正如之前给出的定义,应激是无法逃避的。无论你做了什么或是发生什么,都需要你提供必要的能量,以保存生命并抵抗和适应外界的变化。即便你完全放松或者熟睡,你也处于某种应激状态中,心脏必须持续供血,肠胃需要消化晚餐,肌肉需要控制胸部保持呼气的畅通,而即使当做梦的时候,大脑也没有完全处于休息状态。

世上万物只有死亡才可以脱离应激。虽然社会舆论鼓励人们避免应激,但事实上我们不应当也不可能逃避应激。相反,我们可以尝试了解更多的应激机制、相应地调整生活哲学,从而有效地处理应激并享受充满应激的生活。

三、应激概念的演变

应激概念由来已久,其历史可以追溯到史前人类。那时的人们劳动艰辛,并且还要长期忍受寒冷和暴晒的侵袭,常遭受流血、痛苦害怕或者疾病折磨,精力耗尽与精疲力竭的感觉使得他们不再坚强。史前人类可能没有意识到,虽然面临的超出其忍耐范围的压力各不相同,但是他们的反应却是相类似的;一旦当史前人类感受到这种相似的反应时,就已然意识到他们再也无法承受这一切,换言之他们已经竭尽所能。

其后的人类可能会发现,无论何时当人们面临长时间且不熟悉的高强度任务时(比如:在冰冷的水里游泳,举石块或者挨饿工作),他们将经历如下三个阶段:首先体验到痛苦,然后渐渐习惯这种感觉,最后无法忍受……

但是我们不禁要问,不同的应激源是如何产生相同的反应?是否还存在另一种非特异性适应反应会如此变化呢?1926年,当我还是一名医学院二年级的学生时,我第一次发现当人们面对任何一项费力任务时都会产生同一种刻板反应;此后我试图了解为什么身患完全不同疾病的人会有如此多相同的迹象和症状。无论一个人被诊断为严重失血,或患有传染病,抑或是末期癌症,他都会表现出食欲消退、肌肉萎缩、丧失斗志,还往往伴随体重下降,甚至面部表情都能让人一目了然其身患疾病的事实。这些在当时我看来由患病而引发的综合症状是否具有内在的科学基础?是否可以用现代的科学技术分析这一综合征的内在机制?是否可以解析出其组成元素,并且用准确的生化学、生理学和形态学术语加以叙述?又是否可以经受住科学的分析呢?

这些问题一直萦绕着我,直到1936年,我有机会再次直面这个问题,当然此时科学研究分析的条件更好了。当时,我在麦吉尔大学生化系实验室工作,试图从牛卵巢中提取出一种新激素,并把它注入老鼠体内,然后观察器官是否会发生无法用任何已知激素解释的未知变

化。实验结果大大超乎我想象，第一组且最不纯净的提炼物使小白鼠在以下三个方面发生了改变：(1) 肾上腺皮层扩张；(2) 胸腺、脾脏、淋巴结及所有其他淋巴结构萎缩；(3) 在胃部和大肠出现深层出血的溃疡。由于这三种变化相互依赖，因而构成了明确的综合征，而这些躯体变化的严重程度则依赖于我所注射的提炼物数量。

一开始，我把所有这些变化归咎于提炼物中的一种新的性激素，但是不久后我便发现所有的有毒物质，如肾脏的提取物甚至是来自非活体组织的毒素，都会产生相同的综合征。由此，我形成了"患病综合征"(syndrome of just being sick)的概念，并且意识到小白鼠对非纯净提炼物或有毒药物的反应实质上是对这一症状的实验性复制。当个体遭受疾病袭击时，躯体便会普遍呈现出肾上腺皮层扩张，胃肠溃疡以及胸腺收缩的现象。因此，这三种躯体变化便成为应激反应的客观表征以及完善应激概念的基础。

不久后我便在《自然》(*Nature*，1936)杂志上发表了一篇题为《由各类有害物质引发的综合征》(*A Syndrome Produced by Various Nocuous Agents*)的论文，并在其中首次对这一反应进行描述，该反应随即被命名为"一般适应综合征"或"生物应激综合征"。在同一篇论文中，我还把该综合征的初期反应命名为"警觉反应"，在这一阶段身体的防御系统将会呈现出普遍具有预警作用的躯体表现。

四、一般适应综合征

但是警觉反应并非整体应激反应的全部，如果持续接触诱发应激反应的有毒物质，身体将随即进入适应或抵抗阶段。换句话说，任何有机体都无法持续保持警戒状态。如果应激源持续强烈地作用于躯体并且与生命运转产生冲突，动物便会在警觉反应阶段内的几个小时或几天内死亡。然而如果它有幸存活，其躯体就必然在最初反应后进入抵抗阶段。作为应激反应的第二阶段，这一时期的躯体表现与警觉反应的特征具有明显差别，在某些情况下甚至完全相反，比如：在警觉反应阶段，肾上腺皮层的细胞会向体内循环血液释放分泌颗粒，从而使肾上腺皮质类脂醇内含有的液态贮存物质减少；而在抵抗阶段，肾上腺皮层内则会聚集大量分泌颗粒。又如在警觉反应中躯体会发生血液凝聚，血氯过少以及一般组织的分解代谢；但在抵抗阶段则会发生血液稀释，血氯过多和合成代谢，并且伴随恢复正常体重的趋势。

有趣的是，如果继续接触毒性应激源，习得的适应会再度消失。只要应激源强度足够大并且持续时间足够长，动物便会进入反应的第三阶段——"衰竭阶段"。一般适应综合征的三阶段本质预示着躯体的适应性或者"适应能力"在持续应激中终将衰竭，意识到这一点对于我们具有极为重要的实际意义。鉴于在抵抗阶段仍正常地摄入食物，因此我们对除了热量外其他能量的损耗情况仍然不得而知。因此也许有人认为只要出现适应性反应并且拥有足够多的能量，抵抗阶段便能无止境的延续。但是正如任何无生命的机器会逐渐损耗报废，人类迟早也会成为持续消耗的牺牲品。

参考文献

[1] H. Selye. In preparation. *Stress without Distress*. New York, Philadelphia: Lippincott.
[2] H. Selye. 1956. *The Stress of Life*. New York: McGraw-Hill.

第三十八选
关于日常困扰研究中的谜题

理查德·拉扎勒斯(Richard S. Lazarus),1984

众所周知压力有害于身心健康,直到近几十年,科学家们才终于揭开压力如何影响身体的谜团。人们普遍认为生活中重大事件或变故会引发强烈的应激,但是这一观点却受到理查德·拉扎勒斯的质疑。他强调日常烦恼的重要性,并且证明了那些日常生活中人们所经历的烦恼是如何在很大程度上影响着人们有效调节自身以适应环境的能力。

拉扎勒斯(1922—2002)于1948年在匹兹堡大学获得实验心理学博士学位,此后10年他曾先后任教于约翰斯霍普金斯大学和克拉克大学。1959年,开始就职于加州大学伯克利分校,并继续其学术生涯。拉扎勒斯致力于研究情绪与应激,于1991年整理其多年研究成果出版了《情绪与适应》(*Emotion and Adaptation*)一书(牛津大学出版社,1991)。

本文选自1984年发表于《行为医学杂志》(*Journal of Behavioral Medicine*)上,题为《关于日常困扰研究中的谜题》(*Puzzles in the Study of Daily Hassles*)的论文。文中,拉扎勒斯描述了那些日常生活中让人愤怒或产生挫败感的烦恼之事,比如溢出酒水,遗失车钥匙,与人争辩,或者排长队等。他在文中指出人们普遍认为这些困扰会对生活产生消极的影响,同时对人们的幸福造成一定的威胁。阅读本选时,请注意除了日常烦恼外,作者还就生活中令人愉悦的日常激励事件展开论述。同时请读者阅读后能反观生活中的你又是如何应对这些困扰的呢?

关键概念: 困扰与应激(hassless and stress)

APA: Lazarus, R. S. (1984). Puzzles in the Study of Daily Hassles. *Journal of Behavioral Medicine*, 7, 375 - 389.

一、引言

心理应激领域的理论和研究从早期单方面着重环境因素的影响,转换为强调个体与环境间的交互作用。当今社会把应激视为一种伤害、威胁和挑战,而应激的质量和强度则依赖于个体经历、所拥有的资源和弱点,以及环境条件等方面的因素。这意味着对于一个特定的

人而言，我们能够解释或者评估生活事件对其幸福与否的影响。这一研究范式的转变对应激测量方法提出了新的要求，新方法需要把个人评估事件对其意义的认知活动纳入考虑范围，并且对个人和环境因素中影响评估过程的多重特定变量进行检验。为了制定出全新的应激测量方法，"伯克利应激及应对项目"对日常困扰和日常激励展开了研究。

二、何谓困扰与激励?

在 1977 年"伯克利应激及应对项目"工作人员开始为一项实地研究制定日常困扰量表之前，我们还从未认真思考过量表形式以及措词所应具备的内涵。我们希望能够针对人们在生活中真正遭遇到的那些琐碎的心理困扰进行广泛的研究，而非创建一个纯粹客观的刺激与反应类别。该量表包含了同一题目的选项混合了环境参照、隐含的或明确的环境因素、主观评估和情绪反应。因此，该量表的条目包含对以下四类对象的表述：(1) 外部环境事件。如不顾及他人的吸烟者，或意想不到的同伴。(2) 令人失望或使人烦扰的长期环境条件。如物价上涨或社区环境恶化。(3) 持续不断的烦扰和担忧。如迷失未来的方向或缺乏工作满足感。(4) 痛苦的情绪反应。如孤独或害怕被排斥。

然而究竟何谓日常困扰和日常激励呢？我们将日常困扰定义为日常生活中对当事人产生重要影响且有损或威胁其个人幸福的经历和状况。该定义强调个体心理的或主观的情感体验，并重视这些困扰对日常生活的影响(参见 Jessor，1981)。即便日常困扰所反映的事件真实存在且客观上具有伤害性和威胁性，也不足以影响人们的生活，真正使个体感到痛苦并且不断萦绕脑海的原因是他们对于这些事件的主观解释。正如我们在过往研究中提出的观点，正是由于达成这些事件的需求超出了个体力所能及的范围，才使得他们具有伤害性和威胁性。与困扰相反，日常激励则包括在日常生活中具有显著地位并且对当事人的幸福具有积极或帮助作用的经历和情况。因此，这些事件可以让人们精神振奋，或者说使人们感到愉悦，比如良好的睡眠、广交朋友、获得表扬等等。

困扰与激励并非绝对化的概念，有些人认为是困扰的事件对于另一些人便可能是激励，反之亦然。正如撰写论文对于一些人来说可能是痛苦的折磨，而对于另一些人而言则是一件美差。在我们看来对激励和困扰的评估就好像是为日常生活的情感基础描绘一幅全景画，有时阳光明媚有时阴雨连绵，而只涉及困扰的研究显然并不完整。但是由于我们对于日常激励的研究成果不及有关日常困扰的结果丰富，因而在这篇报告中我会对后者做更为详尽的论述。

三、困扰、激励与健康

我们的研究之所以获得广泛关注，是因为研究结果证明了日常困扰和激励与健康之间(比如：斗志、心理健康及躯体健康)存在着相关。研究中，我们对每一位被试在 9 个月内进行多次评估，评估报告发现：日常困扰产生的频率和强度能够比重大生活事件更好地解释被试心理及躯体健康，且这一涉及健康的二元相关非常显著。日常困扰与生活事件之间只存在中等程度的相关，并且被试在困扰中的得分可以单独解释其与健康关系中的部分方差，而生活事件的得分却不能。因而在健康纬度中部分被解释的方差，事实上是生活事件与日常困扰的重叠部分,于是我们有理由把这一重叠部分理解为生活事件改变日常常规并由此造成日常困扰。虽然如此,仍旧有许多日常困扰并非来源于那些生活事件,而是来源于个体惯常的生活方式。因此,我们似乎找到了一种测量应激的新方式,从而有效地补充了原本对于生活事件的测量,除此之外新方法还能更好地预测个体的健康状况。

考虑到对日常困扰和健康状况的测量均基于被试的自我报告,因此研究所获得的两者间关系也可能是人为造成的。相较于对躯体健康的测量[德朗吉斯(Delongis, 1982)相关研究的因变量],这一点在以心理健康和士气作为测量对象的研究中[肯纳(Kanner, 1981)相关研究的因变量]更为明显。值得注意的是,我们就日常困扰与心理健康之间关系的基本论述也同样经过他人独立研究的验证(参见 Monroe, 1983),但是该项研究中也存在着前测和后测间反复测量的风险,虽然我们认为这种风险未必会对研究结果产生影响。而在本研究中同样存在大量类似的方法论问题,因此在解释结果时应当给予适当的谨慎。

由于应激有损健康,因而有理由认为困扰作为日常应激的主观测量对象可以解释且预测健康状况,这一假设也同样是大量生活事件研究的基础。虽然要考虑到由横断研究(而非纵向研究)所获得的相关性受到因果推论中不确定性的影响,我们还是将在此假设的基础上介绍我们的原创性发现。我们发现 9 个月内被试产生日常困扰的频率保持稳定,然而我们在统计过程中合计每位被试在 9 个月内困扰频率的总数,从而使这一得分在解释健康状况时更趋稳定(参见 Epstein, 1984)。因为健康状态在为期一年左右的评估过程中也同样稳定,因而我们没有发现个体的困扰频率的起伏与健康状况的起伏之间存在共变关系,只发现总体困扰得分较高的人,其健康状况不及总体困扰得分较低的人。为了证明这种关系具有协变意义,我们仍需要证明对同一个人而言,健康状况会随着困扰或激励的起伏而产生变化(参见 Lazarus, 1978)。

因而我们近期的一些研究便致力于检验是否个人日常应激和健康之间存在共变关系的可能性。然而事实上并非所有的健康类型都与应激反应具有共变或对应的关系。例如:非高血压患者会在应激出现时血压升高,终止后血压回落,但长期高血压患者则由于肾脏功能发生不可逆转的生理变化,使他们的血压在任何情境中都维持在较高水平(Kaplan, 1979)。相似的状况还出现在诸如关节炎、动脉粥样硬化和阿尔茨海默症等疾病中,这些患者身体状况也不存在明显差异。与此相反,许多典型的身心疾病,如溃疡、肠炎、过敏和哮喘等则极容易受到应激变化的影响。此外,有大量证据显示应激反应也会对免疫功能产生影响(Ader, 1981),例如由于免疫功能变异导致的细菌或病毒感染也同样与应激呈现高相关性(Meyer & Haggerty, 1962)。这意味着在研究个体内部应激与健康的共变关系时需要把整体健康状况分割为若干具体的子状态及亚情境,并且选取那些容易受到应激影响的健康因素为研究对象(参见 Luborsky, 1973)。

就日常困扰和激励而言,不同的个体所体验或注意并记忆的内容也不尽相同,然而我们不禁要问这种个体差异究竟从何而来?针对这一问题,应激及情绪的初级和次级认知评价理论给出了一些可能的解答。

初级评价主要涉及个人在应对与自己幸福相关或无关事件时的差别。这类评价所蕴含的核心心理学问题在于,个体需要判断所遇事件是否具有危险性,并且是否形势紧迫。当一

个人正准备开赴一次重要约会，而约定的时间已不允许他在路上稍作停留，此时交通阻塞使他感受到的苦恼程度必然超过那些时间宽松，或者即使延误也不会造成重要损失的场合。当个体无论出于何种原因感受到时间的紧迫感，或者担心因为迟到而危及重要目标的达成，又或者强烈违背其内在标准的时候，他都更容易受到来自准时出席需求的应激和困扰。如果个体对于一件极为平常并且无足轻重的事件产生情绪反应，那么这一反应的类型和强度便可以在事后反映出他的做事方式或者使得他具有这种敏感性的另类人格特征。正是个体具备了其特定的人格特质，从而使得我们可以在事件发生前，对该事件所可能造成的威胁进行预测评价，即使这些情境对于另一些人也许并不构成威胁。

次级评价涉及个体应对应激需求和约束时如何使用和选择自己的资源。当一个人面对应激需求时，他对于缺乏有效应对资源的信念会增加其对需求的威胁性评价，相反对于这些资源的积极信念则会抑制这一威胁评价。正如对于某些人而言，遭遇交通阻塞会使得其想方设法寻找另一条可通达的路线，从而成功地消除威胁。虽然想法和行为都可以提供多种应对功能，但是我们把其中的行为过程称为是“问题取向应对方式”(Folkman & Lazarus, 1980; Lazarus & Folkman, 1984)。这类应对方式还具有可预期性，例如万一在前往重要约会的途中遭遇交通阻塞或者其他路面障碍，这一应对方式便可以对他如何安排剩余时间做出有效的预测。

在另一方面，当我们对现实情境感到无能为力的时候，“情绪取向应对方式”也同样可以抑制或者减弱威胁评价。比如：一位迟到者认为自己有能力弥补先前造成的糟糕印象，航班延误者获知下一班次的时刻表或者索性不顾迟到的严重后果，这些应对都可以抵消或显著减小本应产生的应激和困扰。避免思考产生困扰的可能性可以帮助控制可能产生的情绪。以上的这些例子证明次级评价以及情绪取向因应方式在日常困扰体验中的决定性作用。情绪取向因应方式同样与日常激励有关，因为他们可以引发当事人对消极体验的积极思考。正是由于这些认知应对过程的缘故，一个人甚至可能并不认为自己处于应激状态中或者对所经历的困扰体验不以为然。因此可见，日常困扰或激励的概念实则因人而异。

在研究过程中，我曾经将日常困扰作为产生评价和应对的前因，然而发现这种以刺激为中心的观察方法具有明显的不足。这使我意识到这些日常困扰和激励不应是评价的对象而应是其结果，并且该评价过程依次依赖于个体的经历，用以应对资源，以及应对的想法和行为。当我重新认识了两者间的因果关系，我便将个体应对日常困扰和激励的内在加工模式作为研究焦点。个人特有的应激模式不仅提示我们那些对每个人而言意义重大因而富有危险性和挑战性的事件，还告知我们使个体或者团体更容易感受到应激的人类活动。我认为所有的加工过程都相互依赖，任何先前的经验都会对日后的应对模式产生影响。这一交互理论的提出将我们的注意力转移至日常困扰和激励模式的研究，并且将此作为判断个人优点、能力及弱点的效标。

试想如果一个人在与他人的相处中时常遭遇困扰，例如在工作中与领导产生矛盾。从一个角度看，此类应激的应激源或环境因素只包含对方的行为；另一个人也许总是怀有敌意，吹毛求疵或者具有攻击性，他也许不仅使当事人感到困扰，还令其他人颇为头疼。而从另一个角度看，当事人之所由产生应激也可能是由于他对对方释放的敌意反应过度或者他本身便具有攻击倾向。正如有人将产生应激的原因假设为同胞间的敌对,父母的过分严苛或是死板且带有强迫性的防御机制。在某种意义上说,这两种观点都合理但都不完全。而相互作用论学派则将两者结合并且形成了交互理论,这一观点认为应激反应是环境因素和个人因素共同作用的产物。

对任何人而言,个人情绪的状态和强度以及日常困扰的长期反复出现都是提示可能产生应激反应的线索。如果我们对一个人的日常困扰进行长期跟踪研究,便会发现同一种困扰的反复出现可能是由于该环境因素始终是其产生应激,或者也可能由于他本身更容易受到这一特定环境的影响,并且在解释的过程中确实难以将个人原因和环境原因严格地区分开。此外,反复出现的日常困扰还可以用以评估个人因素和环境因素分别在何种程度上影响应激反应的产生。只有通过深入考察日常困扰的形式和体验,我们才能清楚地了解刺激、个人作息、评价特点以及应激方式是如何使日常困扰反复出现……

参考文献

[1] Ader, R. (1981). *Psychoneuroimmunology*, Academic Press, New York.

[2] DeLongis, A., and Lazarus, R. S. (1982). Hassles, uplifts and health in aging adults: A paradox examined. Paper presented at meetings of American Psychological Association, Washington, D. C.

[3] Epstein, S. (1984). Aggregation and beyond: some basic issues on the prediction of behavior. *J. Personal.* (in press).

[4] Folkman, S. & Lazarus, R. S. (1980). An analysis of coping in a middle-aged community sample. *Journal of Health and Social Behavior*, 21, 219 - 239.

[5] Jessor, R. (1981). The perceived environment in psychological theory and research. In Magnusson, D. (ed.), *Toward a Psychology of Situations: An Interactional Perspective*, Erlbaum, Hillsdale, N. J., pp. 297 - 317.

[6] Kanner, A. D., Coyne, J. C., Schaefer, C. and Lazarus, R. S. (1981). Comparison of two modes of stress measurement: Daily hassles and uplifts versus major life events. *J. Behav. Med.* 4: 1 - 39.

[7] Kaplan, N. M. (1979). The Goldblatt Memorial Lecture. The role of the kidney in hypertension. *Hypertension* 1: 456 - 461.

[8] Lazarus, R. S. (1978). A strategy for research on psychological and social factors in hypertension. *J. Hum. Stress* 4: 35 - 40.

[9] Lazarus, R. S. and Folkman, S. (1984). Coping and adaptation. In Gentry, W. D. (ed.), *The Handbook of Behavioral Medicine*, Guilford, New York, pp. 282 - 325.

[10] Luborsky, L., Doeherty, J. P. and Penick, S. (1973). Onset conditions for psychosomatic symptoms: A comparative review of immediate observation with retrospective research. *Psychosom. Med.* 35: 187 - 204.

[11] Meyer, R. J. and Haggerty, R. J. (1962). Streptococcal infections in families. *Pediatrics* April: 539 - 549.

[12] Monroe, S. M. (1983). Major and minor life events as predictors of psychological distress: Further issues and findings. *J. Behav. Med.* 6: 189 - 205.

第十三章

DI SHI SAN ZHANG

变态心理学

第三十九选
疯人院中的理智者

大卫·L·罗森汉(David L. Rosenhan),1973

精神卫生工作者设计了各种不同的分类法以诊断异常行为。虽然这些方法在大多数案例中能发挥作用,但是仍有不少心理学家担心:错误的诊断会导致治疗方法不得要领或者使患者就此蒙上污名,这使得精神卫生工作者在标签心理疾病患者时需要特别小心和注意。为此,一些心理学家对这一应用于疾病诊断中的标签理论提出了异议,大卫·L·罗森汉便是其中的一位主要批评者。

罗森汉(1929—?)于1958年在哥伦比亚大学获得博士学位,现为斯坦福大学心理学荣誉教授。迄今为止,他已出版大量著作,其中与马丁·E·P·塞利格曼(Martin E. P. Seligman)合著有一本《变态心理学》(*W. W. Norton*, 1995)。

本选选自1973年发表于《科学》(*Science*)杂志上的《疯人院中的理智者》(*On Being Sane in Insane Places*)一文。在文中,罗森汉描述了他与其他实验者一起充当伪病人的经历(伪病人指那些心理健康但是被作为患者送入精神病院的人);还对标签理论在诊断精神病患者为精神失常或者精神病态上的具体应用进行了讨论。罗森汉的文章使得精神卫生从业者对于临床心理学中诊断方法的争辩愈发激烈。本文固然通俗易懂,但并不缺乏对精神卫生机构以及标签过程的深入剖析。虽然罗森汉的研究成功地使众多心理学家关注并且讨论在精神病患者诊断过程中产生的问题,但也不免引发研究缺乏伦理的批评之声。当你阅读本选时,请思考生活在医院中的精神病患者应当是什么样子?

关键概念:异常行为的标签及诊断(labeling and the diagnosis of abnormal behavior)

APA: Rosenhan, D. L. (1973). On being sane in insane places. *Science*, 179, 250 - 258.

如果存在神智健全与精神错乱两种状态,我们该如何识别它们呢?

这个问题既非难以捉摸也不荒唐愚蠢。虽然我们确信可以区别正常与异常,但是事实证明我们常常很难做到。例如:当一位精神病医师为一宗谋杀案的嫌疑人辩护时,无论他在业界有多高的威望,我们都常常能看到一位同样权威的精神病医师代表控方反驳,力图证

明被告事实上心智健全。关于研究的可靠性、应用性,以及对于诸如“神智健全”、“精神错乱”、“精神病”、“精神分裂”等术语的定义也存在着的争议。早在 1934 年,本尼迪克特(Benedict)便提出正常和异常的定义并不具有普适性[1]。在一种文化下被认定是正常的事物在另一种文化下也许会被视为异常。因此,正常和异常的概念也许不如人们设想得那样精准。

探讨如何区分正常和异常的问题,其目的不是为了确定某些行为是否偏离常态或者行事古怪,比如谋杀和幻觉都是偏常的行为;也不是为了否认那些时常与精神疾病关联的个体生活烦恼的存在,比如焦虑、抑郁和内心的痛苦。但是正常和异常,神智健全与精神错乱,其诊断过程并没有我们想象的那么可信。

就其核心而言,能否将神智健全与精神错乱相区分,其实是个很简单的问题:即判断得出诊断结论所依据的显著特征是否应归结于患者本身,还是来源于观察者发现他们(显著特征)时的客观环境。长久以来,精神病医师均通过使用对患者某些症状表现进行分类的方法来区分神智健全与精神错乱。但是近年来,这一准则频频遭受质疑。基于理论及人类学、哲学、法律和心理治疗的多方思考,我们相信对于精神疾病的心理学分类事实上毫无用处,甚至会导致有害的、误导性的,甚至是恶化的效果,因为精神病医师的诊断全凭观察者的主观判断,而他们对患者行为特点的总结也同样缺乏确实根据。

我们可以通过安排正常人(指那些没有或未曾经历严重精神紊乱症状的人)进入精神病院,并且观察其真实身份是否会被揭穿或如何被揭穿的实验方法,判断以上两种观点哪一个更为准确。如果精神病医师总能有效地识别这些伪病患是否神智健全,那这一结果将极有力地证明一个神智健全的人无论在何种环境中都不会被误认为精神错乱。因为精神正常或异常是个体的伴随属性,因而无论他出现在哪里,他的精神状态都可以获得清晰地辨认。相反,如果精神病医师始终无法识别这些伪病患神智健全的事实,那将使那些支持传统精神病诊断模型的人产生极大的困扰。假设医院工作人员有能力胜任,而伪病人像往常一样神志清醒,举止恰当,也没有曾经在精神病医院的前科的时候,如果仍旧获得后一种结果,那只能证明精神病的诊断背离了患者本身而更依赖于他被发现和观察的外在环境。

在本文所描述的实验中,12 家医院在毫不知情的状况下接收了 8 位神智健全的“患者”。文章的第一部分将具体叙述这些“伪病人”的诊断经历,其后将就他们在精神病医院中的经历作具体描述。也许是因为精神病医师、心理学家或者在类似医院工作的专业人员并不相信精神错乱者口中的信息,所以他们几乎不与患者就医院的生活进行交流,因而对他们的经历知之甚少。那些精神病医院的专业人员可能已经完全习惯了工作环境以至于他们并不在意这些经验可能会对患者造成何种影响。虽然偶尔也有研究者会深入精神病医院内部,但他们一般只会待上很短的时间,并且往往与医院的工作人员早已相熟[2]。因此很难判断研究人员的身份是否会对结果产生某种程度的影响。尽管这些关于精神病医院内部状况的报告存在诸多缺陷,但这不能否认该研究在理论与实践中的价值。而我们的任务便是对这些已有工作进行改进及延伸。

一、伪病人和他们的背景

这 8 位伪病人(3 女 5 男)包含多种人群的代表。其中包括一位 20 多岁的心理学研究生,其余7位年纪稍长,分别为三位心理学家、一位儿科医生、一位精神病医师、一位画家和一位家庭主妇。在实验的整个阶段,他们都使用化名以免那些所谓的诊断结果造成日后的尴尬。8人中的精神卫生工作者将谎称从事另一项职业以免引发医院职员对于他们的特殊关注,诸如过于恭谨或者小心警惕。此外,医院的工作人员对除我之外的其他伪病人的出现和该研究项目的本质均一无所知(我作为实验的第一位伪病人,我已尽可能地就我的出现告知医院管理者及其他主要的心理学家)。

实验环境也同样类型各异。为了使实验结果具有普遍性,我们安排伪病人进入12家不同的精神病医院。这些医院分别位于东西海岸的五个州内。其中有一些条件简陋,另一些则新建成;有一些着重其研究性质,另一些则更重视临床实践;有一些具备恰当的医患比例,另一些则出现专业人员供不应求的现象。严格来说12家医院只有一家隶属联邦政府,其余11家均由各州或政府基金扶持,比如某些大学基金。

伪病人经预约后前往医院并向精神病医师叙述常听到异响的症状。当被问及所听到的内容时,他便回答医师时常听不清声音的具体内容,但能辨认出其中包含"空的"、"空洞的"、"砰"等词语,患者还表示这些声音来自一位同性的陌生人。在设定如何应对医师提问的过程中,我们选择了一些与焦虑症具有显著相似性的症状,具有这些症状的人往往会因为感觉生活毫无意义而异常痛苦。以上的回答便体现出"好像有一个虚幻的人在说:我的生活是如此空虚无聊"的症状。我们之所以选择这些症状还因为在文献资料中缺乏这些由存在感缺失而引发精神疾病的研究报告。

除了谎称这些症状以及编造虚假姓名、行业、职位外,伪病人均如实地呈现他们的个性、成长背景、生活环境以及生命中发生的任何重要事件。他们与父母、兄弟姐妹、伴侣子女的关系以及在工作和学习中的人际交往,也完全忠于他们在真实生活中的经验。他们在描述沮丧和不安的同时还需要表达愉悦和满足。总之,由于他们过去和现在的行为无一表明他们在某种程度上患有严重的精神异常,因此,他们的诊断结果应当更倾向于神志清醒。

一旦进入精神病房,伪病人便不再表现出任何异常症状。在一些个案中,由于没有伪病人真正相信自己会如此轻易地蒙混过关,因此他们仍会在一段时间内持续表现出轻微紧张和焦虑。事实上我认为他们由此表现的真正原因在于害怕自己立刻被当众揭穿而尴尬万分。此外,他们中的大多数人从未参观过精神病房,即使是那些有类似经验的人也仍然会因一切未知的遭遇而胆战心惊。然而,他们的紧张却歪打正着地表现出对医院情境的新奇感,并且随着对环境的适应而迅速减退。

除了短暂的紧张,伪病患在病房中的其他表现都属于"正常行为"的范畴。他们会与真正的患者和医务人员正常地交谈。因为在精神病房中病人大都无所事事,因此他们会试图加入他人的交谈。当专业人员询问他们的感受时,他们便暗示自己感觉不错并且不再出现之前的症状。他们始终服从看护的指示,接受药物治疗(但非真正摄取)并且遵守餐厅的用餐须知。除了一些在病房中被允许的行为,他们还花时间记录下对于病房、患者以及工作人员的观察。最初他们还试图隐藏这一行为,但不久便发现其实没有人真正关心这些,于是此后他们便光明正大的在诸如休息室等公共区域内记录所见所闻。

伪病人和真正的精神病人一样并不知道何时可以出院。他们在入院时均被告知只要能

使医务人员相信他们神智健全，他们便可以自行离开。由于住院治疗需要承受巨大的心理压力，因此他们中几乎所有人(除一人外)都在刚入院后不久便提出离开的请求。但是实验不仅要求他们行为正常，还需要积极配合医师的治疗。护士将严格记录几乎每一位患者的行为以确保他们不会有半点破坏性的行为。这些报告中，伪病人的表现始终被认定为友好、合作，并且没有任何异常迹象。

二、难以察觉的正常人理智

尽管伪病人在众人面前的言行始终保持神智健全，他们虚假的身份也从未被察觉。除了一个案例中的伪病人因诊断为精神分裂而继续治疗外，其他人均因精神分裂症状减轻获准离院。其中“症状减轻”的标签尤其值得关注，因为在住院期间，伪病人的伪装没有受到任何质疑，医院记录也没有显示对伪病人身份的任何怀疑。事实上，一旦被认定患有精神分裂症，这顶帽子将始终扣在他们头上。只有当伪病人在症状上有所缓解，他们才可能获准出院。但这并不意味着他们恢复理智；而从医院的角度看，他们由始至终都神智不全。

在所有案例中均无法有效鉴别神智健全的实验结果不能简单地归结于医院的质量，因为虽然医院之间确实存在巨大差异，但不乏一些具备良好声誉。我们也不能将此归结为用以观察伪病人的时间有限。事实上他们的住院时间从 7 天至 52 天不等(平均 19 天)，在此期间伪病人确实未经仔细观察，但这并非因为缺乏观察机会，而是精神病院的某些传统使然。

同样，无法鉴别伪病人神智健全的原因也并非他们的行为缺乏理智。虽然他们有时表现出明显的紧张，但他们日常的访问者以及其他病人都无法观察到严重的异常行为。相对于专业人员，病人往往能发现这些伪病人并非真正精神错乱。在起初的三个案例中，我们经过准确计算发现在所有 118 位收诊病人中，有 35 人对伪病人的身份产生怀疑，有一些甚至言之凿凿的表示：“你并没有发疯。你是一位记者或者是一位专家(因为你不断地进行记录)。你真正的目的是要调查这间医院。”虽然大多数病人在听信伪病人声称入院前一直生病如今逐渐康复后便消除了疑虑，但是仍有一些人认为这些伪病人在住院期间始终神智健全。因此问题便在于为什么病人能识别出伪病人实则神志清醒的事实，而医院的专业人员却做不到。

排除以上三点，我们认为伪病人在住院期间没有被揭穿也许是由于医生在诊断过程中带有强烈的偏见，这一点在统计学上称为第二类错误[3]。也就是说，与判断一位病人并未得病相比(错误否定，类型 1)，医生更倾向于将健康人诊断为患有某些疾病(错误肯定，类型 2)。产生这一错误的原因其实不难理解，因为将一位生病的患者误诊为心理健康将产生更大的危害。基于谨慎的原则，医师情愿在无法确诊时先怀疑来访者确实患有某些疾病。

但是医学中的这一原则并不适用于精神疾病的诊断中。这是因为生理疾病固然不幸，但是一般不会遭受蔑视，而患有精神疾病的诊断结果往往会使当事人承受来自他人、法律以及社会的歧视[4]。

三、心理诊断标签的持久性

将原本健康的来访者认定为患有疾病的倾向可以用来解释收容时的诊断行为，而精神病评估中的标签效应则能更好地解释为什么医师在与患者接触一段时间后仍然做出相似的误诊。实验中伪病人一旦被贴上精神分裂症的标签,便无法再撕去。这一标签使得他人始终戴着有色眼镜看待他以及他的行为。

一个人一旦被认定为行为异常,他的所有其他行为和特质都会被贴上相同的标签。事实上,这一标签具有极为强大的影响力,它能使伪病人的其他正常行为都被完全忽略或者误解。

实验中所有的伪病人均在公开场合做大量笔记。这一行为如果发生在一般情境中则很有可能引起他人的侧目,而事实上医院中的其他病人也对此心怀疑问。这些笔记无疑会引发他人怀疑,因此伪病人每天都会把之前的笔记交给病房外的人。但之后他们便发现这些预防措施其实并无必要,医务人员虽然询问伪病人用药情况并且记录答案时对他们的笔记产生兴趣,但是随后他们会温和地说:"其实你不需要记录这些,如果忘记了可以再问我。"

如果医务人员没有对伪病人产生疑问,他们又是如何解释这些行为的呢?从三位病人的护理记录中我们发现写作被视为患者异常行为中的一种。有一位伪病人从未被问及有关写作的事宜,但在他的日常护理记录中赫然出现"病人热衷于写作"的评论。在人们的思维定式中,住在精神病医院里的患者一定存在心理障碍,持续不断的写作一定是其心理障碍的行为表现,并且被认定为是一种与精神分裂症有关的强迫行为。

精神病的标签会随着时间的推移显示其影响力。一个人患有精神分裂症的既定印象一旦形成便将持续很长的一段时间,在此期间即使他没有任何怪异的行为表现,也只是被认定症状减退并获准出院。这并不代表院方认为他已从精神分裂症中恢复,相反他们会在没有任何确切证据下认定他将再度复发。这些由精神卫生专家给予的标签不仅会影响患者的亲戚朋友,也会对患者本身产生影响,对以后诊断结果就好似预言般的水到渠成,连患者自己也会接受诊断的结果,以及由结果所带来的一切意义和期望,并且表现出与诊断结果一致的行为[5]……如果因为一个人曾经抑郁而将其永久贴上抑郁标签,那么我们就有理由质疑当前基于一些古怪行为或认知而将所有患者视为精神错乱或精神分裂的诊断方法。正如米歇尔(Mischel)所指出的,我们应当谨慎地对患者行为、唤起这些行为的刺激和一些相关的内容进行讨论和判断……我可能在睡眠时或者嗑药时产生幻觉,前者是所谓由睡眠诱发的幻觉,或称为梦境,而后者是由药物引起的幻觉。但是当我们不了解产生这些幻觉的原因时,便不明就里的将之称为疯狂或者精神分裂。

四、概要和结论

很明显我们无法在精神病医院中区别神智健全和精神错乱。在医院情境中,患者的行为很容易遭受曲解。病人在一个如此无力、人格解体、歧视隔离、充满耻辱以及自我标签的环境中接受治疗,其结果无疑将雪上加霜。

虽然到目前为止,我仍无法厘清问题的脉络并且找到解决之道,但是我们至少可以提出以下两点建议。一是在社区精神卫生机构、危机干预中心、人类潜能开发以及行为治疗等领域内,针对每个领域的问题寻求拓展,试图避免精神病诊断中的标签效应,关注特殊问题和行为,提供给个人一个相对的无歧视的客观环境。无论我们如何避免将深受身心折磨的人

送往疯人院，也难以扭转人们对于他们的既定印象（对我来说，产生歪曲观念的危险始终存在，因为我们对于一个人行为和言语的敏感度往往超过那些促成这些行为的细微的情景刺激。这一点非常重要，正如我所说的，在一个诸如精神病医院的极端情境中由于扭曲而产生的结果将更为严重）。

解决该问题的第二项措施便是要求精神卫生工作者和研究者提高对精神病人是否真正神智失常的敏感度，他们可以通过阅读这一方面的相关资料获得帮助。而对于其他人，直接体验精神病院治疗作用的方法将更有效。相信日后深入这些机构的社会心理学研究必然将进一步推进精神病的治疗，同时深化理解各个相关概念。

注释

1. R. Benedict, *J. Gen. Psychol.* 10, 59 (1934).
2. A. Barry, *Bellevue Is a State of Mind* (Harcourt Brace Jovanovich, New York, 1971).
3. T. J. Scheff, *Being Mentally Ill: A Sociological Theory* (Aldine, Chicago, 1966).
4. J. Cumming and E. Cumming, *Community Ment. Health* 1, 135 (1965).
5. W. Mischel, *Personality and Assessment* (Wiley, New York, 1968).

第四十选
抑制，症状和焦虑

西格蒙德·弗洛伊德(Sigmund Freud)，1926

焦虑是生活的必然组成部分。当前心理学家对焦虑的认知很大程度上植根于西格蒙德·弗洛伊德对此精神障碍的观点，弗洛伊德针对一系列心理障碍创立了一套精神分析的解释方法，而对焦虑的认识是其理论基础之一。

弗洛伊德(1856—1939)，一位奥地利神经病学家，于1881年在维也纳大学获得医学博士学位。在其行医历程中，弗洛伊德逐步把重心转移至使用精神分析理论对患者的精神障碍进行研究，该理论强调过往经验与无意识动机对人格形成具有决定性作用。

本选源自弗洛伊德1926年出版的《抑制，症状和焦虑》(*Inhibitions*, *Symptoms and Anxiety*, W. W. Norton, 1926)一书中的第七章。文中，弗洛伊德具体描述了焦虑的症状并且对焦虑的功能进行了讨论。他认为焦虑是一个人面对危险时所做的应激反应。请注意他是如何用早期经验(比如：出生)来解释焦虑的来源。当你阅读这一章节时，请思考在你的生活中焦虑从何而来，你又认为焦虑有哪些功能？

关键概念：焦虑障碍(anxiety disorders)

APA：Freud, S. (1926). *Inhibitions*, *Symptoms and Anxiety*. New York: Norton.

焦虑首先是一种主观感受。虽然不知道如何定义情感，我们仍然选择将焦虑称为一种情感状态。焦虑作为一种感觉具有非愉悦感的显著特征，这不代表焦虑只有非愉悦的属性，也不意味着所有的非愉悦感都是焦虑，其他的感觉，比如：紧张、疼痛或者哀伤等都具有非愉悦感的特性。因此，焦虑除了非愉悦感必然具备其他明显的特征。我们是否可以真正理解这些不同的不愉快情感间的差异呢？

在谈论焦虑的感觉时，我们总能说上一两点。焦虑的非愉悦感特性似乎不言自明，也没有明显的表征，明知其存在却又难以被证明。但是除了这种与焦虑始终相伴的特殊特征外，我们还发现焦虑时常伴随产生一些相对明确且涉及某一特定身体器官的生理感觉。由于本文的重点并非焦虑的生理学解释，因此我们仅限于陈述这些感觉的某些表征，其中最为明显也最为常见的是与呼吸系统和心脏相关的感官感觉。这些现象证明运动神经控制，即释放

过程存在于焦虑的普遍表现中。

相关分析结果显示，焦虑状态存在以下三个特征：(1) 特殊的非愉悦感，(2) 释放行为，(3) 对这些行为的认知。其中后两点是区别焦虑状态和其他类似状态(如：哀伤、疼痛)的重要标志。这是因为，后者不包含任何形式的行为表现，或者即使存在某些行为，其表现形式也并非整体状态的必要组成部分，而是独立于这些情感本身的结果或是反应。由此，焦虑是一种特殊的伴随某种神经通路的释放行为的非愉悦状态。我们认为，基于激发状态持续升高的焦虑情绪一方面使得个体产生非愉悦感，另一方面引发个体通过上述的释放行为寻求缓解。然而单纯的生理学解释不足以让我们停止对于焦虑的进一步探索，我们试图证明引发焦虑感的历史因素与其神经支配之间存在着紧密的联系。换句话说，我们认为焦虑状态是某些过往经验的再现，这些经验包括导致激发状态升高以及某种释放行为的必要条件。在这样的情境下，焦虑的非愉悦感便会呈现其特殊属性，例如人类的出生即是这类原型经验，我们因而倾向于把焦虑状态视为出生创伤的重演。

这并不意味着焦虑在众多感情状态中独树一帜，事实上在我看来，其他的情感也同样是对早期或许甚至早于出生前重要经验的再现。与歇斯底里神经官能症中的发作相比，我更倾向于把那些情感认为是具有普遍性、典型性、先天性的癔症发作，因为精神分析表明歇斯底里官能症的发作源于符号化的记忆。当然，我们很渴望可以在许多类似的情感中证明这一观点的真实性，但是距离这一目标仍然有很长的路要走。

将焦虑的来源追溯至出生的观点一经提出立即招致种种质疑。反对者认为，焦虑是几乎所有生物具有的普遍反应，尤其是高等生物，但是只有哺乳类动物有出生的经验，并且这样的经验是否会造成如此巨大的创伤仍然存在疑问，因此，焦虑无需依赖出生过程的原型经验。然而，这一反对意见恰恰帮助我们成功地将心理学从生物学中分离出来。我们可以这么说，正是因为焦虑具有应对危险状态时必不可少的生理功能，因此不同生物的焦虑状态也具有差别。除此之外，我们也无从得知在非人类的物种中，焦虑是否包含与人类相同的感觉和神经支配过程。因此，对于人类的焦虑是以出生过程作为原型的观点似乎缺乏强有力的反向证据。

假定焦虑的组成部分和来源确实如上文所描述，我们需要解答的下一个问题便是：焦虑有哪些功能，它又会在怎样的情境中重演？这个问题的答案好像显而易见并且颇具说服力：焦虑作为应对危险状态的反应，无论何时只要类似的情境再次发生，焦虑便会再现。

然而，这一答案使我们陷入更深的思考。正如首次癔症发作时伴随的肌肉运动，焦虑初始状态中包含的神经支配大部分具有其意义和目的。如果仔细观察患者的初次癔症发作，我们便会发现那些肌肉运动恰好是适宜该情境的恰当行为表现中的一部分。因此，婴儿出生时指向呼吸器官的神经支配可能是在为肺部活动做好准备，并且帮助加速心跳以及维持血液免遭毒素的侵害。而当焦虑状态作为一种情感再现时，它自然将失去这些功能，就像癔症再次发作时，肌肉运动不再是恰当的行为一样。当面对一个全新的危险环境时，个体不应当仍旧使用原有的焦虑状态而不发展出适应当前危险的新反应。但是如果他能有效地识别危险的来临并且发出焦虑的报警信号，这说明他的行为反应仍可以有效应对危险。在这种情况下，他可以立即使用一切恰当的方法摆脱焦虑的困扰。因此，我们发现个体可能会在以下两种状况下产生焦虑情绪：一是作为一种非适当的应对方式出现在全新的危险情境中；二是作为一种恰当的应对方式预示或者防止此类情境的发生。

但是，我们不禁要问“什么是危险呢?”从客观生理学的角度看，降生的过程正是对生命的考验，然而我们似乎无法从心理学的视角诠释这一出生危险，或者赋予其精神内涵。我们并不认为胎儿有能力意识到生命具有毁灭的可能性，在自恋利比多的主导下新生儿也许只能意识到某些巨大的困扰。出生后，婴儿将接受大量的外界刺激，这些刺激将引发其新的非愉悦感，同时婴儿会集中注意于某些器官，这些都预示着婴儿不久就会形成对物体的关注，而其中包含的所有元素都将充当“危险情境”的信号作用。

由于我们对于新生儿的心理结构还知之甚少，因而不足以获得一个直接的结论，我甚至无法保证上述内容的效度。我们很容易想象到每当婴儿回忆起出生的整个过程，他都将再一次体验到焦虑的情感，但是更为重要的是，追寻引发回忆的导火索以及记忆中的点点滴滴。

为此我们通过考察襁褓中的婴儿或者稍大一些的孩子显示焦虑倾向的情境，从而获得这方面的信息。让克(Rank, 1924)在一本关于出生创伤的书中提出，儿童的初始恐惧与其降生印迹之间存在必然关联。但是我认为他的理论仍然存有两点疑问，第一点在于他假设婴儿在出生时已经能够接收到特定的感觉印象，特别是视觉印象。这些印象的再现能唤起出生创伤的回忆并且引发焦虑反应。然而这一假设欠缺事实根据，或者更极端地说完全不具备可能性。我们无法相信一个孩子竟然能保留与出生有关的一切，除了触觉或一些普遍的感觉。依据让克的观点，如果孩子在长大后表现出诸如萎缩或逃避之类的对小动物的恐惧反应，那么这些反应是孩子在无意识中对先前感知的类推。另一处质疑在于让克认为人们长大后的焦虑情境来源于对子宫内快乐生活的回忆，或者对那些打破这种存在的创伤性困扰的回忆。此观点显然模棱两可。此外，有一些童年焦虑的案例与他的理由截然相反。比如：依据他的观点，当孩子独自在黑暗中，他应当会喜欢此种类似子宫环境的再现，然而事实上在此情景中，儿童的反应往往带有焦虑的成分。我们可以把这样的焦虑归咎于类似子宫的环境让儿童回想起由于出生使得那段快乐时光中断的非愉悦感，但是这样的解释又显得过分牵强。

我认为，虽然迄今为止还无法解释婴儿最初的恐惧，但是并不应当将此直接追溯至对于出生行为的印象。襁褓中的宝宝无疑已经呈现出焦虑的某些倾向，这并不意味着焦虑的倾向从出生后便逐渐减弱，而是像其他心理发展过程一样，出生后逐渐出现并且会在童年维持一段时间。如果一个人的早期恐惧童年后仍然持续，我们便有理由怀疑是否出现了神经官能障碍，即使我们还无法确定这两者之间的关系。

正因为我们只理解儿童焦虑表现形式中的某些，我们更需要把注意力集中于此。比如，当孩子独自一人，或者身处黑暗中，又或者当他发现身边是一个陌生人而不是像妈妈一样熟悉的人的时候，焦虑便会出现。以上三个例子其实可以归结同一个简单的情境，那就是想念一个爱慕或渴望的人。回归本文我认为，了解到这一点可以帮助我们理解焦虑，并且在围绕它的众多争议中寻找到解决之道。

孩子对于期望之人的记忆影像起初也许是一种幻影，但毫无疑问他们始终全神贯注。

可是这并没有起到什么效果,相反现在看来焦虑好像正是来源于渴望。这种焦虑表现为儿童在一筹莫展时的无助感,就好像在他仍旧处于未发展的状态中,还不知道如何处理这些强烈的渴望。此时个体会因为失去某件事物而产生焦虑的反应,这使我们想起同样是因为害怕与极具价值的物体分离的阉割焦虑。这也提醒我们,最初的焦虑也就是源自出生的原始焦虑正是由于婴儿不得不离开母体所引发。

但是对于这种分离时刻的反思使得我们将问题范围不再局限于失去某件事物那么简单。襁褓中的婴儿期盼母亲出现只是因为他的经验告诉他母亲会立即满足他所有的需要。因此,我们把那些无法获得满足感的情境,由于需求而使紧张感不断增加的情境,以及对抗无助感的情境均认为是具有危险或者缺乏保护的状态。我认为如果我们采用这样的观点,所有的事情将迎刃而解。在缺乏满意感的情境中,婴儿无法在精神上控制或消除足以令人感到非愉悦的外在环境,这使得他们联想到出生时的经验,并且无疑是危险情境的再现。这两个情境的共同点在于,原本需要释放的刺激由于不断累积造成的现时平衡失调,而这一因素正是危险的真正实质。在这两种情况下,婴儿便会产生焦虑反应(这一反应对仍在怀中的婴儿来说只是作为释放呼吸以及声音肌肉器官刺激的权宜之计,婴儿呼唤自己的母亲与激活新生儿的肺部以去除其内部刺激的目的事实上是一致的)。因此我们并不需要假设婴儿在出生时除了获得这种感知危险出现的能力之外,还获得了什么。

当婴儿凭经验发现,一个外部的可知觉的事物可以终结那些会令他回忆起出生过程的危险情境时,他所害怕的危险内容便从现时情境转移到危险情境的决定因素上,例如:失去客体对象。母亲的消失对婴儿构成了危险,一旦呈现出征兆,婴儿便会在危险真正发生之前发出焦虑的信号。这一变化构成了婴儿建立自卫本能中重要的第一步,同时标志着焦虑从自动无意识表现向作为危险信号再现的过渡。

第四十一选
深陷无助

马丁·E·P·塞利格曼(Martin E. P. Seligman),1973

针对“抑郁”这一非常严重的精神障碍,心理学家提出了许多不同的理论解释。1970年马丁·塞利格曼提出了抑郁的习得性无助模型,该理论认为当人们相信自己已失去对环境的掌控时,便会产生无助感,萌发放弃的念头或是消极地接受反向的不利刺激。塞利格曼认为,正是这种无助导致抑郁情绪的发生。

塞利格曼生于1942年,1967年在宾夕法尼亚大学获得心理学博士学位,之后曾任教于斯坦福大学,并于1972年重返宾夕法尼亚大学出任心理学教授。除了习得性无助的理论贡献外,他在心理学的学习理论、恐惧、人格和适应领域均具有一定影响力。他于1998年当选为美国心理学会主席,目前他致力于推动心理学的积极发展以及帮助人们更乐观地面对生活。他出版于1975年的著作《无助：关于抑郁、发展和死亡》(*Helplessness: On Depression, Development, and Death*, W. H. Freeman, 1975)被奉为该领域中的经典。

本选选自刊登于1973年的《今日心理学》(*Psychology Today*)杂志中的《深陷无助》一文(*Fall into Helplessness*)。文中,塞利格曼对习得性无助的原因、结果以及治疗方法给予了清晰的描述,并且阐述了其与抑郁的关系。阅读本选时,请注意塞利格曼对于一般日常事件以及这些事件在产生无助感中所起作用的强调,也请思考在当今社会中我们如何预防习得性无助的产生。

关键概念: 无助和抑郁(helplessness and depression)

APA: Seligman, M. E. (1973). Fall into helplessness. *Psychology Today*, 7, 43-46; 48.

研究发现,习得性无助现象的行为模式以及抑郁症主要症状的表现形式之间存在许多共同点,并且引起抑郁与习得性无助的事件类型又具有相似性。我相信治疗抑郁的关键在于个体认识到他并非是无助的,而个体对于抑郁的易感性取决于他以往掌控环境的努力(经验)的成与败。

因此我所阐述的理论核心在于：如果习得性无助和抑郁具有相同的症状,那么我们便

可以把经实验发现的有关习得性无助的成因、治疗以及预防的知识应用于抑郁症的治疗。

1. 无法逃脱的电击

几年前,史蒂文·迈尔(Steven F. Maier)、布鲁斯·欧文迈尔(J. Bruce Overmier)和我试图通过对狗进行创伤性电击以测试一种学习理论时,无意间发现了习得性无助的行为现象。实验中,我们为狗绑上巴甫洛夫装置(pavlovian harness),并给予无身体损伤的创伤性电击。随后把狗放入一个有两隔间的穿梭箱中,它需要学会通过跳跃隔板从而逃离电击。

当把一只未经电击的狗放入穿梭箱,它会具有以下一些典型行为:在第一次电击中,这只狗会排泄、撒尿、吼叫,并且发疯似的到处逃窜,直到它偶然跳过隔板逃离电击。在之后的实验中,这只狗会不断地奔跑、号叫并且更快地跳跃隔板。这一模式将持续到这只狗完全学会如何逃避电击。

但是我们实验中的狗,在被绑上巴甫洛夫装置时,已经经历了它们无法控制的电击。换句话说,无论它们做什么都无法改变遭受电击的事实。当被放置在穿梭箱中,这些狗一开始的反应和那些没有电击经验的狗一样,但是没过多久,它们便不再跑动,也不再吼叫,而是平静地接受电击,静静地发出哀鸣。这些狗不再选择跳过隔板以逃离电击,而是好似放弃般地原地不动。在继续的实验中,那些狗也都没有表现出逃脱的意愿,只是一味地消极接受一次次无法逃脱的电击。

通过检验备择假设,我们提出了以下理论:使得这些狗无法做出适应性反应的原因不是创伤(电击)本身,而是它们无法控制创伤的体验。我们发现如果动物可以通过无论积极或者消极的任何自身反应控制电击,他们都不会产生之后的无助感。只有那些经历过不可控电击的动物才会在之后的实验中放弃。正是在巴甫洛夫装置中的体验使狗了解到它们的反应和行为不会起到任何作用。因此,我们相信实验中的狗在此过程中习得了无助感。

我们通过多种方法在动物和人类身上对这一假设进行了检验,并且都验证了习得性无助现象的存在。在以人类为研究对象的实验中,我们发现产生习得性无助的人群,他们的行为表现与抑郁症患者的主要症状具有高度的相似性。

2. 天上掉下的馅饼

许多临床医生的报告显示,在大学生群体中有越来越多的人患有抑郁症。由于这一代人成长于拥有大量强化物的环境中,他们比任何一代人都受到更高级的智力开发,具有更强的购买力,拥有更多的车子,享受更美妙的音乐等等,可是他们为什么还会抑郁呢?我们认为这是由于在如今富足的社会中,强化物的出现与获得已经与这些孩子的行为表现无关,一切好像是天下掉下的馅饼。产生抑郁的诱因正是因为个体发现奖励和惩罚都不再因他们的努力而改变。

例如:“成功”抑郁。即当一个人经过多年的努力和奋斗最终达成自身目标,比如获得博士学位或者成为一家公司的主席,往往随之感到抑郁。即使是受过严格训练的宇航员,一位国家乃至世界的英雄,都可能在他登陆月球成功返回后产生抑郁。

从习得性无助的观点分析,成功抑郁的产生可能是因为强化物不再依托于当下的反应,即当一个人向着目标奋斗多年之后,他获得强化物不是他所做的一切,而是他的成就和地位。也许我们可以以此解释为什么那些美丽的女性会产生抑郁,甚至企图自杀,这是因为她们认为获得大量正强化的原因不是她们的行为,而是因为其美貌。

3. 共同的症状

抑郁和习得性无助的共同点在于它们具有相同的主要症状:消极。

在习得性无助的实验中,即便是低等如蟑螂,又或高等如人类的物种都产生了消极状态。心理学家唐纳德·弘人(Donald Hiroto)在实验中让大学生被试承受刺耳的噪声,他把被试分为三组:第一组被试无法逃脱刺耳的噪声,第二组被试可以通过按压开关调低噪声的音量,第三组被试不接受噪声刺激。

实验的第二部分,弘人向被试呈现一个手指穿梭箱,该装置允许被试通过在穿梭箱中来回移动手指降低噪声的音量。第二组已经学会了通过按压按钮关闭噪声的学生,以及第三组并没有经历过噪声干扰的学生轻易地学会了在穿梭盒中通过移动手指控制噪声。而在先前实验阶段无法控制噪声的第一组学生,在这一阶段只是把他们的手指放在穿梭盒中,没有任何的行动,始终被动地接受刺耳的噪声,因为他们知道自己无能为力。

弘人同时发现"外控的人"比"内控的人"更容易产生习得性无助(参看"外控和内控",External Control and Internal Control, Julian B. Rotter, PT, 1971. 7)。外控的人相信强化物来自自身之外,他们相信运气的存在;而内控的人则相信他们的行为可以控制强化物的出现。

4. 天生的失败者

抑郁症的患者不仅很少采取积极地应对,即使做出反应,他们也认定这些反应是失败的或者注定会失败。他们心中刻着一个隐性的印记:"我生来就是一个失败者。"艾伦·贝克(Aaron Beck)把这种消极的认知视为抑郁的首要特征:

> ……抑郁症的患者对任何有碍于其目的性活动的人或物都异常敏感,任何阻碍都被认为是不可跨越的障碍,解决问题中遭遇的挫折被认为是不可挽回的失败。他对于困难问题的认知反应往往是诸如:"我失败了";"我永远不会成功"或者"我做什么都不顺利"等等……

这样的认知定势在研究抑郁的实验中反复出现。阿尔弗雷德·弗里德曼(Alfred S. Frideman)在临床观察中发现即使一位患者在测试过程中有恰当的反应,他也会不时地反复默念原本的消极情绪,例如"我不行"、"我不知道该怎么办"等。这也是我们在测试抑郁症患者中获得的经验。

负面的认知定势不仅出现在抑郁症患者中,具有习得性无助的人群也表现出相同的症状。威廉·米勒(William Miller)、大卫·克莱因(David Klein)和我在对学生进行测试时发现,抑郁与习得性无助的人群都很难对自己的反应持肯定态度。我们还发现抑郁症患者就像鲜有机会展示般,非常看重他们已熟练的行为,他们的抑郁不是一种普通的悲观世界观,而是对于他们自身行为的悲观。这一点可以通过在动物行为中的联想迟滞证明:即使动物成功地躲避了袭击,也无法理解所发生的事情,也难以学会真正起到缓解作用的反应。

迈尔和我在不同的实验中同时发现那些屈从于习得性无助的被试往往缺乏正常的进取心和竞争心。在竞争中,这些动物会向那些对自己的反应效果具有控制感的动物认输。不

仅如此，它们在被袭击时也不会做任何抵抗。

我们在抑郁症患者中发现相似的特点，他们通常缺乏争强好胜的态度，他们的行为完全不含敌意，即便他们的梦境也较少怀有敌意。这一症状形成了弗洛伊德对于抑郁所持观点的基础，他认为抑郁人群的敌意是对于他们自身而非对外。正如上述实验显示的，实验中无助的大鼠和狗确实表现出缺乏进取心和竞争心这一症状。

5. 时间的慰藉

抑郁会随着时间消散。一位男子可能会因为妻子的过世而抑郁几天、几个月或者几年，然而时间往往是最好的疗伤之药。在因抑郁而自杀的事件中，最让我们感到惋惜的是，如果当事人能再坚持几周，抑郁的症状也许就会缓解。

时间也同样是左右习得性无助的重要变量。我和欧文迈尔发现，如果在接受完第一阶段无法逃避电击的一天后把狗置于穿梭箱中，它们仍然表现出无助。但是，如果在电击和测试之间间隔两天，它们便能摆脱无助感，其无助像是鳏夫的抑郁一般自然消退。不幸的是，时间这一万能药并非总能对抑郁有良好的治疗效果。我们发现当给予多阶段不可逃避电击时，这些动物事实上无法再从习得性无助中恢复。我们还发现从小在实验室长大的动物由于缺乏控制强化物的经验，因此随着时间的推移它们也无法克服习得性无助。

当我们感到抑郁的时候，便会失去对于生活的欲望和兴趣。杰·威斯(Jay M. Weiss)，尼尔·米勒(Neal E. Miller)及其同事在洛克菲勒大学实验室发现，接受不可逃避电击的老鼠体重减低，并且比那些接受可逃避电击的老鼠吃得更少；此外，接受不可逃避电击的老鼠大脑中一种作用于中枢神经系统的重要神经递质去甲肾上腺素被抑制。在抑郁方面，约瑟夫·希尔德克劳特(Joseph J. Schildkraut)和西摩·凯蒂(Seymour S. Kety)曾经提出抑郁可能是由于大脑中某些受点的去甲肾上腺素缺失而造成的，这是因为一种抑制去甲肾上腺素的药物——“利血平”能使人类产生抑郁症状。此外，抗抑郁的药物确实增加了大脑去甲肾上腺素的供应。由此可见，在抑郁与习得性无助之间也许存在化学的相似性。

6. 治疗的机遇

正如前文所言，在习得性无助的行为表现和抑郁症的主要症状之间存在很多的共同之处，我们同样可以看到产生习得性无助与反应性抑郁的诱因也具有相似性。当重要的事件失去控制时，这两者均会出现。因此，我试图推测同时治疗两者的可能性。

在动物实验中，我们发现只有当狗学会如何逃避电击，只有当它们开始具有对环境的控制感时，才能有治疗习得性无助的希望。

在开始阶段，我们无法劝服无助的狗移动到箱子的另一边，即使试图用食物引诱饥饿狗的招数也不奏效。在束手无策之下，我们只能用皮带硬是把狗拉过隔板，经过几次的拖拉，狗似乎领会并且最终学会如何逃避电击。任何动物从无助中恢复都具有完整性和持久性。我们可以有信心地说：迄今为止，只有“指导式疗法”——使动物意识到它们可以通过某些反应取得成功的治疗法，能有效地治疗习得性无助。然而，多沃斯(T. R. Dorworth)近年来发现电痉挛休克法可以使狗摆脱无助感。如今，治疗师时常在抑郁症的治疗过程中使用电痉挛休克法，并且似乎有高达60%的成功率。

虽然我们不知道如何治愈抑郁症，但是有缓解抑郁的疗法，这些疗法与治疗习得性无助的方法异曲同工。让病人相信他的反应可以产生回报,他可以成为一个有用的人,这便是一次成功的治疗。

7. 逆向而行的爆发

在一家阿拉巴马的医院中,托比(E. S. Taulbee)和赖特(H. W. Wright)创立了一间“抗抑郁室”。他们让一位患有严重抑郁症的病人坐在房间中,然后用一种方式反复折磨他。治疗师要求患者用喷沙器清洗一捆木头,而后责骂他没有顺着木头的纹路进行清洗,但是当他改变方式沿着纹路清洗时,还是会受到责备。这种折磨将持续至激怒这位抑郁症患者。然后,治疗师立即向他致歉并且将其带出房间。他的爆发以及施虐者立即做出的道歉行为,可以驱赶他的抑郁症状。从无助的角度看,病人被迫发泄出自身的愤怒,而愤怒是人们用以控制他人最有力的手段之一。因此,当他发泄出体内的愤怒时,他便被有效地强化了。

其他有效抗击抑郁的方法包括训练患者重新习得他对于强化物的控制感。

表达强烈情感(例如: 说出自己的想法)也是帮助抑郁症患者的有效疗法。在自信训练中,患者首先演练如何表达自己,而后在实践中运用那些带给他社会强化物的反应。

8. 燃起成功的希望

渐进式作业任务在治疗过程中同样具有效性。伊莱恩·伯吉斯(Elaine P. Burgess)首先让患者完成一些简单的任务,比如: 打电话。随后任务的要求逐渐提高,病人会因为成功地完成每一项任务而获得治疗师的强化。伯吉斯强调,在渐进式作业治疗中让患者成功完成任务是非常重要的。

艾伦·贝克(Aaron Beck)、迪安·斯凯勒(Dean Schuyler)、彼得·布瑞尔(Peter Brill)和我在治疗过程中使用了一个相似的渐进式作业任务形式。我们首先要求患者大声地朗读一段短文。经过治疗,患有严重抑郁症的患者有能力做即兴演讲,同时抑郁症状也有显著的缓解。一位患者的话给我们很大的启发,他说:“你们知道吗? 我在高中曾经是一位辩论选手,但是我已经忘记我曾经多么出色。”

最后介绍一种驱赶自身轻微抑郁的古老策略: 让患者从事一些有难度但是令人满意的工作,让他重新认识自己反应的有效性。当然,成功完成任务是至关重要的,虎头蛇尾只会让状况更糟。

药物治疗往往在预防疾病中能获得巨大成功,其效果大于心理治疗所起到的作用,我相信接种和免疫措施比治疗拯救了更多的生命。然而奇怪的是: 心理治疗仅局限于治疗程序中的运用,很少在疾病预防中发挥显著的作用。

在对狗和老鼠的研究中,我们发现行为免疫可以有效预防习得性无助,先前获得可控制电击经验的狗在经历连续无法逃避电击后不会显示出无助感,而那些在发展过程中失去对自身奖赏的控制机会的狗比天生免疫的狗更有可能产生无助感。

9. 做生活的主人

相比于抑郁症的治疗,我们对如何预防抑郁知之甚少。对此我们还停留在思索阶段,但是我们可以从免疫预防习得性无助的资料中获得借鉴。那些对抑郁有特殊抵抗力或者克服抑郁的人对生活充满掌控力;那些在生活中曾经成功控制和操纵强化物的人能乐观地看待未来。相反,那些对生活失去控制感的人可能会产生抑郁的倾向;那些在孩童时期失去父母的成年人更容易感到抑郁甚至自杀。

我们还应当给予治疗者适当的警告。虽然通过增加患者对于强化物的控制感可能可以减弱他们的抑郁症状，但是也要避免好事做过头，一个始终获得成功的人往往会在遭遇失败时产生抑郁情绪。比如 1929 年的黑色股市事件，跳楼自杀的人并不是那些低收入的人群而是那些一帆风顺却突遭巨大打击的成功人士。

我们同样可以把成功的治疗视为有效的预防。毕竟，治疗并不仅仅致力于解决过去的问题，其目标还在于预防患者可能发生的抑郁症状。如果治疗能为患者提供大量全面的应激反应，那对抑郁的治疗效果可能会更成功。患者可以在未来的情境中，使用这些应激反应取代那些无法控制强化物的反应。最后，让我们从这一视角展望幼儿教育，怎样的生活可以最好地保护我们的孩子免遭无助感及抑郁的不良影响？从产生抑郁的习得性无助的观点出发，我们认为，如果孩子能够在他的反应和结果间建立高度的同步性，他便可以视自己是一个有用的人。

第十四章

DI SHI SI ZHANG

治　疗

第四十二选

卡尔·罗杰斯，摘自“促进个人成长的若干假设”，《个人形成论：我的心理治疗观》

第四十三选

艾伦·T·贝克，摘自“认知疗法的本质及其与行为疗法的关系”，《行为治疗法》

第四十四选

马丁·E·P·塞利格曼，摘自“心理疗法的有效性：《消费者报告》的研究”，《美国心理学家》

第四十二选
促进个人成长的若干假设

卡尔·罗杰斯(Carl R. Rogers),1961

领悟疗法(Insight therapy)能帮助人们更好地理解自己是谁以及为何会产生现时的感觉,由卡尔·罗杰斯所创立的个体中心疗法(曾称为"当事人中心治疗法")是其中较为流行的一类。个体中心疗法的主要假设是每个人都具有保持心理健康的能力,治疗师的角色是为当事人提供一个温暖且非指导性的氛围,鼓励当事人挖掘内心的想法和感受,以及帮助他们接受真实的自己。

罗杰斯(1902—1987)作为人本主义心理学的奠基人,于1931年在哥伦比亚大学获得临床心理学博士学位,曾先后执教于俄亥俄州州立大学,芝加哥大学和威斯康星州大学并且在加利福尼亚州拉吉拉(La Jolla)建立了"人类研究中心"(Center for Studies of the Person)。罗杰斯著有多本著作,其中包括《当事人中心疗法》(*Client-Centered Therapy*, Houghton Mifflin, 1951)和《存在的方式》(*A Way of Being*, Houghton Mifflin, 1980)。

本选选自其专著《个人形成论:我的心理治疗观》(*On Becoming a Person: A Therapist's View of Psychotherapy*, Houghton Mifflin, 1961)的第二章"促进个人成长的若干假设"(Some Hypotheses Regarding the Facilitation of Personal Growth)。本选中,罗杰斯基于1954年在俄亥俄州欧柏林学院所做的演讲,向读者介绍了个体中心疗法的核心特征,并且试图用容易理解的方式进行阐述。阅读时,请思考个体中心疗法的核心特征是如何用以帮助正常个体促进其个人成长。

关键概念: 个体中心疗法(person-centered therapy)

APA: Rogers, C. R. (1961). *On becoming a person: a therapist's view of psychotherapy*. Boston: Houghton Mifflin.

对我而言,面对一位备受困扰、不安且正试图寻求帮助的人,时常让我感到巨大的挑战。我自问是否具备了那些足以帮助他人的知识、资源、精神力量或是技巧?

在长达25年的职业生涯中,我不断地尝试战胜这一挑战。每一步努力都为我日后的专业成长打下坚实的基础:我在哥伦比亚大学教育学院,我学习到严谨的人格测量方法;在儿

童指导所的实习阶段，学习到弗洛伊德心理分析的观察和方法，在此过程中我紧跟临床心理学领域中不断发展的前沿知识，对奥托·兰克(Otto Rank)的科研工作以及精神病学的社会工作方法均有所了解，其他的资历便不在此一一赘述。但是，在这些知识的来源中，最为重要的是长年的个人经验，以及共同致力于帮助抑郁人群、寻找有效治疗方法的咨询中心的所有同仁。经过不断的经验累积，我逐渐发展出了一套自己的治疗方法并且在进一步的经验和研究中不断对其进行检验、提炼和修正。

一、总体假设

多年的临床实践经验使我对心理治疗的认识逐渐发生改变。简言之，在我职业生涯的早期，我不断追问自己可以如何治疗或者治愈甚至改变一个人？而现在我则自问可以提供一个人怎么样的支持关系从而帮助他完成个人的成长？

当我试图解答后一个问题时，我意识到我所掌握的一切知识不仅可以帮助当事人解决心理障碍，还适用于所有人际关系中。正是由于我们所有人都处于各式各样的关系中，因而我认为在我个人经验中具有意义的知识也可能在你的经验中占据一席之地。

也许曾经经历的失败使我逐渐明白，我无法使用任何智力手段或者训练方法帮助这些备受困扰的人们。任何一种治疗方法，只要依赖于有关训练或者教导的知识，对患者都是无用的。我过去大量使用一些具有目的性和指导性的治疗方法，这些方法可以向一个人解释他自己，引导他前进的方向，训练他具备如何提高生活满意度的知识。但是从我多年经验看，这些方法几乎是无效的，甚至是不合逻辑的。运用这些治疗方法最多能产生某些暂时的改变，更为糟糕的是，这些变化的消失将导致个体的无能感愈发严重。

尝试这类治疗方法的失败经验使我意识到在交往过程中，人际关系悄然发生了改变，因此，我开始尝试简要地、随意地提出一些涉及助人关系的基本假设，并且在实践或理论研究中逐步验证这些假设。

如果用一句话概括所有的假设，那就是：如果我可以与他人建立一种特定的人际关系，那么对方将会发现他具有利用这种关系获得成长、改变和人格发展的能力。

二、心理治疗中的人际关系

然而这些术语蕴含何种意义呢？我将通过分别阐述这一假设中的三个主要组成部分，从而诠释我所希望可以提供的一种人际关系。

我发现在一段关系中，如果我可以表现得更真诚，那么这层关系会对当事人的个人成长更有帮助。换句话说，我需要尽可能了解自身的感受，而非在内心深处隐藏一种态度，却呈现给当事人另一种态度。真诚的表现除了真实地面对自己外，还包括在言谈举止间愿意袒露内心的各种感受和态度。只有基于这些条件所建立的人际关系才具有真实感，而真实感是一段关系中最为重要的属性；只有当我展现真诚的真实感，对方才能成功地挖掘出他自身的真实感。即使我所感受的态度使我无法产生愉悦感，甚至无益于良好关系的建立，我发现彼此真实感的激发仍然成立。由此我们无法否认，“真”是至关重要的。

作为建立良好关系的第二项条件，我发现当我对对方持有的接纳与喜欢越多时，就越有可能创造出对对方有利的治疗关系。接纳意味着把他作为一个无条件自尊的个体给予热情的关注,即无论他的状态、行为或是态度如何,都应当承认并且接纳他的价值。这意味把他作为独立的个体给予尊重和喜爱,乐于接受他的思维模式和感受;这意味着无论此刻他的态度是消极或是积极,无论这些态度与他过去曾经持有的态度有多大的矛盾,都应当接纳并且尊重。接纳实则为他建立起了一段温暖安全的人际关系,并且让他拥有一份被喜欢和珍视的安全感,让他明白他是这段助人关系中极为重要的组成部分。

我不断地想去了解当事人现时的所有感情以及传达的信息,也就是敏感地倾听,以及设身处地地理解当事人的同理心,从这一方面说,建立良好的关系也是尤为重要的,接纳只有在理解的基础上才能发挥其意义。只有当我能够理解那些对当事人来说或许可怕,或许软弱,或许感伤,又或许怪异的感觉和想法时,只有当我与你感同身受,并且接纳你以及你的这些感觉时,你才会感受到真正的自由,你才会挖掘出所有隐藏在内心的恐惧和那些被深埋心底的经历。这种自由是建立良好的治疗关系的重要条件。这意味着在良好的治疗氛围中,一旦一个人有勇气开启这段危险的探索旅程,他便能自由地在意识和无意识层面剖析探索自己。由于任何类型的道德评估或者诊断评估都具有危险性,因此良好的治疗关系同样能使当事人从这些评估的束缚中完全获得释放。

因此从治疗师的角度出发,我认为对治疗有所帮助的助人关系具有以下特征:首先,我愿意表露我真实的感觉;其次,接纳对方作为具有自身价值的独立个体;最后,通过深度的共情与理解了解当事人的内心世界。同时满足这些条件时,我便不再是当事人的治疗师,而是成为陪伴他经历惊险却自由的自我探索之旅的伙伴。

尽管我知道如何与对方建立起这样的关系,但在现实中并非总能成功。有时候,即使我感到已经尽我所能,当事人也许会由于太多恐慌而无法接受到我传递给他的信息。但是在经过深思熟虑后,我可以说当我能保有之前所描述的应有态度,并且当对方可以在一定程度上体验到这些态度,我相信治疗必然能使当事人发生改变以及产生建构性的人格发展。

三、改变的动机

对于治疗过程中人际关系的论述先告一段落。接下来,我会进一步阐述总体假设中第二个组成部分的意义,即"个体会发现自己具有使用这一人际关系,从而获得个人成长的能力"。在临床实践中,我逐步发现,个体自身具有趋于成熟的能力和倾向,这些倾向如果不显现,便难以被人察觉,并且这种原本潜伏的倾向需要一个适宜的心理气氛才能得到展现。个体经证实有能力理解那些导致他痛苦和失望的生活,及自身的某些方面的不足,这种理解需要穿过他自我认知的意识层面,探索那些由于具有威胁性本质,因而被隐藏在无意识水平的个人经验。此外,个体以更为成熟的方式构建他的人格以及生活方式的倾向也是不言自明。无论这被称为是成长倾向,或是一种向往自我实现的驱动力,又或者是勇往直前的趋势,这就是生活的动机,也是所有心理治疗所依赖的个人倾向。所有有机体和人类都展现出诸如扩张、延伸、自主、发展和成熟等的愿望,这些驱动力便是表达和激活所有有机体能力,使其更为强大的倾向。这一倾向可能被深深地埋在具有阻碍作用的心理防御机制下,也可能隐藏在那些否认其存在的假面后。我相信任何人都具有这种倾向,但是只有等到恰当的时机

才会释放和表露。

四、结论

在上文中，我试图描述一种以构建性人格改善为基础的人际关系，并且尽可能地表述个体营造这种人际关系的能力。我将对总体假设的第三个部分展开论述，即“将会产生的变化及人格发展”。在我的假设中，身处这类关系的个体可以同时在人格的意识层面，以及更深层面重组人格，使得他可以更具建设性，更明智地应对生活，并且使得生活更社会化，也变得更令人满意。

在这里我将引入一系列不断累积且可靠的研究结果，从而佐证我的观点。到目前为止的研究显示，生活在这样的人际关系中，即使只有相对有限的时间，个体都会表现出在人格、态度及行为上深远且显著的改变，而我们无法从控制组中发现同样的改变。处于这种关系中的个体人格更为完整和行事更为有效，我们很少在他们身上发现那些通常被称为神经病或者精神病的特征。相反，他更常表现为一个健康，功能健全的个体；他修正了自我认知，眼中的自己更为真实；他对于自己有更高的评价；他更为自信以及更具自我导向；他对于自己有更充分的理解，对于他的经历更为坦然，不否认也不再压抑；他更能接受自己给予他人的态度，并且把他人看作是与自己更为相似的个体。

他的行为也显示出相似的变化。他不再轻易地被压力所扰，并且有能力迅速缓解压力。在他朋友的眼中，他表现得更为成熟。面对周遭的一切，他选择创造性地适应环境而非消极地防御。

此前的研究已经证实，通过在一个大致如同我所描述的心理气氛中接受一系列咨询访谈，可以使个体产生以上一些改变。而本文的所有论述都基于客观研究的证据，虽然心理治疗中的人际关系到底有多少作用还需要更多研究的论证，但是良好的人际关系对于产生人格变化的有效性已经毋庸置疑。

第四十三选
认知疗法的本质及其与行为疗法的关系

艾伦·T·贝克(Aaron T. Beck), 1970

作为认知疗法的先驱者，艾伦·T·贝克将该方法用以帮助人们摆脱消极的、自我挫败的想法和感觉。认知治疗师试图在心理治疗过程中通过重建这些消极的想法，修正患者的世界观以及人生观。贝克起初建立认知疗法的目的在于治疗抑郁症，但如今我们已可以看见认知疗法在焦虑症治疗中的普遍应用。自从贝克提出认知治疗法后，迄今为止心理治疗师已将此作为治疗各种心理障碍的主要方法。

贝克(生于1921年)于1946年获得耶鲁大学医学博士学位。自1954年起，任教于宾夕法尼亚大学，如今为该校精神病学荣誉教授。贝克的抑郁症认知治疗理论对临床心理学具有巨大的影响，他编制的贝克抑郁量表被广泛地应用于抑郁症的诊断过程中。在临床心理学领域，贝克成果颇丰，所出版的著作包括：《临床，实验及理论三面观》(*Clinical, Experimental and Theoretical Aspects*，宾夕法尼亚大学出版社，1970)，和《认知治疗与情绪障碍》(*Cognitive Therapy and the Emotional Disorders*，国际大学出版社，1976)等等。

本选选自1970年发表于《行为治疗法》(*Behavior Therapy*)中题为"认知疗法的本质及其与行为疗法的关系"(*Cognitive Therapy: Nature and Relation to Behavior Therapy*)一文。文中，贝克介绍了认知疗法的基本概念，并举例说明在治疗过程中，治疗师如何有效运用相关概念。阅读本选时，请留意作者是如何将认知疗法与行为治疗进行比较，并试图就认知疗法在治疗心理疾病中的必要性所作的阐述；还应当注意到，适宜接受认知疗法的人群应当对其自身的心理问题具有一定思考及推理能力；另外请你思考：除了应用于治疗严重的心理障碍外，这些原理是否也可以帮助我们解决日常生活中的难题？

关键概念：认知疗法(cognitive therapy)

APA: Beck, A. T. (1970). Cognitive Therapy: Nature and Relation to Behavior Therapy. *Behavior Therapy*, 1, 184 - 200.

作为心理治疗中最为重要的两大体系，行为疗法与认知疗法已成为越来越多临床及实验研究的主题，相较于已初显制度化迹象的行为疗法，认知治疗进入心理治疗领域的时间相

对晚了许多。

因此，在行为疗法已然被大量文章或专著引用的同时，人们对认知疗法的认识仍旧非常有限。虽然行为治疗主要以学习理论作为基础，而认知疗法更多地依据认知理论，但是这两大心理治疗体系间还是存在许多共同点。

第一，相比于其他类型的心理治疗，在行为疗法与认知疗法体系中，治疗访谈的制定过程更为公开，治疗师的态度也更为积极。在治疗预备期的诊断晤谈中，治疗师会对患者的心理障碍做系统且具体的描述，随后治疗师会在观察剖析的基础上，对患者目前的症状进行明确的分析阐述(分别使用认知主义或行为主义的术语)，并且针对特定的心理问题量身打造一套治疗方案。

在完成对治疗范围的制定后，治疗师将会通过一系列的训练，令患者形成某些对所确定的治疗形式有所帮助的反应和行为类型，并给予患者一定的具体指令，比如：引发画面想象(系统脱敏法)，或者提升他的自我意识以及元认知水平(认知治疗法)。相对于目标具有不确定性的唤起疗法，行为疗法与认知治疗在干预前便已设定了明确的治疗目标。

第二，认知治疗师和行为治疗师均会针对患者的外显症状或者行为问题——例如特定的恐惧、强迫或者歇斯底里的症状，选择运用适当的治疗技巧。但是，两者的目标仍存在一些不同。认知治疗师更关注患者的症状所包含的观念性内容，即非理性的推论及假设；而行为治疗师则更关注患者的外在行为表现，比如适应不良的逃避反应。与心理分析把大多数症状都视为无意识冲突所伪装的产物不同，认知主义和行为主义心理治疗体系依据通过行为观察或者内省所揭示的症状构造，解读患者心理障碍的形成过程。

第三，进一步与心理分析治疗法作比较，我们可以发现，无论是认知疗法或是行为疗法都无意强调患者对童年经历和早期关系的记忆或者重构。此外，这两种方法也远不如心理分析疗法那样重视与强调从发展的视角看待当前问题。

第四个共同点在于，两者的理论范式同样都排除了许多传统的心理分析假设，比如幼儿心理性欲期、固着、无意识和防御机制等。行为治疗师与认知治疗师会在由病人所提供的内省报告的基础上，设计针对他们的治疗策略。但是，他们一般只获取患者自我报告中的表面价值，而不像心理分析那样对其做更深层次的提取。

第五，认知疗法与行为疗法共同的主要假设是：即使患者没有能够找出病症的源头，他们也同样能去除这些已经习得的适应不良的反应模式……

行为疗法和认知疗法所使用的技术存在明显的差异。例如在系统脱敏法中，行为治疗师会引导患者想象一连串预设顺序的图像，其间穿插放松练习。而认知治疗师则更依赖于患者自发体验与报告的想法，无论是以画面还是以声音的形式出现，这些认知都是治疗工作的目标。但是，这两种心理治疗体系的技术差别还是比较模糊的，比如：认知治疗师通过引发意象理清问题的本质(Beck, 1967，1970)，而行为治疗师也同样会使用诸如“思维中止”的言语技术(Wolpe & Lazarus, 1966)。

认知治疗与行为治疗之间最为突出的理论差别在于，两者用于解释治疗后不适应性反应消退现象的概念有些不同。比如：沃尔普(Wolpe)使用诸如反向制约、相互抑制的行为主义解释，或者神经生理学解释；而认知心理学家则假定，消退现象来源于概念系统的修正，比如：态度或者思维模式的改变。正如在下文中所做的探讨，虽然许多行为治疗师不会对治疗过程中的认知因素作具体的展开，但是他们都会有意无意地承认其重要性。

一、认知治疗的技术

我们可以从两个角度定义认知治疗，从广义而言，任何技术只要其主要疗效是对错误思想模式的修正，即可认为是认知疗法，这一定义包括直接和间接影响认知模式的所有治疗手段(Frank, 1961)。例如：治疗师可以通过深入了解造成患者对客观事物错误解释的历史根源，从而修正其扭曲的人生观和世界观(如心理动力学治疗方法)；或者通过加强其现实自我及理想自我之间的一致性，缓解其症状(如罗杰疗法)；同样还可以通过逐步使其意识到他对于害怕的错误认知(如系统脱敏法)，从而矫正这些错误观念。

但是，认知治疗也可以狭义地定义为，一套关注患者的认知(言语或表象的)及隐含在这些认知背后的假定、假设和态度的治疗方案。下文中将介绍认知疗法的一些具体技术。

1. 识别异质认知 (Recognizing Idiosyncratic Cognitions)

作为认知疗法的主要技术，识别异质认知指训练患者识别自身的异质认知(Idiosyncratic Cognitions)或者"自动思维"(automatic thoughts, Beck, 1963)。艾理斯(Ellis, 1962)把这些认知称为"内化陈述"(internalized statements)或者"自我陈述"(self-statements)，向患者解释时则称之为"你对自己说的话"(things that you tell yourself)。这些认知被标记为异质，是因为他们反映出患者从轻微扭曲到完全误解的不同程度的错误评估，也同样因为他们的认知模式是极其个别化的，或者是处于特定心理病理状态时才会有的表现。

对于一个心理严重扭曲的患者，其扭曲的观念通常位于他意识的中心。在这样的案例中，这些患者能清楚地意识到，并且轻易地描述出这些异质的想法。比如：患严重妄想症的患者会反复出现他人对自己的迫害、虐待和歧视自己的想法；而在轻度或中度神经病患者中，扭曲的想法则往往出现在意识的边缘，因此有必要鼓励并且训练这些患者注意到这些想法。

许多报告自己有不愉快情绪的患者往往会将一连串事件描述为一件引发不愉快的特定事件。比如：患者可能把一连串事件概括为遇见一位老朋友然后感到悲伤，然而却无法自行解释这种悲伤。再比如：有一人在听闻有人死于一起交通事故后，感到十分焦虑，但是他无法在这两者之间建立直接的连接，就好像在一串序列中丢失了一环。

在这些由一件特定事件引发不愉悦情绪的例子中，我们可以发现在外界刺激和主观感受之间似乎架有一座桥梁，这一中介变量便是认知。遇见一位旧识激发了诸如："已经无法回到过去"或者"他已经无法像以前那样接受我"等等的认知，这一认知随即产生了悲伤。有关汽车事故的报道引发了患者幻想自己是事故受害人的画面，正是这一画面导致了焦虑。

我们可以通过大量例证进一步证明这一认知范式。一位经由作者治疗的患者抱怨道：无论何时只要他看见狗，即使当这条狗被拴住或者关在笼子里，或者显然没有伤害性的时候，他都会产生焦虑，对此他感到十分困惑。治疗师则要求这位患者，"在下次见到任何一只狗时，留意自己闪过脑海的想法"。在其后的访谈中，患者报告说，在两次会面之间他多次看

见狗，并突然认识到一种过去从未留意的现象，也就是每当看见狗的时候，患者便会产生“它会咬我”的想法。

一旦能侦察到这些干扰性认知，这位患者便能理解为什么他会感到焦虑，即他不加区别地视所有的狗都具有危险性。他自述道：“即便看到一只狗崽时，我也会产生这样的想法。然后我意识到如果认为一只小狗也会伤害自己，那是一件多么可笑的事情啊。”此外，他还意识到，当看到一只被皮带拴住的大狗时，他会设想一些极具伤害性的结果，比如“那条狗会跳起来咬出我的眼睛”或者“它会跳起来咬住我的颈静脉并置我于死地”。在两到三周的时间里，仅仅通过让这位患者在每一次接触到狗的时候识别自身的认知，便能够使他完全克服长久以来对狗的恐惧。

在另一个例子中，有一位患有社交恐惧症的大学生在训练他检查并且记录自身认知过程后，报告说：在社交情境中，他会产生诸如“他们认为我看上去很可怜”，或者“没有人愿意搭理我”，抑或“我不该出现在这里”的想法，这些想法使他产生了焦虑。

一位患者抱怨说，长期以来他见到任何人都会产生怒气，但是连自己也不知道为什么会对这些人发怒。在进行了一些识别其认知的训练后，他报告说：当他遇见其他人时，便会产生诸如“他在欺骗我”，“他认为我是一个容易使唤的人”，“他想要占我便宜”之类的想法，一旦体验到这些想法后，他便会对那些被指向的人产生怒气。同时还意识到他对他人的负面评价其实没有任何现实依据。

有时，认知除了通过言语的形式表达外还可能采用画面的形式(Beck, 1970)。有一位妇女每当她驾车通过一座桥时，便会突然爆发强烈的焦虑，在治疗后她能够意识到她的焦虑是由于想象到自己的车撞穿防护栏，掉到桥下的画面所导致的。还有一位害怕独自行走的女性经过训练发现，正是由于想象到自己在街道上心脏病突发，却无人伸出援手，最后暴毙街头的画面使她产生了焦虑。有一位大学生发现，自己对于夜晚离开宿舍的焦虑是由于幻想被袭击所引发的。

异质认知(无论以画面形式或是言语形式)的产生非常迅速，并且时常是在短时间内甚至在瞬间内压缩修饰而成的想法。患者好像能够自发体会到这些认知，也可以说，这些认知的产生好像是一种反射作用，而并非通过推理或者思考。同时异质认知似乎还具有不受控制的特质，比如：一位严重焦虑、抑郁或者妄想的患者即使努力警告自己，也可能持续地体验到异质的认知。此外，对于患者而言，这些认知看上去似乎完全合理。

2. 分离(Distancing)

即使已经能够有效地识别自己的异常想法，患者可能还是难以客观地检验这些想法，虽然思维与对外部刺激的感知之间应该保持一致。“分离”指的是使这些认知客观化的过程。由于患有神经病的个体倾向于在缺乏对异质认知批判性评价的基础上，直接肯定它的正确性，因此，治疗师有必要训练他如何分辨思维和外部世界的差别，以及假设和现实的差异。训练后患者时常会惊讶地发现，他们往往会把推测的结论等同于现实，并且认为他们扭曲的想法具有高度的真实性。

在心理治疗领域内流传着这样一句传达给患者的名言：想法的存在并不意味着它的正确性。虽然这句格言听来如同陈词滥调，但是作者发现，训练患者反复提醒自己内心想法并不等同于外在真实世界,这种治疗技术在治疗过程对患者的帮助具有普遍性。

一旦患者能客观地审视自己的想法,治疗便可以进入之后的现实检验阶段。所谓现实检验就是,应用证据规则及逻辑规则进行思考,并且寻求对客体的其他解释方法。

3. 纠正认知扭曲与认知缺陷(Correcting Cognitive Distortions and Deficiencies)

作者在前文中已经指出,患者在经验感受的特定区域内显示出错误或扭曲的想法,表现为他们缺乏明确区分事物的能力,以及具有做出整体化、无差别化判断的倾向。因而,在认知治疗中包含帮助患者识别自身错误想法,并且做出适当修正的治疗任务。其中,指出其认知反应中存在的荒谬想法的种类将会对他有很大帮助。

"随意推论"(arbitrary inference)指的是在缺少证据或证据不支持推论时仍然得出结论,这类偏常的思考经常表现出个性化(或者自我参考)的特征。例如:一位抑郁的患者,看到迎面而来的路人皱眉时,他便形成"他厌恶我"的想法。一位21岁患有恐惧症的女孩阅读到一篇关于一位妇女突发心脏病的文章后认为,"我也很可能患有心脏病"。一位抑郁的妇女在等待治疗师的短短几分钟之后,产生了"他一定因为不想见到我,所以故意离开"的想法。

"过分概括"(overgeneralization)指的是基于单一事件进行毫无根据的概括。以下案例体现了"过分概括"的错误想法:一位患有狗恐惧症的男性,从恐惧某一只曾袭击他的狗泛化至所有的狗。在另一个案例中,当患者经历过一次失败后,便产生出"我做任何事都永远不会获得成功"的想法。

"夸大"(magnification)指的是过分强调某一特定事件的意义或重要性的倾向。例如:一位对死亡充满恐惧的人会把任何身体的不适感或者疼痛认为是某些诸如癌症、心脏病或者脑出血等致命疾病的征兆。艾理斯(1962)把这一类反应称为"castrophizing"(小题大做)。

正如前文所言,标记出患者不适应性认知中存在偏差的部分可以帮助他缓解症状。一旦患者建立起另一套固定认知,比如:认定"那只狗会咬我"的认知是无依据的,那么他将有能力在之后的情境中修正这一认知。比如:他会对玩具小狗这一刺激给予一个有计划性且理性的反应,即"事实上,这只是一只没有伤害性的小狗,它不太可能会咬我。即使它咬了我,也不能真正地伤害我"。

"认知缺陷"(cognitive deficiency)指的是忽视生活情境中的某一个重要方面。患有认知缺陷的患者会忽略,无法整合,或者无法利用来源于经验的信息,结果使得他们的行为表现就好像他的期望系统存在缺失一样:他所热衷的行为回想起来总令他产生自我挫败的感觉。这一类患者中包括那些"行为偏差"的个体,比如精神病患者,也包括那些自身行为表现有违个人目标的人。这些个体为了当下的满足,牺牲了长期的满足,或者甘愿承担满足之后的痛苦和危险。这一类别的心理障碍包括诸如:酗酒、肥胖症、毒品成瘾、性偏离、强迫赌博等问题。

缺乏期望的患者具有以下两个主要特征:首先,当无法抵抗内心的渴望,做出对自身不利,具有危险性或者反社会的行为时,他们往往忽略了这些行为可能造成的结果。他们采取行为时,一心只关注当前的活动,而避免思考可能造成的结果。他们可能通过自欺欺人的方法强化这一处事方法,比如:我现在不能为了图个轻松而做任何有伤害性的事情。其次,他全

然不顾这些不适应性行为会给他人带来多少伤害，他似乎并不了解这些行为涉及的因果关系。

针对这些心理疾病采用的治疗法包括：首先训练患者一旦产生对自己不利的欲望时，学会思考行为可能造成的结果。其次，在冲动和行动之间必须思考长期的得失，比如：一位经常超速驾车或者乱闯红灯的患者，每次被交警拦下后都感到十分吃惊。在访谈中，治疗师发现这位患者在驾车时通常沉迷于幻觉，把自己想象成一位正奔驰于赛道上的著名赛车手。治疗在开始阶段要求他始终注意里程表，但是没有成功。治疗师使用的第二种方法是诱导患者产生一系列超速、被抓、受罚的幻觉。一开始，即使他具有幻想几乎任何事物的能力，但在想象自己被抓的情境时仍然遇到了很大的麻烦。然而，经过一阶段时间的引导想象后，患者便有能力凭空想象一个消极的结果。到最后，他能够在驾驶时遵守交通规则，并且不再白日做梦……

二、结论

毫无疑问，引入一种新的心理治疗体系会引发针对其合理性的质疑。我们将从两个角度对此进行辨析。首先，认知治疗的理论框架比行为治疗和一些更为传统的心理疗法更为宽泛。这一理论框架与行为疗法的众多假设相一致，但是除了为治疗提供行为模式外，它为解释心理病理学提供了范围更为宽泛的概念。此外，当今的实验技术也为检验认知疗法假设的正确性提供了研究手段，这些假设产生于认知疗法所依赖的理论框架。

其次，认知理论为大量治疗策略的发展提供了理论框架，而这些策略并不能从条件反射模型中一些主要的概念中引申而来。由于这些认知技术与行为技术一样容易定义，并且在临床实践中已初步证明其功效，因此有理由在实践中进一步使用这一技术。

最后，心理矫正的策略可以有效地重新编入认知主义导向和行为主义导向的治疗技术。通常行为技术包括那些非内省本质的操作手段，比如：操作性条件反射、暴露疗法、渐进式作业、角色扮演以及自信训练等，认知技术则包括直接使用意念材料的方法，诸如：系统脱敏法和其他形式的引导想象，并且试图直接修正患者的异质认知。

参考文献

[1] BECK, A. T. Thinking and depression; 1. Idiosyncratic content and cognitive distortions. *Archives of General Psychiatry*, 1963, 9, 324 - 333.

[2] BECK, A. T. *Depression: Clinical, experimental, and theoretical aspects.* New York: Hoeber, 1967.

[3] BECK, A. T. Role of fantasies in psychotherapy and psychopathology. *Journal of Nervous and Mental Disease*, 1970. 150, 3 - 17.

[4] DAVISON, G. C. Systematic desensitization as a counter-conditioning process. *Journal of Abnormal Psychology*, 1968, 73, 91 - 99.

[5] ELLIS, A. *Reason and emotion in psychotherapy*. New York: Lyle Stuart, 1962.

[6] FRANK, J. D. *Persuasion and healing*. Baltimore: Johns Hopkins Press, 1961.

[7] LAZARUS, A. Variations in desensitization therapy. *Psychotherapy: Theory, research and practice*, 1968, 5, 50 - 52.

[8] WOLPE, J., LAZARUS, A. A. *Behavior therapy techniques: A guide to the treatment of neuroses*. New York: Pergamon Press, 1966.

第四十四选
心理疗法的有效性:《消费者报告》的研究

马丁·E·P·塞利格曼(Martin E. P. Seligman),1995

许多心理学家对如何评估心理治疗的有效感到非常困难。显然,如果有一种治疗方法具有显著的优越性,那么这将成为首选的治疗方案。因此,如何判断每一类心理治疗法的有效性程度是心理学家们更为关注的基本问题。一项由《消费者报告》引发的研究对各种心理治疗法的有效性进行了测量,而马丁·塞利格曼则受邀作为这项研究的顾问。

塞利格曼 1942 年生于纽约州首府奥尔巴尼,在普林斯顿大学获得了学士学位,于 1967 年获得宾夕法尼亚大学的心理学博士学位,如今任该校心理学教授。1998 年塞利格曼出任美国心理学会主席。他至今已撰写多本著作,包括《习得性乐观》(*Learned Optimism*, Knopf, 1991)和《你可以改变的事与无力改变的事》(*What You Can Change and What You Can't*, Knopf, 1993)。

本选节选自发表于 1995 年《美国心理学家》(*American Psychologist*)杂志中"心理治疗的有效性:《消费者报告》研究"(*The Effectiveness of Psychotherapy: The Consumer Reports Study*)一文。文中,塞利格曼回顾了揭示心理治疗有效性的调查结果。阅读本选时,注意功效研究(efficacy studies)与有效性研究(effectiveness studies)的差别,并时刻记住报告中的信息均来源于实际调查结果。

关键概念: 心理疗法的评估(evaluation of psycholotherapy)

APA: Seligman, M. E. P. (1995). The Effectiveness of Psychotherapy: The Consumer Reports Study. *American Psychologist*, 50, 965 - 974.

曾有一篇发表于《消费者报告》杂志(1995,11)的文章得到以下结论:心理治疗在很大程度上能使患者获益;其中,长期心理治疗的效果优于短期心理治疗;仅使用心理治疗与结合药物及心理援助的治疗方案在有效性上没有显著差异;此外,对于任意一种心理障碍均不存在一种具有绝对优越性的特定心理治疗形式;在作为治疗师时,心理学家、精神病医师和社会工作者的有效性之间不存在差异,但都优于婚姻顾问以及长期的家庭医生;对于那些由于保险或者强制治疗的限制,而无法自由选择治疗疗程或治疗师的患者,治疗效果更不理

想。在传统的功效研究中，实验者随机安排患者进入实验组接受设定疗程的治疗，或者进入控制组，而《消费者报告》所做的研究则不同。通过审视这种大范围调查方法的优缺点，并且与功效研究进行对比，我得到了以下的结论，即《消费者报告》调查填补了功效研究方法中的弱点，且这两种研究方法的优势可以结合为一种更为理想的方法，为心理治疗的有效性提供更确实的实证依据。

我们该如何判断心理治疗的有效性？我们对此拥有功效研究及有效性研究两种方法。功效研究的应用较为普遍，该方法在严格控制的实验情境中，对比某种心理治疗法与对照组的治疗效果。但是功效研究并不只是一个包含控制组的简单研究，它已经成为一套拥有成熟研究方法的实验范式，一项理想的功效研究包含以下精细的实验设计：

1. 实验随机分配患者进入治疗组或控制组。

2. 严格限制控制组情境：控制组的患者不仅不接受任何治疗，实验还使用对患者和治疗师都具有潜在治疗成分的安慰剂以控制诸如：融洽的医患关系，对治疗效果的期望以及表示同情的关注等对研究结果的影响（也称之为“非特异性情境”，dubbed nonspecifics）。

3. 治疗过程具有可操作性，并且附有对治疗方法的具体描述。在实验中使用全程录像的方式对实际治疗过程是否严格遵守工作手册进行审核，任意私自改动的操作都将被修正。

4. 患者接受固定数量的疗程。

5. 目标结果具有高度可操作性（比如：临床诊断 DSM—IV 中描述的心理障碍，高潮体验的报告次数，恐惧发作时的自我报告，流畅表达的比例）。

6. 评定者与诊断者均不知晓患者的组别（不同于药物研究中的双盲实验，心理治疗的功效研究最多只能做到单盲，这是因为患者和治疗师都清楚地了解治疗的方法。如果你听说有人要做有关心理治疗的双盲实验，千万不要上当受骗）。

7. 研究选取的被试均为已诊断患有单一心理障碍的患者，具有多重心理障碍的患者不在被试的选择范围内。

8. 患者在接受治疗后的一段时间内将会接受一整套的评估。

因此，一旦功效研究证明某种心理治疗与控制条件存在差异时，学术领域的临床医师和研究者便会在实践中审慎地运用这种方法。即使需要花费昂贵的金钱和时间，但是功效研究仍然在心理治疗和药物治疗领域被广泛应用，并且大部分获得了良好的结果。这些研究显示，在许多治疗方法中，认知疗法、人际疗法和药物治疗对单向抑郁症有适度缓解的作用；暴露疗法和氯米帕明药物（clomipramine）都能较好地缓解强迫症的症状，但是相较而言暴露疗法的疗效持久性更优越；认知疗法能有效地治疗恐惧症；系统脱敏法能缓解对特定事物的恐惧；“加载紧张”（applied tension）能确实有效地治疗对血液和伤害的恐惧；超然冥想可以缓解焦虑；而厌恶疗法对性犯罪者的改善意义不大；双硫仑（又称戒酒硫）无法持续缓解由酒精中毒造成的症状；满灌疗法辅以药物治疗对于旷野恐惧症的治疗效果优于单独使用其中任何一种；认知疗法比单独使用药物治疗对缓解食欲亢进有更为显著的效果（参看 Seligman 对此的研究综述，1991）。

如今“经实验证实”——这句话事实上已等同于在功效研究中获得正向结果，甚至有许多的研究者已经开始把功效研究作为检验治疗效果的金科玉律。

当我在撰写《你可以改变的事和无法改变的事》(Seligman，1994)时，我同样认同上述观点。我尝试总结到目前为止已掌握的药物和心理治疗对每一种主要的心理障碍的整体效果，在此过程中，我阅读了大量的功效研究，并且开始重视和欣赏这种研究方法。最起码我相信功效研究也许是证明一种新的治疗手段，从控制情景引入到实际治疗的，整个过程是否都同样能够治疗某种心理障碍的最为有效的科学手段。由于功效研究中的治疗方法是从严格控制的实验情境迁移到受审慎照料的病人身上，其敏感性被最大限度地放大，因此功效研究可以有效判断一类治疗方法对一种特定心理障碍的治疗效果是否优于其他方法。

但是仅仅一份由《消费者报告》所做的研究便使我对原本视为金科玉律的功效研究产生了怀疑。我发现，在严格控制的实验情境中判断一种治疗方法是否具有优越性，与在现实情境中判断该治疗方法的有效性是两个不同的问题(Munoz，Hollon，McGrath，Rehm & Vandenbos，1994)。我不再认为功效研究是唯一，甚至是决定在实际案例中使用何种治疗方法的最佳标准。我开始相信对于患者在实际治疗情境中进展的有效性研究结果同样可以作为验证心理治疗以及药物治疗有效性和可靠性的实验证明，这就是《消费者报告》所倡导的研究方法。

功效研究忽略了什么

如果某种治疗形式未被列入“经实验证明”的行列，我们很容易推定这种治疗方法是无效的，而不认为它只是未经现有方法验证。我把这称为“无效性推定”(inertness assumption)。无效性推定对治疗师而言是一种挑战，这是因为例如长期的心理动力学治疗、家庭治疗，或者更为普遍的折中心理疗法都未经功效研究的实验证明，而这些方法却组成了实际所使用的大多数治疗手段。由于在实证研究中往往通过拒绝原有零假设的方法论证治疗方法的有效性，因此我将对无效性推定作进一步的阐述。

对于无效性推定最普遍的悖论来源于无法由功效研究检验长期的心理动力学治疗、家庭治疗和折中心理疗法，因此对这些治疗方法的有效性并没有十足的证据。我们无法对它们进行检验是因为就功效研究范式而言，这些方法都过于庞大笨拙。例如你可以想象，一个适合检验长期心理动力学治疗法的功效研究需要包括：一些多年不能接受任何治疗的控制组；一个同样可信，且具有相同疗程的对照治疗方法，这一方法需要具备相同的“非特异性情境”——融洽和谐的关系、关注、对治疗有效性的期望，但是对照疗法又必须是无效的；此外，还需要写有具体疗程及方法的工作指南，并且随机安排患者接受持续一年或更多时间的治疗。因此，由于伦理道德和科学性的种种问题使得这类研究至今无法落实，更不要说随之产生的高额花费了。

虽然这些论据无可辩驳，但是大部分心理治疗师仍旧不得不处于一个尴尬的位置，一方面有大量的文献资料证实了那些未被心理治疗师使用的短期疗法具有治疗有效性，另一方面治疗师在实际操作中所采用的长期或者折中治疗法又未经实验验证。

但是有一个更好的论点可以反驳无效性推定，那就是：功效研究并不能证明心理治疗的有效性与其实际效果一致，这是因为，功效研究忽略了在实际的心理治疗过程中所包含的许多重要元素。

实际应用中的心理治疗具有以下五个特性，而在控制情境中完成的功效研究并不具备这些特性。如果这些特性对于患者的康复具有重要意义的话，那么功效研究便可能低估甚至完全忽略了某些心理治疗法在实际应用中的价值。

1. 实际运用中的心理治疗(与其他健康治疗相似)不设定固定的疗程，而是往往持续到患者有明显进步或者他放弃治疗为止。但在功效研究中，研究者时常不顾患者治疗效果的好坏，一般在12次干预疗程后便终止治疗。

2. 实际运用中的心理治疗(同样与其他健康治疗相似)具有自我修正性。如果一项治疗技术没有起到应有的效果，治疗师便会采用另一种技术甚至另一种治疗方法。而功效研究中的干预仅局限于一种治疗方法中的少量技术并且按照固定的顺序进行操作。

3. 在现实生活中，选择接受心理治疗的患者往往依赖于其主观意愿，并且在治疗开始阶段他们会与自己选择的治疗师共同寻找适当的治疗方案。接受独立医师治疗的患者在这一点上表现得尤为突出，而对于前往门诊或接受强制治疗的患者情况便较为不同。相反的，功效研究中的患者经过研究者的随机安排被动地接受治疗，并且只能默许研究所提供的治疗师及治疗方式(Howard, Orlinsky & Lueger, 1994)。

4. 在现实情境中，接受心理治疗的患者往往具有多重心理障碍，治疗中所使用的方法同样需要对这些同存交错的心理问题具有针对性。而功效研究通过一整套筛选标准所选取的被试均为经诊断仅患有单一心理疾病的患者(当有两种情境高度混合的时候除外)。

5. 实际运用中的心理治疗除了关注患者心理障碍的改善及特定症状的缓解外，几乎总还会关注患者一般功能的改善。但是功效研究的焦点往往只集中于前者。

难以想象一项针对治疗方法且具有科学强制性的功效研究没有固定的持续时间，却具有即兴的自我修正能力，且其研究目标不仅在于帮助患者缓解症状，还试图提高他们的生活品质。此外，作为该功效研究被试的患者并非随机安排，且都具有多重精神障碍。这一切听来确实不可思议，但是这并不意味着无法用实验验证治疗的有效性。事实上这一点可以做到，只是需要另一种研究方法：即通过大规模调查接受过此类治疗的群体从而获取结果。因此，让我们对比功效研究，来考察一个设计完善的有效性研究(以《消费者报告》为例)有哪些优点和缺点。

1.《消费者报告》调查

《消费者报告》除了针对生活用品以及服务业的传统调查外，在其1994年年度调查表的一个版本中首次增加了对于心理治疗和药品的研究调查。《消费者报告》的读者中有180 000人收到这一版本的调查表，该调查表中包含大约100个涉及汽车以及心理健康的问题。《消费者报告》邀请在过去3年中曾经历过应激障碍或者其他情绪问题，并就这些问题向朋友、亲戚、牧师、诸如心理学家或精神病学家的精神健康专家、家庭医生或者援助团体寻求过帮助的读者完成心理健康部分的调查。在这180 000人中有22 000位读者给予回应，其中大约有7 000位订阅者对有关心理健康的提问做出回答。在这7 000人中，有大约3 000人仅仅有向朋友、亲戚、牧师倾诉的经验，有4 100人接受过心理健康专家、家庭医生以及援助团体的帮助。在这4 100人中，有2 900人曾经咨询过心理健康专家：其中以心理学家人数最多(37%)，其次是精神科医生(22%)、社工(14%)和婚姻顾问(9%)，剩余的18%为其他类型的心理健康专家。此外,有 1 300 人曾加入自我救助团体,有大约 1 000 人接受家庭医生的治疗。接受调查的读者普遍拥有较高的教育程度,以中产阶级为主,男女比例各半,平均年龄为 46 岁。

问卷中有 26 题涉及心理健康专家,另有类似但较为简略的问题涉及医生、药剂师及自我救助团体:

- 治疗师的类型
- 当前的主要问题(例如:一般性焦虑、恐慌、恐惧、抑郁、心情低落、酗酒或吸毒、悲伤、体重问题、饮食紊乱、夫妻或性的问题、孩子与家庭、工作、应激)
- 治疗开始阶段的情绪状态(从“十分低落”到“十分理想”)
- 当前的情绪状态(从“十分低落”到“十分理想”)
- 群体治疗还是个别治疗
- 治疗的持续时间及频率
- 治疗方法(心理动力学、行为主义、认知主义、女性主义)
- 费用
- 卫生保健计划及保险责任范围的局限
- 治疗师的能力
- 治疗的有效程度(从“症状有明显改善”到“症状反而变本加厉”)及在何种方面有所帮助(与治疗有关的特定问题、人际关系、工作效率、应激能力、生活态度、个人成长与顿悟、自尊自信、改善低落情绪)
- 治疗满意度
- 终止治疗的原因(问题已经解决或已得到控制、感到进一步的治疗不会再有帮助、治疗师建议终止治疗、转换治疗师、担心治疗师的能力、费用问题以及保险责任范围的问题)

因此,这项研究所采集到的数据组极为庞大,且数据分析工作也异常复杂精细。由于我有幸成为这项研究的顾问,因而有机会获得完整的数据组。即使你仔细阅读过《消费者报告》中的文章,我现在所要呈现的内容中仍然有大多数并不为你所知。《消费者报告》的分析指出没有一种单一的方法可以用以检验治疗的有效性,因此需要一种多元的测量方法,该方法由以下三个分量表构成:

(1) 特定改善(“治疗方法对你原本寻求帮助的特定问题有何种程度的帮助?”没有差别,有些糟糕,更为严重,不确定)

(2) 满意度(“总体来说,你是否满意治疗师针对你的问题所进行的治疗过程?”极为满意,非常满意,比较满意,有点满意,非常不满意,极为不满意)

(3) 整体改善(与治疗初期相比,在接受调查时响应者如何描述他们的总体情绪状态:“非常差:我几乎无法处理事件;比较差:对于我而言生活总是很倒霉;一般:我的心情有起有伏;比较好:我没有太大抱怨;非常好:我有我喜欢的生活”。)

每一个分量表在 0—100 量度上经过转换均等权衡后,构成关于治疗有效性的 0—300 量度表。研究主要采用多元回归的统计分析法,部分排除初期的严重性和治疗的持续时间(两大主效应)对结果的影响,并且使用严格的统计显著性水平。

统计分析显示出大量清晰的结果，其中包括：

- 心理健康专家所进行的治疗通常能起到一定的效果。大多数响应调查的患者在治疗后都有明显好转。就所有心理健康专家平均而言，在426位开始治疗阶段情绪十分低落的受访人群中，有87%的受访者在调查阶段报告其情绪状态十分理想，比较好，或至少感觉一般。这一比例在786位开始治疗阶段感到情绪有些糟糕的受访者中上升至92%。这些发现与功效研究中的元分析结果一致（Lipsey & Wilson, 1993; Shapiro & Shapiro, 1982; Smith, Miller & Glass, 1980）。

- 比短期治疗相比，接受长期治疗的患者得到更多的改善，且使用任何统计模型都可以获得这一结果……此外，单独接受心理治疗与同时接受心理及药物治疗的患者的统计结果都同时支持这一“剂量效应曲线”（dose-response curve, Howard, Kopta, Krause & Orlinsky, 1986，心理治疗中类似的剂量效应研究结果）。

- 对于任何心理障碍的治疗方法，单独使用心理治疗与同时使用心理及药物治疗之间不存在显著差异（几乎没有受访者在药物治疗过程中没有接受任何心理治疗）。

- 虽然所有的心理健康专家都能在一定程度上帮助他们的患者，但相互间仍存在差异。其中心理学家、精神科医生和社工的医治效果相当，且均显著优于婚姻顾问。接受以上心理健康专家治疗的患者的总体改善得分（0—300量度）依次为220分，226分，225分（相互间差异不显著）以及208分（显著低于前三者）。

- 家庭医生与心理健康专家相比较在短期治疗中具有相同的效用，但在长期治疗中略显不足，其中也有一些具有严重心理障碍的患者接受家庭医生与心理健康专家的共同治疗。对于那些只求助于家庭医生的患者，当他们接受其治疗长达6个月后，总体改善得分为213分，然而在此基础上继续治疗的患者总体改善得分仍然维持在这一水平上（212分）。相对的，接受6个月心理健康专家治疗的患者总体进步得分为211分，但是如果患者继续接受治疗，这一得分会上升至232分。心理健康专家所进行的长期治疗不但在治疗特定的心理疾病中存在优越性，在多种一般功能的改善得分上也同样具有优势：例如人际交往的能力，日常应激处理能力，享受生活的程度，人格的成长和领悟，自尊与自信等等。

- 嗜酒者匿名互诫协会（Alcoholics Anonymous, AA）的治疗效果尤为明显，这一方法获得的平均改善得分为251分，显著优于心理健康专家的治疗效果。前往非嗜酒者匿名互诫协会的患者其心理障碍较轻，但是治疗效果却不及那些前往嗜酒者匿名互诫协会的患者（平均分为215分）。

- 主动寻求帮助并且表现积极的当事人治疗后的改善情况优于被动接受帮助的患者（这一结果通过回答“寻求治疗是否出自你自身的意愿？在选择这位治疗师时，你是否会就他的资质、经验，治疗的频率、疗程及费用与其进行讨论？是否会与同样接受该治疗师帮助的当事人交谈，又是否会咨询其他的治疗师？在治疗过程中，你能否敞开心胸，畅所欲言？是否寻求关于诊断结果或者模糊术语的解释？是否完成回家作业？是否不常取消单次疗程？又是否曾向你的治疗师交流消极的情绪呢？”）

- 对于任何心理问题，并不存在一种具有绝对优势的特定心理治疗法。这些结果再次证实了“渡渡鸟假设”（“dodo bird” hypothesis），即所有心理治疗的形式具有同等的治疗效果(Luborsky, Singer & Luborsky, 1975)。这对于功效研究者无疑是晴天霹雳,因为功效研究的宗旨便是证明某些特定技术对于特定心理障碍的有效性。

● 如果一个人由于受到保险责任范围的限制而无法自由选择治疗师或者决定治疗时程,那么他的治疗效果将会大打折扣……(这条信息来源于受访者就以下问题的回答:“你保险责任范围的限制影响你在治疗过程中的选择或决定? 例如:治疗师的类型,与治疗师见面的频率,接受治疗的时间等等”)……

2. 理想研究

此后,《消费者报告》研究日益受到重视,不仅因为其研究结果以及可靠的资料来源,还因为它独特的研究方法。《消费者报告》研究是一项大规模的调研,它抽样的治疗方法力求真实还原其实际应用中的情境;它在对曾接受治疗的目标人群进行抽样时不存在明显偏见;研究所测量的内容为包括特定改善及整体改善在内的多元指标,比如成长、洞察、工作效率、情绪、生活的愉悦程度与人际关系等;该研究使用严谨的统计方法,所获得的结果具有临床意义。此外,这项研究还具有较高的成本效益。

相较于功效研究方法,在探索心理治疗及药物治疗的有效性上,《消费者报告》研究的主要优势在于:它所研究的对象是实际运用于医疗过程中的救治方法,且所选取的被试均为接受这些治疗的真实患者。《消费者报告》研究以及它内在的调查方法最起码是对现有心理治疗有效性研究的有力补充,同时还为今后的研究方向开辟了新的道路。

当然,这项研究并非十全十美,其中最为主要的缺点在于:在解答“心理治疗是否确有帮助?”时,《消费者报告》研究所获得的答案缺乏广泛的意义。针对这一问题有三种可能的答案。对于第一种答案,即心理治疗比诸如向朋友倾诉,去教堂祷告或者什么都不做来得有效。由于缺乏对照组,《消费者报告》研究无法直接获得这一结论。而对第二种可能的答案,即心理治疗可以帮助患者恢复正常状态或者更宽泛地说恢复至平均水平的两个标准差之内。由于缺乏常态组也缺乏对人们产生困惑前的状态的测量,《消费者报告》研究也无法得到第二个答案。而第三个答案即是回答“人们在接受治疗后相较于治疗前症状是否有所缓解?”这一问题。仅就这个问题,《消费者报告》才可以获得肯定的答案。

因此,《消费者报告》研究仍需改进,使之可以在以上三个层面均能验证心理治疗的有效性,改进的方向可以是把功效研究中一些突出的优势特点与调查方法的现实主义特性相结合。首先,为使调查研究更具有远见性,在抽样过程中可以添加大量正寻求治疗的当事人样本,在治疗前后对其进行一整套评估,同时保留《消费者报告》研究中治疗疗程的灵活性和自我修正性,把患有多重心理障碍作为被试选的标准,以及保证患者对于治疗方案的自主权。其次,整套评估可以包括完善规范的量表,以及在整体改善信息中添加具体的行为信息,因而提高它的敏感性,并且使它可以解决如何判断治疗是否帮助患者回归正常状态的问题。再次,研究还可以包含隐蔽性的病情诊断检查,同时对被试的自我报告进行多视角的解读。

无论如何,《消费者报告》研究为心理治疗的有效性提供了实验证明。我们可以想见一项理想的、富有开创性的有效性研究中,不仅需要具备富有远见且诊断精密的调查,还应当包括如功效研究中那套完善、标准、具体的评估手段。虽然这样的研究价格不菲,但在我看来,这绝对物有所值。

参考文献

[1] *Consumer Reports*. (1995, November). Mental health: Does therapy help? pp. 734 - 739.

[2] Howard, K., Kopta, S., Krause, M. & Orlinsky, D. (1986). The dose-effect relationship in psychotherapy. *American Psychologist*, *41*, 159 - 164.

[3] Howard, K., Orlinsky, D. & Lueger, R. (1994). Clinically relevant outcome research in individual psychotherapy. *British Journal of Psychiatry*, *165*, 4 - 8.

[4] Lipsey, M. & Wilson, D. (1993). The efficacy of psychological, educational and behavioral treatment: Confirmation from meta-analysis. *American Psychologist*, *48*, 1181 - 1209.

[5] Luborsky, L., Singer, B. & Luborsky, L. (1975). Comparative studies of psychotherapies. *Archives of General Psychiatry*, *32*, 995 - 1008.

[6] Muñoz, R., Hollon, S., McGrath, E., Rehm, L. & VandenBos, G. (1994). On the AHCPR guidelines: Further considerations for practitioners. *American Psychologist*, *49*, 42 - 61.

[7] Seligman, M. (1991). *Learned optimism*. New York: Knopf.

[8] Seligman, M. (1994). *What you can change & what you can't*. New York: Knopf.

[9] Shapiro, D. & Shapiro, D. (1982). Meta-analysis of comparative therapy outcome studies: A replication and refinement. *Psychological Bulletin*, *92*, 581 - 604.

[10] Smith, M., Glass, G. & Miller, T. (1980). *The benefit of psychotherapy*. Baltimore: Johns Hopkins University Press.

第十五章

DI SHI WU ZHANG

社会心理学

第四十五选

斯坦利·米尔格拉姆，摘自“服从的行为学研究”，《变态与社会心理学杂志》

第四十六选

约翰·M·达利和比勃·拉塔内，摘自“何时伸出援手?”，《今日心理学》

第四十七选

穆扎弗·谢里夫，摘自“高级目标在减少群体间冲突中的应用”，《美国社会学杂志》

第四十八选

阿尔伯特·班杜拉、多萝西娅·罗斯和希拉·A·罗斯，摘自“对媒介榜样攻击性行为的模仿”，《变态与社会心理学杂志》

第四十五选
服从的行为学研究

斯坦利·米尔格拉姆(Stanley Milgram),1963

服从是个体使自身行为符合他人要求的社会影响力的过程。从小我们接受的教育便是要听从父母和老师的教导,随着年龄的增长,我们学会了服从领导、执法人员和各式各样的权威人物。在众多有关服从的研究中,由斯坦利·米尔格拉姆在耶鲁大学完成的实验是其中最负盛名的研究之一。

米尔格拉姆师从著名社会心理学家所罗门·E·阿施(Solomon E. Asch),并于1960年在哈佛大学获得博士学位。他曾先后任教于美国耶鲁大学及哈佛大学,此后在1967年他前往纽约市立大学研究生中心任职。米尔格拉姆是一位极富创造力的社会心理学家,他的主要研究领域包括社会交流、偏见、人际关系和服从。米尔格拉姆在他的著作《服从权威:从实验的视角》(*Obedience to Authority: An Experimental View*, Harper & Row, 1974)中使用大量篇幅详尽地解释了他的服从研究。

本选选自1963年发表于《变态与社会心理学杂志》(*Journal of Abnormal and Social Psychology*)中题为《服从的行为学研究》(*Behavioral Study of Obedience*)的文章,文中呈现了米尔格拉姆一系列服从实验中的首个实验结果。在该实验中,大部分的被试在权威人物的指令下,不顾"学生"(米尔格拉姆的合作者)的尖叫反抗,仍然给予他们最高等级的电击。由于存在对真实世界的含沙射影以及基于道德伦理的考量,在过去的40年间这项研究成为颇受争议的话题之一。阅读本选时,请思考你应该在何种程度上服从于当今社会?

关键概念: 服从(obedience)

APA: Milgram, S. (1963). Behavioral study of obedience. *Journal of Abnormal and Social Psychology*, 67, 371 - 378.

服从被人们认为是社会生活的基础组成元素,所有共有生活都需要一个权威体系,只有独立生活的人才无需通过挑衅或顺从的方式应对他人的要求。服从作为产生行为的决定因素与我们身处的时代息息相关。从1933年到1945年的12年间,数以百万的无辜群众被下令遭受大规模地屠杀,纳粹政府在集中营内建造毒气室,派警卫严加看守,每日从营中推出

的尸体数量如同机器制造般高效。虽然这些没有人性的政策也许起初来源于一个人的想法，但是正是成千上万的纳粹分子的甘心听命，使得这些政策得以大范围的施行。

基本实验范式

为了研究服从行为，米尔格莱姆设计了一套实验范式，其中包括命令一位未经训练的被试向受害者施加电击(Milgram, 1961)。实验中使用的一台模拟电击发生器可以发出从 15 至 450 伏特间 30 个等距的电压强度，仪器上标有从“轻度电击”到“危险：严重电击”的文字指称。扮演受害者的是该实验的另一位合作者，他经训练后能做在实验中呈现标准化的反应。被试认为他们所参与的是一项研究惩罚是否对会记忆效果产生影响的“学习实验”，在该实验情景中，他们需要控制给予“学生”电击的强度。在实验进程中，被试被要求给予受害者逐渐增强的电击，甚至升高至标记为危险强度的严重电击。被试内心的抵抗会逐渐强烈，直到无法承受而拒绝继续实验。因为被试在实验中断前始终遵从实验者的指令，因此我们把在此之前的行为认定为“服从”，而中断行为便是“不服从”的表现，并且把被试在拒绝进一步实验前所愿意执行的最高电击强度认定为该被试的实验表现。因此，在任意实验条件下，我们都可以对每一位被试的服从程度进行量化的测量。而此项研究的核心在于系统地改变影响被试对实验要求服从程度的因素……

一、实验方法

被试

实验被试由年龄在 20 至 50 岁之间的 40 位男性组成，他们均来自纽黑文市及周围社区。实验者通过在报纸上刊登广告，以及直接发送邀请邮件的方式招募被试，那些响应征集的人都相信他们将会参与一项在耶鲁大学进行的记忆研究。样本中的被试涉及各类职业，其中较为典型的有邮局工作人员、高中教师、售货员、工程师以及体力工作者。被试的受教育水平不等，其中有一人未完成小学学业，也有被试已获得博士学位。参与实验的被试将获得 4.5 美元的酬劳。而且，实验者告知被试这些报酬仅作为他们来到实验室的酬劳，无论实验中发生任何事情，他们都将得到这笔钱。

二、主试和实验场所

实验安排在耶鲁大学一间精心设计的交互性实验室中进行(这一细节关系到实验能否被认可为合乎伦理。在之后的衍生实验中，实验地点以及实验内容都将脱离大学的背景)。主试的角色由一位 31 岁，身穿灰色实验室工作服的高中生物老师扮演，他在整个实验过程中始终保持冷漠的态度和刻板的表情。受害者则由一位 47 岁经过该实验训练的会计师扮演，他是一位爱尔兰裔美国人，大多数的观察者都认为他举止温和，讨人喜欢。

1. 程序

每个实验中包含一位不知情的被试以及一位受害者(由工作人员扮演)。为了使被试执行电击的行为合理化，我们事先设想出一段开场白，由主试首先向被试简单介绍实验中所假定的惩罚与学习的关系，随后告知被试：

"但是事实上,我们对于学习过程中惩罚的效果还知之甚少,因为还几乎没有人真正对此课题进行过科学研究。

比如,我们不知道何种惩罚对于学习最有效。我们也不知道实施惩罚过程中的个人差异,例如一个成年人是从一位较他年轻的人中学到更多,还是从一位较他年长的人中获得更多经验,或类似的问题。

因此,在这项研究中,我们集合了一些不同职业不同年龄的成年人,并安排其中的一些扮演老师,另一些则扮演学生。

我们希望发现不同的人在充当老师和学生时会对他人产生何种效果,同时研究在这一实验情景中惩罚会给学习效果带来何种影响。

因此,我今晚会邀请你们中的一个人作为老师,而另一个人作为学生。

你们两位对角色有偏好吗?"

随后,两位被试分别从一顶帽子中抽出一张纸条以决定在实验中谁扮演老师谁扮演学生。由于实验者在抽签过程中动了手脚,使得真正的被试始终分配到"老师",而那位实验的协助者始终扮演"学生"(两张纸条上都写有"老师",但充当学生的实验者称自己抽到"学生")。抽签完毕,"老师"和"学生"被带往相邻的房间,随后学生被绑在一张电椅装置上。

实验者解释说:绑住"学生"是为了防止他在电击的时候有过度的摇动,使他无法从这一情境中逃离。"学生"的腕部连接一个电极,并且使用电极糊以避免产生水泡和烧伤,此时主试告诉被试,在隔壁房间有一台电击发生器与这一电极相连。

为了提高实验的可信度,实验者对"学生"的提问作以下声明:"虽然电击会造成极度的痛苦,但是不会导致长期的组织损伤。"

(1) 学习任务

学生所接受的学习任务是单词配对联想记忆练习。作为"教师"的被试首先对"学生"朗读一张配对的单词表,随后再次阅读其中一组配对词汇中的第一个词,同时给出其他四个词作为选择项。这时学生需要在后四个词中正确判断与第一个词配对的词,并且通过按下他身前四个按钮中相应的一个发送他的答案,此时置于电击发生器顶端的答案箱上相应标记的区域随即被点亮。

(2) 电击发生器

该仪器的表盘上水平排列 30 个开关,每一个开关上清晰地标有从 15 到 450 伏特的电压指称,且从左至右相隔开关件的电压增量均为 15 伏特。此外,这些开关依据电压强度被分为多组,且标有清晰的文字指称,从左至右分别为:"轻度电击","中度电击","强度电击","剧烈电击","极度剧烈电击"及"危险:猛烈电击"(在最右端的两个开关仅标记为"XXX")。

当被试按下一个开关,该开关对应的指示灯立即显示为红色,仪器随之发出嗞嗞声,电压仪上的指针向右摆动至相应电压值。被试可以看到表盘上标记电压强度的蓝色指示灯,其间还可能听到各种中继的咔嗒声。

仪器左上角的标签印有:"电击发生器,ZLB 型,戴森仪器厂(Dyson Instrument Company),沃尔瑟姆(Waltham),马萨诸塞州(Mass)。输出功率:15 至 450 伏特。"

为确保运作时的可靠性,仪器的细节均经过仔细的检查。表盘上的指称标示由精密的工业雕刻机雕刻而成,所有的零件都保证高品质的质量。在实验过程中,没有被试曾经怀疑该仪器只是一个模拟电击发生器。

(3) 试验电击

每位被试在扮演“老师”之前需要在腕部接受一次 45 伏特的试验性电击,这一电极的实际电压来源于与发生器相连的 45 伏特电池,这一过程进一步使被试对发生器的真实性深信不疑。

(4) 电击指令

主试告知被试每当“学生”做出错误反应时,便对其执行一次电击。此外,另一关键指令在于要求被试执行完一次电击后,把下一次电击电压提高一个电压强度,同时在执行电击前需要再次报告当前电压强度。这一指令实则不断提醒被试,他/她给予“学生”的电击强度正在不断升高。

(5) 实验准备及规定流程

预备测验揭示,被试需要一定的练习才能顺利地阅读词汇或执行电击。因此,在规定流程前,主试给予每位“老师”一份包含 10 组词对的预备单词配对材料读给“学生”听。在练习序列词对中包含 3 个中性词(“学生”回答正确的单词),因此被试将对“学生”答错的 7 个单词执行电击,其中最大的电击强度为 105 伏特(中度电击)。预备实验后几乎所有的被试都能掌握该实验程序。

随后,主试呈现给被试第二组单词配对表,并且告知他实验程序与预备实验一致,但是主试在开始前增加了以下指导语:

“当你完成一轮单词配对记忆测验后,请继续重复这个过程,并且在‘学生’回答错误时仍旧给予电击,直到学生能准确地记忆所有的单词配对。”

实验者要求被试起始电击强度为 15 伏特,每当学生给出错误答案时,在原本的电压强度上提高一级。

(6) 受害者的反馈

在任何情境下,“学生”都以预先设定的大约四题错三题的比率回答单词配对测验。在这本实验情境中,直到电击到达 300 伏特学生才会出现言语反应或者其他反抗信号,当执行 300 伏特电击时,学生会猛烈地敲击房间的墙壁,并且被试足以听到这敲击声。自此,“学生”的答案再没有出现在四路表盘上。

每当这种情况发生时,被试一般会向主试寻求指示。主试随即告知被试把没有答案作为错误答案对待,并按照原定计划实施电击,且每当“学生”无法给出正确答案时仍然提高电击强度。他同时建议被试在把无反应作为错误答案之前再给“学生”5 至 10 秒的时间。当电击强度提高至 315 伏特时,学生继续猛击墙壁;当电击强度继续升高,“学生”便不再发出声音,他的答案也不再出现在四路信号箱上。

(7) 实验者的反馈

在实验的不同阶段,被试都可能询问主试他是否应当继续执行电击,或者表示他不愿意继续实验。此时,主试对这些要求回应的标准化就至关重要。

如果被试表示他不愿意继续实验,主试将使用一连串的"言语刺激",尽量使被试继续进行实验。

言语刺激 1：请继续。

言语刺激 2：实验需要你继续。

言语刺激 3：你继续下去是绝对必要的。

言语刺激 4：你别无选择,只有继续下去。

这些言语刺激按排序依次给予被试：只有当言语刺激 1 失效,才使用言语刺激 2。如果被试在言语刺激 4 后仍然拒绝服从实验者的指令,实验结束。实验者的语气始终保持坚定但不失礼貌。每次当被试犹豫或显示不愿服从命令时,主试便依照顺序重新给予被试言语刺激。

特别刺激。如果被试询问学生是否会遭受永久的身体伤害时,实验者做出以下回答：

"虽然电击会令他们痛苦,但是不会有任何永久性的组织损伤,因此请继续进行。"(如果有必要,可以接着使用言语刺激 2、3、4)

如果被试询问 "学生"是否不愿意继续试验时,主试做出以下回答：

"无论'学生'是否喜欢,测验都必须继续进行,直到他能准确地记忆所有的单词配对。所以请继续进行。"(如果有必要,可以继续使用言语刺激 2、3、4)

2. 因变量测量

通过记录被试拒绝进一步电击时的最高电压水平,可以对实验中主要的因变量进行测量。原则上,这一数值最低可为 0(被试拒绝执行第一次电击),最高可为 30(被试从发生器上发射最高强度的电击)。所执行的电击最高电压强度低于第 13 级的被试被定义为"抵抗的被试"(defiant subject)。完全遵从实验者指令并且执行所有电击水平要求的被试并定义为"服从的被试"(obedient subject)。

访谈与去欺骗

实验结束后,实验者使用一些开放式的问题,投射测验和态度量表对被试进行访谈调查。在访谈结束后,实验者采用了一些必要程序以确保被试在离开实验时心理状态良好。此外,实验还在被试与受害者之间安排了一次友好的和解,并且努力降低被试由于实验结果引发的紧张情绪。

三、实验结果

1. 预备观念

在给出实验结果的统计数据前,让我们看一看人们是如何预测他人在对另一个人实施电击时的表现。实验者向 14 位耶鲁大学心理学专业的四年级学生详细地描述了这一实验情境,要求他们仔细思考,并且预测如果有 100 位被试,这些被试会有怎样的服从表现。更具体地说,假设实验邀请 100 位职业各异,年龄跨度从 20 岁至 50 岁的美国人作为被试,这些学生需要描绘出 100 位被试在本实验情景中服从表现的分布。

这 14 位学生对虚拟被试行为的预测具有高度的一致。所有人均预测只有极少数的被试会给予最高水平的电击(估计值最少为 0,最多只有 3%,也就是说,最悲观的人预测在 100

位虚拟被试中,有 3 个人会持续实验直到电击发生器可达到的最高电压值——450 伏特)。预测结果的整体均值为 1.2%。作者私下向同事询问了相同的问题,他们普遍认为即使有被试被施加高于“非常强烈”水平的电击,那也只会是其中的极少部分人。

2. 实验Ⅰ的结果

(1) 被试许可实验情境

很少有被试怀疑实验情境的真实性,所有人都对扮演“学生”的工作人员执行了电击,其中强度最大的电击会造成人体的极度疼痛。在实验后的访谈中,被试被问及:“你认为对‘学生’所执行的最后几次电击会给他们带来怎样痛苦?”若用从“完全没有痛苦”到“极度痛苦”的 14 分量表来衡量他们认为“学生”承受痛苦的程度,大多数被试都选择 14(极度痛苦),且所有被试的平均值为 13.42。

(2) 极度紧张的迹象

许多被试在实验情境中都显示出紧张的迹象,特别是在执行高强度电击时,紧张尤为明显。在大量的个案中,被试的紧张程度到达极点,这在社会心理学的实验室研究中极为少见。被试出现流汗、颤抖、结巴的生理反应,以及咬嘴唇、抱怨或者把指甲戳进肉里的行为表现。这些实验中出现的特征反应普遍存在于大量被试中。

紧张情绪的另一大迹象是定时地爆发出神经质的笑声。本实验的 40 位被试中有 14 人明显地显示出紧张地大笑或微笑的迹象,在实验情境中,笑声好像完全不恰当甚至十分异常。被试中有三人在实验过程中完全不受控制地发作。有一次,我们观察到一位被试身体强烈抽搐以至于我们立即停止实验。这位被试是一名 46 岁的百科全书售货员,事后他对于自己不恰当且不受控制的行为感到非常尴尬。在实验后的访谈中,很多被试痛苦地表示他们并不是虐待狂,发出笑声并不意味着他们享受电击受害者的过程。

(3) 得分分布

人们普遍猜测被试不会同意在超过“非常强烈电击”的电压水平上执行电击,然而实验结果的分布与预期相差甚远。在此实验中,执行最大强度电击的分布如表 1 所示。

表 1 中断点分布表

	文字指称及显示电压	该电压为最大执行电击强度的被试人数
轻度电击	15	0
	30	0
	45	0
	60	0
中度电击	75	0
	90	0
	105	0
	120	0
强度电击	135	0
	150	0

续　表

	文字指称及显示电压	该电压为最大执行电击强度的被试人数
	165	0
	180	0
超强电击	195	0
	210	0
	225	0
	240	0
剧烈电击	255	0
	270	0
	285	0
	300	5
极度剧烈电击	315	4
	330	2
	345	1
	360	1
危险：严重电击	375	1
	390	0
	405	0
	420	0
XXX	435	0
	450	26

在主试的指令下，所有被试均超过了预期的中断点，没有被试在执行第 20 级电压水平的电击前停止实验(这一级电压为 300 伏特，此时受害者猛烈地敲击墙壁并且不再对“老师”的选择题做出反应)。

40 位被试中，有 5 人拒绝服从施加大于 300 伏特电击的实验要求；有 4 人在执行了高一等级的电击后拒绝继续；有 2 人在执行 330 伏特电击时停止；各有 1 人在 345、360 和 375 伏特电击水平时停止，因此，共有 14 位被试拒绝了实验者的要求。回顾他们拒绝继续时发表的评论有益于我们分析讨论这一现象，因此我们从录音中摘出如下部分记录：

[0124] 我认为他试图与我交流，他在不停地敲击墙壁……电击对他不公平……这些电击强度已经太可怕了。我认为我们这样做完全失去了人性……哦，我不能再继续进行下去了，这一切都是错误的。这个实验简直是地狱，那个人正在饱受摧残。不，我不想继续了，这太疯狂了(被试拒绝继续执行电击)。

[0123] 他正在那里敲打墙壁。我要放弃。虽然我想要继续但是我真的做不出来……对不起，我不能那样对他。我会伤了他的心的。你自己做吧。真的，我做不到。

这些被试时常处于高度犹豫甚至生气的状态。有时，除了口头抗拒之外，被试还会从电击发生器前的座位上站起来，并且表示他/她想要离开实验室。

40 位被试中，有 26 人始终服从实验者的指令，他们直到到达电击发生器发射范围内的最强烈电击，才停止惩罚受害者。此时，实验者停止了这阶段实验（最高电击强度为 450 伏特，比仪器指称为“危险：严重电击”的电压仍高两个水平）。虽然服从的被试继续执行电击，但是他们往往承受着巨大的心理压力。有一些被试在执行高于 300 伏特电压的电击时表现出犹豫，他们同样表现出与那些拒绝主试的被试相似的害怕，只是他们最终选择服从。

在给予最大电击随即主试叫停实验进程后，许多服从的被试长长地舒了一口气，擦了擦自己的额头，用手揉了揉眼睛或是紧张地抽着烟。有些人敲打着自己的头，表现出懊悔的情绪。然而也有被试在整个实验过程中始终保持冷静，从头到尾也没有表现出一丝紧张的迹象。

四、讨论

该实验带来两个惊人的发现，第一个发现是在此情境中服从的倾向十分强烈。被试从小就知道违背自己的意愿伤害别人，是有违道德行为的表现。但是 26 位被试在权威的指示下仍然丢弃了这条原则，而所谓的权威实则没有任何特殊权力要求被试服从他的指令；在实验情境中，拒绝服从不会带来物质的损失，更不会遭受惩罚。从许多被试的评论及外显的行为中，我们可以清晰地发现当他们惩罚受害者时，他们的行为往往违背了自身的价值观。被试往往对于向已经表示不能承受的人继续施加电击表现出极大的反对，而其他人也同样谴责这样的行为愚蠢至极且没有人性。但尽管如此，大多数的被试仍旧遵从了实验者的指令。这一结果从两个方面让人大为吃惊：首先，这一结果与预先问卷调查所描述的预测截然相反（但是，也许问卷调查情境与真实实验情境的距离以及传递实验具体细节过程中的困难可以解释对于服从的过分低估）。

但是那些在单面镜后，观察了整个实验进程的参与者对这一结果也同样始料未及。观察者往往不敢相信被试会对受害者执行如此强大的电击，这些人对实验情境的细节有充分的了解，但是仍然低估了被试服从的程度。

第二个意料之外的效果是由于实验程序所引发的异常紧张。人们可能会认为被试可以在意识支配下轻松地选择中断或继续实验，然而，这种猜测与事实相差甚远，在真实实验情境中，被试往往表现出明显的紧张以及情绪压力。

参考文献

[1] Milgram, S. *Dynamics of obedience*. Washington: National Science Foundation, 25 January 1961. (Mimeo)

第四十六选
何时伸出援手？

约翰·M·达利(John M. Darley)和比勃·拉塔内(Bibb Latané)，1968

社会心理学家约翰·M·达利和比勃·拉塔内之所以会对影响助人行为的情境产生研究兴趣，部分是因为他们观察到人们在紧要关头愿意伸出援手的比率之低令人心寒。他们发现人群越密集的地方，个体会在危急时提供帮助的可能性越小。达利和拉塔内对这一旁观者效应做出了解释，在引入责任分散概念的基础上，提出人们在大群体中的责任感不及当身处相对较小集体中的观点。

达利(1938—?)于1965年在哈佛大学获得其博士学位，他曾任教于纽约大学，1968年开始至今为普林斯顿大学心理学教授。拉塔内(1937—?)于1963年在明尼苏达大学获得博士学位。先后在哥伦比亚大学和俄亥俄州立大学任职，并在1989年前往佛罗里达大西洋大学继续其教学生涯，现为北卡罗莱纳大学教堂山分校研究人类科学的拉塔内中心主席。达利和拉塔内在其著作《冷漠的旁观者：他为什么不帮助？》(*The Unresponsive Bystander: Why Doesn't He Help?*, Prentice Hall, 1970)中总结了他们对于助人行为的经典研究。

本选选自1968年发表于《今日心理学》杂志(*Psychology Today*)题为"何时伸出援手"(*When Will People Help in a Crisis?*)的一文，作者在文中探讨了人们在危急情境中愿意真正帮助他人的必要条件。阅读本选时，请关注达利和拉塔内是如何通过实验设计成功模拟真实生活的情境，并请思考：我们可以通过何种方法有效地促进当今社会的助人行为？

关键概念：助人行为(helping behavior)

APA: Darley, J. M. & Latané, B. (1968). "When will people help in a crisis?" *Psychology Today*, 2, 54 - 57; 70 - 71.

酒吧经理凯蒂·吉诺维斯(Kitty Genovese)在凌晨3点下班回家途中，在即将到达寓所的时候，遭暴徒袭击。有38位邻居在听到她惊恐尖叫后探出窗外观望，但是在长达半个小时的谋杀过程中没有一人出面阻止，甚至没有一人及时打电话报警。当警察最终赶到现场时，吉诺维斯已经死亡。

安德鲁·莫米勒(Andrew Mormille)在回曼哈顿的地铁列车上，被歹徒用刀捅伤腹部。

11位乘客眼睁睁地看着这个17岁的男孩因流血过多致死,甚至没有人在袭击者离开列车后上前帮助他。

埃莉诺·布拉德利(Eleanor Bredley)在第五大街购物的时候不幸被绊倒摔断了腿。她向路人寻求帮助,但是令她茫然和震惊的是,40分钟内,商店的行政人员和顾客都只是匆匆从她身边经过却无人理会。最后,一位出租车驾驶员将她带往医院。

这些案例中最让人震惊的是有如此多的人面对这样的事件居然无动于衷,也许我们可以理解事件中只有一个或两人对受害者视若无睹,但是让我们深感不解的是,这些事件中的旁观者,那38位邻居和11名乘客甚至是那上百人几乎全部选择视而不见。事实上,对我们造成巨大震撼的事实真相也就是理解这些事件的线索。人们普遍认为,如果有越多的人看到陷于危险的受害者,他/她就越有可能获得帮助,然而事实却恰恰相反。如果旁观者中每一个人都知道有其他人在场,那么他注意到险情并把此认定为紧急事态的可能性便越低;即使他认为发生了紧急事件,他采取行动的可能性也越低。

这是一个令人惊讶的命题,正如我们所说的,当越多的人察觉到受害者的危难并且可能提供帮助时,受害者得到帮助的可能性就越低。我们将在之后详细讨论旁观者采取干预行为所需要的必经过程,同时呈现旁观者人数是如何影响干预可能性的实验结果。

如果仔细阅读这些事件目击者的行为描述,不难发现牵涉在内的人们并非缺乏人性,与我们这些事外之人不存在很大差别。虽然上述事件的目击者对受害者的遭遇无动于衷,但是冷漠、淡漠,或者漠不关心并不足以完全准确地描述他们的反应。吉诺维斯谋杀案中的38位目击者并没有仅仅瞥一眼当时的场面便不再理会,而是持续地关注着窗外发生的一切。他们感到哀伤却无动于衷,同时也被吸引不愿离开,他们的行为既没有帮助受害者也毫无英雄气概,但是同样谈不上淡漠或者冷漠。

事实上,许多其他紧急情境中的群众行为都与此相类似。车祸、溺水、火灾以及企图自杀的场面都会吸引大量的围观者,如同观看一出戏剧一样着迷于这些场景,几乎没有人会直接采取行动。难道人群中的大多数人也会如此疏远而冷漠?答案显然不是,但到底是为什么?为什么我们会如此冷眼旁观呢?

紧急事件中的旁观者必须对正在发生的事情以及他可能的行为做出一系列的判断。这些思考的结果将会决定他是否采取行动。如果一个人最终产生助人行为,他必须经历以下三件事:首先他必须注意到有事件正在发生;其次他需要认定该事件为紧急事件;最后他一定要感受到干预事件的个人责任。如果他没有注意到事件的发生,如果他不认为这是一起紧急事件,或者如果他认为他没有采取行动的个人责任,都无法最终导致他的助人行为。这一事态的发展可以用"决策树"的图示呈现。只有同时做出这些肯定的决定才能产生干预行为,相反,任何一个环节如果决策为"可能去做",旁观者都会选择不采取助人行动。正如我们将在后文中展开的,在决策树的每一个节点,其他旁观者的存在可能导致决策者走向选择不提供帮助的分叉路。

一、第一步:注意

假设在真实生活中发生了一起紧急事件,有一位中年男子突发心脏病,他突然停下脚步,按压着自己的胸,蹒跚着走向路边,随后倒在人行道上,倚靠围墙坐着。试想过路者有几成可能帮助他?首先,旁观者必须注意到有事情发生,外部的事件需要打断原本的思考,打扰其意识思维,而他必须剥离他的私念从而把注意力集中在这件异常事件上。

但是在美国人的传统思想中,在公共场合近距离地关注他人并不是好习惯。我们被教导尊重他人的隐私,并且当身处陌生人中,我们通常不留意他人的交谈,避免直视他们,否则如果对方发现我们这么做,气氛会立即变得尴尬。因此,个体在群体中比他们单独时更不容易注意到潜在紧急情况的最初迹象。

实验数据验证了这些日常观察。达利和拉塔内邀请了一批大学生被试参与一次有关他们对都市生活态度的采访。当学生等待接受采访时,主试安排他们单人或是三人一组完成预备问卷。单人组的学生往往会在回答问卷时无意识地环顾四周,而多人组的被试则会始终盯着问卷以避免被他人视为无礼或者好管闲事。

作为研究的一部分,我们设计了一场在等候室内突然冒出浓烟的紧急事件。在独立完成问卷的实验组中,有 2/3 的被试很快注意到有浓烟渗出;但在以小组形式回答问卷的实验组中,只有 1/4 的被试快速地发现这一现象。甚至在其中一个小组中,当一位被试注意到突发事件时,房间已经烟雾弥漫,他惊呼:“天哪!我一定已经吸了很多烟。”虽然在实验中所有的被试最终都注意到了烟雾,但是这项研究显示当越多人在场时,个体发现紧急情况存在的速度越慢,也更有可能没有察觉到有事件发生。

当旁观者注意到事件的发生后,他需要进一步判断这是否为紧急事件,因为紧急事件有时并不显而易见。涌入房间或者等候室的烟雾可能是由于火灾导致的,或者仅仅因为蒸气管道存在泄露。街道上的尖叫声可能是一次袭击的讯号,也可能只是一次家庭争执。躺在门口的汉子可能是突发冠心病或者糖尿病性昏睡,也或许他只是喝醉了。

当一个人试图对紧急事件做判断时,他往往会参照周围人的反应,通过观察周围人的行为决定自己应做何种反应。如果其他人都保持冷静冷漠,那么他也会倾向持有相同的态度;如果其他人都反应强烈,那么他的情绪也更容易被唤起。这一倾向不是简单的奴隶性从众,因为我们通常可以从周围其他人的行为中获取对新情境具有价值的信息,就像大多数旅行者在决定用餐地点时都会选择停车场中停有其他车辆的餐厅就餐。

但是,他人的反应偶尔也会提供错误的信息。例如:牙医诊所的等候室内病人有意的冷漠便无法显示他们即将遭受痛苦。通常表面过度担忧或慌乱,在公共场合失去冷静都是让人尴尬的举动。因此,当我们处在群体中时,大多数人都会试图掩饰自己的害怕和焦虑。

在具有潜在危险的情境中,每一位在场的人看上去满不在乎,虽然他们内心可能并非如此。这些表面的平静以及其他人的按兵不动,使得每个人都相信一切都将按部就班。但是,此时危险正在慢慢积蓄,直到有一个人不再受他人表面冷静的影响决定采取行动。

因此,人群可以通过散布消极情绪和表面冷漠暗示这一事件并非紧急,成员则无需采取行动,但是如果人群中有任何一个人把事件作为紧急情况处理,他可能会感觉到他被群体当作傻瓜对待。由于没有人愿意受到如此的看待,所以,在类似的紧急情况下,除非有人采取行动,否则所有人将保持静默。

在房间充烟实验中,从墙壁渗入的烟雾形成了一个模糊但潜在的危险情境。那些独自

在等候室中的被试的典型反应过程是：他们能很快发现有烟雾进入房间，在轻微惊吓后，犹豫片刻，然后离开房间找人告知房间内渗入烟雾。虽然有超过 3/4 的人由于担忧而报告房间充烟，但是没有人表现出恐慌。然而有他人在场会对实验结果造成何种影响呢？

实验安排三位陌生被试为一组，完成相同的实验流程，他们的行为与单人被试的表现完全不同。其中典型的反应包括：当三人中有一个人注意到烟雾，他会观察其他两人，看到他们没有反应，便耸一耸肩，继续回答问卷，并且暗中偷偷地观察一下烟雾再观察一下同伴。结果显示 8 组共 24 位被试中只有 3 个人报告有烟雾，可见群体的抑制效应是如此的明显，以至于其他 21 位被试情愿待在充满烟雾的房间里，尽管在短短 3 到 4 分钟后等候室里的空气已经变得极为不舒服，也没有被试试图通过恐慌或担忧的反应促使其他人注意到烟雾的存在。虽然他们也有因为浓烟而咳嗽、揉眼睛，也有试着打开窗驱赶烟雾的行为出现，但显然没有离开房间的打算。

当主试要求他们推测导致烟雾的原因时，有一位被试回答说："空调设备泄露。"还有一些更有想象力的答案，例如："一定是来自这幢楼的化学实验室。""蒸汽管道的问题"，"让我们真实回答这些问卷题目的特殊气体"。被试对于烟雾来源的解释各异，但都没有提及"火"这个字。在认定该情形并非紧急情况的过程中，人们为其他观察者没有离开房间编纂解释，却不为自己采取行动寻找理由。小组中的其他成员成为互相沉默的榜样，也成为他认为"不恰当"行为的观众。在这样的情况下，不无所动显得理所当然。

研究结果清晰且强力地支持了我们的假设。然而这是普遍现象吗？在其他紧急事件中是否也会出现相同效应呢？或者这一效应是否如同存在于房间充烟实验一样，只局限于涉及自身及他人危险或者是没有明确受害者的情境中呢？产生群体抑制效应的原因也可能是因男大学生被试相互攀比的心态所致，好像第一个逃离房间的人会大大的丢面子。也可能是因为没有特定的人处于危险之中，从而减少了群体内成员做出反应的可能性。为了了解这些实验结果的外部效度，拉塔内与朱迪恩·洛丁(Judith Rodin)设计了另一个实验，该实验中的紧急事件不会使旁观者陷入危险，但是有一位当事人会身处困境。

被试被安排参与一项由消费者测试局在哥伦比亚所举办的针对游戏及智力测验偏好的调查，每位被试因此可以得到 2 美元的酬劳。一位年轻而有魅力的女性市场调查代理人在门口迎接他们并且把他们带入房间，途中他们会经过 CTB(消费者测试局)的办公室。通过微开的房门，被试可以看见几个文件柜、一张书桌以及文件堆积如山的书架。测试房间就在这间办公室的旁边，里面有一套桌椅和各种各样的玩具。在告知一些此项调查的背景信息后，被试需要在此房间内完成一份游戏偏好问卷，代理人告诉被试有 10 分钟的时间完成问卷，在这段时间内她都会在隔壁房间的办公室。随后这位女士打开分隔两个房间的可折叠活动小门离开测试房间，期间她必须确保被试清楚地知道活动小门并没有上锁，可以轻松地打开进入她的办公室。代理人待在自己的办公室内移动文件，打开抽屉，不断地制造声响提醒被试她的存在，在她离开测试房间四分钟之后，她打开一台高保真立体声录音机，播放一盘事先录好的磁带。

如果此时被试仔细听，他们会听到代理人爬上椅子，试图伸出手去拿书架上的一叠文件。即使他们听得不仔细，也能听见椅子倒塌时的一声巨响，以及随后她摔倒在地后所发出的尖叫声,“天啊,我的脚……我……我……不能动了。哦……我的脚踝,”她呜咽道:“我不能把压在身上的东西移开。”她哭着呻吟了一分钟左右,随后哭声逐渐减弱并且听来得到控制。最后她嘀咕着要离开这里,在她起身的过程中碰翻了椅子,当她离开房间后又重重把门关上。这一幕持续了大约两分钟。

当这一事件发生时,单独在等候室完成问卷的被试中,有70%的人在受害者离开办公室之前提供各类帮助。许多人通过活动小门进入办公室搭救,其他人则以大声呼喊求助。而面对相同的紧急事件,被安排2人一组在房间内回答问卷的被试的表现就不同了,这些被试中只有20%的人即40个人中只有8人向受害者伸出援手,其他32人则对于她痛苦的叫喊无动于衷。这个实验又一次验证了其他旁观者的存在会抑制助人行为的产生。

除了相同的结果,以上实验中的那些没有采取行动的被试没有把该事件认定为紧急事件。他们不确定到底发生了什么,但是无论发生了什么,他们都认定不会太严重。有些被试说:“也许只是轻微的扭伤,我不想令她尴尬。”他们向我们保证,如果在真实的紧急事件中,他们一定会立即帮助那些受害者。也许他们确实会这样做,但是在这次事件中,他们并没有提供帮助,因为在他们看来,这次事件并非紧急情况。

我们同样发现,在面对潜在紧急事件时,单独一人比身处群体中的人产生助人行动的几率更高。此外,旁观者的行为抑制效应会在以下两种不同的情境中产生,一是当紧急事件威胁到自身安危的时候,再者是当向一位受伤女性提供帮助的时候。这一结果看来非常普遍,因此,我们可以推测,在现实生活中旁观者效应会抑制助人行为的发生。

二、责任分散

即使一个人注意到事件的发生,并认定此为紧急事件,但是如果他发觉有其他的旁观者也目睹了这一幕,这同样会减小他干预的可能性,我们认为他人会抑制干预行为的原因是,其他旁观者的存在分散了个人的责任感。正如与单兵出击相比,战场上的士兵在叩响扳机的那刻所受到的责任更小。同样的道理,相较于单独目睹紧急事件的被试而言,旁观者群体中的每一个人在拯救生命时所感受到的责任相对也更小。

如果你的车在拥堵的高速公路上抛锚,虽然会有无数的驾驶员驶过你的车旁,但是没有人会下车帮助你。如果你的车是在一条荒郊公路上发生故障,那么驶过你车旁的第一个驾驶员很可能就会停车,热心地询问你的状况。正是旁观者所感受到的个人责任不同,造成了这种差别。在空旷马路上行使的驾驶员知道如果他不停车帮忙,那个人便很可能得不到帮助;但同样的事情发生在高速路上,同一个人可能会觉得他的个人责任与其他旁观者是等同的。所以,即使发生的事件显然是紧急情况,旁观者也会因为认定其他旁观者对于帮忙受害者也负有相同的责任,从而降低产生助人行为的个人责任感。

责任分散的现象在著名的吉诺维斯谋杀案中体现得尤为明显。虽然旁观者之间由房间的围墙隔开,但是所有人都可以从窗边的黑色轮廓得知其他人也在注视着事态的发展。

这些实验证据清晰地显示,当面对紧急事情时,其他旁观者的存在,会对我们做出是否给予帮助的决定产生影响。此外,陌生人的存在会使得我们不太能清晰而全面地注意事件的发生;群体行为更会误导我们,从而做出在如此情境下并不需要插手干预的决定;此外当

在场的其他人共同分担着事件的责任,我们对采取必要行动的责任感便会下降。正因为如此,才会有紧急事件的目击者人数越多,受害者获得帮助可能性越低的情况频频发生。

因此,很多关于都市人的刻板印象并不准确,例如很多人认为大城市的人往往比较冷漠,缺乏个性,只会眼睁睁看着别人痛苦受难。相反研究发现,在紧急事件中,即使旁观者也往往承受着巨大的内心痛苦,他们不确定是否应该采取适当的行动,但是最终不得不在压力和害怕下做出让人难以理解的决定。旁观者的反应受到周围人的影响,在多数情况下其他人的无动于衷也使得他们选择沉默。

我们都是旁观者,也会被其他人冷漠的表现所影响,也许我们会与一起紧急事件擦肩而过,却没有提供任何帮助,甚至没有意识到此时他人正需要帮助。但是一旦意识到周围人有如此影响,我们便可以抵御这种影响带来的消极作用,便可以选择在生活中发现危难,并站出来助人于水火之中。

第四十七选
高级目标在减少群体间冲突中的应用

穆扎弗·谢里夫(M. Sherif),1958

减少偏见是许多社会心理学家当前研究的目标之一,其中,穆扎弗·谢里夫对在冲突性情境中,青少年群体间产生的偏见所进行的研究发现:冲突可以增加群体间的敌意,而当群体必须通过合作解决共同问题时,敌意则会减少。谢里夫的研究验证了减少偏见的接触理论,该理论认为,对手间同心协力达到目标对于消除偏见具有重要的意义。

谢里夫(1906—1988)生于土耳其,并在伊斯坦布尔大学获得文学硕士学位。1929年谢里夫前往纽约,1935年在哥伦比亚大学获得博士学位。此后他曾先后在祖国土耳其及耶鲁大学执教,1949年至1966年期间任教于俄克拉何马大学,此后又前往宾夕法尼亚州立大学继续其学术生涯。与O·J·哈维(O. J. Harvery),B·杰克怀特(B. Jack White),威廉·R·胡德(William R. Hood)和卡罗琳·W·谢里夫(Carolyn W·Sherif)共同合著的《群体间的冲突与合作:罗伯洞穴实验》(*Intergroup Conflict and Cooperation: The Robbers Cave Experiment*, university of Oklahoma book exchange, 1961)一书是他24本著作中的一本。

本选选自1958年发表于《美国社会学杂志》(*The American Journal of Sociology*)中的"高级目标在减少群体间冲突中的应用"(Superordinate Goals in the Reduction of Intergroup Conflict)一文。文中,谢里夫归纳了他对夏令营中男孩群体间冲突与合作所做的研究,该研究已成为探讨群体间偏见发生及最终减少问题的范例。阅读本选时,请注意谢里夫在促进群体间和谐时所使用的技术,并且思考这些技术在你所熟悉的群体中是否同样适用。

关键概念:通过接触减少偏见(reduction of prejudice through contact)

APA: Sherif, M. (1958). Superordinate Goals in the Reduction of Intergroup Conflict. *The American Journal of Sociology*, 63, 349-356.

本文概括了一项关于群体间关系,尤以减少群体内冲突为重点的实验研究。在实验的第一阶段,实验者通过引入特定的情境,使被试在互动中形成两个独立的群体。在第二阶段,在具有竞争性和相互挫败性的环境中,两个群体中的成员进行实质性接触。在此过程

中，各自群体的成员对对方群体产生敌意态度并且形成低劣的刻板印象，即使在愉悦的活动中，群体间的社会距离也已发展到相互回避的程度。在实验的最后一阶段，实验者通过测量比较，证实了引入需要有各群体成员共同追求与合作努力的目标，是减少群体间紧张气氛的有效方法。

过往针对解决群体间冲突的问题，许多社会科学家以及诸如管理者、政策制定者、政府官员和教育者等社会人士都提出了各自的方法，主要包括以下几种：采取法律制裁；为来自冲突群体的成员创造社交和其他接触的机会；传播有利于消除错误的偏见和刻板印象的正确信息；弘扬公平竞争、友谊第一的道德理念；甚至可以通过严酷的体力活动，使人们发泄出压抑在心中的挫败感和潜意识中的攻击性情结。除了以上这些方法，研究者还鼓励在团体内部开展合作活动，以及让对立群体的领导在和谐的气氛中会晤畅谈。

这些方法中有许多对减少群体间冲突可能具有一定的价值，但是直至今日，对这些方法的适用情境和所适用的群体间冲突类别却鲜有归纳或总结。因此，如何应用这些方法如今多少还处于不断摸索的阶段，只有通过明晰群体间冲突的本质，并分析在特定情境中导致群体间和谐或冲突的因素，才能寻找到在实践中具有广泛效度的方法。

在之前发表的文章中，我们已经对群体间冲突的本质进行了定义及分析的工作，所形成的主要论证核心之一就是，高级目标对于减小群体内冲突的有效性。我们把“高级目标”定义为那些对两个或多个冲突群体中的成员都具有强制性及高度吸引力的目标，并且这些目标必须通过这些群体的共同努力，集合公有资源才能达成。实际上，只有当冲突群体同心协力时，高级目标才能得以实现……

一、研究程序

自 1948 年起，为了实证检验一些来自有关群体关系的文献资料中的假设，研究者们便着手设计一项研究程序，并于翌年进行了首次大规模的群体间实验，此后又分别于 1953 年和 1954 年开展了第二次及第三次实验。本文所论述的结果主要是基于 1949 年及 1954 年的两次实验，以及作为程序协调部分的一系列实验室研究。

实验中所使用的方法、技术及选取被试的标准在此只能做简要的概述。实验过程分为以下几个阶段：(1) 在实验中形成群体；(2) 引入一些情境，使得在群体间形成竞争和相互挫败的关系，从而导致紧张气氛及冲突；(3) 试图减少群体间的冲突。在 1954 年的实验中，我们基于先前两次研究所获得的经验，引入高级目标从而在这一阶段有效减少群体间的紧张氛围。

在每个阶段，被试所参与互动的活动在完全受实验控制的特定露营地里进行，以使实验并不显得突兀，被试不曾意识到有人正观察着他们的行为。在被试面前，我们不进行任何观察和记录，以免这样的行为引起他们怀疑自己已被暗中观察，因为来自经验与实证的证据显示，当人们知道自己的言行被观察并记录时，他们会格外留心。

为了确保结论的效度，我们把通过观察方法得到的结果与通过社会测量调查得到的结果，对本群体或外群体成员的刻板印象评定，以及通过使用从实验室延伸出的技术获得的数据进行交叉校核，可惜这些程序无法在这里一一赘述。最终的概括性结论正是基于这些通过两种或两种以上技术交叉校核后得到的结果。

实验通过引入真实,且不容个体忽视的问题情境形成群体,诱导群体间产生冲突,并在之后的阶段减少或消除冲突。比如:当被试饥饿的时候,实验引入的难题便是要求被试通过自身的主动性和计划获得食物。此外,本实验不使用任何特殊的"演讲法"或者"讨论法"。

当被试面临的问题情境形势紧迫、无法逃避并且包含一个不能忽视的目标时,群体成员必须着手讨论制定并实施计划,直至目标达成。在这个过程中,讨论、计划、行动每一项都必须由群体成员共同完成。当面对问题的时候,这个过程中不仅包括讨论、计划和行动,还需要必要的指导和信息,而这些相关活动的顺序在具体事件中也不尽相同。

实验通过严格标准选取的被试为:年龄介乎 11 岁至 12 岁间正常健康的男孩,在学校及社区中有良好的社会适应性以及出色的学业表现。他们均来自具有相同社会文化背景,中低或中产阶级家庭,该家庭必须社会调适性上佳,且都为新教教徒。他们中没有人来自破碎的家庭,平均智商高于平均水平;在实验之前互不熟识。因此,在被试选择阶段便可以排除由于背景差异,社会适应不良,历经童年挫败或者过往人际关系在结果解释中的影响。

群体的构成产生于实验的第一阶段,这些群体具有明确的架构组织,且拥有面对解决群体间问题的一整套规范。实验通过引入问题情境,对背景相似却互不认识的个体进行分组,在这些情境中所有的个体必须通过互相配合的活动达到目标。在一系列活动之后,群体建立起明确的结构或形成系统的组织。

在群体形成阶段的实验结果证明:当个体在一系列情境中为了达到目标而产生互动时,所有人需要协调他们的活动,建立起具有等级制度的群体架构,以及一整套规范群体活动中行为的规则。

一旦在实验中形成我们所定义的"群体",便能进行群体间关系的研究。我们在实验中引入导致群体间产生摩擦或冲突的特定情境,故意挑起群体间的消极态度,其目的是为了研究如何减少群体间已有的摩擦(而保持友善和谐的关系已不再是群体关系研究中的核心议题)。群体间冲突的形成因素为我们寻找减少冲突的方法指明了一条实际可行的方向。

在实验所引入的一系列情境中,一个群体若想达到目标,则只有以另一个群体的失败作为代价,即给予在竞争中获胜的群体所期望的奖励。这一阶段的实验结果支持了我们的一些主要假设,即当这些群体中的成员在实验性引导的情境中,共同参与具有竞争性和相互挫败性活动的过程中,各群体中的成员会对对方群体及其成员产生出怀有敌意的态度和高度不恰当的刻板印象。在本阶段的实验中,群体间对社会距离的态度显示出明显的回避,他们甚至不愿意和对方有任何进一步的接触,这个阶段的结果对我们而言,是一个典型的小规模的实验性诱导"社会距离"的案例。群体间的冲突关系首先表现为不敬的谩骂和侮辱,身体冲突的爆发,以及抢夺对方的空间和领地等。当冲突持续一段时间后,群体间便产生了消极的刻板印象和不恰当的态度。

与此同时,群体内部的团结与协作精神却相应增加。这一发现表明,如果不同群体的导向和利益存在冲突时,群体内的合作和民主未必能引发群体间的民主和合作。

一项更为全面的研究结果显示:无论是冲突,或是和谐的群体间关系都影响这些群体内部关系的性质。例如:一个群体在敌对的冲突中,在克服失败重新振作的过程中,或是在

战胜外群体成员的胜利中，群体内的团结表现得越发坚固。群体间关系的改变会产生群体内部等级排列的巨大变化，在某些情况下，还会导致较高地位阶级的更替，甚至是领导阶层的改变。随之应运而生的群体内部关系往往反映出新群体的价值，并且标志群体内部惯例及言行变化的规范也发生了变化。在现实的人际关系中不难发现类似的结果，例如在过去的10年间，我们主要的精力、焦虑和活动中大都涉及由于国际范围内流行的“冷战”而产生的问题。

二、高级目标的引入

当群体在无高级目标的接触中，群体关系不和谐，甚至造成伤害后，我们引入了一系列高级目标。由于作为这些高级目标的问题情境所具有的特点存在于这一阶段的两个主要假设中，因此我们首先介绍这两个假设：

1. 当冲突群体产生互动的情境中包含具有强制性的高级目标，且这些目标无法由单个群体独立完成时，他们便需要通过合作共同达到目标。

2. 在一系列具有高级目标的情境中，群体间的合作必不可少，并且这种合作将会对减少群体间已有的冲突具有累积效应。

虽然所有的问题情境在本质上各不相同，但是都具有一个相同的基本特点，即都包含一些目标。由于这些目标无法凭借单独一个群体的努力和精力达成，因此便需要在群体间创造一种相互依赖的状态，比如，解决缺水的难题影响所有人，并且也是不得不解决的问题；租借一盘非常珍贵的影片必须动用每个群体的资源；当所有人饥肠辘辘但是距离食物还有一段距离的时候，群体便需要合作制定出唯一可以带来食物的交通路线。

引入诸如此类的一系列高级目标确实能有效地减少群体间的冲突：(1) 当相互冲突的群体在包含高级目标的情境中相互作用时，他们通过在活动中配合合作完成共同的目标。(2) 这一系列导向高级目标的联合活动对减少群体间的摩擦，消除对外群体不恰当的刻板印象具有累积效应。

我们在观测所得的数据基础上获得了这些主要的结论，并且通过分别在群体间冲突阶段和引入一系列高级目标后所进行的社会测量调查及刻板印象评定验证了这些结论。通过比较群体间冲突时期和引入高级目标后的社会测量调查，我们可以清晰地发现被试对外群体成员的态度有明显的转变，群体成员的友情偏好从几乎仅指向群体内成员逐渐转变为接受来自对立群体的成员。由于在完成高级目标的合作过程中，群体间仍旧未有深层的接触，因此绝大多数的朋友关系仍然存在于同一个群体内，但是朋友数目中外群体成员的比例明显增多。在某个群体中，这一百分比从冲突时期的零提高至23%，这一差异经卡方检验显著($p<.05$)。在另一个群体中，这一百分比升高至36%，这一差异也同样显著($p<.001$)。这些研究结果再一次证实了一系列的高级目标可以创造更多友好的联系以及对外群体成员友善的态度。

在引入高级目标后，我们观察到：群体成员对外群体成员的谩骂和贬低，这些在群体冲突阶段和没有高级目标的接触阶段的普遍现象急剧减少。同时，我们在群体间冲突阶段所观察到的另一现象，即对本群体的自我吹捧和夸口也有所减少。对比被试在引入高级目标前后对本群体和外群体刻板印象的评定,可以再次验证这些观察。被试对外群体的评定有了显著的改观,表现为从大部分给予消极评定转变为大部分给予积极评定。在某个群体中,诸如:他们都是烂人,他们是自作聪明的人,或者他们总是鬼鬼祟祟等对外群体极为消极的评价,在刻板印象评定中所占的百分比在冲突末尾阶段为21%,引入有高级目标导向的互动后,该百分比下降至1.5%。在另一组中,这些高度不适当的意见所占比例也从36.5%降至6%。在群体间冲突阶段以及在引入高级目标之后,关于外群体刻板印象评价中分布的整体差异经卡方检验在两个群体中均显著($p<.001$)。

群体成员对本群体的评价也有所下降,这与我们所观察到的群体在自我美化程度上的减少相一致。但是,这一差异的显著性不如对外群体的评定中实验先后的差异。

我们的实验结果证明,一系列高级目标能有效地减少群体内的冲突,敌对以及这些消极态度的副产品,此外,高级目标还被运用于其他用以减少群体间紧张气氛的措施中。

毫无疑问,在消除敌意之前,群体间的联络渠道必须畅通,但是如果敌对群体间在没有高级目标的情况下相互接触,交流通道将成为进一步谴责和讥讽的媒介。而当互动的情境中包含高级目标时,沟通将作为减少冲突的方法帮助群体达到共同的目标。

一般而言,人们倾向把有利于改善外群体印象的信息全然忽略、拒绝或者做出符合既定刻板印象的全新注释,但是,当群体被拉往同一个高级目标,关于外群体真实的,甚至是赞许的信息将重新给予关注,从而使得使用这些信息使有效减少消极刻板印象的可能性大大提高。

当群体在达成高级目标中相互合作时,这些群体的领导者们必须为建立相互理解和谐的关系做出努力。当群体的目标方向相冲突时,领导者为了减少群体间冲突所作的努力都可能被群体成员视为步调不一致且不恰当的行为,领导者可能会遭受众多非议甚至失去群体对他的信任以及在群体中的地位。当引入强制性的高级目标时,领导者可以促进群体间进一步的合作,并且他的决定也将得到其他群体成员的支持。

简而言之,当群体间的互动过程有高级目标作为导向,且这些高级目标对于所涉及的群体均具有真实且重要的价值时,作为互动过程组成部分,并能减少群体间冲突的措施,如传播信息,增加社交接触,领导的商谈,其效果的显著性和有效性都会得到提升。

第四十八选
对媒介榜样攻击性行为的模仿

阿尔伯特·班杜拉(Albert Bandure), 多萝西娅·罗斯(Dorothea Ross)和希拉·A·罗斯(Sheila A. Ross),1963

心理学家用了数十年的时间研究犯罪率和毁坏性攻击行为增加的原因,针对观察及模仿媒体中所出现的攻击性行为是否是造成这一结果的原因已然成为当前争论的焦点之一。儿童是否会模仿他们在电视或电影中观察到的攻击性行为呢? 对于这一问题,阿尔伯特·班杜拉和他的同事通过一系列的研究试图给予解答。

班杜拉(1925—),观察学习理论的创立者,1952 年于爱荷华大学获得博士学位。不久后,他便前往斯坦福大学开始他的学术生涯,直至今日。他撰写过多本著作,其中包括:《攻击:社会学习分析》(*Aggression: A Social Learning Analysis*, Prentice Hall, 1973)以及《社会学习理论》(*Social Learning Theory*, Prentice Hall, 1977)。多萝西娅·罗斯和希拉·A·罗斯均于斯坦福大学获得发展心理学博士学位,在职期间他们的研究重点为儿童的健康及其认知发展。

本选选自 1963 年发表于《变态与社会心理学杂志》(*Journal of Abnormal and Social Psychology*)中的"对媒介榜样攻击性行为的模仿"(Imitation of Film-Mediated Aggressive Models)一文。本文以综述的形式详细介绍了班杜拉等人在攻击性行为模仿领域内的经典研究,提请读者关注实验中各个执行的步骤,对统计结果的理解重点则在于研究显示在小于 0.05 概率意义上存在着显著性差异,这表示在不同的实验情境中获得的差异是真实存在的。此项研究前的研究报告认为,媒体展示的攻击性行为由于起到宣泄作用减少了攻击驱动力,但是班杜拉等人却发现了恰恰相反的结果。他们在本章所引用的研究报告中指出影片中的攻击性行为相反会诱发儿童的攻击性行为。这项研究对如今电影或电视中的攻击和暴力有何借鉴作用值得思考……

关键概念:对攻击性行为的观察学习(observation learning of aggression)

APA: Bandure, A., Ross, D. & Ross, S. (1963). Imitation of Film-Mediated Aggressive Models. *Journal of Abnormal and Social Psychology*, 66, 3 - 11.

实验假设当儿童观看了影片中攻击性榜样后,会提高由挫败感而产生的攻击性行为发生的可能性。在对这一假设的验证过程中,实验安排第一组被试观察真实生活中的攻击性榜样,第二组被试观察通过影片呈现的同一组攻击性榜样,而第三组被试则观看一场内容包含一位攻击性卡通人物的影片。随着实验程序的实施,被试开始产生轻度的挫败感,并且在不同的实验条件下表现出的模仿性与非模仿性攻击性行为,这些行为被计数。实验的总体结果证明媒体所呈现的攻击性刺激具有诱导及模仿的双重影响,同时还表明,接触攻击性榜样的效果在某种程度上受榜样的性别、儿童的性别以及榜样的真实性等因素的共同作用。

近日发生于旧金山的一起事故中(San Francisco Chronicle, 1961)一个男孩被严重刺伤,事故的场景如同由詹姆士·迪恩(James Dean)所出演的电影《无因的反叛》(*Rebel Without a Cause*)中一起弹簧刀械斗情节的重演,而这些孩子恰好在事件发生的前一晚观看了这部影片的电视重播。这起事件有力地证明了电影刺激中可能具有的模仿性影响。事实上,许多坊间故事显示,如果影像媒体对攻击行为进行了报道,那么受众因调唆而产生攻击性行为模式更容易发生,而非仅仅受到诱导。

早期的一项实验(Bandura & Huston, 1961)显示,儿童很容易现场模仿榜样的攻击性行为,后续的研究则证明(Bandura, Ross & Ross, 1961)当接触攻击性榜样的儿童在缺乏榜样在场的新情景中同样产生攻击性反应。本研究旨在探寻由媒体所呈现的攻击性榜样在作为模仿性行为来源时的重要程度。

攻击性榜样可以在"真实性—虚幻性"维度上进行排序,真实生活中的榜样位于连续轴的真实端,非人类的攻击性卡通形象位于虚幻端,而影片中描绘的攻击性人类榜样则居于中间位置。基于榜样的显著性和相似性,我们假设对于离真实性越远的榜样,个体模仿其行为的倾向越微弱。

容许对成人攻击性行为进行观察代表了在某种程度上对攻击性行为的纵容,在这个意义上,我们可以认为这种接触不仅诱发了对于新的攻击性反应的学习,还削弱了被试相对的抑制反应,反而增加了表现出已习得的攻击性行为模式的可能性。因此,我们假设,当遭遇相同的挫败时,观察攻击性榜样的被试表现出的攻击性行为显著多于那些之前未接触攻击性榜样的被试。

一、方法

参与这项研究的被试由斯坦福大学附属幼儿园的 48 位男孩和 48 位女孩组成,他们的年龄在 35 个月至 69 个月之间,平均年龄为 4 岁零 4 个月。

实验中还包括男女各一位成人分别同时扮演真实情境和人类攻击性影片情境中的榜样,还有一位对所有 96 位孩子进行实验研究的女性主试。

1. 程序

被试被平均分入每组 24 人的三个实验组和一个控制组。实验组中第一组被试观察真实生活中的攻击性榜样,第二组观察由影片形式呈现的同一组攻击性榜样,而第三组则观看一部描述一位攻击性卡通人物的影片。随后将实验组进一步按男女分组,使得在包括人类榜样的两种情境中有一半被试接触同性榜样,而剩余的被试则观察异性的榜样。

在呈现阶段之后,实验对被试在缺乏榜样的各类实验背景中表现出的模仿性或非模仿性攻击性行为的数量进行测试。

控制组的被试不会接触任何攻击性榜样并且只在一般情景中进行测试。

基于儿童在幼儿园社交互动中攻击性行为的等级,实验者对实验组和控制组的被试进行个体匹配。实验者和一位幼儿园老师在四个五分等级量表上对被试进行分级,这四个量表分别测量被试肢体攻击性,口头攻击性,对无生命物体的攻击性以及攻击抑制的程度。通过最后一个量表所测得的被试面对强烈煽动时抑制攻击反应的倾向反映了被试的攻击焦虑。71%的被试分别由两位评分者独立评定以验证评价的评判间一致性。结果显示,综合攻击分数的信度经皮尔森积矩相关均值估计为 0.80……

2. 实验条件

真实生活攻击性情境中的被试由实验者分别单独领入实验房间,实验者假装在房间外的走道上的偶遇,然后介绍榜样人物给被试认识,并且邀请他/她加入游戏。进入房间后,被试被安置在房间的一个角落,他/她面前的小桌子上放有土豆印章,多种颜色的贴纸和彩色的贴板。在说明被试可以用所给的材料设计图片之后,实验者安排榜样人物坐在房间的对角处,那里有一套小桌子和椅子,一套拼接玩具,一根木槌和一个5尺高的充气不倒翁娃娃。实验者向被试说明这是榜样的游戏区域。在榜样坐下后,实验者便离开了实验房间。

榜样人物首先组装这些拼接玩具,大约一分钟后,榜样人物开始摆弄充气娃娃,并且在剩余的时间内开始攻击娃娃,其攻击手段非常新颖的,并且是这些孩子在没有观察榜样前几乎不可能想到的。因此,除了猛击娃娃外,榜样还表现出以下明显的攻击行为,这些行为在计分时将被认为是模仿性反应:

榜样人物坐在不倒翁娃娃身上,猛烈地反复击打娃娃的鼻子。

随后,榜样人物把不倒翁娃娃竖起来,用木槌打它的头。

在木槌攻击之后,榜样人物把娃娃猛地扔到空中,在房间里踢来踢去。这一系列的攻击行为按照以上顺序大约重复 3 次,并且伴随攻击的言语,比如:“打它的鼻子……”;“打倒它……”;“把它扔到空中……”;“踢它……”;“砰……”。

人类攻击性影片情境中的被试由实验者带入一间半黑暗的实验房间,向他/她介绍桌子上的贴纸材料,并且告诉被试,当他/她在玩土豆印章时,在距离他/她桌子 6 尺远的屏幕上会播放一段影片。影片的投射仪位于房间内的一个偏远角落并且用一个巨大的木板把投影仪遮挡在被试视线之外。

一旦实验者离开实验房间,一位男性投射仪工作人员便开始播放彩色影片和音轨录影带,该过程持续 10 分钟。影片中出现榜样人物与真实生活情境实验中的男性榜样和女性榜样为同一人,他们在影片中表现出的攻击行为也同样与真实生活情境中的表现一致。

对于卡通攻击性影片情境中的被试,当他们被安排坐在放有贴纸材料的桌子前之后,实验者走向位于被试桌子前 3 尺远的电视控制台,并且表示:“我将会打开电视机”,随后假装把频道调至卡通节目,然后便离开实验房间。出现在电视屏幕上的卡通节目实际上是通过一台由木板遮挡放置在被试视线之外的装置投射显示的。

在两种攻击性影片实验情境中,影片播放结束时,实验者进入房间并且带领被试进入测试房间。

3. 攻击性行为的诱发

为了能清晰地区分呈现情境和测试情境，对被试模仿性学习的测试安排在幼儿园主楼外另一间的实验房间内进行。

当儿童在之后的情境中被调唆诱发攻击性行为时，他通过模仿所习得的攻击性行为模式表现得尤为明显。因此，例如：男孩们观看影片《无因的反叛》所产生的效果，直到几天后当他们被煽动攻击时才显现出来，当时他们几乎如法炮制重演影片中使用弹簧刀械斗的场景。正因为如此，实验也同样使控制组中的被试，以及接触攻击性榜样的被试在进入测试房间时产生轻度的挫败感。

在实验呈现阶段之后，实验者把被试带入接待室，里面放有一排各式各样的、有吸引力的玩具。实验者告诉被试这些玩具是为他们准备的，然而一旦被试沉迷于这些玩具，实验者便表示这是她最好的玩具，她不允许其他任何人摆弄它们，并决定把这些玩具留给其他的小朋友。同时，被试被告知他们可以玩隔壁房间里任何玩具，随后，实验者和被试便进入隔壁的实验房间……

4. 延迟模仿测试

在最后的实验房间内放有各类玩具，其中有一些可以用于完成模仿性或非模仿性攻击性行为，其余的一些则能激发出一些典型的非攻击行为。攻击性玩具包括一个 3 尺高的充气不倒翁娃娃，一根木槌和钉板、两支飞镖和一个挂在天花板上印有人脸图案的绳球。另一方面，非攻击玩具包括一套茶具、蜡笔和彩色画纸、一个球、两个娃娃、三只玩具熊、玩具汽车、玩具卡车和一些塑料的农场动物……

每个被试允许在实验房间中玩 20 分钟，在这段期间，判定者在隔壁的观察房间内通过单面镜观察被试的表现，并且依照已设定的反应类别对每位被试进行评定。实验者用电子计时器将 20 分钟分割为一次 5 秒的计时段，因此，每一位被试便总共需记录 240 个反应单位……

二、结果

三个实验组和一个控制组中被试模仿性和非模仿性攻击行为得分的平均值如表 1 所示。

表 1 各实验组与控制组被试攻击性行为得分的平均值

反应类别	实验组别					
	真实生活攻击性行为		人类攻击性影片		卡通攻击性影片	控制组
	男榜样	女榜样	男榜样	女榜样		
总体攻击						
女 孩	65.8	57.3	87.0	79.5	80.9	36.4
男 孩	76.8	131.8	114.5	85.0	117.2	72.2

续　表

反应类别	实验组别					
	真实生活攻击性行为		人类攻击性影片		卡通攻击性影片	控制组
	男榜样	女榜样	男榜样	女榜样		
模仿性攻击						
女　孩	19.2	9.2	10.0	8.0	7.8	1.8
男　孩	18.4	38.4	34.3	13.3	16.2	3.9
木槌攻击						
女　孩	17.2	18.7	49.2	19.5	36.8	13.1
男　孩	15.5	28.8	20.5	16.3	12.5	13.5
坐在娃娃身上[a]						
女　孩	10.4	5.6	10.3	4.5	15.3	3.3
男　孩	1.3	0.7	7.7	0.0	5.6	0.6
非模仿性攻击						
女　孩	27.6	24.9	24.0	34.3	27.5	17.8
男　孩	35.5	48.6	46.8	31.8	71.8	40.4
攻击性射击游戏						
女　孩	1.8	4.5	3.8	17.6	8.8	3.7
男　孩	7.3	15.9	12.8	23.7	16.6	14.3

[a]这一反应类别不包括在总体攻击得分内。

由于得分分布偏离正态并且大多数测量值的方差一致性假设不成立，因此实验采用Freidman双因子因素分析检验所得差异的显著性。

1. 总体攻击性

在真实生活、真人影片、卡通片以及控制组的四种实验情境中，被试总体攻击得分的平均值分别是83，92，99和54，方差分析的结果显示实验情境具有主效应($Xr^2=p<.05$)，这一结果验证了研究假设，即个体接触攻击性榜样会增加其被煽动攻击时产生攻击性反应的可能性。进一步使用威氏配对符号秩次检验分析结果显示，观看真实生活榜样与影片介导榜样的被试在总体攻击上不存在显著差异，但是三种实验情景中的被试所变现出的攻击性行为数量均显著多于控制组被试。

2. 榜样性别和儿童性别的影响

为了确定榜样性别和儿童性别对模仿性或非模仿性攻击效果的影响，我们综合分析实验组的数据，采用非相关均值t检验评估组间差异显著性，同时使用秩和检验对相对偏态分布的数据进行统计比较。

统计结果显示，被试的性别对攻击性行为的学习和表现均具有显著效应。男孩在总体攻击得分($t=2.69$，$p<.01$)、模仿性攻击得分($t=2.82$，$p<.005$)、攻击性射击游戏得分($z=3.38$，$p<.001$)，以及非模仿性攻击得分($t=2.98$，$p<.005$)上均显著高于女孩。另一

方面,女孩相对于男孩更倾向于仅坐在充气娃娃身上但不对其猛击($z=3.47$, $p<.001$)。

数据分析还显示,榜样的性别对结果同样具有影响。接触男性榜样的被试所显示的攻击性射击游戏显著多于接触女性榜样的被试($z=2.83$, $p<.005$);但是在攻击性射击游戏中最显著的差异出现在女孩接触女性榜样($M=2.9$)和男孩接触男性榜样($M=19.8$)之间。虽然在部分模仿性行为,即仅坐在娃娃身上却无攻击性行为中,榜样的整体差异并不显著,但是榜样性别间的组内比较产生出一些有趣的结果。比如:观察女性攻击性榜样的男孩比观察男性榜样的男孩更有可能坐在娃娃身上但是不对其猛击($U=33$, $p<.05$);女孩复制男性榜样攻击性行为模式中非攻击性组成部分的概率远高于观察同一个榜样的男孩($U=21.5$, $p<.02$);当女孩观察女性攻击性榜样时,部分模仿性反应的发生率最高($M=10.4$);而当男孩接触男性榜样时,部分模仿性反应的发生率最低($M=.03$),该差异的显著性超过0.05的显著标准。以上这些发现,以及前文中所提及的儿童性别和榜样性别的差异性进一步支持了以下观点,即促进社会学习中榜样的影响力从某种程度上是由榜样行为的性别适宜性所决定的(Bandura et al., 1961)。

三、讨论

当前研究结果有力地证明了接触影片介导的攻击性行为会增加儿童攻击性反应。当被试所观看的影片中出现带有攻击性的人类榜样或卡通榜样时,他们所表现出的攻击性行为数量是那些观看影片中不含攻击性内容的控制组被试的两倍左右……

影片介导的攻击性行为不仅可以诱发攻击性行为的表达,还有效地塑造了被试攻击性行为的形式。儿童在某些程度上模仿影片人物行为的结果暗示具有画面的大众传媒,特别是电视也许已经成为社会行为的主要来源。事实上,把原本从电视情节中习得的反应归结为观看实验影片的效果的可能性也许可以解释为什么与真实生活组和控制组的被试相比,影片情境组被试的攻击性射击游戏的数量远远多于另两组。不幸的是,由于影片情境中的被试不同于其他两组的被试,他们对射击游戏进行了精细化的加工,添加了具有西部枪战者特征的诸多细节(比如:跟踪假象的对手、快速地撤退或者突击),使得射击行为的定性特征无法用得分进行评估。

参考文献

[1] Bandura, A. & Huston, Aletha C. Identification as a process of incidental learning. *J. abnorm. soc. psychol.*, 1961, 63, 311-318.

[2] Bandura, A., Ross, Dorothea & Ross, Sheila A. Transmission of aggression through imitation of aggressive models. *J. abnorm. soc. Psychol.*, 1961, 63, 575-582.

[3] San Francisco Chronicle. "James Dean" knifing in South City. *San Francisco Chron.*, March 1, 1961, 6.

声　明

第一章

第一选　选自《心理学原理》,1890,pp. 1, 4－8.

第二选　选自《心理学评论》,Vol. 20, 1913, pp. 158－177, 美国心理学会。

第三选　选自《美国心理学杂志》, Vol. 5, 1892, pp. 464－471, 伊利诺伊大学出版社。

第四选　选自《心理学新进展》, Vol. 1, No. 6, 1992 年 12 月号,pp. 184－189, 从布莱克威尔出版有限公司获得翻印准许, 版权 © 1992。www. blackwell－synergy. com。

第二章

第五选　选自《美国心理学家》,Vol. 23, 1968, pp. 723－733. 从美国心理学会获得翻印准许,版权©1968。

第六选　选自《美国心理学家》,Vol. 24, 1969, pp. 114－118, 120, 131－132。从美国心理学会获得翻印准许,版权©1969。

第七选　选自《美国科学家》,Vol. 82, 1994, pp. 456－463。从科学研究协会,西格玛 Xi 杂志,美国科学家获得翻印准许,版权©1994。

第八选　选自《美国心理学家》,Vol. 44, 1989, pp. 105－111. 从美国心理学会获得翻印准许,版权©1989。

第三章

第九选　选自美国《心理学报》,1992,pp. 531－585,美国心理学会。

第十选　选自《科学》,Vol. 140, 四月号 163, 从美国科学促进会获得翻印准许,版权© 1963。www. sciencemag. org。读者可以自行阅读、浏览和下载材料,但仅限于暂时使用的目的,只限于非商业性的个人目的。除非有法律依据,在没有获得出版商事先书面准许的情况下,这些材料的整体或部分都不得被复制、分发、传播、修改、调整、执行、呈现、出版或销售。

第四章

第十一选　选自弗洛伊德所著,埃德蒙德·布吕尔译《梦的解析》,版权ⓒ1950 属于埃德蒙德·布吕尔。使用得到兰登书屋的准许。

第十二选　选自《科学》,9 月 4 日,1953 年,pp. 273 - 274,从美国科学促进会获得翻印准许,版权ⓒ1953。www. sciencemag. org。读者可以自行阅读、浏览和下载材料,但仅限于暂时使用的目的,只限于非商业性的个人目的。除非有法律依据,在没有获得出版商事先书面准许的情况下,这些材料的整体或部分都不得被复制、分发、传播、修改、调整、执行、呈现、出版或销售。

第十三选　从《美国精神病学报》获得翻印准许 Vol. 134, No. 12, 1977 年 12 月,pp. 1335 - 1348,版权ⓒ1977 属于美国精神病学学会。www. psychiatryonline. com。

第五章

第十四选　选自《条件反射:对大脑皮层生理活动的研究》,作者 I·P·巴甫洛夫,编译 G·V·安雷,1927 年。

第十五选　选自《实验心理学杂志》,Vol. 3, 1920, pp. 1 - 14.

第十六选　选自《人类行为的科学》,1953(麦克米兰),pp. 91 - 93, 98 - 104, 版权ⓒ1953 属于斯金纳基金会,翻印得到准许。

第六章

第十七选　选自《心理学评论》,Vol. 76, 1969, pp. 179 - 193, 翻印得到美国心理学会版权ⓒ1969 准许。

第十八选　选自《实验心理学杂志》,1959,pp. 193 - 198,美国心理学会。

第十九选　选自《心理学新进展》, Vol. 2, 1993,pp. 67 - 70, 从布莱克威尔出版有限公司获得翻印准许,版权ⓒ1993。www. blackwell - synergy. com。

第二十选　选自《认知心理学》,Vol. 7, 1975, pp. 560 - 572, 版权ⓒ1975 属于艾尔塞维尔科学有限公司,翻印得到准许。

第七章

第二十一选　选自《临床心理学》,1911 年 12 月 15 日,pp. 199 - 206。

第二十二选　选自《心理学报告》,Vol. 19, 1968, pp. 115 - 118, 版权ⓒ1968 属于《心理学报告》,翻印得到准许。

第二十三选　选自《发展心理学》,Vol. 20, No. 4, 1984, pp. 697 - 701, 703 - 706。版权ⓒ1984 属于美国心理学会,翻印得到准许。

第八章

第二十四选　选自《心理学评论》,Vol. 50, 1943, pp. 370 - 396, 美国心理学会。

第二十五选　选自《心理学评论》,Vol. 84, 1977, pp. 191 - 215, 版权ⓒ1977 属于美国心理学会，翻印得到准许。

第二十六选　选自《今日心理学》，1972 年 8 月，pp. 57－58，92。版权©1972 属于苏塞克斯出版有限公司，翻印得到准许。

第九章

第二十七选　选自《美国心理学杂志》，1922，pp. 106－124，伊利诺伊大学出版社。

第二十八选　选自《科学》，Vol. 164，1969 年 4 月，pp. 86－88，版权©1969 属于美国科学促进会，翻印获得准许。www. sciencemag. org。读者可以自行阅读、浏览和下载材料，但仅限于暂时使用的目的，只限于非商业性的个人目的。除非有法律依据，在没有获得出版商事先书面准许的情况下，这些材料的整体或部分都不得被复制、分发、传播、修改、调整、执行、呈现、出版或销售。

第二十九选　选自罗伯特·斯腾伯格《爱情三角形理论》，pp. 37－48，51－51。版权©1988 属于罗伯特·斯腾伯格。翻印得到作者的准许。

第十章

第三十选　选自《曼宁格诊所公报》，Vol. 26，1962，pp. 120－128，版权©1962 属于吉尔福特出版社，翻印得到准许。

第三十一选　选自《美国心理学家》，Vol. 34，No. 10，1979 年 10 月，pp. 932－937。版权©1979 属于美国心理学会，翻印得到准许。

第三十二选　选自《美国心理学家》，Vol. 45，No. 4，1990 年 4 月，pp. 513－517，519－520。版权©1990 属于美国心理学会，翻印得到准许。

第十一章

第三十三选　翻印出自西格蒙德·弗洛伊德《心理分析纲要》，版权©1949 属于 W·W·诺顿和坎普公司版权；复印 1969 年来自心理分析研究院和艾利克斯·斯塔切。使用得到 W·W·诺顿公司的准许。本书可以在 www. amazon. com 上读到。本选在没有事先得到出版商的书面同意的情况下，不得复制、储存或通过其他方式传播。

第三十四选　选自《今日心理学》，Vol. 5，1971，pp. 37－38，42，58－59。版权©1971 属于苏塞克斯出版有限公司，翻印得到准许。

第三十五选　选自《人格与社会心理学杂志》，Vol. 52，1987，pp. 81－90，美国心理学会。

第三十六选　选自《心理学评论》，Vol. 98，1991，pp. 224－253，版权©1991 属于美国心理学会，翻印得到准许。

第十二章

第三十七选　选自《美国科学家》，Vol. 61，1973，pp. 692－699，版权©1973 属于《美国科学家》，西格玛 Xi 杂志，科学研究学会。翻印得到准许。

第三十八选　选自《行为医学杂志》, Vol. 7, No. 4, 1984, pp. 375－389, 版权©1984 属于克鲁维尔学术/普利纳姆出版社,翻印得到准许。

第十三章

第三十九选　翻印得到准许,选自《科学》,Vol. 179, 1 月 19 日,1973。版权©1973 属于美国科学促进会。任何其他形式的使用都需要得到美国科学促进会的准许。

第 四 十 选　节选翻印于《抑制,症状和焦虑》,西格蒙德・弗洛伊德著,艾利克斯・斯塔切翻译。版权©1959 属于艾利克斯・斯塔切。使用得到 W・W・诺顿有限公司的准许。该书可以在 www. amazon. com 上浏览。没有得到出版社事先书面准许的话,本节选不得复制、储存或通过任何其他方式加以传播。

第四十一选　选自《无助:关于抑郁、发展和死亡》,1993,pp. 93－95, 97－105。版权©1993 属于亨利・侯特有限公司。翻印得到准许。

第十四章

第四十二选　选自《个人形成论:我的心理治疗观》,卡尔・罗杰斯著。版权©1961 属于卡尔・罗杰斯,并于 1989 年续期于戴维・E・罗杰斯和娜塔莉・罗杰斯。翻印得到霍顿米福林公司的准许,全权授予。

第四十三选　选自《行为治疗法》,Vol. 1, 1970, pp. 184－200。版权©1970 属于行为与认知治疗促进协会。翻印得到准许。

第四十四选　选自《美国心理学家》, Vol. 50, No. 12, 1995 年 12 月,pp. 965－969, 974。版权©1995 属于美国心理学会。翻印得到准许。

第十五章

第四十五选　选自《变态与社会心理学杂志》,Vol. 67, 1963, pp. 371－378。版权©1963 属于亚历山德拉・米尔格莱姆。翻印得到准许。

第四十六选　选自《今日心理学》,1968,pp. 54－57, 70－71。版权©1968 属于苏塞克斯出版有限公司,翻印得到准许。

第四十七选　选自《美国社会学杂志》,Vol. 63, 1958, pp. 349－350, 352－356。版权©1958 属于芝加哥大学出版社。翻印得到准许。

第四十八选　选自《变态与社会心理学杂志》,Vol. 66, No. 1, 1963 年 1 月,pp. 3－9, 11。版权©1963 属于美国心理学会。翻印得到准许。

索　引

B

C

D

E

F

G

H

I

J

K

L

M

N

O

P

R

S

T

U

V

W

Z

Terry F. Pettijohn
Classic Edition Sources: Psychology(Fourth Edition)
ISBN: 0073404047

著作权合同登记号: 图字 09 - 2009 - 142

图书在版编目(CIP)数据

心理学经典读本(第四版)/〔美〕特里·F·小约翰编;吴国宏、李超白、林婧婧译.
—上海:复旦大学出版社,2011.8(2019.6重印)
(复旦译丛)
书名原文:Classic Edition
Sources:Psychology,4th edition
ISBN 978-7-309-07786-5

Ⅰ.心… Ⅱ.①特…②吴…③李…④林… Ⅲ.心理学 Ⅳ.B84

中国版本图书馆CIP数据核字(2010)第246926号

心理学经典读本(第四版)
〔美〕特里·F·小约翰 编 吴国宏 李超白 林婧婧 译
责任编辑/马晓俊

复旦大学出版社有限公司出版发行
上海市国权路579号 邮编:200433
网址:fupnet@fudanpress.com http://www.fudanpress.com
门市零售:86-21-65642857 团体订购:86-21-65118853
外埠邮购:86-21-65109143 出版部电话:86-21-65642845
常熟市华顺印刷有限公司

开本787×1092 1/16 印张20.75 字数455千
2019年6月第1版第2次印刷

ISBN 978-7-309-07786-5/B·380
定价:68.00元